行政法の進路

阿部泰隆［著］
Abe Yasutaka

中央大学出版部

はしがき

　本書は，些末な無数の法律を扱う辺境科目とみられ，学問的にも有用な提言をしていないので衰退産業とみられている行政法学について，本当は，国家の法体系の基盤をなす基幹科目であり，その負託に応えるためには，行政法学は，①その体系，②解釈論，さらには③立法論（政策法学）の3点の全体にわたって，いわば実体公法の復権を果たさなければならないとの認識に立って，著者が，この10数年行ってきた発言・行動を整理してみたものである。

　教科書としては，このうち，①行政法学の体系については『行政の法システム』(有斐閣)，②解釈論については，『行政法解釈学Ⅰ，Ⅱ』(有斐閣)，③立法論については，『政策法学講座』(第一法規)を著してきた（三位一体説）が，本書は，こうした教科書の背景をなす著者の思考を詳しく扱っている。

　さらに，末尾第7章では，学問は単に主張するだけでは足りない，実現することが必要だとの観点から，これらの学問の成果を生かして行っている裁判の成果を取り上げる。

　第1章においては，こうした衰退産業の再生の方向を示す試みをした。比較法を参照しつつも，日本の行政の法システムを，その運用の実態からみえる機能不全を明らかにして新しく体系化し，行政行為と抗告訴訟という法システムに代えて行政手法論を導入し，憲法に照らした実質的法治国家にふさわしい解釈を行い，さらに，より合理的な立法提案を行う政策法学の重要性を示している。

　第1節は元々2001年7月に行われた「行政法の研究教育の課題」という研究会における報告である。曽和俊文，石川敏行，高橋滋，宇賀克也報告及びその後の討論とあわせてお読み頂ければ幸いである。本節で述べたことのかなりは，拙著『行政法解釈学Ⅰ，Ⅱ』で具体的に説明している。

　第2節は，大学における公法学のあり方を取り上げた公法学会報告である。これまでの（存在意義も疑問な）公法学を振り返り，これからのあるべき方向を示そうとしている。

　第2章においては，著者の行政法学，いわば日本列島法改造論は，不合理な

ものを許せないという，子どもの時からの信念に由来するもので，三つ子の魂百までといって良いほど，大きくはぶれていないこと，御用学者を総撤退し，日本の行政に潜む「組織の病理」を摘出して，違法行政と戦うことを信条とするに至るまでの人生の歩みを述べる。この過程で，著者が，いかなる「敵」とどのような闘争をして，いかなる成果を上げたのかを整理する。

第3章は，行政法が司法試験科目から排除されるとき，行政法は基幹科目であるとして，孤軍奮闘して各界を説得しようとした主張である。法律学界内部からの反発はあろうが，さきがけ党首であった武村正義さんの理解を得て，自民党保岡興治元法務大臣の仲介により，最高裁，法務省の同意も得たものである。

第4章以下では，こうした著者の立場から実際に行っている提案を，先の行政法学の三本柱の中からいくつか掲載する。

第4章は，①行政法の体系の改善に関するもので，第1節は，権力による監督から，情報を中心とした社会のコントロール手法を提言する。新しい行政法の体系の一環である。

第2節は行政法と民事法の関係である。国家の基本的な法体系である民事法と行政法の関係は，合理的に整序されなければならない。

第3節は，徴税手法の改革である。資産・所得を安い費用と少ない人員でもほぼ完全に把握して，十分かつ適切に税金を徴収し，本当に困った者に適切に福祉の配分を行う総合政策を法的に可能なものとして，提案する。その手法が記録義務付け手法と納税者番号制度である。その際に，プライバシーの保護策を講ずる。

以上は，解釈論を入れつつも，体系化の視点である。

第5章は，②解釈学である。

第1節は，行政法学で非常に重視されている行政手続が裁判で無視されている現状にかんがみ，行政手続の判例と立法化に関する学界の動きを中心に整理し直し，判例を批判し，手続中心の審理こそが，法律が要求するものであることを主張している。

第2節は，対物処分と一般処分という，一般に論じられていない問題を取り上げ，その行政訴訟における処分性と行政手続法上の処分性を分けて，解釈論

として検討したものである。

　第3節は，行政法学で，これも最も重要な概念である「裁量」の司法審査が，裁判で適切に行われていないとの認識から，批判的に分析したものである。しかし，裁判では無視されている。

　第4節は，介護請求権が憲法から導かれる具体的な請求権であると主張して，死ぬ前に地獄がある，介護疲れの一家心中・無理心中を防止するための法解釈論を提案したつもりである。

　第6章は，③主に立法政策論である。法的な視点をふまえているつもりである。

　第1節は，特に政策法学の重要な視点のうち比較的最近のものをいくつか取り上げて，具体例で説明する。基本的な視点が大切であり，福祉の領域では基本条例などを作って，ばらまき福祉を防止すべきであること，法科大学院などを例に，基本理念だけではなく，具体的な制度設計が必要であったこと，内部告発者通報制度を例に外国法をやたらと真似ないこと，行政事件訴訟法改正の立法過程を例に，立法論を行う者は解釈論をご破算にすべきであること，日本の立法には費用対効果の発想が特に不十分であるので，その視点を入れるべきであるが，解釈でも多少は対応できること，立法に際しては，経過措置に留意すること，法は明確でなければならないという視点が法の利用者のために不可欠であること等を扱った。

　第2，第3節は，大震災対策でも，憲法と日本の法システムの改善の視点から，実効的な救済と被害防止ができることを提言し，来るべき関東大震災の再来前に合理的な立法を行うべきことを提案している。

　第7章は，法治国家を実現するため，よりよい政策の実現のため，裁判に期待して，奮闘した成果と挫折である。それにしても，裁判を通じての政策の実現にも大変な労力が要る。

　内容はそれぞれ出版時期のままである（「最近」などという表現も，原論文の出版時期を基準としている）。各論文の初出誌と出版年は目次後に初出一覧として掲げる。その後の動きで特に論旨に影響しそうな点があれば，括弧内又は追記でコメントした。

　本書を出版するに当たっては，著者が神戸大学定年後お世話になっている中

央大学の中央大学出版部にお願いした。著者の単独著は，まもなく30冊になろうとしている。裁判では，実質的法治国家の実現を目指し，近々20勝を期待している。この記念すべき時に本書を出版していただいたことも大きな喜びである。

　小島啓二氏を初め，皆さんに丁寧に見ていただいたことに心から感謝する次第である。

　　2010年3月

　　　　　　　　　　　　　　　　　　　　　　　　神戸須磨の離宮にて
　　　　　　　　　　　　　　　　　　　　　　　　阿部泰隆（大龍）

目　次

はしがき
初出一覧

第1章　行政法学再生の方向 …………………………………… 1
第1節　行政法の意義と行政法学の進路試論 ………………… 1
　　1　行政法学の現状　1　　2　阿部の試案　4
　　3　行政法教育　10　　4　新しい研究組織創設の必要性　12
第2節　大学改革と公法学教育 ………………………………… 13
　　　はじめに　13
　　1　これまでの公法学教育は基本的にはムダだった　13
　　2　行政法司法試験必修化による大転換──法治国家化　18
　　3　これからの方向　20

第2章　わが（学問的）闘争　Meine (wissenschaftliche) Kämpfe
　　　　──三つ子の魂百までの行政法学── ………………… 33
第1節　阿部の生い立ち ………………………………………… 33
　　1　寒い地でぜんそくで苦労　33　　2　学校での苦労　34
　　3　栄養不足を補う──阿部の成長はアカガエルのおかげ　35
　　4　戦争を恨む　35　　5　三つ子の魂百まで　37
　　6　受験勉強　38　　7　相変わらずぜんそくで，貧乏で人生の先なし　39
　　8　助手に潜り込む　40　　9　ぜんそく治癒　41
　　10　歴史にifはないが　41
第2節　研究者としての出発点 ………………………………… 42
　　1　能力を超える研究の苦難　42
　　2　フランス行政法はでき損ないという発見　43　　3　留学前の論文　43
　　4　留学先はドイツ（1972－74年）　44　　5　義務付け訴訟の研究　45
　　6　アメリカかぶれ　45
第3節　その後の学問 …………………………………………… 46
　　1　外国との交流　46　　2　外国語の論文集　46
　　3　論文数と研究領域　46
第4節　学者の成果は？ ………………………………………… 47
　　1　法律学の成果の評価方法は？　47
　　2　御用学者をやめて（やめさせられて）　48　　3　御用学者をやめよ　49

第5節　わが闘争，分野ごとに……………………………………………50
　　1　阿部ゲート　50　　2　嫌煙権　51
　　3　地方自治法　51　　4　司法改革　52
　　5　行政訴訟改革　52　　6　行政法の法システムの改革へ　57
　　7　司法試験必修化　58　　8　裁判に影響を与えた解釈学的意見　58
　　9　政策法学の提唱　65　　10　目下頑張っているもの　70
　　11　教　育　70　　12　大学行政　71
　　13　学　会　賞　72
第6節　最　後　に………………………………………………………73
　　1　神戸大に「滞留」　73　　2　今後のわが闘争——捕らぬ狸の皮算用　73
　　3　これからの研究・教育　74　　4　今は健康　75
　　5　阿部泰隆は変人か，これからの阿部泰隆　76
　　6　阿部泰隆の功績（自分で書いたもの，自画自賛!!）　78
　　7　古稀を迎えての阿部泰隆——追加（2009年）　79
　　8　阿部泰隆の「独自性」　79

第3章　行政法司法試験科目廃止反対闘争記
　　　　——行政法は基幹科目——………………………………85
第1節　司法試験行政法廃止は法治国家の危機……………………………85
　　はじめに——法曹三者の合意　85
　　1　法治国家の重要性　85
　　2　法治国家は風前の灯火　86
　　3　行政法は民事・刑事法とは異質　90
　　4　司法試験における受験者の負担軽減策　91
　　5　立法過程はオープンに，多様意見を聴いて　93
第2節　行政法・行政法学の重要性…………………………………………95
　　はじめに　95
　　1　行政法は基本科目　96　　2　行政法の特殊性　98
　　3　行政法の法技術の特殊性　103
第3節　行政法学と司法試験科目のあり方…………………………………107
　　はじめに　107
　　1　行政法と他の科目の関係　108　　2　法曹教育による対応　111
　　3　諸外国では？　116　　4　行政法試験のあり方　119
　　5　大学教育への影響　121　　6　法曹制度改革のあり方　123

第4章　行政の法システムの改善………………………………………131
第1節　行政手法論，規制手法の拡大，規制手法から情報手法へ………131
　　はじめに　131

1　行政監督が必要な根拠　*132*　　2　行政監督の機能不全　*133*
　　　3　情報を収集・公開してこそ，行政監督が機能し，自己責任が徹底する　*135*
　　　4　新たな監督手法の強化の必要　*148*
　第2節　民法と行政法における違法性と救済手段の違いと統一の必要性
　　　　　──建築紛争を中心として──……………………………………*154*
　　　1　建築紛争の現れ方　*154*　　2　民事法と行政法のずれ　*155*
　　　3　民事法と行政法のずれは正当か　*158*　　4　解決策の模索　*159*
　第3節　資産・取引の完全な把握と税制・福祉の総合政策
　　　　　──納税者番号制度を含めて──…………………………………*165*
　　　1　問題の提起　*165*　　2　金銭登録機または銀行取引などの義務付け　*170*
　　　3　必要経費(損金)の過大申告の排除　*175*　　4　納税者番号制度　*177*
　　　5　固定資産の申告，全国名寄せ　*183*　　6　むすび　*184*

第5章　行政法解釈学の前進 ……………………………………………*191*
　第1節　行政手続法の整備の意義，聴聞手続と司法審査のあり方 ……*191*
　　　はじめに　*191*
　　　1　日本道路公団総裁解任の法制度の確認　*191*
　　　2　行政手続＝事前手続に関する各国法制の発展　*193*
　　　3　行政手続法制定前の実定法の状況　*202*　　4　判例の発展と評価　*203*
　　　5　行政手続法制定の動向　*224*　　6　最近の判例　*241*
　　　7　聴聞を経た行政処分の司法審査のあり方
　　　　　──特に，手続違反と実体違反の関係──　*247*
　第2節　誤解の多い対物処分と一般処分 ………………………………*254*
　　　はじめに　*254*
　　　1　個別の対物処分　*255*　　2　一般の対人処分　*258*
　　　3　一般の対物処分　*258*
　第3節　教科書検定の「裁量？」と司法審査
　　　　　──「相応の根拠論」を中心として──……………………………*276*
　　　はじめに　*276*
　　　1　無限定な法律の文言と憲法の制約　*278*　　2　学テ判決から学ぶもの　*279*
　　　3　先例の誤用　*280*　　4　論理の飛躍　*283*
　　　5　専門裁量論　*287*　　6　検定手続の不適切性　*288*
　　　7　結　論──教科書検定権の限界と司法審査の方法　*289*
　　　8　附　言──裁量行使の基準と裁量濫用の審査方法　*293*
　第4節　憲法上の福祉施策請求権 ………………………………………*295*
　　　はじめに　*295*
　　　1　憲法25条1項と公的介護請求権　*295*
　　　2　平等原則に基づく直接請求権　*304*　　3　むすび　*307*

第6章　政策法学の進展
第1節　法制度設計におけるいくつかの視点 …………………315
　　　　　はじめに——本節の課題　315
　　　　1　法制度設計の基本的な理念と実践　319　　2　外国法の輸入　323
　　　　3　立法論のスタンス　325　　4　費用対効果の比を考慮せよ　329
　　　　5　立法技術のあり方　334
第2節　大震災対策における(憲)法解釈と法政策 ……………341
　　　　　はじめに　341
　　　　1　金銭的・物的な支援の法システム　341　　2　まちづくり　352
第3節　震災に対する行政と法の対応 ……………………………357
　　　　　はじめに　357
　　　　1　地震強制共済創設反対　359　　2　被災者生活再建支援法の拡充　363
　　　　3　仮設住宅よりも，住宅の借上げを　364　　4　公営住宅は造りすぎ　365
　　　　5　再開発もやりすぎ　366　　6　震災胎児への教育資金の支給　366
　　　　7　緊急時の行政活動　367　　8　営業支援　367
　　　　9　阿部は被災者に冷たいとの批判＝全くの誤解　368
　　　　10　最　後　に　368　　11　住宅の耐震性の強化(補遺1)　368
　　　　12　震災障害者の調査は今頃(補遺2)　370

第7章　裁判による政策の実現
　　　　——厚遇裁判，ネズミ捕り訴訟を例に—— ………………377
第1節　裁判による政策実現の意義 ………………………………377
　　　　1　本章の趣旨　377　　2　政策提言に無力感　377
　　　　3　審議会は御用審議会　378　　4　大学教員の社会的貢献？　378
　　　　5　政治ルート　379　　6　裁判ルート　379
第2節　厚　遇　裁　判 ……………………………………………379
　　　　1　政策課題　379　　2　違法な厚遇　381
　　　　3　住民訴訟　383　　4　住民訴訟の成果　387
第3節　ネズミ捕り訴訟 ……………………………………………388
　　　　1　交通事故防止の政策に反する　388　　2　ネズミ捕り訴訟　388
　　　　3　裁判の影響　390

初 出 一 覧

第1章
第1節　「行政法の意義と行政法学の進路試論」自治研究77巻10号（2001年）
第2節　公法学会報告「大学改革と公法学教育」公法研究68号60頁以下（2006年）

第2章
神戸大学最終講義（2005年1月28日）。

第3章
第1節　「司法試験行政法廃止は法治国家の危機」ジュリスト1128号（1998年）
第2節　「行政法・行政法学の重要性」自治研究74巻4号（1998年）
第3節　「行政法学と司法試験科目のあり方」自治研究74巻5号（1998年）

第4章
第1節　「行政監督と情報の活用―情報非公開の機能しにくい行政監督から、情報公開の義務づけによる有効な監督と競争と自己責任の規制緩和社会へ―」『塩野宏先生古稀祝賀論文集　行政法の発展と変革上巻』（有斐閣，2001年）
第2節　「民法と行政法における違法性と救済手段の違いと統一の必要性―建築紛争を中心として―」都市住宅学38号（2002年夏号），都市住宅学会賞・著作賞2004年度受賞
第3節　租税法学会報告「資産・取引の完全な把握と税制・福祉の総合政策―納税者番号制度を含めて―」『情報と租税行政手続』租税法研究27号（1999年10月）

第 5 章
第 1 節　「行政手続法の整備の意義，聴聞手続と司法審査のあり方」法学新報114巻 1・2 号，3・4 号（2007年）
第 2 節　「誤解の多い対物処分と一般処分」自治研究80巻10号（2004年）
第 3 節　「教科書検定『裁量？』と司法審査──相応の根拠論を中心として」法時64巻 8 号（1992年），
第 4 節　「憲法上の福祉施策請求権」『政策実現と行政法　成田頼明先生古稀記念』（有斐閣，1998年）

第 6 章
第 1 節　「法制度設計におけるいくつかの視点」公共政策学会・公共政策研究 4 号（2004年）
第 2 節　公法学会報告「大震災対策における（憲）法解釈と法政策」公法研究61号（1999年）
第 3 節　2004年11月 5 日神戸大学阪神・淡路大震災10周年事業メモリアル学術シンポジウム開会記念講演，神戸法学雑誌54巻 4 号（2005年）

第 7 章　「裁判による政策の実現──厚遇裁判，ネズミ捕り訴訟を例に」中央大学総合政策学部編『新たな「政策と文化の融合」：総合政策の挑戦』（中央大学出版部，2009年）

第1章　行政法学再生の方向

第1節　行政法の意義と行政法学の進路試論

1　行政法学の現状

（1）　社会から軽視？
　　　　──行政法(法規)の隆盛と行政法学の沈滞のコントラスト
　行政法規は国会毎に無数に作られている。有斐閣の六法全書を見れば，「六法の半分は行政法」というべきである。Ⅰは憲法の次からほぼ全部行政法であるし，Ⅱの方では，社会保障法，農地法，運輸法など，行政法がらみの法律が相当部分を占める。私が大学で学んだ1962＝昭和37年と比べてもたくさん増えた。しかし，わが国では，なぜか，六法が基本科目であり，行政法は辺境科目扱い（「六法に入れて貰えぬ行政法」）で，司法試験から排除された。なお，これは民訴・刑訴を必修にする代わりに，受験生の負担増大を避けるためどれか削る必要上選択科目を廃止したものであるが，昔に戻って，商法と行政法の選択必修とすれば良かったのである。
　国家公務員試験から行政法を外す動きが一時あったそうであるし，公務員の研修で行政法が軽視されつつある。
　法学教室などでも，行政法演習は最後にやっと入っているところで，行政法学を重視してくれる雑誌は自治研究くらいになった。
　もちろん，行政法の先生は種々の分野で活躍している。しかし，それは行政法の基本原理が重要で，しっかりしたものがあり，かつ，余人をもって代え難いからなのだろうか。

（2）　総論研究の薄弱さ
　私見では行政法学の軽視にはそれなりの理由がある。これまでの通説判例の

教育では，法律の立案・解釈に当たる多くの実務家にとって役立つことは少ないからである。

行政法には法典がないので，六法に入れてもらえないが，しかし，それは形式的なことである。実質論としても，行政法総論は，公法と私法の峻別の崩壊，行政行為論の比重の低下と共に，重要性を失いつつある。公法と私法の議論は初めからほとんど役に立たず，行政行為論も，そこで議論されていることの大部分は，訴訟制度の反映で，たいした意味をもたない。それにもかかわらず，教壇において，公法と私法や特別権力関係，行政の概念，行政行為の効力などを詳しく論じて，今日では意味がないなどとまとめているようでは，学生からも相手にされなくなる。

そこで，行政法学者の研究も各論なり特殊法に重点をおく傾向にある。その上，これまでの各論も，特殊法・独立法として独立していく。租税法，環境法，社会保障法，教育法などがそうである。かろうじて，地方自治法，都市計画法などがまだ十分に独立していない[1]。

法の一般原則はまだ残っているが[2]，これは元々公法と私法を別世界として，しかし，私法の一部の規定を法の一般原則として導入するもので，これだけでは，行政法の独自性の主張にはならない。むしろ，行政法の法体系の不十分さを示すものである。

行政法は憲法の具体化であり，また，行政行為という，行政過程の最終点ではなく，その前のプロセスを考察する必要性が説かれているし，行政の行為形式の多様化に対応する分析も行われている[3]。それは行政行為中心の当時の時代性のもとで，考察の場を広げたものとして有用であるが，これでも現代の行政活動を全体として分析できたという感想はもてない。そもそも，行政行為の前の段階の考察は非常に限られている。

いわゆる 3 段階モデル[4]は，非常に古典的な権力行政法のシステムの説明で，それだけなら，妥当範囲も狭く，行政法総論の重要性を感じさせない。行為形式論程度では行政全体に通ずる共通法ではあっても，その一側面にすぎない[5]。

行政事件訴訟法は，訴訟の窓口を狭くするくらいの意味しかなく，いっそ民訴法にみな任せた方が良いという意見が出てくる。国家賠償は，法治国家の原

理を強調する以外は民法の不法行為と同じである。

　（3）　実体公法の復権の提唱

　これに代わる，新しい総論，共通法の研究は手薄である。実体公法の復権[6]とか法のしくみ論[7]なども提案される。結構であるが，これらはその後の理論の深化（進化）も少なく，いまだ行政法全般に共通するしくみを創造するまでには至っていない。

　もちろん，行政手続法，情報公開法，個人情報保護法ができて，新しい行政法共通法の大きな基盤になる。行政代執行法，国税徴収法，国税通則法も行政法特有の法律である。しかし，それだけでは，依然個別法である。さらに全般的な共通法を作ることを目指して，あるべき全般の共通の原理を明らかにすべきである。ついでに，刑法総論の多くは無駄なことを教えているという印象をもつが，法典があるだけ強いのは羨ましい。行政法学は千数百ある行政法規の基盤であるから，本来もっと重視されてよいのである。

　この現状は困ったものである。行政法学においても，政界並みに，「変革」が必要である。著者は変人といわれながら，変革の人のつもりで，『行政の法システム（新版補訂版）』（有斐閣，1998年，初版＝1992年）を著した。大橋洋一『行政法』（有斐閣，2001年）が，自分の研究を基礎として，こうした試みに挑戦したのは，新しい日本行政法学を創造する息吹を感じさせる。しかし，これらはなお積み重ねるべきものがあると感ずる。磯部力[8]，山本隆司[9]，木村弘之亮[10]も，同様に新しい行政法学の建設に意欲的である。それぞれの考えている理論は多様であるが，思いは同じように感ずる。一緒に報告した曽和俊文（自治研究77巻10号）も同様である。

　ここに微力ながら1つの試論を提示するが，さらに議論が活性化して，みんなで，行政法共通法の体系，解釈論，立法論の基本的な視座を建設できればうれしいことである。

　なお，著者は，このように行政法(学)がこのままでは衰退産業になるのをくい止めたい。これに対しては，行政法学者の利権誘導ではないかという見方をする者が出てくる。しかし，行政法がしっかりと学問的にも整備されれば，国民の利益になるのであり，そのことを主張するのはわれわれをおいてないか

ら，言わざるをえないのである。その結果，行政法学者が利益を受けることがあっても，それは反射的利益にすぎない。

2 阿部の試案

(1) 行政法とは——主体説

法は社会の利害を調整するしくみである。そのうち，行政法とは，国民（市民）の利害を，行政権の手を通じて調整する法システムである。一種の主体説である。実は，実質的な定義をうまく作ることができないからである。なお，非訟事件手続は裁判所の行う行政ではないかとも思われるが，それを取り入れた定義を作る能力は著者にはない。

(2) 民事法との違い

そこで，行政権の手を通じないで，市民相互の利害を調整する民事法と，役割分担をどのようにすべきかが真っ先に解明されるべき課題である。行政法は，行政に固有の法などといって，「固有」性を明らかにしない限りは，この役割は解明されない。

私人間の利害調整を私人間で裁判を通じて行うのは効率的でなく，例えば，公害対策のように行政の手を通じた方が効率的である場合には，行政に権限を委ねるのが妥当である（これは生命健康に関わることとは無関係に，どの機関に対応させるのが効率的かにある）。

この場合，行政法の任務は，多数当事者の利害を，効率的に，かつ公平に，憲法原理に照らして調整するしくみを提供することである。

規制緩和の動きの中で事前規制から事後規制へといわれる[11]が，事前の不透明な規制や行政指導をやめることにとどめるべきであって，事後規制の方が効率性が低い場合は少なくない。典型例は運転免許，公害対策などであり，事前規制を廃止する方が非効率である。むしろ，ルールにかなった裁量性の少ない事前規制が望ましい場合が多い。生命・健康・環境を保護するためには事前規制が必要だという点では，リスクと規制のコストとの関係を検討しなければならない。非常に低いリスクのために過剰規制をしてはならない。

協調的法執行はインチキが起きるから，透明にしなければならない。和解が

その例で、アメリカでは、その内容を公開して、広く意見を聞くシステムがある。

また、行政法は社会の資源の再配分を行う。これは民事法にはない活動である。セイフティネットの規範論として、憲法25条から、請求権を導けばよい。これは「憲法上の福祉施策請求権」として、成田頼明先生古稀記念において論じた（本書第5章第4節）。

民事法は、所有権の絶対、過失責任、私的自治を大原則とする。これに対して、行政法は、公共の福祉を理由とする所有権・契約自由の制限、法治主義の原則＝私的自治の否定を大原則とする。

民事法では実体法に基づき権利義務の有無を裁判官が判断する。行政法は、行政に権限を付与し、判断させる。その過程で、住民参加、相手方の関与が必要になる。

行政訴訟と民事訴訟で争われる利益の違いは公益と私益といわれてきたが、実は、行政訴訟で問題になっているものの多くは私益の集合である。公害といわれてきたものはすべて私害である。周辺住民の利益は公益ではなく私益であるから、原告適格の根拠になる。行政訴訟では多くの人の利益を代表することが多いから、成功褒賞金を導入すべきである（ただし、これは民事法でも刑事法でも同じことがある。共有林分割禁止違憲訴訟、法解釈の誤りを理由とする無罪）。

行政実体法は民事法とは構造が違う。行政活動は法規により授権された枠の中でそれなりの根拠のもとに行われるから、理由が重要である。行政法規は行政にある程度の裁量権を与える。私人には、特定の請求権ではなく、瑕疵なき裁量を求める請求権・一定の手続遵守請求権を与えるものである。民事訴訟では、原告の主張する理由のいずれかでも成り立つならそれで勝負を決めることができるが、行政訴訟では、義務づけ訴訟でならもちろん、給付拒否決定の取消訴訟でも、取消判決の拘束力（行訴法33条2項）を発生させるように、原告の主張する理由を丁寧に全部審理する必要など、民事訴訟にはない論点がある。取消訴訟では原告は既判力の発生を目的としているというよりも、できるだけ有利な拘束力の取得を目的としているのである。そこで、例えば、原告が手続ミスと本案の裁量濫用を主張したにもかかわらず、手続ミスだけで取り消し、後者について判断しなかった判決（東京高判2001年6月14日判時1757号51頁）は、

この論点を無視したものである。また，立証責任は原則として説明責任を負う行政に課されるべきである。手続ミスで取り消されたが処分がやり直されるだけでは救済にならないので，できるだけ義務付け訴訟を活用すべきであるし，手続ミスによる取消しの際にも，過失の有無を問わず一定の賠償請求権を認めるべきである。訴訟中の理由の追加変更，処分後の別の理由による同一の処分ないし実質的に同じ処分の繰り返しも，権利救済の実効性と処分の繰り返しの必要との調和の観点から規制して，原告に負担になる理由や処分の変更に際しては相応の賠償を認めるべきである。

また，取消判決は法律の平等適用という点からは同じ事情にある者にも対世的に効力があるべきであって，訴えを起こさない者は判決を有利に援用できないという発想（医療費値上げの職権告示の執行停止事件，東京地決1965・4・22行集16巻4号708頁）は民事的発想である。まして，無効確認判決が，処分により利益を得た者に効力を及ぼさない（行訴法38条1項，32条）というのは，民事訴訟の確認訴訟理論の濫用である。処分性に関しては，個人の権利救済という視点は，かえって救済を不十分にさせる。行政を適正にコントロールするには何を訴訟で争わせれば適切かが論点である。

このように，いくつか挙げただけでも，行政法と私法とは基本的に発想を異にするべきである。民事法を学べば行政法がわかるというのは大間違いである。民事訴訟法的発想が行政訴訟を歪めてきたのである。

(3) 行政法のシステムのありかた

それでは，行政の法システムはどうなっているか。また，どうなるべきか。

行政は目的を与えられる。目的は各分野毎に検討される。例えば，環境法では，世代間公平の原理のもとに持続的な発展を目指すものであり，社会保障法は，限られた資源を適正に配分し，国民の活力を引き出しつつ，各自の資源の不足を公平に補填するしくみでなければならない。都市計画法も，個人の土地所有権を尊重しつつ，空間という社会的資源を効率的に活用し，公平に配分することが目的になる。

こうして，行政の各分野毎の目的は異なっている。ここに特殊法論の主張される基盤がある。

しかし，そこで用いられる法的な手法はかなり共通である。私は行政の各分野とのフィードバックにより新しい総論を作ろうとしている。これは大橋のいう参照領域理論と同じである。ただ，著者が，行政行為論から離れて，行政手法を提案しているが，大橋は，結局は行政の行為形式論にこだわり，私見のような行政手法については，経済的手法に注目を始めただけである[12]。

行政が活用する手法は，民事的手法と行政的手法に分かれる。それぞれその活用状況，活用理由を明らかにして，応用できるようにする。これは行政処分か契約かというだけにはとどまらない[13]。

そして，行政の手法には，監督手法，給付の諸手法が基本になるが，さらには，これを細分化して，計画の手法，契約の手法，経済的手法，情報の手法などを論ずる。

監督を効率的に，しかも実効的に，かつ権利を侵害しないように設計すべきである。多数の合意のもとに少数の不合理を排除するために，強力な手法も導入されるべきである。例えば，間接強制としての執行罰も導入されるべきであるし，制裁としての課徴金も同様である。監督の代わりに経済的手法，情報手法も重要である[14]。行政指導には種々のものがあるが，本来権限を発動すべきところこれを怠るという，法治行政から見て望ましくないものも多いので，それについては対話型・協調型などとおだてるのではなく，本来滅びる運命にあり，行政の法的権限発動義務を論ずべきである。

給付行政は資源の適正・公平な配分と権利保障の観点から設計されるべきである。これは民事法にはないしくみであるし，私的利害を私的自治と所有権絶対の原則のもとに考察する民事法では考えようがない。したがって，民事法を学べば行政法がわかるということにはならない。

給付が要綱で行われる場合，民事法的な発想では制度の趣旨を歪め，行政の不当な給付拒否を惹起させる。立法者の選択に委ねるという思考を放棄し，法治行政のルールを作るべきである[15]。

いろんな段階で，市民，相手方の意見を聞き，司法審査の対象とするシステムが必要である。これが事前手続，計画手続，住民参加，訴訟のシステムである。ただ，行うべき行政施策が進まないような重装備にならないように工夫するべきである。

次に，行政は目的と法的手法を法律により与えられているので，行政と法の関係を考察する必要がある。これは，法律の留保，委任立法，行政規則，条例制定権の範囲，行政裁量の問題である。私見ではこれは行為形式というよりも，法治行政とその具体化の問題である。

行政への授権は，これまでのように，不透明な過程への白紙委任ではなく，情報公開，説明責任を原則にして，行政監察，住民参加，事前手続，行政不服審査，行政訴訟などで，できるだけ合理的な処理が行われるように設計する。例えば，今回改正された土地収用法の事業認定手続と実体法の基準（20条）は，この観点から本来設計し直すべきであった。この観点からしても，立証責任は行政に課されるのが原則であり，原告適格も拡大されるべきであり，処分性も，行政としての最終判断が行われれば，それが個々人の権利義務に影響がなくても認められるべきである。住民参加は行政としての意思決定がなされる前に行われるべきである。法律による行政立法への授権も明確になされるべきで，法律の趣旨などで委任されたと解するのは，法治行政に反する。特に規制行政ではそのように言える（給付行政では元々法律の根拠を要しないと解するならば，委任の根拠も曖昧でも許される）。

角度を変えて，行政は国民からの信託に応える仕事をすべきであるから，行政の仕事は，政策評価，事業評価，環境影響評価などで，多段階的に審査を受けるべきである。

政治と行政の関係では，政治が行政に方針を示して，しかし，行政から適切に創意工夫を引き出して仕事をさせ，その判断を監視するしくみを工夫するべきである。「行政と政治の望ましい関係に関する法律」を工夫する必要がある。これが行政組織法，政治関与(禁止)法の問題である。

　（4）　行政法学の任務

行政法学の任務の中心は解釈論と立法論であるが，それを適切に行うにはまずは行政の法システムがどのようになっているかを体系的に把握することが必要である。法のしくみ全体を理解しないで，法を適切に解釈することはできないし，まして，立法することはできないからである。その作業が今述べたところのものである。

そして，次に，行政法学は，立法による目的の設定を前提に，効率性，有効性，権利の利害調整などを考慮して，行政の活動ルールを作ることを手伝う。換言すれば，政治の場で決まる国民の意思を立法者が実現するために合理的な法律を作るように，そのノウハウを作成すべきである。こうした判断を個人の主観にできるだけ左右されない客観性の高いものとするために，ミクロ経済学その他の社会科学との交流が重要である。これがかねて主張してきた政策法学，今回の研究会（自治研究77巻10号）で曽和教授が述べた制度設計の行政法学である。

それとともに，その法システムの意味を探求する解釈論を行う。行政が法律の趣旨をきちんと実現し，裁判所が，法律の趣旨どおり実現されているかどうかを監視して，関係者と国民全体の利益を適切に保護することに協力するようにするのである。そのためには行政の法システムをしっかり理解しなければならない。

（5） 特に，立法政策論の重要性

これまでの法律学では，体系論と解釈論が中心であったが，不合理で曖昧な法律を前提にそれを裁判所で解決するだけではなく，立法の場で問題の根元を解消することにも努力すべきである。曽和俊文報告にいう法制度の設計の重要性で，著者がかねて主張してきたことと同方向の意見として，まことにうれしい。実際，行政法研究者は行政手続法，情報公開法，個人情報保護法，地方自治法などの立法に関わってきた。そのノウハウはそれぞれの個別の法律案策定過程で相当に蓄積されているだろう。そして，それは他の分野でも応用できるものが少なくないと思われる。

ここで，立法政策論の共通の考え方を摘出して，今後活用できるようにすべきである。

例えば，

① 国民の権利利益の適正な配慮，利害の適正な調整
② 法の明確性の要請：行政の恣意の可及的減少，国民の地位の安定
③ 効率性，経済学の知見の活用[16]
④ 公平性：資源の配分の領域，税制の領域。これが何かは民主的過程で何

段階かで議論する。
　⑤　実効的かつ迅速な権利実現
　⑥　これらに配慮した実体法と手続法，参加法，訴訟法
　⑦　代替案との合理的な比較[17]
　（私見に対する磯部力コメントは，あるべき制度設計の理論を示す行政法学への潜在需要は高い。行政法研究のあり方について，宇賀克也報告は，従来の研究方針の延長線上でよいとするものであり，阿部の場合は発想の転換が必要であるとするものと理解したが，この点で私は，阿部報告に共感すると述べられた。自治研77巻10号74頁）。

3　行政法教育

（1）　法科大学院で何を教えるか

　行政訴訟中心に訴訟に出てきたものを教えるという考え方がある[18]が，不十分である。

　そもそも訴訟に出てくるのは，訴訟が少ない日本では一般的に言えば病理現象であって，生理現象ではなく，一般の行政官，市民には普通は関係がない。判例百選を中心に講義するのもケースメソッドも不適切である。法律を運用する者は生理現象を知る必要がある。

　行政事件訴訟法は不備なので，解釈論争が起きて，勉強せざるをえないが，同法を，権利救済の実効性，当事者の対等性，法の明確性の要請の立場から改正すれば，行政訴訟の枠組みを教育する必要性は大幅に減る。論争も限られ，訴訟法を理解することは簡単になるからである。むしろ，訴訟では，無数にある実体法のしくみがどうなっていて，どの解釈が法律の趣旨に合致するのか，法律に書いていない不文の法理は何かを探求することが第一次的な課題となる。こうした実体法理を教えることが肝心である。

　行政法学としては，無数にある密林のような行政作用法の共通の原理を解明して，新たな立法に資し，また，合理的な解釈を施すことに意義がある。この問題点は少々の立法でも解消しないし，行政法通則法を制定するためには，学問の発展が必要である。それこそ行政法学教育の中核部分でなければならない。

　なお，国家賠償法は，民法の特例あるいは民法そのものが大部分で，法治行政の実効性の担保の点を除けば，特に行政法として教える必要性はない。民法

と行政法を統合した不法行為法として，1科目にすればよい。そもそも，民法学者が民法典に掲載されている法律をすべて独占する根拠はないし，物権法と不法行為法は原理を異にし，1人でやる必要もない。行政法学者兼不法行為法学者でよいのである。ただし，損失補償法は民事法にないしくみであり，国家補償法の谷間も同様であるから，これらを含めて国家補償法として総合的に考察するのは，行政法の体系に合致する。

法科大学院の修了者は多くは解釈法曹になるが，それだけではなく，立法者，行政官にも進出することが期待される。あるいは，日弁連で，法案の対案を作成するなど，政策法学の役割は重要である。

なお，公務員教育では行政実体法を教えるのは当然であるが，その内容は従来の行政法学では不十分であるとするのが私見である。

(2) 併せて，試験科目

これまで行政共通法の重要性について述べてきた。別の言い方をすれば，国家の法体系は，憲法の下に私人間の利害調整を行う私法と，刑罰権の発動である刑事法と，さらに，国家と国民の関係を扱う行政法に分かれるが，行政法は国家の3大法体系の1つであって，民刑事法を学べば自然にわかるものではないから，法曹としても，行政法学の基本知識がなくて，知的所有権法，独禁法，税法などの応用科目を勉強するのは勧められない。労働監督行政も同様である。

ロースクール，司法試験では，法律学を教え，試験する。どの科目を試験科目とするかは議論があるが，司法試験科目がロースクールで重視されるのは当然である。国家が試験科目を決めるなら，司法試験でもロースクールでも，行政法を重視すべきだということになる。

もし，そうではなく，ロースクールの授業科目については，大学が任意に決めるというしくみになるとすれば，学生の需要次第になる。つまりは，行政法を重視するかどうかも市場が決めることになる。

われわれも社会から評価されるような学問の建設を急がなければならない。ただ，行政法学は公共財の面が強く，市場に任せるだけではたりない。行政訴訟はやるだけムダという現状で市場に任せるなら，弁護士も行政法を学ぶだけ

損だし，法務官僚は全戦全勝の方がいいし，裁判官も面倒な事件を引き受けないで済むとありがたがる。この3すくみの現状を打破しないと，行政訴訟は本当に死んでしまう。公共財についても市場が機能するような仕掛けが必要である。

例えば，行政訴訟の障害物をなくし，行政庁が十分に情報公開してその施策・処分の根拠を説明する制度を導入して，庶民も対等に戦えるようにすること，さらに，行政訴訟で勝訴した者には，公共のために寄与したという前提で相当の褒賞金を支給すること，民間法律立案シンクタンクが力を蓄え，国会の立法活動を補佐することで収入を得られるようにすることが必要である。そうすれば，行政法学を学ぶ者が市場に必要量出てくるのである。

4　新しい研究組織創設の必要性

このように，今日，総論の基本的な原理の探求と，立法政策学の基本的な考え方の樹立が緊急の課題である。しかし，それは私はもちろん多くの同僚にとっても目下模索中と思われる。学者は論文を書けばいいといって，手工業式の個人作業でバラバラに研究しても，この多忙な現状ではなかなか進まない。例えば，行政訴訟の処分性や原告適格についてさえ，多くの者の納得する合理的な立法提案はないのが現状である。まして，関連社会科学の学力を付けるのは困難である。この現状に照らして，さらに研鑽を積むことがわれわれ行政法研究者に課された職責であると考える。それを果たす中立的な場として学会を考えてみると，憲法と行政法全体をカバーする学会としては公法学会があり，他方，各論分野では，不動産学会，自治学会，社会保障法学会，環境法政策学会，都市住宅学会があり，政治学との協力の試みとして，公共政策学会があるが，上記のように行政法学の中心部分が抜けている。それを埋める1つの方法として，新しく，行政法総論（共通法）と行政法政策学に特化した特別の研究会ないし学会＝行政法政策学会（仮称）を設立することが有意義である（やっとできた行政法研究フォーラムはこの期待には必ずしも応えない。「政策」は入れないという抵抗もあった）。

［追記］

本章全体につき，阿部泰隆『行政の法システム（新版）』（有斐閣，1997年），阿部泰隆『政策法学の基本指針』（弘文堂，1996年）第2章，阿部泰隆「基本科目としての行政法・行政救済法の意義（一一五）」自治研究77巻3，4，6，7，9号参照。

第2節　大学改革と公法学教育

はじめに

「大学改革と公法学教育」というテーマを与えられた。ここで，大学改革としては，国立大学法人化のほか，公法学教育に影響を与えるのは，新司法試験と法科大学院・公共政策大学院の創設，特に，法科大学院と新司法試験における行政法の必修化である。これを前提に，われわれが社会から期待されている教育は何かを考え直さなければならない。

大学教育の本質は何か。製造業である。原料を購入して，付加価値を付けて販売するのである。原料は多少悪くても良い。どれだけ付加価値を付けたかが肝心である。元々原料が良ければ製品が良いに決まっているが，それは教育の貢献ではない。結論は，どこかで聞いた台詞であるが，「行政法学はこれで良いのか，改革は是か非か，学会の皆さんに聞いてみたい，むしろ，行政法学自身変わらなければなりません」というものである。

1　これまでの公法学教育は基本的にはムダだった

（1）　学生にとって

これまでの大学での教育は誰を相手にしていたのか。何のためだったのか。

学生にとっては学ぶ目的がはっきりしない。将来，会社員になる人にとって，公法学は，単なる教養以上のものではない。ジェネラリスト養成といわれているが，どんな素養を養ったのか。学生をまともな論理を展開できるように教育したのか。何が正しいかの思考力，判断力，洞察力を養ったのか。公法学は，法曹になる人には不可欠かもしれないが，大学の授業は，先生の個人的な信条を聞くだけというのが多く，付加価値はなかなか付かない。しかも，試験

向きではない。これが法科大学院創設の大きな理由になった。

（2） 公務員試験では？

公務員志願者には公法学は本来不可欠であるが，そもそも，公務員試験自体が，学問を反映していない。客観的という理由で，択一式が多く，論文試験でも，通説と最高裁判例の重要なものを覚えればよい。大学で，通説判例を乗り越える創造的な授業をすることは，国家試験を受ける者にとってはかえって迷惑である。

（3） 公務員の現場では？

公務員の現場では，憲法・行政法理論など，一般には無視されている。理論など不要，せいぜいは，通達を調べる，判例の要旨を調べるという程度で，判例の射程範囲を分析して，事案に最もふさわしい，住民のための解決を考えるといった仕事をすれば，職場では浮いてしまうのが多い。それに，大阪市職員厚遇問題に見るように，現場ではインチキが多いから，理論はムダどころか，邪魔になりかねない。

一例ではあるが，私は，神戸市長を被告とする住民訴訟を11件も代理している。そのうち，いわゆる旅行券裁判では，市の職員に勤続25年なら10万円の旅行券を支給して，家族で遊んでらっしゃいというのを，地公法42条の福利厚生事業では正当化できず，社会通念上儀礼の範囲を超え，給与条例主義（地方公務員法24条6項，25条1項，地方自治法204条の2）違反で，違法，過失ありとして，市長に賠償を求めている。市側は，これを適法とする行政実例や判例はないかと裁判長から釈明されて，昭和31年の「お見込みの通り」という，理由も何もついていない行政実例を出してきた。市職員は税金で仕事をしているのだし，住民訴訟で被告を首長とするように改悪（平成14年地方自治法242条の2第1項4号の改悪）したのは，説明責任を果たせるようにというのだから，中立的に，市長に不利な判例も調べるべきだが，そんなことはおよそしていない。私が行政実例を調べると，反対に，こうした運用を違法だとするのに役立つものがたくさん出てきた。この程度の仕事で，大学教授と変わりのない給与を貰っている（それ以上に，小生は41年も国家公務員をやっていて，貰ったことのない旅行

券まで貰う）のだから，市役所職員の棲み家は天国である（神戸地裁平成18年3月23日判決（判例自治293号74頁）は，この点原告勝訴の判決を下した。阿部泰隆弁護士初勝利である。これは大阪高判平成19・2・16（判例自治293号59頁），最決平成19・10・18で確定）。

　このように，現場では，違法行為でも，職員の利権を守るため，確信犯で行っている。こんな職場では，大学で勉強ができた者は，かえって出世できない。こうした現場を変えずに，学生にいくら立派な学問を教えても，生かされない。公法学教育が悪かったのかといわれても，いくら教育しても，馬耳東風の世界だから，どうにもならない。私の見るところ，神戸市では良心的で優秀な者は，案外出世していない。

　それどころか，2006年4月には，市議会の最有力議員が，支援業者から，収賄して，請託を受けて，市当局に働きかけて，飛ばすぞと脅して，要綱を改悪させ，支援業者の利益を図った事件が刑事事件になった。こんな腐敗した現場では，公法学教育が役立たないのは当然であるが，それはわれわれ教育者のせいではない。

（4）　行政法理論は？
　さらに，理論的にも行政法学で説く内容は，古色蒼然としているので，社会では，「こんなもの要らない行政法」と見られ，行政法の研修は減り，公務員試験からも法律職以外は外されているようである。
　行政行為とは何かといった，旧態依然の行政法を講義している先生は，言い訳として，新理論を教えても試験には役立たないからという。しかし，そんなことをやっているから，「行政法は役に立ちますか」と聞くと，「試験の時役立ちました，あとは忘れても仕事はできます」という答えが返ってくるのである。本当は，時代にあった行政法理論を創造する必要を感じないか，意欲と能力がないためではないかと疑いたくなる。小生の教科書が「研究書」として奉られて，相手にされていないのは遺憾である。多少研究した場合には，研究成果の伝達と称して，自分の信条を一方的に吐露する。学生がそれをどう生かすのかまでは考えない。最新の学説は，裁判官，国会向けかもしれないが，学生は試験が終わった瞬間に忘れている。これでも，先生と学生の間では，呉越同

舟で仲良くできる。

（5）　マスコミでは？

　マスコミに行くなら，社会の問題のかなりは行政法の問題であるから，しっかり勉強すれば役立つはずである。しかし，普通の行政法の教科書を読んでも，新聞事例の解決策はほとんど浮かんでこないから，マスコミ志望者が行政法を勉強する動機はない。憲法なら，社会問題になるから，多少意味がありそうである。しかし，マスコミの採用試験は，これまた，社会常識など，幅広いもので，専門試験とは言えない。しかも，マスコミに入ってからは，現場回りなどと，およそ専門性のない，たたき上げの仕事をしていて，そのうち，デスクに座る。OJT などは，ゼロの積み重ねは永久にゼロの典型である。まともな判断力は養成できていない。マスコミは，どの学部を出ようと，同じように何でもさせるから，専門性がないだけではなく，法学部を出ようと，法律の調べ方も知らない記者も少なくない。

　マスコミは，独占企業，親方日の丸で，日経以外は，全く不勉強だし，学生新聞以上のレベルではないが，勝手に世論をリードする。

（6）　裁判所では？

　裁判官の優秀な者は，最近の藤山コートをはじめとして少なくないが，一般には学説を読めないのではないか。基本的な知識はあるかもしれないが，パターン化した答案を上手に書いて早く合格した者が「秀才」として出世し，何が適切かという判断能力はどこで養成されているのだろうか。憲法は基本的に無視されており，公法学教育は寄与していない。最高裁裁判官の出身母体の筆頭は裁判官であるが，違憲判断などしたことがないのに，しかも，事務総局，高裁長官などと，裁判をしていない裁判官が出世頭で，違憲審査の重要ポストに座っている。検事や法制局長官，外交官などは，違憲の発言をしなかった立場にあった。弁護士出身者も，弁護士会の要職を占める政治力はあっても，理論的な能力があるという保障はどこにもない。最高裁の違憲審査を活性化するには，違憲問題にまっとうに発言している者の割合を増やすべきであろう（もちろん，最高裁は民刑事行政訴訟を扱っているのであるから，併せて，それら実定法に

強い者でなければならない)。なお，法改正をするなら，この改正こそが一番重要である。

　行政訴訟は，これまで，制定法準拠主義と称して，個別の些末な法律の文言に拘泥し，憲法32条の裁判を受ける権利から，権利救済の実効性を導くという発想は全くない。

　そこで，任期制の同意をだまし討ちでとって，無茶苦茶な再任審査で，有能な教授を追い出した京大の事件でも，失職であるとして，処分性を否定して，その訴えを門前払いする。憲法論などはおよそ受け付けない。これが最高裁調査官を経た京都地裁の裁判長（八木良一）の判決である。阿部泰隆編『京都大学　井上教授事件』(信山社) はこれを問題としたものである。韓国最高裁と憲法裁判所は，任期制により失職扱いしたのを処分として争わせなければ，違憲であるとしているのに。これでは学問は安心してやっておれない。こうして批判したのに，大阪高裁は平成17年12月28日，平成18年1月26日と同じような判決を下した (これは最高裁で上告不受理とされた)。まさに暗黒裁判である。ついでに，これは，「学問の自由」を危機に陥れる重大事件なのに，京大関係者，憲法学者はなぜ黙っているのか。学問の自由が口先だけで，本当にわかっていない証拠ではないのか。

　神戸地裁で，神戸空港住民訴訟を提起している。そのうち，いわゆる小型機固定翼用地を説明しよう。これは許可を受けた神戸空港に接して，その外に造成した土地を民間に分譲して，そこで小型機がお客を乗せ，地上を走行して，それから，神戸空港の中に入って，その滑走路から離陸する設計である。この民有地は，滑走路を持たないから，飛行場ではないので，管制が及ばなくても，自由に飛行機を走行させることができるとか，許可区域の外で行うから許可は要らないというのが大阪高裁平成17年7月27日であるし，その場所は駐機場である，誘導路ではなく通路である等というのが神戸地裁平成17年8月24日の判決である。しかし，飛行場は，滑走路のほか，誘導路，エプロンなどの一体的な区域であって，許可を要する (航空法38条) から，飛行場の外に，誘導路，エプロンを造る場合には，飛行場設置許可の変更を要し，この土地は，神戸空港の所有者である神戸市が所有していなければならない (航空法39条1項5号)。売れないはずなのである。そこで，これを売って，金を儲けるというつ

もりでこの土地を造成したのはすべてムダのはずである[19]（なお，大阪高裁平成18年5月12日判決もほぼ同旨である。神戸地判平成19年5月25日判例自治302号50頁が多少理解を示した）。

したがって，裁判官には，学説判例をしっかり勉強するなどというのはともかくとしても，当事者がしっかり主張したら，正面から受けて立つ判断ができる程度の素養を養う教育が必要である（『行政法解釈学Ⅰ』337頁で解説）。

(7) 世間を欺く学者の利用価値

しかし，こうした状況であるから，学生が会社や官庁に行ったら，学者を尊敬しない。学者の価値がわからない。役所が，学者を相手にするのは，身の保身のためであるから，役所のいうことを聞く人を選ぶ。また，学閥批判を受けないように，大学間均衡を考える。女性が入っていないと批判されるので，鉦や太鼓で女性を探す。その過程で，どんな研究をしているか，それは評価されるべきものかという，まともな調査はしていない。人に当たって，どんな人かと聞く程度である。そもそも，論文など，ほとんど読んだことがないから，論文を読んで評価する能力がない。論文検索などほとんどしたことがない。全く，どうにもならない状況である。

行政訴訟検討会では，専門の行政法学者はもとより，素人委員，女性委員は何をしていたか。きちんと「総括」すべきである。審議会などで「活躍」している先生は，本当に国民の役に立っているのか，きちんと評価すべきである。

2　行政法司法試験必修化による大転換──法治国家化

(1) 武村さんが行政法と法治国家の救世主

1998年2月，私は，国会周辺をひとり走り回り，行政法を司法試験から外すなという運動をした。とりあえず敗退したが，さきがけ党首の武村正義さんが理解して，閣議決定をストップした。どこに相談に行っても，もう遅いといわれたが，武村さんは，では行政法とは何だ，なぜ司法試験から外すのは困るのか，10分で説明せよと言われた。普通の行政法学者にできるだろうか。行政法とは，行政に固有の法でありまして，行政の概念，公法と私法の区別等と言っていては，あきれられてしまう。「こんな行政法は要らない」。

私はこう説明した。法律は，憲法の下で，民刑事法と行政法の3本柱であり，毎日先生が作られたり執行されたりしている法律の大部分は行政法です。行政法の重要性を，「犬も歩けば行政法に当たる」「六法の半分ぶんどる行政法」というキャッチフレーズで宣伝した。国の役人しか行政法を知らなかったら裁判になりますか。刑法を検事しか知らなかったら，暗黒裁判になるのと同じですと。

「そのとき歴史が動いた」。武村さんは納得したのである。さすが，賢明だ。閣議決定をストップしたのだから，党首は偉いものだ。行政法の命の恩人は武村さんなのである。そして，司法試験で公共組合などを出題して，受験生を激減させ，だから司法試験から外してよいなどという議論を誘発したのは，行政法の死刑判決なのである。

日本の立法過程では，国会に法案が提出されたときは，与党が了解しているので，今更阻止できない。もっと早く行動すべきであった。遅かったので，失敗だったが，それでも武村さんが抑えたので，最終的には，司法試験法改悪は通ったが，法務省，最高裁に，行政法は些末な科目ではなく，基本科目だということを認めさせた。それは国会の答弁として公式見解となっている。そのときの相手が山崎潮司法制度部長（司法制度改革推進本部長，千葉地裁所長，過日惜しくもご逝去），最高裁の課長，仲を取り持ったのが保岡興治代議士（元法務大臣）である。その過程で，堀籠幸男最高裁人事局長（現最高裁判事）とも交渉した。

そのとき，何人かを誘ったが，一緒に行ってくれた某教授のメモがある。今考えると，小生1人で交渉したから，理路整然と議論でき，抵抗勢力がいなかったので，よかったと思う。

（2）新司法試験での必修化と法治国家化

このことが今回の新司法試験，法科大学院での行政法の復権に繋がるのである。立法過程論を実践したのである。もちろん，そのためには上智大の小幡純子会員などが活躍した。高木光会員のHPにもその活動が記してある。阿部泰隆の骨を拾ってくれたのである。阿部からいえば大業績である。保岡代議士からは，行政法必修化で法務省を説得してある，異論はないと連絡を受けた。

その結果，行政法が，社会に浸透し，日本は法治国家になる。これまでは，霞ヶ関法学が，実際上立法を支配し，司法では無謬扱いを受けていたので，行政専制国家というべきものであったが，それが司法によってまともに吟味されるようになるはずなのである。櫻井敬子会員の表現によれば，裁判所が動くようになると，霞ヶ関法学の崩壊という事態が発生するのである。これは社会のためであって，個人の利権ではないのは，行政法の重要性を理解すればわかるはずである。

3 これからの方向

(1) 行政法学の研究と教育——体系化と解釈学

こうして，行政法の重要性が理解された。これは法曹には浸透する。そうすると，役所も，行政法を無視することはできなくなる。これまでの「放置」国家から，法治国家に転換する。

逆に，これまでの，何の役に立つのか，誰を相手にしているのか，わからない講義は許されない。「こんなものは要らない，これまでの行政法学」。

法科大学院では，法曹養成，法律家教育に特化する。

法律家に有用な講義をする必要がある。それにしては，行政法学の蓄積は乏しい。行政法が存在することを前提に議論しており，なぜ行政法が必要なのかを検討しないため，事前規制から事後規制へという動きには対応できない。行政の概念とか，公法と私法を論じて，意味がないとか，公法上の当事者訴訟が復権したから必要とかいう議論をする。行政行為はほとんど意味がないのに，拘泥している。アメリカ流に，行政行為をやめて訴訟類型もやめる方が，司法審査も適切に行える。試験では相変わらず処分性とか原告適格の出題が多く，行政訴訟に重点を置く講義が多いが，立法者は，訴訟手続は明確で，勉強しなくても間違いがないようにすべきものであった。今回の法改正は，この点不備で，むしろ，オープンスペースを作ったとかで，解釈学に丸投げしたので，当分訴訟法の議論も華やかであろうが，これでは原告となる者は，訴訟法の障害を乗り越えるのに，負担が重い。解釈学の種があることは良いことという発言もあるが，立法学の基本をわかっていないと思う。裁判所から見れば，グードケースが来れば良い判決を出すということであるが，グードケースを提起する

のに，原告の負担を最小限にするような配慮が必要なのである。

行政法で大事なのは，実体法である。

個別の法律の解釈は，体系ができているから簡単である。労働法も，刑法も，憲法も，この観点からは簡単である。行政法は，無数の法律の集合であるから，はるかに難しい。

実定法のシステムの体系化とその合理的な解釈の手法を発展させることが今一番必要なのである。

そのことを痛感させたのは，保険医療機関指定拒否処分を適法とした最判平成17年9月8日（判時1920号29頁）である。

医療法30条の3以下に定める地域医療計画による病床過剰地域に病院を開設することは，別の法律である健康保険法でいう保険医療機関指定拒否の要件である「其ノ他保険医療機関若ハ保険薬局トシテ著シク不適当ト認ムルモノナルトキ」（健康保険法43条の3，現65条3項3号）に該当するかどうかが争点になったが，健康保険法1条ノ2（現2条）は，健康保険制度については，医療保険の運営の効率化に意を用いて健康保険制度が実施されるべきこととしている趣旨に照らすと，保険医療機関の指定を拒否することができる要件として規定する「其ノ他保険医療機関若ハ保険薬局トシテ著シク不適当ト認ムルモノナルトキ」には，医療保険の運営の効率化という観点からみて著しく不適当と認められる事由がある場合も含まれると解するのが相当であるという。

しかし，元々，保険医療機関として不適当というのは，医療機関が過剰であるという，当該医療機関とは関係のない理由ではなく，不正をしたような場合を指す。これに対して，「効率化」といった曖昧な概念で，指定を拒否するのは，法律の体系的な解釈を理解できておらず，役人のインチキ立法（この「効率化」の概念は後からこの事件を防御するために厚生労働省が工夫した概念である）にだまされている。最高裁は，上告人の主張にまともに答えずに，このように役所側の一方的な主張を採用するだけである[20]。

しくみ解釈とかいっても，実体行政法のしくみを幅広く分析したものは見あたらないし，実体行政法・公法の復権といっても，内容を伴うものはまだである。オープンにとかリセットといっては，中身がない。現在の法システムを前提に制度の解説をするだけでは，何も進まない。

これでは, 行政法学は衰退産業である。これまでの行政法学を破産させ, これらの中身を埋める, 新生 (真正, 神聖) 行政法の建設こそ今求められている。それができなければ, 司法試験で行政法を必修にしたのは, 失敗だったかもしれない。「行政法を変えよう」,「改革こそが日本を救う」というスローガンに何となく親近感を感ずる今日である。

　純然たる市場原理によるものを除いて, 対等関係でも, 行政特有のものとして, 公共性があるとして, 行政法の領域に入れ, 公法上の当事者訴訟で争えるものと考える。そして, 現行の公法上の当事者訴訟は民事訴訟と同じであるが, 裁判所に公共性の実現の視点からの積極関与を義務付ける。行政法や行政訴訟の存在意義を明らかにして, 立法論にも備える。行政の法システムを分析体系化し, 法システムの合理的なあり方という視点から, 合理的な体系化と解釈, さらに立法論を進める。行政法の基本は法治国家である。処分の効力が肝心なのではなく, 法律に適合しているかどうかが肝心であるから, 処分か処分でないかはたいした問題ではなく, 訴訟類型を作らず, 違法とわかったら, その是正方法として最もふさわしい是正訴訟を導入すべきであった。裁量は, 法治主義の例外ではなく, 法治主義の観点から, 法の趣旨に適合するように個別の判断をしているかを司法審査で確認すべきである。そこで, 立証責任も, 法治国家から言えば, 裁量問題でも処分庁にある。

　実務家と協力して, 現場の実務をふまえて理論を構築し, 逆に研ぎ澄まされた理論を実務に浸透させ, さらには, 国産 (和製) 行政法のシステムと理論を諸外国に輸出する。このような方向を目指そうではないか。

　先ほどの腐った行政の現場を是正させるには, 外圧しかない。そこで, 今弁護士登録をして裁判官に行政法を理解して貰えるように努力している。

　これらの点は近く公表する教科書 (『行政法解釈学Ⅰ, Ⅱ』) でもわかるように執筆する予定である (2008年末と2009年9月に出版)。

（2） 憲法・行政法融合教育

　憲法と行政法は, 新司法試験では公法として1科目になった。しかし, これまでこの科目を1つの科目とする努力はたりない。行政法は憲法の具体化であり, 憲法は行政法によって具体化されるということはどの教科書にも書いてあ

るが，それは抽象的な言い方であって，その具体的な姿ははっきりしない。

　融合教育が必要といわれるが，実際，融合できる問題は少なく，枝問で分ければよいのであって，習う学生の方が，自分の頭で融合すればよいのが普通であるが，しかし，憲法学と行政法学が，もっと緊密な連携を取って教える必要があることは少なくない。

　ここで，行政法解釈においては憲法に戻らなければならないことを強調し，その例を挙げておく。

　行政訴訟の実効性について，憲法32条

　憲法学者の教科書を見ても，行政訴訟の実効性が，憲法32条から導かれるので，その具体的な制度設計はかくあるべき，とは一般には書いていない。

　立入検査は即時強制にならないのが原則であること　憲法35条

　警職法6条1，2項の違い

　既存不適格

　営業の自由と規制緩和

　法律の根拠，行政指導任意性の原則，法治国家

　国家権力抑制の原則，比例原則

　情報公開，国民主権，知る権利

　生存権，生活保護

　財産権の制限と補償

　地方自治の本旨，条例制定権の限界

　君が代訴訟

　また，制度が機能しているのか，人権を尊重しているのかは，お上の立場で考えたり，お上からだけ相談を受ける立場では，わからない。現場で弱者の立場に身を置いて考えることが必要である。私は，失業して，野宿生活でいつ死ぬか，明日をもしれぬ身であったし，弱者からの相談も受ける辺境教授であるから，弱者の立場がよくわかっているつもりである。

　他方，違憲審査でも，立法裁量に逃げられるのは，実定法と立法過程を知らないからである。

　立法者が信念を持って判断したものを違憲とするのは，基本的に消極的に解

すべきではないかと思われるが，多くの場合，立法過程ではまともに論じられておらず（そもそも国会提出の法案理由に逐条の理由が付いていない），担当の役所のいわば立法ミスである。それは，裁判所が，立法者に遠慮することなく，自らの憲法判断を行うことができるものである。立法者意思を国会議事録どころか，審議会の審議状況まで持ち出して探すのは方法的に間違いである。立法者の意思が比較的明確に表明されていると思われるアメリカやドイツの司法審査論とは，立法過程が違うのである。

　たとえば，私は，寡婦が貰う遺族年金は30歳までなら5年間という制限は，30歳をちょっと超えた人と比べて極度に大きな差であるから，合理的な差別の範囲を超えると思う。昭和12年4月1日までに生まれた人は年金と給料の二重取りで，4月2日に生まれたら，年金分損する。不公平すぎる。本当はクラスアクションをやりたいが。憲法学者には，高尚な抽象的な理論よりも，実定法を精査して，憲法の視点から作り替える論陣を張ることを期待したい。以前生存権を研究して，このような印象を抱いた[21]。

（3）　法科大学院教育

　法科大学院では，行政法には5－6単位くらいしか与えられていない。しかし，行政法は他の科目と比較して量的に広いし，このように複雑である。そして，多くの実定法の基礎になるので，本来10単位くらいとすべきである。

　法科大学院では，行政法は難しいという話が多い。「難しい」の意味であるが，体系が人によって違うから，難しい。しかし，刑法総論も，法律はあってなきがごとしで，学者による体系である。既習者は，刑法なら，大学で8単位プラス司法試験勉強などでたくさん勉強している。行政法はたいてい初めてである。彼らは本来20単位の勉強をすべきなのに，4単位くらいの勉強しかしないから，わからないのが当たり前である。初歩を教えるなら，それでもよいが，それではサンプル問題，プレテスト問題は解けない。行政法が難しいと感ずるのは，必要な勉強を怠るためである。

　そもそも，商法は，司法試験に残ったが，商行為法や手形小切手法は，ほとんど意味がなく，必要なのは会社法だけである。これは体系もはっきりしているから，行政法学と比較すれば，簡単である。これが行政法と同じ比重なのは

おかしい。それに，刑事法も，弁護士業務としては，比重が低い。重要なのは，民事法を実体法から手続法，執行法まで学ぶことであろう。新司法試験の比重で，公法系，民事法系，刑事法系，選択科目が２：３：２：１とされたのは，基本的に間違っている。公法系が２なら，民事系は，民法３，民事訴訟法１，強制執行法，保全法，破産法が１，商法０・５くらいが順当である。刑事法は，せいぜい２，選択科目は０・５でよい。独禁法や環境法は，行政法から見れば，狭い。論点は限られている。ねらい目の科目になってしまった。

　法科大学院では，こうしたまともな法律学を学ぶ前に，試験に合格するような教育が求められる。そこで，これまでの通説判例に沿って答えると合格点になると，通説判例教育に特化するおそれがある。これは学問がまだ未成熟で，これから発展させるべきところを，固定化するおそれがある。判例を金科玉条として疑問を持たないため法の発展を阻害する。

　その対策は試験問題の出し方である。これまでの学説の中の通説とか最高裁判例を聞くような問題を出してはならない。むしろ，その理論的な問題点をわきまえると有利になるような問題を出すべきである。さらには，法的な問題が起きないように対策を講ずる戦略法務も必要である。したがって，ややこしい法令と事例を与えて，思考のプロセスを採点することが必要である。そうすれば，学問を発展させることと併せて，実務に有用な教育を行えるのである。

　しかし，プレテスト問題を見ると，択一式は，判例と条文を覚えるだけの試験で，およそ法的素養は養成できない。「考える法曹」を養成するはずが，「考えない放送（単に人の言うことを伝達するだけ。アナウンサーはニュースを読むだけでなぜ偉いのでしょうか）＝包装（単に包むだけ，中身は不明）」を養成することになるのではないか。こんな問題を解けるようにするために法科大学院に３年間も収容するのは，国家的にムダで，政策的な失敗であった。論文式も，テーマが偏っている。これでは，およそプロセス教育の成果を試す試験とはいえない。むしろ，最高裁判例を正しく批判すれば有利になる試験問題を出すべきである。

　知識は，基本さえ覚えれば，細かいことはどうせ忘れるから，覚え込ませる意味がない。司法試験六法で試験を行うというのは愚行である。どの実務家も，そんな六法で仕事をしていない。六法編集者採用試験ではないのである。

実務では，カンニング自由であるから，試験は持ち込み，書き込み自由とすべきである。それこそが考える法曹養成のための試験である。司法試験関係者が，この基本をわかっていないから，相変わらず覚える試験になるのである。

　一番肝心なのは，論理的な分析と幅広い視野を持った判断力である。それは学校教育で十分に教育することは困難であるが，それでも，具体例を通じた討議を通じて養成することはそれなりに可能である。試験問題も，その視点から工夫が必要である。試験問題の出題者が，本当に良問を出せるのか，先に試験すべきであった。設計競技と同じように，問題を作らせて良問を出す先生を試験委員にするのである。司法試験委員会に是非工夫をお願いしたい。

　本来，司法試験科目は多すぎる。あんなにたくさん覚えるのは大変だし，どうせ忘れる。刑事法をやらない弁護士がいても良い。司法試験科目としては，商法も，民事執行法も，選択として，代わりに，それを取らなかったことを表示する義務を課すべきであり，将来，それを取り直せるようにすればよい。少なくとも試験範囲を限定すべきである。

　法科大学院では実務家教育をするのであるから，研究者教員だけではなく実務家教員も必要だとされる。しかし，これでは，医学部で，理論は知っているが，手術をしたことのない先生と，手術はしているが，理論を知らない先生とが別々に教えるというのと同じである。実務と学問の架橋を言う限り，研究者教員も，弁護士を兼ねて多少の実務経験を持つべきであり，実務家教員も，理論的にも優れた業績を必要とするというべきである。私は，印紙代に注目している[22]が，研究者はもちろん実務家でも，印紙代を丁寧に検討した例は少ない。弁護士を始めて，裁判官がいかに行政法を知らないかを痛感し，その教え方の工夫こそが肝心と思う。

　こうして，実務をふまえた理論と制度を構築すべきである。

　法科大学院では広く社会人を受け入れて法曹の幅を広げるはずであったが，新司法試験が法律科目オンリーではその目的も実現しない。選択科目には，医事紛争，建築紛争，廃棄物汚染，法と経済，特許などをおき，医師，建築士，化学出身者，経済学部出身者，機械工学出身者などが，前の大学の学部の学問を活用して良い成績を取れるように配慮すべきであった。

（4） 政　策　法　学

　解釈法学と立法学のセンスは基本的に違う。つまり，現行法のほころびを修正する作業とゼロから考えるのでは全く違う。ところが，解釈法曹が立法学をやっている。彼らは最高裁の判例を修正しない前提で考える向きが多い。それが今回の行政訴訟改革の挫折の主因であると思う。

　役所では，判例しか覚えていない公務員が，法制度の企画立案をやっている。これを「法学」というとすれば，基本的に「方角」違いである。

　法制度の企画立案には，社会学的，又は自然科学的な実態分析が必要である。また，新古典派的な効率性に関する感覚，公平に関する多様な視点（公共哲学），官僚制の病理対策からの分析，行政学の制度設計の理論も学ばなければならない。しかし，法的に正当化されるかどうかという視点も必要だし，これまでの法理論の妥当性を再検討する視点も必要である。

　これは基本的には，公共政策大学院で学ぶことになる。

　しかし，法科大学院を出た法曹も，司法改革など，立法にも携わるのであるし，さらに，法曹人口の増大をふまえて，公務員への進出も期待されているのであるから，立法学のセンスを養うべきである。したがって，法科大学院での解釈学偏重（絶対）教育は問題である。

　新司法試験でも，立法学のセンスを試す問題が多少はあっても良い。

　さらに，これらの基本になる科目として，法と経済学をせめて選択科目として入れるべきである。

　憲法改正論についても政策法学のセンスがある方がいいのではないか。

　参考として，議会，内閣，裁判所の関係と，与党と野党の関係を例に挙げる。

　日本国憲法の統治構造は，議会の多数党が内閣を組織し，内閣が国会の解散権を有し，最高裁判事を任命し，逆に国会が内閣の不信任権，裁判所の違憲立法審査権，行政処分取消権を有するので，相互に抑制と均衡が働くとされている。しかし，これは全く間違った制度設計である。

　このしくみは，議会の多数党が，内閣と裁判所を支配する。つまりは，多数党独裁体制である。その中での，抑制と均衡は，実は仲間内の争いである。最高裁が違憲審査権をあまり行使しないのも，結局は仲間内の権限行使だからで

ある。

　内閣の議会解散権も，多数党の党首が，自分に有利なときに行使するものであるから，内閣と議会の相互の抑制手段ではなく，多数党による勢力拡大策，野党弾圧手段である。

　これは極めて不合理である。これを合理的なしくみにするためには，まずは議院内閣制は，野党と与党の対立構造であると認識し，野党にも有力な武器を与えて，一党独裁の行きすぎを回避すべきである。

　そのための制度的な方法として，1つは，例えば4分の1の少数派による議会解散請求権を認めるべきである。野党が自分に有利な時期に解散を求めることができて初めて，与党と対等になる。国法及び地方自治法にはその種の規定はない。地方公共団体の議会の解散に関する特例法は，議員数の4分の3以上の者が出席し，その5分の4以上の者が同意したときは議会は解散するとしている。これは少数票では解散できないとして，少々のことでは解散により地位を奪われないようにと，議員を保護している。むしろ，これでは多数派が少数派に不利なときに解散できる権限を有することになる。

　最高裁判事の任命も，内閣に独占させないで，国会（あるいは，参議院）で3分の2の議決とし，しかも，累積投票を認めれば，野党代表も選出される。こうすれば，与党の立法に遠慮しない判事が増える。ドイツの憲法裁判所判事の任命はこのようなシステムになっている。

（5）　研究者養成大学院
　司法試験合格者が年間500人，現役は10名台という時代では，研究者に司法試験合格を要求するのでは，必要な数の研究者を確保できない。そこで，これまでは，司法試験に合格していない研究者が多数であった。

　それでは，実定法の学力不足のまま，実定法の研究者になるから，幅は狭いし，深くない。優秀と自認する実務家から馬鹿にされることも起きる。

　しかし，法科大学院の発足で，多数の者が現役で司法試験に合格するようになれば，法科大学院で優秀な成績を修めた者が研究者を志願しよう。

　そうすると，実定法を幅広く深く勉強した者が，研究者になるので，そのレベルが上がる。ようやく，アメリカ，ドイツ並みになりそうである。

外国法は，法科大学院を終えてからやればよい。外国法の研究が遅れるという反論があるが，日本法もよくわからないのに，外国法を勉強しても，ピントはずれである。人生のムダ遣いである（第2章参照）。

それに，日本で外国法をやっても，たかがしれている。外国法は若いときから留学して行うべきである。大学教員採用でも，外国法の論文があると有利になるようだが，何の役に立たない論文も多い。集団討論をさせる方がよほど有能な者を採用できる。

（6）　では，学部はどうなる？

学部は社会のどこに行くのかが全く未定の者への教育である。特定の知識を注入しても無意味である。勉強の仕方，調査の仕方，ものの考え方を多面的に教えるのがよい。公務員試験は古い行政法を前提としているから，それを教えなければならないというが，それを理解させ，しかし，その先も教えるべきなのである。自己の怠慢を公務員試験のせいにしてはならない。

憲法学では難しい理論を教えすぎる。しかも，立法裁量に逃げる。もっと実定法を分析して，立法裁量を限定する作業こそが必要である。最近はその方向の論文も増えているようであるが。

さらに，学部学生は学問をやっているわけではなく，社会の多様な分野に進出するのであるから，それにふさわしい教育を行うべきである。法律は法科大学院で教えるのだから，さらに学部で教えるのは無益である。

会社，官庁の方も，文系はまとめて文系として業務に就かせる。それならば，大学も，法律，経済，経営をすべてまとめて教えるべきである。例えば，役人になるなら，行政法，行政学，地方自治，経営管理，行政管理，環境法，環境経済，福祉法，福祉の経済などを全部学ぶのがよい。会社の労務管理でも，労働法と労働経済，労務管理を学ぶべきである。セールスマンでも，契約法，独禁法，不正競争防止法，担保物権，販売管理，市場調査，など幅広く勉強すべきである。

代わりに，政治学や法哲学，法制史は要らない。それは別の専門とする。それとも，政治学は教養科目で十分である。もし新規に大学設立が可能であれば，このような社会科学総合学部を作りたい。「こんなもの要らない，法学

部」。1，2年生向けには，どこの社会に行っても役立つ者のために，教養教育を行う。知識の伝達だけではなく，思考力を養うべきである。

注

1) 高木光「行政法学者無用論について」『行政法の変容と公法の展望』（有斐閣学術センター，1999年）247頁以下，さらに，高橋滋「『行政法』の今日的役割」前掲『行政法の変容と公法の展望』266頁以下参照。
2) 大橋洋一・法教250号（2001年）81頁参照。
3) 例えば，塩野宏「行政過程総説」『行政過程とその統制』（有斐閣，1989年）1頁以下参照。さらに，塩野宏「行政作用法論」『公法と私法』（有斐閣，1989年）197頁以下参照。
4) 藤田宙靖『第三版 行政法Ⅰ（総論）[再訂版]』（青林書院，2000年）全般に存在する視点。
5) 大橋洋一『行政法』（有斐閣，2001年）は行政過程論を標榜し，行政の行為形式論を残しているが，それでは行政法全体の文法にはならないというのが著者の意見である。
6) 高木光「当事者訴訟と抗告訴訟の関係」『行政法の諸問題 中』（有斐閣，1990年）364頁以下。これは当事者訴訟及び民事訴訟で活用される実体法理を確立するという立場で，行政活動に対する法的拘束を解明しようとする。また，高橋滋「『実体公法の復権』論によせて」『行政法学の現状分析』（勁草書房，1991年）55頁以下。
7) 小早川光郎「行政の過程と仕組み」前注6）『行政法学の現状分析』151頁以下，同『行政法 上』（弘文堂，1999年）185頁以下。
8) 磯部力「行政システムの構造変化と行政法学の方法」『行政法学の発展と変革 上巻 塩野宏先生古稀記念』（有斐閣），2001年）47頁以下，さらに，同「『公共』精神の衰退と行政法の地位低下？」前注1）『行政法の変容と公法の展望』16頁以下，同「都市の環境管理計画と行政法の現代的条件」前注6）『行政法学の現状分析』313頁以下。
9) 山本隆司「行政法総論の改革」前注1）『行政法の変容と公法の展望』446頁，同『行政上の主観法と法関係』（有斐閣，2000年）。
10) 木村弘之亮「行政法体系の再構築と拡充」前注8）『行政法学の発展と変革 上巻』218頁以下。
11) なお，塩野宏「規制緩和と行政法」『法治主義の諸相』（有斐閣，2001年）95頁以下は，規制緩和の行政法への影響を考察している。
12) 中原茂樹「誘導手法と行政法体系」前注8）『行政法学の発展と変革 上巻』553頁以下が最新の文献であるが，阿部泰隆『行政の法システム（新版）』（有斐閣，1997年）も278頁以下で詳述している。
13) 阿部前注12)『行政の法システム（新版）』第1編第11章。
14) 阿部泰隆「行政監督と情報の活用」前注8）『行政法学の発展と変革 上巻』455

頁以下＝本書第 4 章第 1 節。
15) 阿部泰隆「基本科目としての行政法・行政救済法の意義（四）」自治研究77巻 7 号（2001年）。
16) 福井秀夫「権利の配分・裁量の統制とコースの定理」前注8）『行政法学の発展と変革 上巻』403頁以下。
17) 例えば，住民訴訟四号請求の過重負担対策として，自治研究2001年 5，6 月号の成田頼明，阿部論文参照。

　　執行機関を被告に出訴して，その判決の効力を個人に及ぼすために参加的効力を活用する今回の改正案は，参加的効力が働かない場合を考えると，不適切な立法である。

　　行政の政策を争う裁判では，個人に賠償責任を求めるのは邪道で，本来差止め訴訟の問題である。差止め・仮の差止めを迅速に行い，それが可能であるのにしなかったら，損害賠償責任を追及できないこととすることを提案したい。
18) 法科大学院における公法カリキュラムのモデル・試案（平成13年 6 月 6 日，法科大学院における公法教育のあり方に関する研究会，行政法関係者は，小早川光郎，小幡純子）は，著しく，行政訴訟に偏った教育を志向していると感ずる。小早川光郎ほか「法科大学院における行政法カリキュラムの充実に向けて」自治研究77巻 4 号 3 頁以下（2001年）における高橋滋案，本特集（自治研究77巻10号）における石川敏行報告も同様であろう。

　　なお，法科大学院における行政法教育は，実務法曹を養成することに主眼があるから，さしあたり訴訟法中心で良いというのがこの理由らしいが，行政実体法を知らないで，弁護活動も裁判もできない。そもそも，刑法，民法を知らないで，訴訟法だけ勉強して，実務家にふさわしいとは誰も信じないであろう。したがって，これにはとうてい賛成できない。これに対して，中川丈久が日弁連と共同で作成したロースクールのカリキュラムでは，行政実体法を重視している。日本弁護士連合会法科大学院設立・運営協力センター「法科大学院　モデル・カリキュラムの構想と実験—プロフェッショナル法学教育の創造」（2001年 4 月）。
19) 阿部泰隆「ひよこ弁護士闘争記—神戸空港編」中央大学法学新報112巻11・12号（2006年）。
20) 阿部泰隆『行政法の解釈（2）』（信山社，2005年）参照。
21) 阿部泰隆「憲法上の福祉施策請求権」『政策実現と行政法　成田頼明先生古稀記念』（有斐閣，1998年），本書第 5 章第 4 節。
22) 阿部泰隆「基本科目としての行政法・行政救済法の意義（5）」自治研究77巻 9 号 3 頁以下（2001年）。

第2章　わが(学問的)闘争
Meine (wissenschaftliche) Kämpfe
──三つ子の魂百までの行政法学──

これだけのタイトルであれば，ヒットラー「Mein Kampf」を想起させるが，イエーリング「権利のための闘争」(Rudolf von Jhering, Der Kampf ums Recht) と合わせて，「法特に行政法と社会の健全な発展のためのわが諸闘争」(Meine Kämpfe ums Recht insbesondere Verwaltungsrecht und die gesunde Entwicklung unserer Gesellschaft) という趣旨である。

ここで，私の定年退職という，大きな区切りの時期に，私の学問闘争を振り返る。わざわざご出席くださったたくさんの皆さんに感謝します。自分との闘争でもあれば，裁判所，立法府，学界などに棲息するヒットラーへの挑戦でもある。要するに，日本の既存の抵抗勢力を打破しなければならない。複数あるので，マイネ・ケンプフェである。

本日は小生以外の固有名詞は出さない。名誉毀損とか侮辱罪になるおそれがあるとの助言があったためである。

第1節　阿部の生い立ち

1　寒い地でぜんそくで苦労

まず私の生い立ちから始める。これまで公にはしていなかったことであるが，これが私の法律学を規定しているからである。

わたくしは，昭和17年3月30日，福島県の麗峰，富士山そっくりの吾妻山の麓，荒井村で，阿部盛隆，カツの次男として生まれた。荒井村は後に町村合併で福島市に編入された田舎で，人口約2000人，市の中心から約10キロあった。子どもの頃は，ぜんそくのため病弱で苦労した。一度発作を起こすと，3日は休み。こんな風に苦しい。一晩中寝ずに苦しんだ。横にもなれない。朝方に少し治まる。午後からまた苦しむ。だんだん軽くなって，4日目にゆっくり起きて，学校に行く。30センチ積もった雪の中，吾妻降ろしの寒いところを，ぜん

そくの治りかけで苦しい思いをしながら、ゆっくりと歩いた。おじさんがそばでたばこを吸っただけで、何日も苦しんだ（これが嫌煙権へつながる）。冬の夜中、苦しいのに、寒い外にあるトイレに行ってくるのに何時間もかかった。何度も自殺したかった。

本当は4月5日生まれで、親が早く働かせようと、誕生日を誤魔化したものである。しかし、虚弱児童なので、とんでもない迷惑だった。親は子どもが元気で育つと信じて、早生まれにしたが、逆もある。思いこみはいけない。

なお、今から戸籍を訂正して、定年を一年延長しようかとも思ったが、どうも嫌われているらしいので、この辺で新天地へトラバーユすることとした。

2　学校での苦労

学校は福島県信夫郡荒井小学校である。学校の想い出はろくなものがない。学校はぜんそくで休んだのに、英数国理社という主要科目の成績が良いので、ずる休みと悪口いわれて、嫌われた（？といっても、中学の同級会ではみんな好意的だった）。しかし、体育、音楽、図画工作、職業家庭は1、2のオンパレード。体育の成績が悪いのは、見学組だからしょうがないが、芸術関係は、たぶん遺伝子のどこかに欠損があるのだろう。だから、カラオケでは歌えない。

運動会では、常に、ビリという事実を公然摘示された。英語、数学の成績がビリでも、その成績が村中に公表されることはない。同じ先天的な能力でも、体育や芸術関係が公表されるのはひどい差別である。運動会で、常にビリとわかることへの参加を強制するのは、人格権侵害ではないか？　これからしっかり理論構成したいが、幼い「やっちゃん」の心は痛んだ。

村は財政難で、授業を休講にして、田んぼでイナゴ取りをして、その販売代価で、学校がピアノを買ったが、音痴の小生にはばかばかしい労働だった。小学校の修学旅行先である松島ではぜんそくの発作を起こしてひどい目にあった。そのときは母に付き添ってもらっていた。この前、荒井村の同級会でそのときの写真をもらった。感激している。中学校の修学旅行は断念した。

中学校の授業の職業家庭は、農業で、学校のトイレから、汚物を数キロ離れた農場へ運搬するという単純な労働で、ひどい作業だった。糞の役にも立たないという表現があるが、当時は肥料として有用だった。これは勤労精神を養う

学習だろうか。どこか，北の国にはありそうだが。

　高校の修学旅行先は奈良だったが，これも死ぬかもしれないと心配した。

3　栄養不足を補う——阿部の成長はアカガエルのおかげ

　わが家は農家で，コメはあった。欠食児童がたくさんいた時代で，はるかにましであった。学校給食は，こうした欠食児童対策から始まったものである（今は学校給食会という組織に給食しているようなもの）。しかし，当時は，「タンパク質がたりないよー」という時代だった。銃刀法違反だが，空気銃で雀を捕って食べていた。田圃で赤蛙を食用にした。今日の阿部の頭脳にタンパク質が残っているのは，野鳥と赤蛙のおかげである（阿部泰隆の頭は蛙並み？）。

4　戦争を恨む

　父は戦病死した。徴兵制で，終戦直前1945年5月最後の船で朝鮮に送り出され，生き残ったものの，38度線の北側にいたためシベリア送りの予定で，北朝鮮で冬を越せなかった（1946年2月25日没と報告されている）。

　よその村に行ったら，しばらくこの顔をじっと見て，「盛隆さんの息子かい」と感心された。父は人望が厚かったらしい。成績も福島中学で優秀だったが，農家に学問は要らないという，頭の固い祖父に退学させられたようだ。少なくとも，私はそのように教えられ，いわば父の背中というよりも，位牌を見て育った。

　天皇制は好きではない。もう少し早く終戦にしてくれたら，あるいはソ連が条約違反で攻め込まなかったら，わが兄弟姉妹6人の人生はまったくちがった幸せなものになったと思う。君が代は歌う気がしない。君が代・日の丸の強制に反対である。東京地裁の裁判に意見書で応援した（『行政法の解釈（2）』第10章）。しかし，今回の紀宮の婚約発表は，もてない30代末の男女に，希望を与えたという功績がある。

　学徒出陣・特攻隊は悲劇だが，広く知られている。大学に行かず，大勢の家族の大黒柱となって頑張っていた農家の主が犠牲となったこともっと悲劇であると，マスコミは注目してほしい。

　それどころか，後に，助手になってから知ったことだが，東大法学部には成

績優秀ということで，学徒出陣せずに特別研究生という身分で学問に専念し，助教授に採用された昭和18年卒の独身男性がたくさんいた。お国のためには，優秀な方を戦争に出さず，わが父くらいを戦争に引っ張るのが適正な資源配分なのかもしれないが，わが父も，非常に貴重な人材である（しかも，独身男性ではなく6人兄弟姉妹と祖父母を抱える大黒柱である）と，非常に悔しい思いがした。しかも，その先生方は秀才ではあるが，弱者の痛みをわかっているのだろうか，適正な判断力があったのか，気になっている。

　母は，父が戦争で取られた後，大家族の農家の嫁として1人苦労し，私が小学校6年生の時の3月3日に，小学校で46歳で脳溢血で倒れた。

　家族は祖父母（祖母は後妻，実の祖母は小生が生まれる前の年に脳溢血で死去），兄，姉3人，妹1人。終戦の時，兄は17歳，妹は，1歳。みんな幼かった。みんな，仲良く頑張った。みんな，まじめに，清く正しく人生を走り通し，兄はまもなく喜寿（今は米寿を超えた），妹も還暦まで迎えたが，苦労した。当時の農家の嫁は大変な重労働であるが，母は，祖父母と，6人の子の世話で大変であった。これが倒れた原因だろう。もし，戦争がもうちょっとでも早く終わっていたら，ソ連の参戦がなく，父は無事帰国でき，そうすると，母も幸せに，今頃まで生きていたのではないかと，本当に悔しい。

　祖父は，妻子をおいて，ハワイ，ラファイナ島で，パン屋を経営して貯蓄に励み，昭和10年に立派な家を建て，農地を買って，地主になって帰国したら，農地解放で巻き上げられてしまった。当時の蓄財方法は地主になるというのが正当だった。搾取者ではない。祖父は，これまで青信号だったのが，急に赤信号に変わって，人生を否定された。戦後また田舎でパン屋をやったが，あまりはやらなかった。失意のまま，昭和35年私が東大に入学する直前に亡くなった。私もパンやアイス・キャンディを売ったことがある（阿部泰隆は営業もできる？）。

　しかも，父が死亡したので，農地を耕せない。不在地主として，よけい買収されてしまった。国家は，国家が引き起こした戦争で大黒柱を失った家族から，さらに，耕す人がいないという理由で農地まで取り上げ，元気で復員してきた男がいる元小作人にその農地を安く提供した。その元小作人はそのうちその土地を宅地として高く売って，優雅な生活ができた。あまりにも不公平で不

合理な「改革」だと思った（農地改革で売り渡された土地を宅地に転用するときは，元の地主に少なくとも半分は与えるべきであった）。

こうしたわれわれにも社会保障の恩恵はなかった。しかし，友人は豊かな生活をしていた。社会保障の不備はひどい。本来は，戦争に取られた者を公務員として雇ったものと見なして，遺族に給与を支給すべきではないかと思っていた。

5　三つ子の魂百まで

私は弱者に冷たい強者と思われているが，本当は弱者の味方である。ただ，努力しない者の味方ではない。

土地も，市街化区域にあれば，高く売れて，土地所有者は楽な生活をしているが，田舎の小生には何の恩恵もない。神戸に来ても，六甲周辺には住めない。この前まで狐や狸が住んでいたニュータウンに住まざるをえない。土地問題・開発利益の吸収を研究する動機でもある（弁護士になったら，こうした土地富豪の人には何人にも出会った。世間では学歴社会などといっているが，学歴で付く差はほんの僅少。日本は高学歴の人ががんばって発展させ，その成果が土地所有者に帰属している不公平な社会である。今，阪神間に転居したのは，この悔しさの解消も一因である）。

農地買収は，寄生地主制を廃止する，合憲だ等と学者の議論を聞くと，違和感を感じた。こうした体験は阿部の行政法理論にも深く影響している。三つ子の魂百まで。刑法（団藤重光先生に習った）でいう人格形成責任論である。

某先生：阿部君，法律とは何だ，人間そのものだよ。

まさにその通りである。法律学など，立派な学問かどうかも疑問で，宗教であろう。ただ，人間の作りが某先生と小生では違っていた。阿部は不合理な社会の改革が課題と考えている。これが，ぼんぼんで育って，今の社会に満足し，単に成績（暗記力と理解力。適切な判断力に疑問）がよかっただけの学者（それが絶対多数であろう）との違いである。私の説はこの点「ぶれ」が少ない方だと思っている。

6　受験勉強

　中学校3年の時，県下の模擬試験で，数番目で，この村では前例にないくらい，優秀だったので，村の学校で注目されるようになった。それで自覚して試験勉強を始めた。

　当時は内申書無視，主要科目だけの入試なので，地元ではもちろん一流校の福島高校に（たぶん10番そこらで）合格したが，姪の話では，その後，内申書重視に変わったので，内申書の成績が悪いおじさんは福島高校には合格しなかったという。内申書無視の制度が今日の阿部への道を作ったことになる。なお，内申書は先生の主観的で一方的な採点で，当方には反論権もない。内申書重視には賛成できない。

　中学校の先生には，欠席が多いので，高校は卒業できないとの保証書が付けられた。生徒の心を傷つける最低の先生であった。だから，学校にはよい思い出がない。教育改革が必要だ。

　高校では，社会のうち，日本史と地理を取ったが，東大が世界史が望ましいというので，独学で学んだ。しかし，無駄な努力をした。どうせ忘れることである。大学はよけいな注文をすべきではない。馬鹿正直に真に受ける受験生が損する。それで落ちるところだった。

　ぜんそくがひどくて，高校に通うのはしんどかった。今考えると，高校などに行かずに大検を受ければよかったのだ。当時はそこまで頭が回らなかった。

　当時の田舎としては，例外的にバス通学の贅沢をさせてもらった。吾妻降ろしの寒い中，死にそうになって，バスに乗った。欠席が多くて，卒業できないところだった。たまに自転車で行ったこともある。10キロ，下りは，超スピードで30－40分，帰りは登りで，1時間以上で，息切れ。雨の日は片手で傘さして，危険（道交法違反）。

　交通事故も多い（交通事故対策への発言へ連なる）。

　福島高校は優秀な人材を多数出しているが，今度札幌高裁長官になった大内捷司氏は，高校同級，東北大卒である（2009年現在公害等調整委員会会長）。

7　相変わらずぜんそくで，貧乏で人生の先なし

　どの学部を受けるか，病人なので医学に興味は持つが，医師では体が持たない。見当がつかないので，つぶしがきくといわれる法学部にする。問題の先送り。

　東大入試はギャンブルだったが，補助線一つひらめいて合格した。人生はギャンブル。福島高校は不作の年で，現役では，東大は僕だけ，東工大に合格した友人と一緒に地元福島民報に写真入りで載った。本来は欠席が多くて卒業できないところ，特例で卒業させてもらったらしい。田舎の村では，前代未聞，今日までこの記録は更新されていないらしい。落ちていれば，受験産業に惑わされた，東北大に行っていればよかったと後悔したと思う。

　大学は，駒場寮，コマグラ（駒場グラウンド発展研究会）に所属した。毎朝起きてグランドを走るはず。元気になるためだったが，結局は怠慢で終わった。東大教授を昨年定年になった労働法の菅野和夫君（今年から明治大学教授，2009年現在中労委会長）は大学も高校も寮も一年下でいた。

　仕送りが少なく，当時の生活費は，寮でも月9,000円，育英会奨学金は3,000円，家庭教師は週2回で月に3,000円，たりない分は競争で，ダンスパーティの券の販売，受験産業の採点などの仕事を取った（後でもう1つ奨学金を頂いた）。

　一度，犬の散歩のバイトをやった。玄関から入ったら，裏口に回れと言われ，女中さんから，犬を預かった。屈辱的なこと。しかも，ぜんそくがきちんと治っていなかったから，犬に合わせて歩くのは大変だった。

　しかし，社会正義派だったので，安保闘争にも共鳴して，60年安保では，クラスの自治会委員で，樺美智子さんが亡くなった6月15日には国会周辺にいた。警棒で殴られなくてよかった。西部邁さんは当時の自治会委員長だった。

　法律の勉強もほとんどできず，3年5月まででは，刑法総論，民法総論，憲法の半分しか習わず，独学では，憲法，刑法，民法は親族法を勉強しただけであったが，司法試験を受験してみたら，3年で短答式に合格して，みんなに吃驚された。しかし，3年の後半でまたぜんそくが極度に悪化して，卒業しても行き先はないと，留年と決め，勉強をさぼって，弓術部で身体の訓練をしよう

とした。しかし，どうせうまくいかない。体が悪くでも就職できる会社はないかと探したが，当然のことながら，どこもダメだった。大阪ガスでは，体が悪いので，資料室においてくれと頼んだが，当然のことながら，落ちた。国鉄では筆記は通ったが，面接で，姉はBG（今はOLというが，当時はそういう表現もあった）と書いたら，それは売春婦のことだと頭からいわれて落ちた。これほど頭に来たことはない。どうせ特殊法人の就職にはコネが必要だということだが，それがわかったのは，行政法学を勉強してからである。

国家公務員上級甲試験は70番くらいで通っていた。先輩のつてで通産省を覗いたが，どうせ，体が悪く（人格も悪い？），放り出されるので，行かなくてよかった。

大学の卒業試験では，必修の政治学（岡義達）が，何のことかわからず，卒業できない心配をした。状況とか制度とか，何のことかわからない口述筆記講義で，ノートも取れなかったのである（必修はアホ教師が学生の人生を一方的に左右できる違憲の制度との阿部説の誕生，神戸大法学部ではすべて選択必修，アホ教師が数人いても卒業できるはず）。

8　助手に潜り込む

あれこれ相談したが，寮の主任（後に早稲田の教授になった仲手川良雄先生だが，たぶんオーバードクターで寮の主任で生活していた，歴史の書物がたくさんある）に，今だから言えるが，大学の先生がいい，休講できるからと教わった。なるほど，灯台（東大）元暗しだった。何とか田中二郎先生に取ってもらった。田中先生は，学者人生は当然のこととして，厳しいといわれたが，他人が遊ぶときも勉強しますとお願いした（嘘いって，ごまかしたことになるので，申し訳ないとは思う）。本来助手として学者を志願する以上一流学者候補であるから，もっと学問がわかっていなければならないはずだが，田中先生は，学校の成績と公務員試験合格で，とりあえず採用して，やらせてみようとかと考えていただいたと思う。実際，田中先生の弟子であれば，行政法学でいう公定力（違法でも有効として通用する効力）が付く。つまり，無能でも有能の推定が働いているから，就職は容易である。大学院生なら食えないが，助手なら食えるので助かった。助手になれなかったら，ホームレスで，餓死か凍死していたのではない

か。

　しかし，寮を出て借りた部屋は，三畳一間，窓は天井の明かり取りだけ，それでも，給料が月額18,000円の時に家賃は3,000円。だから，震災の時に1人暮らしで，6畳一間などにいた人が多いと言われても同情しない。行政法判例百選の冒頭に出ている公営住宅の明渡し訴訟では，2DKで当時で，家賃の月額は2,100円，それに210円の割増し賃料が付くのを違法と訴えているが，小生はまったく同情しない。まして，1人暮らしに，最低40平方メートルの居住水準を公費で保障するという政策には賛成しない。

　その後，助手になってから，研究会ではいつも寝ていた。若いのに不逞の輩と見られていたが，夜中にぜんそくを起こして，睡眠不足になるためであった。

9　ぜんそく治癒

　しかし，東大の心療内科で，減感作療法（室内のチリほこりを精製して予防接種する治療法）が有効に作用して，ぜんそくがよくなった。こうした立派なお医者さんは儲からない。公共に寄与して儲からない社会はおかしい。経済学的にいえば，公共財だからみんなフリーライダーになるらしいが，当時はそんな理論も知らなかった。実はそんな治療法は前からあったという。それがわかっていれば人生は違っていた。医者にはかなりの藪がいる。しかし，社会に役立ってくれる優秀な医師がいる。これは，優秀な医師の報酬市場評価制度，今日公益訴訟勝訴報奨金の提案にも連なる。

10　歴史にifはないが

　阿部がぜんそくでなければ，あるいはもっと早く治っていたら，人生はすっかり変わっていただろう。戦争がなければ，阿部も豊かな人生で，発想も違っていた。行政法学者をやっていても，ブルジョア行政法だったろう。また，もっと成績がよく，普通の人並みの発想になっていたであろうから，組織の病理を批判せずに，自分がその病理を拡大して，出世したかもしれない。仮に大学教授でも権力者寄りになっていただろうし，裁判官でも，行政寄りになっていたのではないか。

それとも勉強しなかったかもしれないが。

あるいは，我が家の畑から，縄文のやじりが出たので，関心を持っていた考古学をやって，エジプトのミイラか，日本の（本当の）旧石器を人よりも先に発見していたかもしれない。

個人としてはその方が幸せだったが，社会への貢献といえば，この苦しい人生にも結果としては，価値があったと自己満足するしかない（残念ながら，人生は1回しかないから，自分で正当化するしか，安穏と生きてはおれない）。

第2節　研究者としての出発点

1　能力を超える研究の苦難

研究と称するものを始めたが，何をやってよいのかわからない。自分が考える程度のことはすでにわかっている。助手3年で，外国法を深く分析して，立派な？本を書く人がたくさんいる。もっとも今考えるとたいしたことがないものが多い。故遠藤博也先生の『行政行為の無効と取消』と室井力先生の『特別権力関係論』以外は，ほとんど相手にされていない（というよりも，ご本人がほとんど参照していない）のだから（こう書くとほかの先生に怒られそう）。

しかし，当時は，それも立派に見え，ノイローゼになりかけた。とにかく，きつい任務である。学部卒で，日本の学問もわからないのに，外国法の先端文献を読むという研究スタイルは，基本的に間違っている。外国のものを写せばよいという時代は終わって，それ以上の物を作るべき時代には，この研究者養成方法は廃止されるべきである。丁度，法科大学院が発足し，研究者はその優秀な卒業生から養成することになるはずだから，それからなら外国法をやらせても良いだろう。これからの法学の発展が期待される。

まずは，ドイツ法をやった。田中先生に聞いたら，Forsthoff, Fleiner を読んだらといわれた。フォルシュトホフのドイツ語は難しい。フライナーのドイツ語は易しいが，田中先生の教科書の種本であって，何もアイデアは浮かばない。行政の本質である自由裁量関係の論文を読んだが，1年やって困ってしまった。そのとき兼子仁先生がフランスの自由裁量論の紹介（ヴェネジア「自由

裁量権」国家学会雑誌73巻4号，1959年）をやっていた。その本を借りて，文法書は徹夜で読んで，フランスの文献を何とか読んでいった。

2　フランス行政法はでき損ないという発見

その結果，助手論文として何とか作り上げたのが「フランス行政訴訟論」である。これはフランス行政法の生誕と発展の歴史をフランス人の目を通さずに阿部泰隆の目で（眼光紙背に徹するように）分析した。単に平板に「発展」などと紹介したのではなく，個々の事実やしくみはフランス人の著作から写したが，それを組み合わせた全体像は自分で作ったつもりで，大きな石をたくさん造って，それを組み合わせてお城かピラミッドを造ったつもり。下手すると，全部崩壊する。しかし，そこから何かましなことは学べなかった。その意味では失敗作である。フランス人はダメだ，伝統に縛られ，発展性がない。井の中の蛙。ドーバー海峡とライン川を隔てたら，別世界というヨーロッパの島国，自分の国は優れているという唯我独善の国である。フランス行政法は遅れている。学ぶ価値は少ない，ということがわかったのだ。しかし，そのようなことがわかればそれは学問として価値がある。

そこで，なんとか，神戸大学に採用されたし，これを，国家学会雑誌と神戸法学雑誌に分割して連載した。それから，神戸大の助成で有斐閣から出版してもらって，留学直前，雄川一郎先生ほか東大教授の厳格な審査（実質は温情かもしれないが）の下に，論文博士をいただいた。『フランス行政訴訟論』（有斐閣，1971年）がこれである。ドイツでは，30歳そこらでは，教授とは誰も思わず，助教授という制度はなく，Dr.・博士が丁度である。日本の先生はドイツではProfessorと呼んでもらえるが，ドイツ人が本当に教授と信じているわけはない。第一，ドイツでは大学は元々1都市に1つであるから，東京から来たといえば，皆東大教授になってしまう。博士が丁度である。

3　留学前の論文

それから，留学直前，神戸法学雑誌に，同時に3つ書くと申し出たら，さすがに多すぎといわれて，妥協して2つを同時に載せた。（番号は阿部泰隆論文HPリストによる）

11.「比例原則と取消判決等の事後処理」神戸法学雑誌21巻3・4号（1972年3月）147-163頁（後に，『行政裁量と行政救済』（三省堂）所収）。

12.「対物処分の問題点」神戸法学雑誌21巻3・4号（1972年3月）164-187頁。

である。このうち，対物処分の方はほかに書く人もおらず，国会図書館で検索するとこの論文だけである。先駆的である。そこで，ポルノ事件で意見書を頼まれた。30年後に収穫したのである。その改訂版が「誤解の多い対物処分と一般処分」自治研究80巻10号（2004年10月）26-53頁である。

もう1つの論文は，

13.「抗告訴訟における仮救済制度の問題点（一）～（三・完）」判評162号（＝判時670号，1972年8月）108-118頁，判評164号（＝判時676号，1972年10月）108-111頁，判評165号（＝判時679号，1972年11月）108-119頁（後に，『行政救済の実効性』（弘文堂）所収）である。

これは今回の行訴法改正において多少は参考にされたと思うが，十分に参考にされていないことが不満である。

さらに，「行政財産の使用許可の撤回と補償」の問題でジュリストに最初に持ち込んだ。原田尚彦先生が1ヶ月先に書かれたせいでもあるが，最高裁昭和49年判決で逆転した。田中二郎先生は卒業したばかりで助手として書いた判例研究が後で最高裁の判例になったという（公物論）。小生は27歳である。これが最初の社会貢献である。

19.「行政財産使用許可の撤回と損失補償」ジュリ435号（1969年10月）75-81頁，計7頁（『行政法の解釈』（信山社）所収）。

4　留学先はドイツ（1972－74年）

フランスに呆れて，ドイツに留学した。フンボルト財団と六甲台財団の支援であった。フンボルト財団に申請するのに，これまでの論文を翻訳するのが大変だった。ドイツから阪大に留学していた，Mattias Scheer さんにやってもらえた。

ハンブルクでは，Herbert Krüger，チュービンゲンでは，Bachof 先生のもとにいたが，クリューガー先生の学問（主に国法学）は全く勉強しておらず，大

変申し訳なかった。

もっとも，当時はフランス法にもまだ未練があり，リベロ（Rivero），フロモン（Fromont）などを訪ねたが，当方の質問はフランス人もわからないことが多い。そんな研究を日本人がやるのはムダということを再確認した。

5　義務付け訴訟の研究

バッホフ先生のところでは，権利救済の実効性を確保するシステムを勉強した。特に，義務付け訴訟はその前にハンブルクの高等行政裁判所に4－5回くらいインタビューに行った。さらに，バッホフ先生に学んで，義務付け訴訟に関するこれまでの日本の学説を批判した。

それが 22.「義務づけ訴訟論」『田中二郎先生古稀記念論集　公法の理論　下Ⅱ』（有斐閣，1977年9月）2103-2182頁（『行政訴訟改革論』所収）である。さらに，

「義務づけ訴訟論再考」（田中二郎先生追悼論集『公法の課題』（有斐閣，1985年1月）3-49頁，『行政訴訟改革論』所収）を書いた。

これは今回の行訴法改正で，義務付け訴訟が明文化されるのに参考になったはずである。

ドイツ留学中，教授は秘書のところで口述筆記させて帰ってしまうのに吃驚した。なるほど，これが論文を量産させる秘訣だとわかった。その頃は和文タイプは時間がかかって太刀打ちできなかったが，パソコンができて，勝負できるようになった。ドイツの有力教授並みに本を量産しているつもりであるが，パソコンのおかげでもある。某先生曰く，「鬼に金棒，阿部にパソコン」。

6　アメリカかぶれ

2度目の留学先は，ドイツ，フランス，アメリカ（1979-80年）。バークレーに半年いた。思想はアメリカナイズされてきた。経済的手法（『行政の法システム』参照）を重視するのはアメリカの発想である。そういえば，昔，米がたりず，早場米奨励金があったので，わが家を含めて，農家は夜中まで働いた。ネズミ退治のため，ネズミのしっぽを持参すると，あめ玉が貰えたので，ネズミを捕った猫を追いかけて，しっぽを取り上げたことがあった（これは実は漱石の

「吾輩は猫である」にも出ている日本古来の経済的手法のようである)。

第3節　その後の学問

1　外国との交流

まず外国との交流からいうと，

1993年，ドイツ・トリア大学客員教授（環境法）として3ヶ月間滞在した。ベルリン・フンボルト大学Kloepfer教授の縁だが，何も役立たず，申し訳なかった。

台湾で，数回講演・研究会発表をした。

318. "Vicious Circle" of the Waste Disposal Disputes in Japan : How it Happened and How it should be overcome（台湾，土地管理研究所報告原稿）

韓国では1回「法治国家充実のための法改革，行政訴訟改革—日本における阿部泰隆の提案—韓国公法学会報告—」神戸法学雑誌53巻3号（2003年12月）1-35頁である。

ドイツでは何度か論文を書いた。

2　外国語の論文集

英文・独文論文で10数編集めた私家版の論文集がある。少しでも読みたい人がいればあげる。

外国語の論文では英語とドイツ語，環境法が多いが，行政法一般もある。

3　論文数と研究領域

日本語の論文は，単独著26冊くらい。共同編集著12冊，論文数約400，判例解説120以上。神戸法学雑誌（54巻4号467頁，2005年）に近く掲載される業績目録はここから大幅に削ったものである（2009年現在，本書をもって，単独著29冊，共同編集著16冊，論文数約500，判例解説124）。

基本的には現行法の改善を目指すものである。新しい法律の解説の類はほとんどない。

領域は下記のものである。

行政法のシステム，行政争訟，国家賠償，社会保障法，損失補償，地方自治，公務員法，消費者法，都市計画法・土地法，環境法・廃棄物法。

第4節　学者の成果は？

1　法律学の成果の評価方法は？

理科系の科学なら，最先端の発見をすればそれだけで影響力を持つ。しかし，法律学では，いくら最新の学説を創造しても，受け入れられないと意味がない。論文を書いても，足跡を残したことにならない。雪男の足跡も，すぐ雪が降って，跡形もなく消えてしまうのと同じである。今は何の影響力もない論文が多すぎる。ゴミの大量生産である。学者の論文は，実務ではあまり相手にされていない。裁判所は忙しいから，証拠として出され，当事者が主張して初めて目を通す。立法過程も，忙しすぎるせいかもしれないが，学問をフォローすることはまずなく，審議会の議論だけを参考にしている。

それでも書けば，学者にとって，「業績」になる。私もおかげで名誉教授の推薦を受けた。「同人は，本学在職中において，教育・研究，大学行政及び学界等多方面にわたり多大の貢献をしてきたものであり，その功績はまことに顕著であると認められる。」と判断していただいた。ただし，これは定型文章である。本当に貢献したのか，何ら実証的な証明がない。真理を探究する大学として，これはおかしい。それがあとにどれだけ影響を与えたかという視点から見た，成果主義が大切である。自分でも，誰もフォローしない，後に何の影響もなく，自分の勉強だけの「成果」を量産したことは今恥ずかしい。

法律学者は学問をやれば，学界に働きかけて，学界を動かし，立法，裁判を動かすべきである。そうして初めて業績である。立法過程論などのように，科学的に分析するだけではなく，それをふまえて実践するのが実定法学者であるべきである。

闘争の場は，研究＝学界，立法，裁判，阿呆な（馬鹿な）これまでの法的思考，抵抗勢力である。

私はたくさん書いているので，雑文だと思われやすいが，学会ではそれなりに評価されていると思っている。学会賞の欄（第5節13）参照。

学界への影響力も，東大，京大教授の説は，弟子が宣伝してくれるので，通説とかになる。東大，京大などにいなくても，人が相手にする説こそ，本物である。自分の力で，影響力を持たなければ学説とはいえない。

2　御用学者をやめて（やめさせられて）

行政法の需要は，役所からすればある程度ある。これまでは，役所についていないと論文を書けないと思われてきた。確かに，能力が低ければ，役所が用意してくれるもので書くのが，「業績」を上げるにも，金稼ぐのにも能率がよい。逆に，民間や住民からの依頼もあるが，定期的ではないし，安い。

そこで，普通は役所からお座敷がかかればそっちに行く。私も，御用学者の道を驀進？していた。しかし，人格が災いして，その道を踏み外した。

住宅を建てるとき合併処理浄化槽の設置を義務づけると，河川・湖沼の汚染が防止される。これは阿部が提唱していた（『政策法務からの提言』70頁以下）。某省の会議で，某先生は時期尚早と，役人におそらくは前の晩に言われた通りに発言した。阿部が反論したらその通りといってはくれたが，その先生は，それ以後その役所の中で出世した。阿部は立入り禁止処分？を受けた。

その先生は，そのとき時期尚早とした以上は，いずれ時期を作る道義的責任があるはずだが，その後も時期を作らない。阿部はその後も努力して，結局は，2001年の浄化槽法の改正で実現した。阿部のいう通りにしなかったので，河川の浄化が10年遅れたことになる（『政策法学講座』101頁）。

関経連から，座長として，地方自治の研究会を頼まれたが，道州制を作るための報告書を出させようとされて，関経連の理屈がおかしいことを指摘しているうちに，研究会は突然無期延期となった。以後，関経連とはカンケイネー。関経連の提案は眉につば付けて読むべし（『政策法学の基本指針』第5章）。

大阪府の地方自治研究会で長年議論してきたが，原稿を校正するとき，勝手に直されているのに気がついた。大阪府に都合の悪い主張は，検閲して，本人に断りなく，気がつかれないように直されていたのである。小生は頭にきて抗議したので，先方は詫びて来たが，その体質に頭にきて，委員を辞任した。同

業者の別の先生が委員になっているが，たぶん阿部が道を開いたおかげで，今度は御用学者扱いにはされていないだろう。

　震災対策では，兵庫県の提案する地震共済が愚の骨頂であることは何度も主張した。『大震災の法と政策』ほかがこれである。その結果，兵庫県からも外された。さらに，神戸大学阪神・淡路大震災10周年事業メモリアル学術シンポジウム開会記念講演「震災に対する行政と法の対応」（2004年11月5日）をHPに掲載した（本書第6章3節）。

　大阪府の情報公開検討委員会（府民会議）の小委員長を，それこそ不眠不休でやって，ものすごく苦労した。12時30分に授業を終わって，大阪府庁で2時に会議を始めるのに，タクシーを使い，電車の中でパンを食べた。それを数十回やった。対立する意見を公開の場でまとめるのは大変だった。普通の委員会なら，阿部先生は寝ていてくださいといわれるものだが，これは寝ることができない。それでまとめたが，非公開派などとビラをまかれて，こりごりして，その後の情報公開審査会の委員就任は，依頼があったが断った。

　こんなことが評判になったらしく，役所から排除された。

　学術会議の委員に某権威筋から当選確実と推薦を打診された。学者の国会といわれて，いかにも偉いポストだが，赤い学者の犬の遠吠えの集まりにすぎない。つまらないことで人生をムダにしたくないと断った。ただし，公法学兼連は6年もおつきあいさせられた。たくさん報告したが，社会に何の影響も与えない，ばかばかしい仕事だった。学術会議は学問の進展を妨害する。

　逆に言えば，御用学者として出世するには，シナリオ通り発言する，前日の根回し通りに発言する，正しいことなどと自説で頑張ってはダメ，原稿を検閲されても，頭にこない，学者としての自尊心は持たないことが肝心である。

3　御用学者をやめよ

　しかし，お役所は組織の病理に罹患している。天下国家のために正しいことをするとは限らない。むしろ，天下泰平だから，個人の利得が優先する。江戸末期を思う。

　学者である以上は，正しいものは何か，時代の進むべきものは何かを洞察するべきである。したがって，御用学者からの脱却こそが，学者の正しい道であ

る。私は，御用学者にならなかったので，独自の説を実現できる。

　それに，お座敷がかかったときにそれに賛成するだけでは，自分が作ったことにはならない。そんなものを「業績」というのが間違いである。

　肩書，履歴に，審議会委員を入れているのは，自ら御用学者であることを自白しつつ，しかし，自覚がないことを天下に宣言しているようなものである。これだから，学者は利用価値があると，表では敬重されるが，心の中では馬鹿にされる。学者と称する人が御用学者をやめない限り，行政法学の再生はない（もちろん，自己の信念を実現するために審議会などで発言するのはかまわない）。

　したがって，名誉教授の功績調書に，審議会委員を入れるのはやめるべきである。かなりの場合，社会貢献・功績ではなく，役人への貢献にすぎず，これこそ公害である。判例を変える方が，社会にとっては大功績のはずだが（その後，弁護士として，神戸市の違法行政をかなり是正させている。こうした弁護士活動こそ，社会貢献である。第7章）

　（最近気がついたが，北海道庁出身，九大準教授の田中孝男氏は，審議会などは御用学者として期待されるならお断りとしている。立派なことである。http://www1.ocn.ne.jp/~houmu-tt/tanaka/ta0201top.html）

第5節　わが闘争，分野ごとに

1　阿部ゲート

　わが神戸大学法学部の隣のバス停から大学に入る入口は，最初は，横断歩道と入口が別だった。多くの人が横断歩道でないところを渡って入ろうとするから，事故が起きる。横断歩道を渡ったら入口になるように設計すべきである。私がこのように提案したら，通った。事故死がまだ起きていないのも阿部のおかげではないか。最初に設計した人は刑事法の専門家であった。人が殺されてから考える，事後解決の刑事法よりも，事前予防の行政法の発想が大切である。そこで，この門は，巷間，阿部ゲートと命名されている（『政策法学講座』120頁に図入りで説明している）。

2　嫌　煙　権

　1980年アメリカ帰りで提案した。理論的な最初の提案のつもりである。
「喫煙権・嫌煙権・タバコの規制（上・下）」ジュリ724号（1980年9月15日）40-48頁，725号（1980年10月1日）109-116頁。

　阿部がいるから，神戸大では嫌煙権は認められないなどと，およそ法律家にあるまじき弾圧に遭った。わが同僚と嫌煙権で犬猿の仲になったが，長年の苦心の上，勝利した。

　新幹線に禁煙車を増やせと旧国鉄に主張したら，長旅だから，たばこをやめられない人がいると反論された。長旅だから，たばこの煙で参ってしまう人がいるのに。一方しか見ない偏った見方が蔓延している。リーガルマインドを説く法学者にもこの程度の方角違いの人が少なくなかった。

3　地方自治法

　住民訴訟の被告を首長など個人ではなく，首長というポストに変えるのは，住民訴訟を起こしにくくするものとして，改悪だと反対した。政治の土壇場で，説明責任を強化するものという，欺瞞的自治体代行主張に負けた。

　しかし，これで行政側に説明義務，立証責任が転換すると反論している。これらの学者側は，首長の責任を軽くしようとして，かえって墓穴を掘ったのではあるまいか。

　359.「住民訴訟改正へのささやかな疑問」自治研究77巻5号（2001年5月）19-42頁，計24頁
「論点　住民訴訟改悪案は廃案に」産経新聞2001年9月30日。
　（その後裁判所には首長の説明責任を何度も主張したが，採用されない。インチキ立法に騙されている）

　都市再開発法や土地区画整理法の処分についてそれらの法律には不服申立前置の規定がないので，直ちに出訴できると思うのが普通だが，地方自治法に不服申立前置の規定があった。このような，とんでもないところに不服申立前置主義の規定をおく地方自治法256条は違憲だと主張していた。

24.「自治事務と不服審査前置制度（地方自治法256条）」自治研究54巻3号（1978年3月）29-52頁，計24頁（『行政救済の実効性』所収）

この制度は2000年の分権改革の過程で廃止された。

地方自治法の改正においてたくさん修正を提案した。国会の公聴会に呼ばれたが，これは儀式なので，何の意味もなかった。立法過程論の実践であるが，これぞ空疎形式民主主義である。まじめにやれと言いたい。

343.「地方自治法大改正の政策法学的代替案－参議院地方公聴会発言」『法政策学の試み　法政策研究（第二集）』（神戸大学法政策研究会，信山社，2000年1月）25-41頁，計17頁

4　司法改革

司法制度改革審議会の答申では，行政訴訟の改革を入れるように，長い論文を書いて，佐藤幸治さん，竹下守夫さんに頼んだ。それが奏功して，行政訴訟改革もやれということになった。火付け役は自分のつもりである。

未公表論文のほか，339.「司法改革への提言（上）(中)(下)」自治研究75巻7号（1999年7月）3-28頁，8号（同年8月）3-21頁，9号（同年9月）21-41頁，計66頁がある。

法科大学院のための現職判検事給与付き派遣に反対する運動をしたが，敗退した。

5　行政訴訟改革

行政訴訟検討会に対し，行政訴訟改革を強く働きかけた。行政訴訟をライフワークとしてきた者として，委員になれないのは悔しいが，外野からがんばった。福井秀夫さんは阿部説に理解を示して，相談してくれた。私は陰の助手に甘んじた。水野武夫委員は阿部説を一番主張したのは自分だと言ってくれていた。しかし，行政法学者がきちんと動かず，素人委員は結局は事務局の言うとおりで，徹底しない改革になった。事務局は，最初からやる気がないから，素人委員をたくさん入れているのだろう。

某先生は，義務付け訴訟について教科書では成熟説なのに，検討会では変身し，しかも，これを論ずるのに，ドイツ法も全く勉強しないと公言している。

別の某先生は申請権がない場合には義務付け訴訟の要件は厳しくなると，何ら根拠のないような主張をして，この制度を半殺しにしている（「行政訴訟改革他の報告に関するコメント」環境法政策学会誌第8号（2005年）48頁，『行政法解釈学Ⅱ』第9章第6節三，『行政法解釈学Ⅱ295頁』）。

抵抗勢力は官僚だけではなく，学者でもあった。

私は，条文案を提案して，日弁連に大幅に採用された。

パネルディスカッション「日弁連『行政訴訟法案』をめぐって」日本弁護士連合会編『使える行政訴訟へ『是正訴訟』の提案』99-144頁。

今回の行訴法改正：権利救済の実効性の確保である。

田中二郎先生は，行政の第1次的判断権を理由に義務付け訴訟を否定したが，これは偉大な田中先生の偉大な思いこみの産物である。義務付け訴訟でも，行政の判断をふまえて，裁判所が判断するのだから，第1次的判断が無視されるはずはない。ドイツではそんな問題意識を理解させるのが大変だった。私は先輩教授を批判した。

今回の行訴法の改正では，義務付け訴訟と仮命令が明文化されたが，仮の義務付けの要件も厳格で，第3者への義務付け訴訟では，中途半端である。

ホームレスには生活保護を仮命令で支給すべきである。とりあえず，生活保護を与えて，丁寧に審理しないと，死んでしまう。多数のホームレスが餓死，凍死しているのは，司法の怠慢である。震災の時も多数の被災者が生活保護を受けようとしたが，65歳までは拒否されるのが普通だった。ホームレスなど，よそ事と思っているからだ（私にとっては他人事ではない）。

これら委員との対話の状況は，ジュリスト1263号（2004年3月1日号）の鼎談，「座談会　新行政事件訴訟法の解釈」判夕1147号（2004年6月15日）17-44頁の研究会参照。

論争では負けていないと思うが，抵抗勢力が大すぎである。関係者は，今回の改革は当初できないと思っていたことができた，70点などと自己採点しているが，彼らが変な理屈を言わないで，まともに考え団結すれば，もっと改革できたのである。これは功績ではなく，妨害と評価すべきである。

不明確な法制度の下での選択を当事者の負担にするな，救済ルール明確性の

要請を主張した。

16.「訴訟形式・訴訟対象判定困難事例の解決策」別冊判タ臨時増刊2号（1976年8月）行政訴訟の課題と展望7-27頁（『行政救済の実効性』所収）。

188.「法の不明確性と行政訴訟の課題—最近の判例を中心として—」判時1352号（判評379号）（1990年9月）175-188頁『行政訴訟改革論』所収。

これは，後からでも正しい法を発見すればそれが立派な法律家だと思いこんでいたこれまでの法律家には新鮮なものであり，だんだんわかってもらえるようになったが，結局は立法化されなかった。

不服申立てをしたときは出訴期間を1日短くする行訴法14条4項はだまし討ちで違憲と主張してきたが，今回改正された。某先生は，1日違いはたいしたことがないと頑張っていたが，事前にわかっている場合とわかっていない場合は大違いである。この講義が，実は昨日だったとすれば，1日違いでも，誰も来ていないだろう。

67.「平均日本人と行政争訟」『今村成和教授退官記念　公法と経済法の諸問題」（上）』（有斐閣，1981年10月）383-410頁『行政救済の実効性』所収。

今回やっとわかってもらえたのである。

訴訟では仮の救済が天王山である。今回の改正にも多少影響を与えたはずだが，なおたりない。

前記「抗告訴訟における仮救済制度の問題点（一）～（三・完）」

しかし，原告適格は単に考慮事項が入っただけで，不明確であり，広がったかどうかもはっきりしない不十分な立法である。きちんと作らず，解釈論争が増えるのは良いことだ（某学者委員発言）と思っているためであろうか。原告の負担がどんなに重いか，分かっていないのであろう。実際小田急訴訟最高裁では，沿道者に原告適格を認めるかと思われるが，国側は，今回の行訴法改正では沿道者の原告適格は認められないと反論している（2005年5月6日）（周知のように最大判平成17・12・7（民集59巻10号2645頁，判時1920号13頁）は原告適格を認めた）。

「あな嬉し，出来損ないの立法で，私の論文，生き延びる」

「未完の行政訴訟改革」（出版を企画している書物）のはしがき用のフレーズである。

第 2 章　わが(学問的)闘争, Meine(wissenschaftliche)Kämpfe　55

　法学の科学性に対する懐疑としては，1847年にドイツの裁判官 J. von キルヒマンが行った〈法律学の学問としての無価値性について〉という講演が有名である。キルヒマンはこの中で，法という人為の産物であり時勢とともに変遷する対象を扱う法学は厳密な意味で学問の資格を有しないと説き，〈立法者が三たび改正のことばを語れば万巻の法律書が反故（ほご）と化する〉と主張した．(以下略)」（平凡社世界大百科事典）

　原典は, Die Wertlosigkeit der Jurisprudenz als Wissenschaft : ein Vortrag gehalten in der Juristischen Gesellschaft zu Berlin, 1848 / Julius von Kirchmann（Libelli ; Bd. 34）である。

　私の姿勢は，

23.『行政訴訟要件論』(弘文堂，2003年)

　　「行政訴訟法改正　原告救済の姿勢が不十分」　読売新聞2004年2月25日。

　に掲載している。

　その他，下記のような提案をしたが，全く相手にされていない。

　事情判決も，どっちからも言い出せば敗訴を認めることになるので言い出せない。これは中間判決を下すべきである。『行政救済の実効性』第8章参照。

　公益訴訟報奨金を導入すべきである。行政訴訟は多数の人に関わるので，原告が勝てば公共財を作った者と同じである。前記のぜんそくを治してくれた医師と同じである。それが儲からないのは社会の発展を阻害する。訴訟は個人の権利救済制度であるから阿部説は採用できないなどと言う説が多いが，それは社会の多様な利益を調整して公益に寄与する行政法の本質を知らないものである。

　行政訴訟の印紙代は無料にすべきである。行政側が一方的に処分して，お上を訴えるには印紙を添付しなければならないというのは逆転している。行政が適法な処分を持参する債務があるはずだ。当事者対等の原則にも反する（台湾行政訴訟法は元々印紙代を無料とした。2007年改正で，濫訴の弊対策と称して，高等行政裁判所で4000元，最高行政裁判所で6000元を取る少額定額制としたが，訴額に応じて訴訟費用が増額するシステムは取られていない）。

365.「基本科目としての行政法・行政救済法の意義（五）」自治研究77巻9

号（2001年）

　空港訴訟を巡り，公法上の当事者訴訟論争が起きた。そんなものは要らないと主張して，論争では勝ったはずだ（『行政訴訟要件論』）が，規定は残っている。そして，今度の行訴法改正で，これを活用することになり，実体公法が復権する。結局は，阿部泰隆は負けた。
　しかし，公法と私法の区別は意味がないというのは塩野先生をはじめ通説であった（塩野宏先生は，今回の教科書第4版でもその説を維持している）。なぜ幽霊が生き返るのか，理解ができない。また，公法上の当事者訴訟を活用するというが，どんな場合にどのように活用できるのか，さっぱりわからない。解釈論争が増えるのはいいことだなどという馬鹿な意見があるが，制度は解釈法学者の飯のために作るものではない。被告役所は親方日の丸で，屁理屈を付けて，訴えを排斥するのに都合がよく，限られた時間と資金で苦労する原告側に酷なだけである。学者の変節をとがめるわけではないが，変節する以上は，明確な制度を設計し，本当により正しい方向へと進んでいることがわかるように，きちんと理由を付けてほしい（むしろ，そういうことがなされれば，変節歓迎である）。
　そもそも，行政訴訟は，権利救済の実効性，両当事者の対等性，救済ルールの明確性を旨として，設計され，解釈されるべきである。ドイツの裁判所は裁判を受ける権利からこのような解釈をするのに，日本の裁判所がそのような解釈をしないのが，行政訴訟は「やるだけムダ」といわれる原因である。行政事件訴訟法自体の欠陥というよりも裁判官の発想が大きな問題だったのである。そこで，この種の目的規定なり解釈指針を入れよと主張したが，訴訟法には目的規定などないという誤った意見（刑訴法1条にはある）か，解釈指針など，おこがましいという裁判官の抵抗か，何かの理由で入らなかった。ただし，某先生のご尽力で，最後に国会の付帯決議に入れてもらえた。
　行訴法の改正は不十分であるが，その原因には，裁判官の発想がある。行政訴訟などほとんどやったことがない人が，事務局で決定権を握っている。司法試験は現役で受かったが，その後行政法などやったことがない。古い行政法に染まっている。それがプライドだけ高く，決定権を持っているのは異常である。発想も，学校秀才のまま。学校秀才止まりの人間の支配である。われわれ

研究者は，大学でいくら成績がよくても，そんなものはひよこだと思う。世間はそのことを知らない。司法試験現役合格は雲の上に見えるが，実は雨雲と同じく地上数百メートルの高さにすぎない。学会は成層圏の空中戦をしている。

こうしてこの改正は不十分であるが，しかし，阿部泰隆がいなかったらもっと不十分であったと思う。

6 行政法の法システムの改革へ

旧態依然とした行政法の体系を変えることが大事である。40歳の時「行政法の課題と体系」（『政策法学の基本指針』所収）として，どこの国「では」と，出羽の守になるのではなく，外国法を写すのではなく，自分で考える行政法への脱皮が必要だと強調した。その考え方は今日でも変わらない。可能なら，日本から新しい行政法学を輸出したい。

特に，『行政の法システム』（有斐閣）は，これまでの行政法の体系を変え，現実の日本社会で動いている法システムを解明して，その不合理性を発見し，さらにその改善策を工夫するもの＝行政法の構造を改革するものである。伝統的な行政法理論と体系をリセットし，無数の法律の底流を流れる法システムとその運用の実態を分析し，法律の不明確性を是正する解釈論と全く新たな法システムと行政手法論の提案を行ったもので，画期的なものであると自負している。

行政法規が機能していない法の執行の欠缺（Vollzugsdefizit）をドイツで学んで，日本の現実を分析した。これは単なる法社会学的研究ではなく，さらに立法論への示唆をもたらす。ドイツの理論を丁寧に研究している暇はない。

これまで行政法が存在することを前提としてきたこの学問において，行政法の存在理由を解明したのも自分が最初のつもりである。経済学の発想である。これがないと，「こんな行政法は要らない」と言われたときに反論できない。それが現実である。

しかし，まだ他の教科書は阿部の問題を受け止めて発展させるという作業をしてくれない。これまでの本の改良版の教科書が多い。しかし，僕の本の叙述は活用されている。僕の本に対しては研究書として祭り上げたりして，教科書として認知しない人がいる。厚いなどといっているが，刑法でも民訴法でも本

格的な教科書は皆厚い。

　このままで行けば，これまでの行政法学は衰退産業になる。現に，各種の会議でも，行政法学者の比重は下がっている。司法試験から行政法が外され，さらには国家公務員試験からも外されつつある。当然のことである。行政法学者がリストラされても，無能だからしょうがないが，行政法学は再生されるべきである。

　私は，法とリスクの関連の解明を教科書レベルでも試みているが，その例は他にはほとんどないだろう。

7　司法試験必修化

　1998年2月，行政法を司法試験から外すなという運動をした。さきがけ党首の武村正義さんが理解して，閣議決定をストップした。行政法の命の恩人は武村さんなのである。そして，司法試験で公共組合などを出して，受験生を激減させ，だから司法試験から外してよいなどという議論を誘発したのは，行政法の死刑判決なのである。そういう人が栄進するのだから，世の中はおかしい。

　このときの状況は第1章第2節2に記したので，ここでは省略する。

8　裁判に影響を与えた解釈学的意見

（1）　意見書等の成果

　解釈論としては，裁判所に大きな影響を与えたものも少なくない。特定の事件において依頼されて執筆した阿部説が裁判所にほぼ採用されたか有利な和解を得た例も30数例にのぼる。70件くらい頼まれている（ほかに裁判所に出さない意見書もある程度ある。その後2009年夏現在約90件超）が，今の判例理論では無理筋なり，勝てそうにない段階で初めて頼まれるのが普通なので，応援したものの半分近くがそれなりの成果を得ているのは，相当の業績だと思う。

　海の下の所有権について，法務省解釈は，太陽（大洋）に所有権がないのは古今東西に通ずる法理というが，浅い海には所有権が残っていて，おかしくない。意見書ではないが，裁判所に影響を与えた。『行政法の解釈』所収。

　以下は阿部泰隆意見書がある程度寄与して決着付いたものの一部である（活字にしたもののほか，まだ活字にしていないものも一部含まれる。このほか，まだ係争

中なり活字にしていないものも少なくない)。

(2) 裁判に影響を与えたもの
1．高砂市，ガソリンスタンド設置許可関係（処分の存否，行政指導，附款等）
上告審での意見書，結果：最判昭和57年7月15日判時1055号33頁で逆転勝訴。『行政法の解釈』所収。

2．「換地計画なき仮換地処分」
高裁段階の意見書，結果：大阪高判昭和57年6月9日行集33巻6号1238頁＝判時1061号17頁で勝利，最高裁でも維持。
「換地計画なき換地予定地的仮換地指定処分の適法性」区画整理24巻8号（1981年8月）31-43頁，『行政法の解釈』所収。

3．「近鉄特急訴訟，許可認可等臨時措置法の効力」
結果：大阪地判昭和57年2月19日行集33巻1＝2号118頁で参照された。
「戦時中の行政改革法規＝許可認可等臨時措置法は今日も生きているか」自治研究58巻2号（1982年2月）33-59頁。
「許可認可等臨時措置法の効力・再論」判タ513号（1984年2月15日）39-47頁，『行政法の解釈』所収。
大阪高判昭和59年10月30日訴え却下（原告適格なし），鑑定事項に入らず。最判平成1年4月13却下。行訴法改正後の判例では原告適格が認められて，本案に入ると思うと残念。

4．「カネミ油症と国の責任」
「カネミ油症　国賠認容判決」判時1109号（1984年5月）3-11頁。
「カネミ油症国賠訴訟の現段階―縦割行政の克服と規制権限行使義務について―」判タ567号（1985年12月15日）7-23頁。
「カネミ油症国賠否定判決」ジュリ869号（1986年10月）57-64頁。
肯定判例：福岡高判昭和59年3月16判時1109号24頁。

否定判例：福岡高判昭和61年5月15判時1191号28頁。
最高裁が消極姿勢なので，訴え取り下げ。

5．「共有物分割と換地処分」
『行政法の解釈』所収。
東京高判昭和62年6月30判タ657号81頁で逆転勝訴。
最判昭和62(行ツ)第111号昭和63年7月18，高裁判決維持。

6．福岡市，「西鉄旧軌道敷訴訟」
　西鉄の電車の軌道式部分が，電車廃止のときに，国有地なのか，西鉄の所有地なのかが争われた。西鉄の弁護団長は民訴の大先生。行政法の一流の先生をすべて仲間にして意見書を書いてもらっていた。建設省から小生に，「一流の先生は全部先方に取られましたので，先生にお願いできませんか」と電話がかかってきた。遠藤博也さんと一緒に反論した。一流の先生を全部相手にしたので，当分，人間関係が大変だった。裁判官の会同では，西鉄勝ちのはずが，逆転和解となった。
　軌道式は全部で何百億円するのだろうか。もらった意見書代は，1％もあれば一生安楽に暮らせるが，ppm単位であった。
　しまった，西鉄の株を買って，わざといい加減な意見書を出して，西鉄を勝たせればボロ儲けだったのに。
　しかし，阿部泰隆を敵にすると損だとわかってほしい。某教授のおだてによれば，一流は残っていないが，超一流が残っていた。

7．「予防接種禍をめぐる補償責任」
「予防接種禍をめぐる国の補償責任」判タ604号（1986年8月）7-22頁。
　予防接種禍の責任について，過失責任ではなく「いわゆるもちろん解釈」で，過失なくても補償すべきだとして，裁判所（大阪地判昭和62年9月30日判時1255号45頁）でも学界でも多くは採用された。
　しかし，頭の固い東京高裁（平成4年12月8日判時1445号3頁）で否定された。遺憾である。

8.「予防接種禍と当事者訴訟」
「公法上の実質的当事者訴訟と予防接種禍訴訟」判タ621号（1987年1月号）2-14頁，『行政訴訟要件論』所収。

9.「原処分主義，行訴法10条2項の解釈」
「公務員に対する不利益処分の修正裁決と訴訟の対象」判タ627号（1987年4月）24-31頁，計8頁，『行政法の解釈』所収。
最判昭和62年4月21日判時1240号136頁で大幅に実現。

10.「一条山開発許可の違法性等」
京都市開発審査会　1991年2月，11月提出，証人尋問。
1992年3月勝利，市の開発審査会が市を敗訴させる前代未聞の決定。
建設省で逆転却下。
京都地裁に出訴，2001年2月　和解，実質勝訴で，モヒカン刈り回避。業者が緑地の4割を残す開発に変更。
　「京都市一条山モヒカン刈り事件—開発許可，裁量濫用，和解」神戸法学雑誌54巻3号。
　『行政法の解釈（2）』に一部所収。

11.「教主の地位・認証の意義その他」
和解で終了。

12. 福岡県志免町　「新興団地に対する水道給水拒否の正当の理由」
　1審で敗訴した事件，　福岡高判平成7年7月19日判時1548号67頁で逆転勝訴。
　最判平成11年1月21日民集53巻1号13頁，勝訴，『行政法の解釈（2）』所収。

13.「町が地権者から購入した土地を道路公団に転売して得た差益の返済義

務」広島高裁岡山支部　勝訴して，解決。

　14.「職務専念義務免除による第三セクターへの地方公務員派遣の法解釈問題」(チボリ公園事件)
　広島高裁岡山支部平成13年6月28日，一部敗訴，一部勝訴。
　最高裁平成16年1月15日民集58巻1号156頁，逆転勝訴，阿部説は一部貢献。

　15.「地域医療計画に基づく医療機関の新規参入規制の違憲・違法性と救済方法」
　『行政法の解釈（2）』所収。
　医療法30条の7（現30条の11）による勧告無効確認訴訟の処分性が福岡高判平成15年7月17日判タ1144号173頁，最判平成17年7月15日民集59巻6号1661頁，判時1905号49頁で認められた。

　16.「混合組合」
　大阪府地方労働委員会平成11年12月24日命令で勝利。大阪地裁平成13年5月9日判決で勝訴。
　大阪高裁平成14年1月22日，勝訴。上告取り下げ。
　　　　　　　　　　　　　　　　　　『行政法の解釈（2）』所収。

　17.「岸壁に係留中のプレジャーボートに対する公有水面埋立権者の妨害排除請求権」神戸地裁姫路支判平成12年7月10日判時1735号106頁，大阪高裁平成13年2月28日，勝訴，上告なく，確定。
　　　　　　　　　　　　　　　　　　『行政法の解釈（2）』所収。

　18.「特定の訴訟のための原付自転車所有者名の情報公開」
　神戸地判平成12年7月28日判例自治212号49頁，勝訴。
　大阪高判平成13年1月31日，勝訴。
　最高裁第二小法廷平成14年9月27日，上告受理申立て不受理決定。

『行政法の解釈（2）』所収。

19.「中国人医師の日本医師国家試験本試験の受験資格」
東京高判平成13年6月14日判時1757号51頁，1審敗訴を逆転勝訴。
『行政法の解釈（2）』所収。

20.「岡山県産業廃棄物処分場設置不許可事件」
岡山県からの依頼，原告が訴えを取り下げ。当方が勝ったことになる。

21.「横浜市場外馬券売り場法定外税課税条例への総務省不同意事件」
国地方係争処理委員会2001年7月24日協議再開の勧告。ある程度勝利。
しかし，横浜市がおりた。
「横浜市勝馬投票券発売税に対する総務大臣の不同意処分（1）（2）」自治研究85巻1号19-57頁，2号19-37頁。

22.「税理士が税務職員を買収して脱税の見逃しを得て依頼者から納税資金を詐取した場合における過少申告加算税を課されない正当な理由，更正の期間制限，買換えの特例の適用など（松尾事件）」
最判2006年4月25日民集60巻4号1728頁，全面勝訴。

23.「許認可の判断基準時」
パチンコ店が近くに診療所があるとして不許可になったが，診療所は幽霊であるとして，最高裁でも取消判決，しかし，その診療所がその後実態を持ったので，やはり現時点では許可できないという見解が示されたので，これを覆すべく，判断基準時は許可申請時であるとの意見を出したところ，公安委員会で許可された。

24.「景観権によるマンション取壊し判決批判，国立マンション事件」
東京高判平成16年10月27日（判時1877号40頁，判タ1175号205頁，判例自治259号84頁）全面勝訴。

「景観権は私法的(司法的)に形成されるか」自治研究81巻2月号3-27頁，3月号3-27頁。2004年
　最判平成18年3月30日民集60巻3号948頁，判時1931号3頁，判タ1209号87頁でも維持。

25.「君が代訴訟」
　東京地判平成14年7月23日（判時1871号144頁）。執行停止申請却下，しかし，実質勝訴。『行政法の解釈（2）』所収。

26.「徳島県阿南市，水源保護条例は廃掃法に違反するか」
　1審は，法律が許容する行為を下位規範である条例で禁止することになり，条例制定権の限界を超えるとされた（徳島地判平成14年9月13日判例自治240号64頁）が，高松高判（平成18年1月30日判時1937号74頁，判例自治281号70頁）は，協議義務違反として，阿南市を敗訴させたが，条例制定権の限界を理由とする違法判断はしていない。私見では，廃掃法は水源でも安全だとの基準を作って，厳格に執行しているわけではないので，せめて水源だけでも避けてほしいとの条例は，廃掃法とは目的も手法も異なり，適法である。
　「水道水源保護条例における町と業者の協議義務—紀伊長島町条例の最高裁平成16年12月24日判決—」インダスト平成16年3月号4頁。

27.「36協定の情報公開」
　大阪地判平成17年3月17日判タ1182号182頁，労働判例893号47頁。
　事業の種類，事業の名称，事業の所在地等大事な部分について開示せよとの画期的な判決。
　自治研究85巻10，12号。

28.「土壌汚染という『隠れたる瑕疵を知った』ことの意義」
　東京高判平成20年9月25日でほぼ勝訴，上告中。

29.「産業廃棄物処理業の許可取消の違法性」

和解で3ヶ月の営業停止で終了。

（3） 意見書の限界

意見書は弁護士を通して裁判所に出すので，間接的で，裁判所に理解させるのは容易ではない。往々にして，民事法の発想で凝り固まり，行政法を知らないので，学生以下の裁判官がいる。彼らに学問の最前線を理解させようとするのは大変な苦労である。

弁護士として，事件の最初から関われば勝訴率はもっと上がる。

9 政策法学の提唱

私の学生の頃は，立法論は法律学ではない，頭が悪い学者は立法論に逃げるといわれた。しかし，前掲キルヒマンによれば，法律の書物の10分の9以上は，実定法の欠缺，疑義，矛盾，不真実，古くなったもの，恣意を扱っている。自然法を扱っているのはごく一部である。立法者の無知識，怠慢，悩みがその対象である。法律家は，朽ちた木で生きているウジ虫になったのである。立法者が3つの言葉を訂正すれば，すべての書庫は反古になる。

まったく，私は，立法の不備をいかにして是正できるかについて，解釈論と立法論を行ってきた。立法者が，完全な法律を作れば，私の論文はすべて反古になる。

しかし，幸か不幸か，日本の立法者は，それほど賢明ではない。「喜びもまだ半ばなり　行政訴訟改革」。遺憾ながら，私の書物はまだまだ生き続けるのである。

法律家は，ウジ虫を退治すべく，解釈論だけではなく，新しい法制度を設計する「政策法学」に移行すべきである。私は，すでにいくつかの書物を著し，実際の政策を設計している。各地の地方公共団体にも影響を与えているし，当初は新規（新奇）の提案に見えても，10年経つと実現しているものが少なくない。

『政策法務からの提言』（日本評論社，1993年）
『大震災の法と政策』（日本評論社，1995年）
『政策法学の基本指針』（弘文堂，1996年）

『政策法学と自治条例』（信山社，1999年）
『定期借家のかしこい貸し方・借り方』（信山社，2000年）
『やわらか頭の法政策』（信山社，2001年）
『内部告発（ホイッスルブロウァー）の法的設計』（信山社，2003年）
『政策法学講座』（第一法規，2003年）
『やわらか頭の法戦略』（第一法規，2005年）

典型例は前記の嫌煙権である。

定期借家権創設の理論的根拠を，新古典派経済学者と共同で提供して，立法者に働きかけ，多くの抵抗を排除して実現した。契約は守らなくてよいというのが民事法の発想!! 一度借りたら，基本的には永久に借りることができるのが正義に合致するという，これまでの発想の転換を迫ったもので，これは単に借家法だけではなく，法律家の発想の転換を求め，法律の分析に経済学的な発想が有用であることを示した点で，日本の法学史における大きな転換点を創造したものである。経済学に魂を売った？　しかし，心は売っていない？

ジュリスト1124号の座談会（瀬川，野村との対話），法セミ1998年5月号の吉田克己との紙上対話
「パネルディスカッション：定期借家権」都市住宅学19号（1997年）司会参加。
「座談会定期借家権をめぐって」ジュリスト1124号（1997年12月1日）
「座談会定期借家権構想の法的論点」判タ959号33-59頁（1998年3月1日）
「座談会定期借家による快適居住のまちづくり」（司会）自治研究1998年2月号
「弱者に優しい定期借家権」法セミ1998年5月号8-11頁
『定期借家のかしこい貸し方・借り方』（信山社，2000年）
『定期借家権』（信山社，1998年）

そのほか，下記の提案をしている。
法と経済学の立法論への導入を試みている。

「法と経済(学)のささやかな実践―行政法編」法と経済学会のHPに掲載。

自治体では政策法学重視の流れができている。しかし「政策法学研究所」を作って，商売をしてはやるところまでいっていない。

短期賃貸借保護廃止論に参加した。

執行の場合の占有者名不明でも執行できる制度が導入された（民事執行法168条の2の導入）。これは阿部泰隆のアイデアである。

「短期賃貸借保護廃止の提案」（上原由起夫氏と共著）NBL667号（1999年6月15日号）45-53頁＝鈴木禄弥＝福井秀夫＝山本和彦＝久米良昭『競売の法と経済学』（信山社，2001年10月）5-20頁。

阪神大震災のあと，「安く，みんなを，公平に迅速に」救うという観点から，法制度の作り直しを提案した。ボランティアはやりの時に，私なりのボランティア活動であった。これは，震災後，33週間毎週200字づめ60枚の学術論文を連続して体系的に執筆し，400頁の書物としてまとめたもので，授業を休まず，これだけの期間にこれだけの研究をした個人の例は，寡聞にして他に見られない。月刊阿部泰隆という言葉があった（磯部力作）が，週刊阿部泰隆になったのである。ああ，疲れた。それは，歪められた政治のもとで，かならずしも実現していないが，若干は実現している。ただ，特に地震共済創設反対のために兵庫県の御用学者になれなかった。

11 『大震災の法と政策』（日本評論社，1995年）

ここで，震災胎児への教育資金の支給を県知事を説得して実現させたことを紹介する。

震災孤児の定義は何でしょうか。震災の日までに生まれた者となっている。それ以前におなかに入っていても，生まれていなければ，孤児ではない‼

驚いてしまう。胎児は生きて生まれれば子供であるのは法律の常識。相続権（民法886条），損害賠償請求権（民法721条）のほか，福祉部長の管轄下にある国民年金法の遺族年金（同法39条2項）ももらえるのである。

県庁に行ったら，貝原知事が向こうから来たが，忙しいので，福祉部長に会えという。彼と談判したら，1月17日の後で生まれたら，誰の子かわからないという。それなら，それまでに生まれても誰の子かわからないはずだが。兵庫県には神戸大で民法を勉強した職員がたくさんいるはずなのになぜ。そういう

職員も偉い地位にあったとして，勲章をもらい，天下りできるのだろう。

県知事の自宅に手紙を出して，方針を変えてもらった。役所に出すと，アホな部下が握りつぶすから，自宅に出した。さすが県知事は賢明だ。

そのほか，霞網の販売・運搬禁止は法改正で実現した。『政策法務からの提言』所収。

各種手当の所得制限が境界線で差別，違憲，児童扶養手当で実現した。

放置自動車対策（『政策法務からの提言』所収）は自動車リサイクル法で実現した。

放置自転車の車輪止めの提案はまだ採用されていない。

屋外広告物法，景観条例の提案は，2004年景観3法で実現した。

独禁法改正については，法人処罰を廃止して，個人処罰と法人への課徴金を強化するとの提案をしている。理論的には理解されつつあるが，まだ，実現しない。

情報公開条例は大阪府で小委員長として手伝った。プライバシー型の導入，任意提供条項の非公開など，独自性を発揮した。

無年金障害者問題では，かねてその救済を提言してきた。阿部『政策法務からの提言』132頁以下，145頁。

東京地判平成16年3月24日は，無年金障害者問題について平等原則違反として，国家賠償を認めた。それも背景となって，2004年12月3日，「特定障害者に対する特定障害給付金の支給に関する法律」が成立した。この法律は，国民年金の障害等級に該当する障害がありながら障害基礎年金を受給することができないでいる人たちのうち，「特定障害者」に該当する人たちに対し「特定障害給付金」を支給するものである。

ただ，この法律の内容は，給付の基本的性格が障害基礎年金とは異なる特別の給付金として位置付けられていること，受給対象者が限定されていること，支給金額が1月4万円（障害の程度が障害等級の1級に該当する特定障害者にあっては，5万円）であり障害基礎年金の支給金額に比べて低額である。私見も多少は役に立っている。

そのほか，行政手続法で，若干の意見を述べている。

高齢者対策の財源，年金財源は相続税で，60歳以上は社会のおかげで生きる

のだから余りは社会に還元せよ，既に大人になった子どもに残す必要はない。消費税でまかなうのはとんでもない愚策である。

消防法違反については反則金の導入をと提案しているが，それが実現していない現状では，新宿の雑居ビル火災は，阿部に言わせれば，法災である。

『（続）消防行政の法律問題』（森本宏氏と共著，近代消防，2003年）

内部告発者褒賞金こそ，社会を明るくする。この分野でも率先して論陣を張っているが，まだわかっていない人が多い。

『内部告発（ホイッスルブロウァー）の法的設計』（信山社，2003年）

国家賠償では，犠牲者への優しさを背景において論じている。

「命より財産が貴いのか」経済往来48巻11号，1996年11月号76-87頁。「生命と財産の比重」毎日新聞1996年9月2日夕刊2面。

損失補償では，ゴネ損方式を提唱している（『国家補償法』304頁以下，『行政法解釈学Ⅱ』388頁）。

社会保障法では，「重い，困った順」への支援を優先せよと主張している。

286．「低負担・高福祉の法的手法―重い困った者から救われるシステムの確立―」財政法叢書12号『福祉と財政の法理』（1996年5月）57-76頁，計20頁。

「論壇　最重度知的障害者にこそ支援の手を」

朝日新聞1996年3月14日38面（東京版），4月3日（関西版）。

「福祉施策の法的視点（上・中・下）」自治研究73巻7号（1997年7月）3-18頁，8号（同年8月）3-21頁，9号（同年9月）3-32頁。

介護保険では，措置から契約へという法改正は，業者の自由になると批判，要介護度の下の者は施設に入れないように改正すべきである。『政策法学講座』194頁以下。

土地問題，環境問題でも多数の提案をしている。

『国土開発と環境保全』（日本評論社，1989年）

その他，多数の論文をいずれ論文集に収録するつもりである。

以上を含めて，日本列島法改造論を提唱している。

学問実践の最大の抵抗勢力は，既存の官庁勢力というよりも，古い学問だ。戦争の時の国体護持に似ている。

10　目下頑張っているもの

京大再任拒否事件で反対し，意見書をまとめた。『京都大学　井上教授事件』(信山社，2004年)

大阪高裁で勝つはずである。弁護団の努力で，前所長の証人尋問が行われ，京大のいい加減さが露呈した。井上先生を任期制で放逐することに問題はないという助言をしたのは，民法のM教授であるという。任期制がはやれば大学は崩壊する。都立大は崩壊した。大学人がこれを応援しないのは自殺行為であるが，応援が少ない。対岸の火事視していると，今に火の粉が降りかかると思う。

任期制が広がらなければ，すべての先生が安心できる。感謝してもらわなければならない（しかし，大阪高裁はこれを門前払いし，最高裁も上告不受理とした。ああ，暗黒裁判!!「最高」裁判所を尊敬できなくなった）。

11　教　　育

教育は，原料を仕入れて，付加価値を付けて製品として出荷する，人材育成工場である。このことがわかっていない先生が多い。原料がよければ，先生が努力しなくても，製品はよくなる。

知識は意味がない。特に行政法学の知識など，最初から役に立たない。私自身にとっても，これまでの行政法学は反面教師だ。しかし，それでもそれを知らなければ前進しない。社会の人が，大学で習ったことは役に立たないと言う。その意味次第だが，役に立たないことは確かである。しかし，文学部を出ていれば，今日の阿部泰隆はないのだから，やはり法学部の勉強が多少は役立っているはずである。

社会に出れば毎日が試験である。私も毎日が試験のつもりで，常在戦場で勉強した。私は，学生に対しては，考える力，勉強する力を付けようと努力した。基本的には，子が親の背中を見て育つのと同じく，私を見て，育って貰うというつもりであったが，それなりには指導した。通説を覚えて，国家試験に通るようにという指導をしていないのは恧怩たる思いがあるが，少なくとも以前は地方公務員は受かるのが当然だったので，受かったあとの教育をしていた

のである。

　大学院生は，それなりに実力が付き，活躍していると思う。はっきり言って，大学院に入ったときに想定された人生よりも，優雅な地位にあると思う。他大学の院生であったら，もっと活躍できなかったのではないかと勝手に思っている。この意味では，有名大学の先生がたくさん弟子を養成したというのは，当然に貢献と評価されるものではない。先生の御指導のおかげか，誤指導にもかかわらずか，それだけではわからないからである。

　阿部の院生の中から，博士が日本人で5人，台湾人で3人，大学の先生になったのが，日本人で12人，台湾で3人，中国本土で1名である。

　学部の講義はこの10年ほどは休講は意地でもしない。元々が休講できる職業として選んだものであるから，病気でなければ休講しないというのが大原則である。外国に行くときも，関空に行く前に講義をし，関空から教室に来て，その間いないときは自分のビデオを見せて，休講はしなかった。おいしい講演があったり，ほかの会議があったりして，休講したいという誘惑と闘争したものである。

12　大学行政

　35歳で教授になったら，研究できるのかと思ったら，教務委員としてこき使われた。そのとき昇進しなかった同僚はやらなくて済んだし，そのときは一緒に昇進した同僚はほかにもいたが，私の方が序列が先だったので，若いのに先にやらされて，ひどい目にあった（若くてやらされるのは，先輩教授——往々にして小姑のような——と一緒に仕事をしなければならないので負担が重い）。

　その仕事といえば，共通テストの初年度で，試験問題を抱いて，事務室に泊まり込まなければならなかった。

　大学は研究・教育が適切に高度にできるように最大限の配慮をすべき組織なのに，まったく逆である。小生が試験問題泥棒を防げるわけはない。馬鹿なしくみをなぜやめられないのか。慣行にとらわれたアホな官僚と同じである。小姑にいじめられて，境界型糖尿病になった。

　その解消のためにテニスを始めたが，レッスンに通う暇もなく，また，僕を教えることができる人もいない。最初家内に習わせて，伝授を受けるはずだっ

たが，結局は今日まで我流で終わっている。

　学内行政など，経営感覚も学問感覚も不足している，抜本的に変えるべきだ，といって，嫌われる。

　ここで，組織の病理という行政学の重要な視点を発見する。行政学は分析するだけだが，私の行政法学は，組織の病理を治療する政策法学に発展する（転んでもただでは起きない？　事後正当化）。

　評議員は回ってきたが，若造は黙れという雰囲気で，発言して嫌われる。対等なのに，そんな態度は，学問をする者にふさわしくないはずだが。

　この頃のどこからか，阿部を大学内の委員にするのは危ないという学部内の評価が定着した。神戸大学を潰すときは阿部を学部長にするという先輩教授の発言もあった。おかげで，暇で勉強に専念した（陽の当たる・華麗なる窓際族）。

　文部科学省との闘争もしたいが，大学を去ってからでないとできない。しかし，そのころには戦うエネルギーも雲散霧消しているだろう。

13　学　会　賞

　日本不動産学会学会賞著作賞（1997年度）
　　『大震災の法と政策』（日本評論社，1995年）による。
　都市住宅学会賞（1999年度）
　　「まちづくり，集合住宅づくりは誰が決めるべきか」都市住宅学22号（平成10年夏号）80-90頁による。
　地域政策学会賞（2002年）『競売の法と経済学』（信山社，2001年）による。
　都市住宅学会・著作賞（2003年）『競売の法と経済学』（信山社，2001年）による。
　都市住宅学会・著作賞（2003年）『実務注釈定期借家法』（信山社，2000年）による。
　都市住宅学会賞・著作賞（2004年）「民法と行政法における違法性と救済手段の違いと統一の必要性―建築紛争を中心として―」都市住宅学38号（2002年夏号）41-47頁による。
　公共政策学会賞作品賞（2004年）『政策法学講座』（第一法規，2003年）による。

第6節　最　後　に

1　神戸大に「滞留」

　神戸大に採用されて，以来，38年，泰隆はたいりゅうと読む。大龍（big dragon）かと思ったら，よくて対流（circulation），下手すると，滞留（stay at the bottom）らしい。ついに神戸大に骨を埋めるに近いことになった。これだけ闘争してきたので，居心地が良いとはいえないが，それでも，よその社会ならとっくに放り出されていたであろう。大学だからおれる。小生を滞留させてくれた本学及び公務員の身分保障に感謝しなければならない。むしろ，滞留でも，stay in the heaven というべきか。

　任期制なら，一番先に追い出される。任期制は，私のようなものをますます絶滅危惧種にしてしまう。キーウイ並みである。キーウイはパソコンに貼ってある。

2　今後のわが闘争——捕らぬ狸の皮算用

　行政関連訴訟専門弁護士として，行政法の大先生である濱・宇佐見法律事務所に置いてもらう。宮崎良夫弁護士も一緒である。
　わが説を裁判の場で実現する。
　実質的法治国家の実現に実践面で寄与する。
　政策法学戦略顧問として，事前予防の戦略システムの構築に取り組む。
　今でも年間10件近く種々依頼があり，そのある程度は意見書としている。これから，行政事件が，台湾，韓国並みに30倍になれば，自分のところには，300件の依頼があるという計算である。阿部泰隆を敵にすれば損だと風評が立てば，顧問先が増える。
　これは夢という感じかもしれないが，もし儲けたら，阿部泰隆賞を作る。阿部泰隆の学問を前進させて，さらに実現することに主要な役割を果たした者にそれなりの褒賞金を贈る基金を作りたい。年2人いれば，10年で計20人が阿部説を実現することになる。そうすれば世の中は変わる。

私が目の黒いうちに成果を見なければならないので，期限を付ける。わが闘争を相続してもらうことになる。そのためには，70歳までは資金を造成して，80歳までは元気で生きなければならない。
　今創ろうと思ったが，年金と退職金の改悪で，数年上の世代と比較して，3,500万円以上の損で，長生きすると心配なので，もう少し様子を見る。こんなことを言うと，もっとお金持ちの先輩が，同じような賞を創るのではないか，そうすると，小生の陰も薄くなるが，呼び水としての貢献はある。中曽根康弘賞が，100万円1つと50万円3つということであるから，阿部泰隆賞はそれよりも少なくてもおかしくないので，実現は可能のつもりである。
　こんなことを言うと，ノーベル賞並みかと非難されるが，私よりも上の世代は，死ぬときにたくさん残しているはずで，子どもに相続させるだけではもったいない。余れば日赤に寄付する人もいるが，使い道をコントロールできない。
　もっとも，この阿部賞の該当者が何人いるのかが問題である。
　阿部泰隆は，議会が権利放棄すれば，住民訴訟は死に体という東京高裁の累次の判例を大阪高裁平成21年11月27日判決で覆した。そのためには，「地方議会による賠償請求権の放棄の効力」判時1955号（2007年3月21日発行誌）3頁以下，「地方議会による地方公共団体の賠償請求権の放棄は首長のウルトラCか（上・下）」自治研究85巻8号3頁以下，85巻9号3頁以下（2009年），「地方議会による地方公共団体の権利放棄議決再論─学説の検討と立法提案」自治研究85巻11号3頁以下（2009年），「地方議会による地方公共団体の権利放棄議決に関するその後の判例等」自治研究86巻3号（2010年）を書いた。学者がやっている単なる判例評釈という事後の研究ではなく，判例を創造したのである。これで，住民訴訟は蘇生し，地方行政の違法監視の手段が生き残った。このような理論と実践をした方が，阿部賞にふさわしく，目下の所，「自分で自分を褒めてあげたい」という心境である。

3　これからの研究・教育

　「人生は短い，学芸は永遠である」（ヒポクラテスの誓い，ギリシャの医学の父，紀元前5世紀）。まだまだやりたりないことが多い。

これから，御用学者ではなく，正しいことを実現するようにしたい。裁判官は，まだましだと信じて，まともな裁判官を説得したい。そこから日本の社会の改革が可能になる（弁護士になって吃驚仰天，わざと事実を曲げる，当事者も主張しない屁理屈で負かせる，こんな裁判官が2人に1人。しかし，残りの半分の裁判官に期待している）。

役所に取り入って，御用学者になっても，世の中はなかなかよくならない。自説を実現したつもりでも，大局的には操られる。

63歳からのハローワークをした。近くの法科大学院の内定を取り消された。表向きの理由は，教え方が下手だという。そんな馬鹿なことはない。しかし，訴訟をやっても機能しない。他の法科大学院を探しても，既に満員，大学教授でも，63歳になると，本当に行き場は少ない。

しかし，捨てる神あれば拾う神あり。中央大学総合政策学部で拾ってもらう。法科大学院ではない。同大学では，総長，学長，総合政策学部長，関係教授みんな協力してくれた。政策法学を開拓してきたのが，私の延命につながった。芸は身を助ける。案外人に嫌われていない？　ということだろうか。

最近新聞で，「いい人だと言われなくてよい，人に嫌われても，一目置かれる存在になれ」というのがあった。案外実践しているのか。

東京へ片道5時間の通勤をする。通金か痛筋か。神戸に「滞留」するはずが，東京と神戸の「対流」になってしまった。

都落ちである。都から落ちるのではなく，都へ落ちるのである。

4　今は健康

笑うと糖尿病がよくなるという。筑波大学の実験，糖尿病患者を集めて，大学の先生の講演を聴かせたら，血糖値が上がった。お笑いを聞かせたら血糖値が下がったという。皆さんも笑ってくださったら，糖尿病になるリスクが軽減されるようですよ。私はこれから学歴詐称で，吉本興業卒として，タレント並みの謝礼をもらいたいものだが（学者文化人の講演謝礼は馬鹿みたいに安い。全国の学者よ，決起せよ!!）。

某教授　阿部君　体が悪いのだってね。

阿部　　うん

某教授　体も頭の一部だからねえ!!

うっかりすぐ反論できなかったから，この頭も悪い。MRIの検査を受けたら，ラクナ梗塞で末梢血管は詰まっていると言われた（この年になるとみんなだというが）。

きれいなバラとか，サボテンにはとげがあるが，雑草にもとげがあるとは，初めて知った。

小生は，健康診断を受けても，胃も痔も悪くない（意地は悪くない）。血液検査では，とりあえず全優。オール5とでもいおうか。

では，悪いのは，頭だけ？　もっと悪いのがある？　何でしょうか？　ということにならないように。これからも気を付けよう。

元気な証拠：片足屈伸それぞれ10回できますか？（唯一の特技）

5　阿部泰隆は変人か，これからの阿部泰隆

三つ子の魂百までで，人生は試行錯誤だが，しかし，発想は一貫してきた。それがこれまでの発想と違っており，御用学者の道を踏み外したので，権力者からは，とにかく，河岸の向こうから負け犬が吠えているという人生と見られる。ああ，疲れた。

しかし，阿部説は実現しないなどというのは，逆である。これまでのシステム，常識に挑戦するのだから，なかなか実現しないのは当然である。それにしては，ある程度動かしてきたと思う。

ところが，阿部が戦って，成果を上げても，阿部には環流せずに，そのとき高みの見物をしていた人が成果を得ている。

阿部は一揆の首謀者扱い（年貢は軽減されるが，首謀者は斬首）。

結局は，阿部泰隆は変人か。いや，変革の人のつもり。田中真紀子が，変人＝小泉，凡人＝小渕，軍人＝梶山と評したが，小泉首相は自分を変革の人と言った。小生から言えば，それは小泉首相の業績の中でも最大のものである（オバマも変人だという）。

変わっているかどうかは基準点次第である。御用学者から見れば，阿部泰隆は変人である。しかし，あるべき日本の姿から見れば，まっとうだと思ってい

る。

　阿部の末路は，「今からでも遅くはない，御用学者に‼」，それとも，さらに過激に？

　いや，社会を変える，正しい社会になったときに正しい社会の御用学者になる。

　皆さんに

　社会の裏側，学校秀才のいい加減なやり方を知ってもらった。

　学校秀才とは，人の説を上手に写すだけで，見識がない。何が正しいかのまっとうな判断ができない。法律学では，何であれ屁理屈をこねれば秀才とされているが，そんなものは国賊・法匪。とにかく，学校秀才止まりの馬鹿人間が多すぎる。

　学校秀才でなくても，正しいことをしっかり見つける，正しい方向へと歩んでほしい。

　偉い？学者や裁判官も，社会の地べたで苦労することが必要だ。サラブレットの学者養成方式にも大きな欠陥がある。裁判官をデパートや弁護士事務所に派遣しても無意味である。ホームレスを経験させるべきだといいたい（やや，極論，しかし，重いぜんそくで自殺したかった気持ちは，健康で，親からたくさん仕送りを受け，ガリ勉して，ただ，理解力と記憶力があるだけで，秀才，才女とおだてられた者にはわかるまい）。

　役所にいる人は，阿部が反体制派ではないかと思っているかもしれないが，阿部の主張が時代の流れ，今は敵に見えても，いずれ味方と同じになる。

　ついでに，嫌煙権に反発して，ヘビースモーカーだった人も，脳梗塞とか肺気腫などになったら，たばこをやめた。阿部の言うことを早く聞いた方が良かったとわかったはずである。

　ところが，ある愛煙家，愛酒家の先生によれば，阿部泰隆の言うことは抽象的危険犯，医師に言われると具体的危険犯，具体的にならないと動かないのが人間という。行政法は抽象的危険犯の段階で，介入する法制度なのであるが，民法帝国主義から見ると心配性になる。困ったものである。

　御用学者とされる人にも，本当は学者の良心がある。しかし，1人では組織を動かせないので，役人の掌に乗る。学者が団結すれば，組織を動かせる。行

訴法改革では，検討会の委員が各自勝手なことを言って，いわば放談会だった。だから，事務局に勝手にまとめられてしまう。委員が，つまらない自説に固執せずに，別の場で，勉強して，お互いに意見をすりあわせ，団結すれば，よりよい改革ができたはずなのである。

　阿部と一緒に世の中を変えていった方が，また，変わる世の中に合わせていった方が良いのである。仲間になりませんか。

　このような信念で，阿部説で実現していないものを実現する膨大な事業にこれからも取り組むつもりである。阿部泰隆の孤軍奮闘では，矢折れ刀尽きる。阿部泰隆がこれだけ開いた道を元の密林にしないでさらに開拓してほしい。これが後進に残す言葉である。

6　阿部泰隆の功績（自分で書いたもの，自画自賛!!）

①　行政救済の実効性の観点から多数の解釈論と立法論を試みた。そのある程度は裁判実務と，今回の行訴法改正に取り入れられた。裁判を受ける権利の保障，法治国家の実現，違法行政の防止などに大いに寄与するはずである。

②　密林のように膨大な行政法規の構造を分析し，わが国の執行過程，立法過程をふまえて，その法システムを把握し，その不合理性を白日の下にさらし出し，その合理的な解釈論と，新しい法システム形成の基礎を作り出した。このような大作業は，日本ではもちろん諸外国にもおそらくほとんど例がない。

③　法律学とは解釈論にとどまるとの従来の通説的理解を打破し，新しく，立法論を，単なる条文作りではなく，合理的な政策を実現するものとして創設した。政策法学と称する新分野の開拓である。これにより不備不合理な法律が減少し，国民は合理的な法制度の恩恵を受ける機会が増える。

④　行政法は雑多な法律からなる辺境科目という理解を打破し，憲法の下に民刑事法と並ぶ基幹科目であるとの理解を一般に受け入れさせた。司法試験から行政法が排除されるときに，単なる学問のレベルではなく，法務省，最高裁，各政党にまで，行政法は重要科目であると納得させた。それが今回の新司法試験，法科大学院で行政法が必修科目となる伏線となっている。これから，行政法を運用できる法曹が激増するので，日本の法治国家化が推進される。

⑤　多数の学生を育成した。特に大学院教育に力を入れた。前記のように，

皆活躍しているが，それは本人の努力だけではなく，阿部の後押しがあるはずである。

7　古稀を迎えての阿部泰隆——追加（2009年）

本書の出版は，古稀の2年前になる。古稀までにさらに，本当に「古来稀になりたい」と努力中である。具体的には，古稀まで，独自性のある単著30数冊，勝訴20勝である。これまでこの両方を成し遂げた行政法研究者はおそらくいないので，本当の「古来稀になる」。著書では，昔の人はパソコンがなかったので，たくさん書けなかったであろうが，これからは著書数ではもっと多産の方が増えるであろう。しかし，同時に弁護士をやる人は当面少ないので，この記録は当面破れないだろう。

それでも，著者ごときができる記録はすぐ更新されよう。著者はそれを期待する。

8　阿部泰隆の「独自性」

ここで「独自性」と述べた。そこで，それを表すキーワードだけを順不同で挙げておく。著者はこれをさらに発展させ，実現したいところだが，残りの人生では不可能。跡を継いでくれる方が出ることを祈っている。

　阿部泰隆法学の基本的発想
　組織の病理を治療する法制度の設計
　実質的法治国家のさらなる充実
　解釈論の基本的な視点と具体的な解釈論
　憲法学を踏まえた行政法解釈のあり方
　判例理論と阿部泰隆理論

　民事法帝国主義的法解釈
　行政法の復権
　行政法と民法の交錯
　行政法を考慮した民事法の解釈

行政手続法改正論
行政手続を裁判に浸透させるには？

行政行為論と行為形式論にいかなる未来があるか
相対的行政処分論の示唆するもの

法規命令と行政規則の峻別の廃棄と今後の課題
行政規則の法的統制
行政裁量の司法的統制
下位法令へ逃避する行政の行動様式の立法的統制
（なるべく法律で規定しないで，政省令，通達，告示など下の段階の裁量を広く取る役人の行動様式の統制）
行政上の契約の法的コントロール
契約の自由への当否を防止（障害者自立支援法，公共サービス法，指定管理者など）
行政指導の法的コントロール
公表の法的統制

行政の法システムのあり方と行政手法
行政の監督システムの不備と行政法の実効性の確保
情報提供の義務付け手法

行政訴訟の視点とさらなる改革
行政救済の実効性の確保
キャッチボール対策
行政訴訟における法解釈の思考様式
是正訴訟の提案
義務付け訴訟・差止訴訟の活用
住民訴訟・機関訴訟の活用

第三者・多数者の利害にかかわる紛争の解決システム
各種の期間制限の撤廃
行政訴訟廃止論
公法上の当事者訴訟と民事訴訟
抗告訴訟と当事者訴訟・民事訴訟の関係の合理的整序
裁判における事実認定と法解釈
処分時に処分庁が考えていなかった事実認識，理由を後出しすることは許されるか
処分の審査は処分時の行政庁の認識を中心とすべきではないか

国家賠償法における過失の緩和
国家賠償と損失補償における公平の確保
国家賠償法の改革案
違法性の拡大・過失の緩和・無過失責任の導入
刑事補償法の改正

地方自治の法と政策
条例制定権の範囲の拡大
国家関与のあり方

環境法の法と政策
環境法における実効的な法的手法の開発
ソフトな手法と権力的手法のベストミックス
環境法と土地利用規制
開発利益の吸収

社会保障法の法と政策
生活保護法改正案
年金の法と政策

租税法における対等関係の創造
法の不明確性の中で，安全な取引を確保する方法
租税救済法の実効性確保のための改革
租税調査における権利救済

独禁法の基本概念の不明確性の立法的解決
独禁法の執行体制の確保
独禁法の実効性の充実
被摘発企業の救済

政策法学の視点
法と経済学の行政法への導入
公益訴訟報奨金
内部告発者報奨金
制裁的賠償金
処分取消しと同時に附帯賠償金
違法行政を防止する法システムをどう作るか
行政庁に対する指示処分，職員処分命令
被害者の申立権
司法改革
最高裁改革
弁護士改革

質　問（想定問答集）
　1　先生はたくさん書いているが，どのくらいのペースで書いているか。
　震災の時，『大震災の法と政策』は，33週間毎週1本書き続けて，400頁の本を書いた。週刊誌と同じ速度で論文を書いたつもりである。講演などはほとんどなしでがんばった。これで不動産学会賞をもらって，1号俸昇給した。しかし，経済的は大損だ。これは阿部流のボランティアのつもりだった。
　年に1冊プラス種々の仕事を20年間以上続けた。息切れしてはいけない。

2　なぜたくさん書けるか。学問複利説。

パソコンが導入されて，能率がよくなった。

学問は複利計算だ。金利に金利が付く。学者は勉強時間をいかに確保するかが肝心。学内の仕事，外部の仕事などの残りで勉強する。しかし，しっかり勉強すると，講義の準備は楽になるから，また勉強時間ができる。

そこで，最初に講義の準備をしっかりやって（田中二郎先生の助言），講義の準備はあまりしなくてもよいようになること。そこで，外部のつまらない仕事は断る。自分は必ずしもそうしていなかったが，最近は御用学者の仕事がないので，寂しい？　が，勉強時間は作れる。経済的にも，1日，半日かけて，審議会に行って，1万円もらうよりも勉強した方が，儲かる。

このように，可処分時間を増やすのが肝心である。大学の用事が多いから，自分には時間がないという先生が多いが，若いときにしっかり講義の準備をして，あとは，勉強が講義の準備という形にすれば，好循環が保てる。

そして，勉強した成果が次の勉強の糧となる。複利計算になる。

仕事の時間は，週に60時間確保する。大学の仕事などで20時間とられる先生と40時間とられる先生がいる。そうすると，上記のような方法で，可処分時間が，週に20時間の先生と40時間の先生では，倍の業績かというと，複利計算ができるから，業績は，同じ頭でも3倍とかにはなってくる。

そして，阿部は勉強している期間が長い。普通の行政法研究者は，30代のどっかまで，どうでもよい外国法をやって，そのうち偉くなって，審議会を走り回る。自分の意見があまりないので，解説を書く。そのうち，もっと要職をやって，研究しない。

阿部は，40年近く日本列島法改造論を考えている。こういう人は絶滅危惧種だろう。複利で成果が出るから，どんどん書ける。

3　単に書くだけではなく，アイデアが多いが，なぜか。

日頃何でも問題を発見する感覚を持っている。物事の裏も考える。

4　幅も広いが，どうして？　法と経済学までなぜ。

こんなものは，法律の範囲内だから，かまわない。行政法学，民法学と，枠をはめることが間違いだ。

法と経済学は，難しい理論をこねているが，ごく単純な人間の洞察でわかるものである。

フランクフルトで，電車の運賃が電光掲示板に変動型で表示され，ラッシュ時には高くなっているのに感心した。アメリカでは，ニューヨーク市騒音防止条例で，違反を告発したら罰金の25％が割り戻しとなっていた。なるほど，人間はこのように動かすものだと理解した。

5　学生への注文は？

覚えても忘れるし，知識は役に立たなくなる。分析する，考える。問題を発見する，回答を作る，他人を説得する。こうした思考を養ってほしい。

研究者になった者には，御用学者でしか食えないような，阿呆になるな。

業績といって，誰も見ない論文を書いてもしょうがない。あとでその成果が実現できるようにせよ。

6　最近研究者になる学生が少ないが。

公務員の1種でも，大蔵，通産，自治，建設以外は，大学教授の方がおいしい。まして，2種なら，明らかに大学教授の方がおいしい。そういって勧めたいところだが，他人の人生なので言えない。

ついでに，神戸大は2種の大学なので，1種の法学部にやっかみを持って，脚を引っ張っている。これでは全体として沈没だ。

第3章　行政法司法試験科目廃止反対闘争記
——行政法は基幹科目——

第1節　司法試験行政法廃止は法治国家の危機

はじめに——法曹三者の合意

　司法試験改革に法曹三者（最高裁判所，法務省，日弁連）が合意した。試験科目の点では，民事訴訟と刑事訴訟を必修にして，受験生の負担を考慮して，代わりに法律選択科目を廃止するのがその主要点である。確かに，訴訟法の1つを選択しないで司法修習を受けるのも問題なので，両訴訟法を必修にするのもわかる。

　しかし，その反面，選択科目を廃止するのはいかがか。種々の代替策を十分に比較検討したのであろうか。行政法廃止の点では，著者には，「法治国家の実現・行政に対する国民の権利保護という，法曹にとって考慮すべき重大な要素を適切に考慮せず，考慮すべきでない要素を考慮しすぎた」立法裁量の瑕疵があるように思われる。

1　法治国家の重要性

　行政活動は法律に基づき，法律の範囲内で行われなければならない。これが「法治国家の原理」（法律による行政の原理）である。この行政活動の基準となるのが行政法規であり，行政が法律に従っていることを担保するのが行政訴訟である。戦前は行政訴訟を専門に扱う行政裁判所があった。通常の司法裁判所は，行政事件を扱わず，違憲審査権もなく，民事刑事の紛争を裁くだけであった。

　戦後は，行政裁判所が廃止され，違憲立法審査権が導入されたので，裁判所は，下級審も含めて，民事と刑事の紛争を裁くことのほか，憲法の定める3権分立の原理に基づき，立法・行政を適切に統制するという重要な任務を担って

いる。現在の裁判所は，戦前の行政裁判所と司法裁判所のほか，憲法裁判所という3つの機能を兼ねているのである。

この行政活動の規範となり，行政訴訟の基準となるのが行政法である。これは憲法の具体化法として，国家と国民の間の法律関係を定めるもので，私人間の利害調整規範である民事法，処罰に関する刑事法と並ぶ，国家の基本的な法制度であり，さらには，社会保障法，土地法，環境法，租税法など，実用的な応用法の基礎法となっている。

2　法治国家は風前の灯火

(1)　行政裁判は不活発

行政の横暴を阻止する最後の砦が訴訟である。しかし，日本の行政裁判は本来果たすべき役割を十分果たしているであろうか。実務法曹界からは，「行政訴訟はやるだけムダ」[1]，「現在の行政運営の実情は，法律による行政の原理という見地からは，ほぼ絶望的である」[2]とまで極言されている状況にある。

まず，日本の行政訴訟は，出訴件数は年間1,500件弱で，ドイツと比較すれば，人口比で換算すると350分の1である。しかも，ドイツ連邦行政裁判所裁判長ゲンチ氏によれば，勝訴率はドイツでは20％程度と推定されるが，日本では数％もあるだろうか[3]。

その原因として，論理的には，日本の行政が間違いを犯さない，負けそうな事件はすべて是正しているということも考えられる。しかし，法治国家が十分に理解されていないのではないか。

まず，原告適格など，行政訴訟の窓口は狭い。例えば，京都の一条山訴訟ではまちなかの里山が悲惨にもいわゆるモヒカン刈りにされたのに，建設省では，周辺住民には開発許可を争う不服申立て資格（訴訟の場合の原告適格）がないとされてしまった。周辺住民はこんな無謀な開発を争うこともできないのである。これは今の判例では維持される可能性の高い事例である。

欠陥のある廃棄物処分場が許可されても，これまでの判例（前橋地判平成2・1・18行集41巻1号1頁）では周辺住民は取消訴訟を起こせない。住民が実力行使か住民投票などを活用せざるをえないのも，法律のルールに乗った判断の機会がないためである。これは産業界にも不利である（ただし，今日では原告適格

は多少広がっている）。

　行政訴訟は出訴期間，不服申立庁，不服申立前置主義など不明確なことが多く，障害物競走のようなものである。都市再開発法の処分につき，自治大臣に不服申立てをしないと訴えが却下される（最判平成5・12・17民集47巻10号5530頁）が，その根拠は地方自治法256条であって，都市再開発法を担当している者でさえ気がつかない条文である。憲法32条の定める裁判を受ける権利の保障の観点から柔軟に解釈すべきである（この条文は2000年地方分権改革の過程で廃止された）。

　さらに，訴訟の審理方式でも，ドイツでは当事者の主張をよく理解して，その趣旨にあった主張ができるように示唆している。日本の行政訴訟でも，1963年のいわゆる個人タクシー事件，群馬中央バス事件の東京地裁判決では，訴訟指揮，釈明を積極的に行った[4]。しかし，今日の裁判所では，職権証拠調べ（行訴法24条）は活用されず，釈明権も民事訴訟の審理方式に倣って，それほど活用されないので，行政法に必ずしも習熟していない原告側は苦労している。

　日本では，裁判官が行政の活動を審理する際も，その裁量を大幅に認めてしまいやすい。その理由の1つには，日本の裁判官の守備範囲が広すぎて，行政法に必ずしも通じていないことにある。ドイツなら，独立の行政裁判所があり，最高裁判所である連邦行政裁判所にも60人もの裁判官がいるので，裁判官がそれぞれの行政領域の専門家となって，行政活動をチェックしている。

　日本の公務員は先輩の誤りをなかなか認めたがらない傾向にある。被告行政庁は当該法律の主管省として，立法理由から運用の実態を知り尽くしていて，徹底的に反論するし，専門家の訟務検事が代理してくれる。これに対し，原告庶民は素人で，行政には歯が立たない。弁護士は，一部の者を除き一般には行政法は不得意である[5]。裁判官でも，そもそも行政事件では自分の頭で考えていないという疑問もあると指摘される[6]。そうすると，本来勝つべき事件でも，原告は負けやすくなる。

　最近の例でも，都市計画で決まった路線と外れ，計画によらないで途中まで違法に造った道路の前方の家を収用するために，できた道路に合わせてあとから計画を変更することを許した例がある（広島高判平成8・8・9行集47巻7・8号673頁，広島地判平成6・3・29判例地方自治158号91頁）[7]。道路は，計画を作っ

てから，造るものであって，事実上工事をして，後から計画を作って収用しようというのでは，何のための計画か，何のための法治行政か，わからない。しかし，一部の裁判所はこんな無茶も許してしまうのである。

また，行政も，行政指導にみるように不透明で，訴訟による解決をできるだけ回避するように圧力をかける運用をしている。ゲンチ裁判官によれば，ドイツでは，訴訟を回避するように不透明な解決をすれば，会計検査院から指摘されるとか，隣人の訴訟で争われるなど，歯止めがあるので，このような不透明な解決はしにくいということである。

この状況では，行政に不満でも，多くの国民はあきらめざるをえない。訴訟を嫌う日本人の意識が訴訟を少なくしているという見方もあるが，逆に，訴訟を起こしても割が合わない制度が訴訟嫌いにしている面もあるのである。これでは法治国家は機能不全に陥っていると言える。

（2）　行政法試験廃止で知識経験の絶対的な格差

商法は重要科目であるから廃止されない（法曹三者の合意で口述試験だけ廃止）が，かりに，商法を司法試験科目から外しても，両当事者とも条件は同じであるから，不平等ではない。しかし，行政訴訟ではこれからも行政側は専門家であるのに，行政法を司法試験科目から外せば，裁判官や弁護士の中で行政法を習った者が激減する。丁度，司法試験で裁判官と弁護士は刑事訴訟を取らず，検事だけがこれを取っているようなことになる。今日行政訴訟が細々と生き残っているのは，行政法で司法試験を受験した一部の弁護士が頑張っていることによるところが大きいのであるが，行政法が試験科目から廃止されると，被告行政庁との知識経験の格差は絶対的になり，行政が訴訟で敗訴することは極めて少なくなろう。そうすれば，行政訴訟はますます提起されにくくなり，提起されても，原告勝訴の可能性がほとんどなくなるので，ますます行政訴訟は減る。これは悪循環である。

今日，行政訴訟を権利救済の実効性の観点から改革することが望まれている[8]が，これでは，逆行している。

（3） 法治国家化の要請に矛盾

今日，行政を透明にし，国家の重点を行政から司法に移行させ，日本をより法治国家にすべきだというのが国民的な合意と思われる。行政が事前に不透明な関与をするのではなく，いわゆる規制緩和により，明確なルールに基づいて規制し，事後に監視することに重点を移すことになるが，そこにはまた裁判所による救済が前提となっている。最近制定された行政手続法，環境影響評価法，近く制定が予定される情報公開法（1999年制定，2001年施行）も，法治国家の手段である。さらに，これは行政と民間人や企業との関係だけではなく，国と地方の関係にも及んでいる。地方分権推進委員会の中間報告と勧告では，地方を国の中の組織法として位置づけるのではなく，国と地方の間を法主体間の法治国家関係にして，その間の争いを最終的には訴訟で解決しようとしている（2000年地方分権改革が行われた）。

したがって，行政法に精通した弁護士を増やすこと，本来なら，必修とすることこそが，今日的要請に合致するのである。

しかし，司法試験改革の動きはまるで逆の動きである。国のやっていることと，法曹三者の提案していることは矛盾しているのではないか。

（4） 行政法の適正な執行の阻害

行政法を適切に執行することは国民的な公益である。しかし，裁判官が行政法に精通しなくなると，行政法が正しく執行されず，裁判も長引き，行政側にとっても，とんでもない迷惑判決が増える可能性もある。前述の話とは逆に，裁判所が行政の裁量に不当に介入して，素人判断をする事態も予想される。これもまた法治国家に反する事態であるだけではなく，例えば，環境影響評価法についてこうした事態が発生すれば，産業界も困ろう。

（5） 諸外国では？

ドイツでは，司法試験は，公務員試験を兼ねた国家試験になっている関係もあるが，行政法の主要部分は必修科目である[9]。ドイツの憲法裁判所J・キューリンク判事は，司法試験から行政法を外すことは「想像を絶する」と述べた。韓国でも台湾でも行政法は必修である。

3 行政法は民事・刑事法とは異質

　この改正案は，司法試験では，民事，刑事の実体法・手続法の能力を試験すれば，法曹としての学力を確認でき，行政法は，司法試験で学ばなくても，法律学の基本を学べばわかるはずという前提に立っているのであろう。しかし，行政法は，試験科目の民事法・刑事法とは原理を異にする。民事法は私人間の相対的な利害調整規範であり，刑事法は国家の処罰ルールであるが，行政法は，私人個々人間の利害調整を超え，多数の公共的な利害の調整規範である。少数者のエゴを抑えつつ，少数者の権利を守り，多数の公共的な利益を実現するのである。このような行政法の発想は民事法的な発想とは異なる。したがって，民事法・刑事法をいくら学んでも，行政法はわからない。

　アメリカでは，司法試験で行政法の比重は高くないが，それは元々，国家も私人と同じくコモンローに服するという伝統があり，しかも，公務員の地位が高くなく，立法は国会が実質的に行うし，裁判官が行政を統制するという意識が高い。日本でも有名な公共信託理論による環境訴訟は，日本流にいえば，裁判所が法律に基づかずにどんどん環境法を形成するしくみである。日本における「環境権」に基づく差止め請求などはこの発想である。日本では考えられない制度改革訴訟もある。したがって，この国では，行政法が司法試験で軽視されても，まだたいしたことはない。

　これに対し，日本は戦後，アメリカ流に司法国家になったが，裁判官はアメリカのように法を創造して行政を統制する伝統がなく，しかも，実体行政法は民法とは異なる従来のドイツ型に近い。私法上の請求権としての環境権が認められないのもこのためである。この現状では，裁判官，弁護士が行政法を知らないと，ますます適正な判断ができないことになるのである。

　訴訟の審理の仕方でも，「民事事件と行政事件は，事件の性格が根本的に異なっている。……民事事件においては，当事者の自由意思にもとづく行動について，これに法律的意味を与えることが裁判所の職責であるのに対し，行政事件においては，行政庁の行動，権限の行使が法令に適合しているかどうかを判断する。……したがって，審理の方式も，行政訴訟は事後審査の形をとる。」そうすれば，手続審査の方法で行政作用を審査できる。しかし，民事事件に習

熟した裁判官は覆審的な審査に慣れており，実体法上の審査に入るが，結局裁量の壁に阻まれる[10]。このように，行政訴訟を，民事事件に習熟した裁判官が民事事件方式で事件処理をすることが，司法統制が機能しにくい原因の１つである。

4　司法試験における受験者の負担軽減策

選択科目の廃止は訴訟法を２つとも必修にすることの振り替えである。合格者を増やし，修習期間を（２年から１年半に）短縮するので，訴訟法を２つとも必修にしないと，司法研修はやりにくいということである。そして，受験生の負担を軽減するために選択科目の廃止が不可欠だということのようである。

しかし，受験者負担の軽減のためなら，選択必修科目を廃止しない代替案との比較が必要である。

（１）　必修科目の負担軽減策

必修科目は重要だといっても，３科目に限っては，短答式，論文式，口述式と３回も試験をし，選択科目は廃止してゼロとするのでは，差が極端になる。これまでのバランスを考慮しても，法曹の業務領域の拡大を狙う点でも，直ちに選択科目を廃止するよりも，必修科目の負担軽減を図るのが筋である。

まず，試験にあまり出ない領域を外す方法が考えられる。元々民訴法，商法ではしていることで，これを拡大し，例えば，民法から親族相続を除き，商法から，重要性の減少している手形小切手を除き，民・刑訴から上訴などを除くのである。

法曹三者の協議では，この種の案に対して，出題範囲を限定することは受験生の負担軽減に直結しないとの理由から，限定しないとの見解が多数であったとされている（日本弁護士連合会の「会内討議資料」である法曹養成制度改革三者協議ニュース９号19頁，1997年９月９日）。確かに，これらの科目だけを考えれば，出題範囲を限定しない方がよいが，しかし，出題範囲を限定すれば，受験生は，その分他の勉強をする余裕ができるのであり，前述した行政法の重要性と比較考量すれば，出題範囲を限定しても，行政法を残すべきではないか。

（2）口述試験

法曹三者の協議では，商法の口述試験を廃止する。他の科目でも，受験者と試験官の負担や採点における不公平（マイナス点の付き方が科目によって8％と25％のブレがある。三者協議ニュース9号15頁，1997年9月9日）を考慮して，いっそ，口述試験を廃止して，論文試験を丁寧にした方がよくはないか。少なくとも，選択科目を残す際には論文試験だけでよいと思う。

（3）選択科目間の公平を

元々，法曹養成制度等改革協議会意見書（1995年11月13日ジュリスト1084号66頁）は，法律選択科目の扱いについて，「選択科目間の不均衡が大きく，受験生の偏りも大きいことから，廃止意見が多数を占めた。」という。

しかし，この不公平是正のためには，選択科目の廃止以外の案を工夫して，必要なものには受験生が集まるように工夫するのが筋ではないか。例えば，どの科目も大学では4単位分なり6単位の範囲で出題するような慣行を作ればよい。行政法は幅が広いから不利だといわれてきたが，行政法の基本的な原理と行政強制，行政代執行法，行政手続法，行政不服審査法，国家補償法，行政事件訴訟法などに絞って出題すればよい。少なくとも，地方自治法や公物法などのいわゆる各論は出題しないことにすべきである。

さらに，抜本的な改正を意図するなら，憲法が他の科目と同じ1科目扱いなのも問題で，行政組織法，地方自治法，特に条例制定権の限界，損失補償，営業の自由，財産権などは，憲法と行政法の交錯領域であるから，憲法の中で，両方にまたがった問題を出すという方法もある。

（4）優秀答案の翌年引継制度を

口頭試験は2回受けられるのであるが，論文試験でも，税理士試験のように，1科目ずつ合格させるというシステムも考えられる。司法試験は定員があるから，税理士試験とは違うし，年によって難易に差があるという反論があろうが，少なくとも，前年度の優秀答案は翌年に引き継げる（翌年受験しなくてもその点数を引き継ぐ。ただし，公平のために，1点くらい引いてもよいかもしれない）こととして，翌年は前年できなかった科目に集中できるようにしてもよいので

はないか。

5 立法過程はオープンに，多様な意見を聴いて

（1） 法曹三者合意を求める附帯決議

1970年の裁判所法改正の際，参議院法務委員会で，司法制度の改正では法曹三者の意見の一致に努めるべきだと附帯決議された。また，法曹三者の合意があれば，立法機関をほぼフリーパスするに近い状況になっている。したがって，もう決まったから，反対しても遅い，反対するならもっと早く言って欲しかったなどという忠告もある。

しかし，法曹三者は国民から民主的な負託を受けたものではなく，むしろ，利害関係団体である。国会の立法権をこれに白紙委任するのは間違いである。少なくとも科目の選択は専門的であるから，国会の議論になじまないといった意見も聞いたが，司法試験科目は大学教育に大きな影響を与えるから，法曹界だけで決めるのは間違いである。また，これは司法試験法上法律事項となっているし，法治国家の崩壊につながる科目の改廃は，実質的にも国会事項であろう。元々，附帯決議の趣旨は，弁護士会が合意しない改正案を国会に持ってくるなということであって，弁護士会が同意すれば，黙って承認するという趣旨ではない。

利害関係者の意向を聴取することは必要であるが，利害関係者に任せれば，一般的には制度は歪む。法曹三者は行政法廃止の点で本当に中立的であるのか。日本の法曹は，本来なら，民事刑事のほか，行政，憲法事件を扱うところ，いつのまにか，行政事件への関心を失いかけ，法治国家を忘れつつあるのではないか，この協議においては法曹一元，統一修習，丙案廃止などに主たる関心があり，駆け引きの中でいつの間にか後退したのではないか，という疑念がある。

もっとも，弁護士会は，「違憲立法審査の国際シンポジウム」（1997年12月20日）を主催し，行政訴訟改革委員会を設置するくらい熱心である。違憲審査の大きな部分を担う行政訴訟の需要性をもう一度想起して欲しい。

（2） 法曹三者の合意の根拠

この合意の経過を見れば，日弁連が，「法律選択科目を廃止し，六法だけにするというのは問題がある」と主張したのに対し，法務省は「両訴訟法必須が大事。負担軽減との兼ね合いである。なお，法律選択科目の廃止以外の負担軽減は考えていない」と述べている。その理由として，「我が国の基本法である憲法，民法，商法，刑法，民訴及び刑訴の六法は，本来，法曹となろうとする者に必要不可欠な素養であり，受験者が論文式試験において六法全部の受験を義務づけられるとしても，それは法曹にとって必要な負担である」としている（前掲三者協議ニュース7号，1997年7月10日号）。

どうやら，両訴訟法を必修にすることと負担軽減の要請との兼ね合いで選択科目は重要でないとされたわけである。前述のような代替案を検討することは放棄され，法治国家と行政法の重要性に関する理解と配慮はどれだけあったのであろうか。

沿革をたどれば，1949年にスタートした戦後の司法試験制度では当初は商法と行政法が選択必修であった。前記の日弁連三者協議ニュースによれば，日弁連から，「商法選択者の減少により商法の知識を著しく欠く合格者が増加しており，商法を必須科目化にすべきである」との建議がなされたのを受けて，1953年に，商法を必修にして行政法を選択にしたという経緯がある。これは行政法は不要という意味ではなく，選択必修でも結構勉強してくれるだろうということではないか。それが選択必修だから重要性がないと逆手にとられるのはかなわない。行政法は商法と同じくらいに重要だと考えるべきである。協議の過程では，商法を選択科目にする案もあったが，法務省が商法は重要だと主張したようである（前掲三者協議ニュース8号2頁，1997年7月31日）。重要なら黙っていても選択してくれるから，むしろ，元に戻って，行政法と商法の選択必修案も十分ありうるであろう。

（3） 立法過程における意見の聴き方

議論は前からあったようであるが，広く意見を聴く体制だったわけではない。法曹三者の1つである日弁連は情報公開には積極派のはずである。国の方でも，情報公開の時代で，情報公開法が制定される前でも，審議の状況はイン

ターネットで公開しつつある。しかし，前述した法曹三者の協議の資料は，日弁連内部では公開だそうであるが，対外的には非公開だそうである。これでは法曹三者の密室の協議といわれてもやむをえまい。やっていることは矛盾し，社会の現状にもそぐわない。これだけの重要な改正であるから，各大学，各学会でもシンポジウムを何度か開催するなど，もっと広く情報を公開して欲しいものである。

　最終的には国会が多方面の意見を聴取して決めるべきことである。その際には，弁護士会内部で行政法廃止を憂える者や公法学者の意見も是非聴いて欲しい。

　もし，この改正案が通るのであれば，日本の裁判所は，行政を統制する任務を放棄したことになるから，ドイツ，フランス等大陸流諸国，台湾，韓国のように，行政裁判所を即時に設立すべきである。

第2節　行政法・行政法学の重要性

はじめに

　司法試験改革が進んでいる。1998年10月，いわゆる法曹三者（最高裁判所，法務省，日弁連）が合意した。修習期間を1年半にする，合格者を1000人にするといったことのほか，試験科目の点では，民事訴訟と刑事訴訟を必修にして，受験生の負担を考慮して，代わりに法律選択科目（行政法，労働法，国際公法，国際私法，刑事政策，破産法）を廃止するのがその主要点である。平成12年(2000年)に実施予定ということで，司法試験法改正案が国会に提出された。

　ここでは，このうち，行政法廃止の点を取り上げる。私は，司法試験科目としての行政法の廃止の点では，法治国家の崩壊への一里塚を築くものとして，強く反対した。後述するように，後掲する反対声明文を用意して，160名以上の多数の方々の賛同を得て，法曹三者の外，多数の国会議員の方々の理解を得ようと走り回った。また，「司法試験に行政法は不可欠だ」（朝日新聞論壇1998年2月17日），「司法試験行政法廃止は法治国家の危機」とする論文を公表させていただいた（ジュリスト1128号，本書第3章第1節）ところである。

その改革（あえて，改悪と呼ばせてもらう）は，行政法は法曹にとってはたいして重要ではないという前提に立つものであり，行政法・行政法学に対する低い認識を如実のものとした。今回，法曹三者を走り回って，行政法に対する認識が全くひどいことを改めて痛感した。行政法学者が，自分の論文と日頃の講義（さらには御用審議会，大学行政）などで追いまくられ，行政法学の樹立とその重要性のPRを怠り，司法試験での行政法選択者の激減，行政法の長期低落兆候を防止してこなかったことも一因であり，ことがここに至ったことについては，真摯に反省しなければならない。

しかし，反省するだけでは，猿でもできるそうで，物事は進まない。ここで，行政法学をしっかり樹立し，その重要性を訴えていく必要がある。ことがらは広く，司法試験科目のあり方から，日本の司法改革，行政改革に連なることであるが，それについては別稿を用意する。

ここでは，先の論文に続いて，行政法・行政法学はなぜ重要かを，いくつかの観点から説明をする。あわせて末尾に掲載した声明文を参照されたい。なお，著者だけが孤軍奮闘してもしようがないので，行政法専攻者には，同様の視点で論文を執筆していただくことを期待する。

1 行政法は基本科目

(1) 六法科目が重要？

法曹となるには，民事刑事の基本をしっかり勉強すべきであって，行政法は六法科目ではないから，基本科目ではなく，重要とはいえないのではないかといった考え方が日本の法曹の固定観点になっている感がある。この司法試験科目改革は，このような立場にたつ。

しかし，法の基本は，憲法を頂点に，私人間の利害を相対的に調整する民事法，国家の処罰に関する刑事法のほか，国家（地方公共団体を含む）と国民の間の法律関係及び国家の組織に関する行政法である。行政法は法の3大分野の1つなのである。

このようにいうと，六法科目が重要だと思いこんでいる人は，違和感を感ずるであろうが，元々公法と私法が法の2大区分であることは常識であって，公法の主要部分である行政法は重要な法分野なのである。著者の教科書ではこの

点を図で説明している[11]）。

　普通の法曹は，行政事件を滅多に扱わないので，行政法の重要性を忘れているのではないかと思われるが，滅多にないから重要性がないわけではなく，本来の重要性に戻って，行政事件が頻繁に起きるようにすることが筋なのである。

　訴訟まで至らなければ，毎日の生活は行政法に取り囲まれている。朝起きてから寝るまで，または，生まれてから墓場まで，行政法に取り囲まれている。筆者はこれを，「犬も歩けば棒に当たる，きみも歩けば行政法に当たる」と称してきた。最近は，「六法に入れてもらえぬ行政法」とかいう川柳があるとかである（高木光）が，著者は，「六法の半分分捕る行政法」と称している。有斐閣の大六法を見れば，半分以上は行政法である。著者の近著『行政の法システム入門』（放送大学印刷教材）では，県庁の係長一家を中心に行政法がいかにわれわれに身近なものかを説明している。刑事法は司法試験では民事法と並んで重要科目とされているが，普通の市民にとっては，刑法の世話になるよりも，行政法の世話になることの方が格段に多いのである。

（2）　行政がらみの民事法

　民事事件でも，行政がらみのものが多い。香川県豊島の産廃紛争などは，公害等調整委員会で調整しているが，訴訟になれば，民事の損害賠償訴訟である。しかし，廃棄物処理法の解釈が争点である。土地の取引でも，都市計画法，建築基準法などの公法法規の知識が不可欠である。農地の取引でも，知事の許可を要するので，許可の法的性質を勉強する必要がある。民事中心の法曹実務家にとっても，行政法は重要な科目なのである。

（3）　法治国家の担保としての行政法

　憲法の主要な原理の1つである法治国家を担保するのは行政訴訟，国家賠償訴訟である。その裁判ルールは行政法規であるから，行政法は法治国家を担保する重要な科目なのである。

　日本の最高裁判所は，憲法，行政事件を扱うことによって，戦前の大審院よりも偉い，三権の長の1つである最高裁判所になった。しかし，憲法，行政事

件は極めて軽視されている。違憲判断は戦後片手しかなく，あとは違憲の疑いがあるのに，合憲判断ばかりである。有力弁護士によっても，行政に対する司法のコントロールが必要であり，司法は行政の追認機関となったと酷評されている[12]。国家・行政と国民の間の法律問題を扱わずして，法曹とは言えないし，最高裁は権限と地位だけを勝ち取って，仕事を怠っているに近い。一種の官位泥棒ではないかという批判もゆえなくはない。

このような現状の下で，法曹が司法試験で行政法を学ばないようになれば，行政法に精通した法曹は激減するから，司法による行政のコントロールはますます弱くなり，法治国家は危機に瀕する。

行政を適切にコントロールする必要性が強く認識されている今日，行政法に精通している法曹を増やすことが緊要である。もし，最高裁まで，それをする気がないのであれば，本来は，戦前の行政裁判所を復活し，最高裁を大審院たる地位に低下させるべきである。

2　行政法の特殊性

（1）　行政法の公共性

もちろん，民事法を学べば行政法がすぐわかるのであれば，行政法を特段勉強する必要はないが，行政法は，民事法，刑事法とは原理が異なるから，民事・刑事法をしっかり学べば済むというわけではなく，逆に，民事法帝国主義で，異質な行政法を考察するという誤りを犯す可能性が高い。

ここで，行政法と民事法の違い，行政法の公共性の説明をしたい。

少数者の犠牲を回避しつつ，一部の者のわがままを排し，社会の富を増大し，みんなの効用を増大させるところに公共性がある。これは行政活動の類型により異なる。例えば，国家による富の配分であれば，自己責任では耐えられない者のために強者に弱者の支援を強制することに公共性があり，産業の支援であれば，不当に特定の者に利益を帰属させることなく，社会の富を増大させ，国民に配分する原資を作り出すことに公共性がある。各種の監督行政であれば，各人のわがままを阻止して，みんなの利益になるように規制することに公共性がある。土地収用も区画整理も，少数者の犠牲を回避しつつ，みんなの利益を生み出すことに公共性がある。都市の土地は少数の先住民の専用に任せ

るのではなく，社会の発展のおかげで増大した利益を広く社会に還元することに公共性がある。

　公営住宅法は住宅の賃貸に関するから，借地借家法の特別法だといった理解が多い。そこで，いったん入居した者の居住権の保障といった発想が基本になるので，高額所得者の明渡しもいちいち訴訟で行わなければならず，大変な手間であった。しかし，これは，市場には見られない低廉な家賃で住宅困窮者に住宅を提供する福祉施策である。民間ではこの条件で住宅を貸与しようと思う者がいるはずがない。したがって，これは民事法の特別法ではない公共政策・資源配分法である。公営住宅法では，これまで高額所得者に出てもらうのに，いちいち明渡し訴訟を起こしていたが，明渡しまでは市場より安く借りることができるので，粘れば得するシステムであった。これは通常の民事の発想を借りたためである。これに対して，1996年の改正（同法32条2項）で，高額所得者には，民間住宅よりも高い家賃を課すことによって自発的に出てもらい，代わりに低所得者に入居してもらうことになった。これは公営住宅法の理解の変更によるものと思われる[13]。

　このように，行政法は，少数者を犠牲にすることなく社会の利益を増大させることに存在理由を見いだしている。

　行政法をこれまで主体に着目して単に行政法と称しており，行政に固有の法とか私法の特別法とか権力関係の法とかいっていたのが，その本当の姿を見失わせていたのである。この点は行政法研究者にも責任があることを痛感するが，本来は，公共政策法と称すべきである。なお，これまで，行政法のメルクマールとして，権力説と公益説の対立があった。言葉の使い方の問題ではあるが，これは対立するものではなく，少数のわがままな者に対して権力を適正に行使することこそ，公益に資するのである（もちろん，権力の濫用は許されない）。

　これに反し，民事法は，私的な当事者間の利害の調整が基本で，社会の富の増大は，副次的には考慮されても，第一次的には考慮されない。その結果，民事法的な発想では，私人間の利害の調整が社会的には不当な結果を生み出すことが少なくない。民法学者や弁護士と議論すると，しばしば感ずるのは，社会性がないということである。

例えば，借家人の保護のために家賃の規制をすれば（あるいは，解約制限の結果，高額な立退料を家主に払わせれば），借家の供給が減り，結局は借家人層に不利になるのである。地価高騰分を借家人に立退料として渡そうという判例も同様である。なお，これではいけないと今われわれが提案しているのが定期借家権である[14]（これはその後実現した）。

（2）　民事法は普遍的な法思考？
1）　日本の法曹は行政法が得意でないので，日頃得意な民事法の発想で行政法を考える傾向がある。この改正（改悪？）では，この悪い傾向に拍車がかかることになる。

例えば，大深度地下利用調査会の有識者懇談会に招かれ，意見を述べたことがあるが，弁護士の方数名の意見にはおよそ行政法の基本的な知識を欠くものがみられた。地下70メートルとか，深く，建物の基礎の及ばない大深度にトンネルを掘るとき，土地所有者に補償をする必要があるかという法律問題で，少々でも不利益があれば補償をなどと述べていたのである。しかし，土地利用規制では，少々の不利益は我慢ということになっている。航空法では，空港周辺では高さ10メートル以上の建物は建てられないが，補償はしないのである[15]。「有識者」として意見を述べる以上，こうした土地利用規制の基本を勉強して欲しいのであるが，日頃の仕事以上の勉強はなかなかしないのである。

もちろん，弁護士でも，この領域での本当の「有識者」がいる。小澤英明弁護士[16]は，大深度には土地所有権は及ばないことを——私見と結論的に同じであるが——明晰に語っている。「有識者」を集めるなら，こういう人を集めるべきで，それをしないのは，大深度地下利用調査会に調査能力がないことの証拠なのではなかろうか。

なお，著者は，地下を掘っていけばどこかで無主の空間になるが，それでも水は無主物先占で，取水できるのであるから，地下水を取水できることは大深度の所有権に由来するわけではないと主張している。これに対して，地下水や温泉を掘れるから，所有権が地下深く及ぶ，などというのがこれまでの固定観念であったし，従来の法制度はこれに従って作られてきたなどという反論があるようである。しかし，従来は，所有権が地下深く及ぶとしようと，及ばない

が地下水取水権は地表の土地所有者に認めるといおうと，実際上の違いが生じなかったので，あえて，議論する必要を生じなかったのである。大深度地下利用のように，実益が生ずるようになってくれば，これまでの固定観念の妥当性は正面から問われなければならないのである。

　2)　国家賠償法では，民間企業の加害行為を行政が見逃した場合，行政にも賠償責任があるという理論が発展した。薬害がその典型例である。その際，被害者との関係では，国家も加害企業とともに責任を負うが，国家と企業の内部関係では，ともに不法行為者だから半々だといった議論が民事法の専門家には少なくなかった。しかし，この場合は，行政の監督がなければ，元々企業が加害者として100％責任を負わなければならないのであり，行政は企業の責任を軽減するために監視するのではなく，被害の防止という公共のために監視しているのであるから，行政が監視を怠ったからといって，税金で加害企業の責任を肩代わりすることの根拠にはならない。内部関係では，原則として加害企業だけの負担にすべきである[17]。これは行政規制の法的性質を理解しないとわからない問題であるが，民事の専門家はつい自分たちの思考様式で考えやすいのである。

　3)　老朽・被災マンションの建替えは，今は区分所有法という民事法で行っているが，合意をとって，反対を押し切って，事業を進めるのは容易ではない。マンションが滅失したとき，5分の4の賛成があれば再建できる（被災区分所有建物の再建等に関する特別措置法）ことになったが，5分の1の反対を私法（司法）の手段で押し切るのは容易ではない上，5分の4の賛成をとれないと，再建もできず，かといって更地の売却もできず，被災者は，途方に暮れてしまう。これを都市再開発法のミニ版たるマンション再建事業法として制度化すれば，反対を押し切っても建て替えができる。しかし，日本の法曹の多くは民事法の発想に閉じこもっているため，この方向での提案は少ない[18]。

　4)　環境権も，多数の者の利害にかかわることを原告と被告の間で決めようとするもので，所詮無理である。ドイツではこのような議論はとっくの昔に葬り去られている。日本で環境権を主張する者が多いのは，民事的な発想に慣れているからである。環境のあり方は社会全般の利害調整法である行政法の任務である。

さらに，私法の発想で行政法の考察をする悪例が多い。詳しく説明する余裕はないが，交通権，浄水享受権[19]，景観権，行政訴訟の狭い原告適格などを挙げよう。

5) こうした私法の発想で公共政策を考察する試みが後を絶たないのは，私法しか学んでいないと，私法ですべて律することができると思い込みやすいからである。民事法帝国主義とでもいうべきである。これでは困るのであって，法曹は，私法とは次元の異なる法制度を学ぶ必要がある。

(3) アメリカの司法国家との比較

なお，米国では，司法国家で行政を統制している。行政実体法はそれほど重視されていない。しかし，行政委員会が発達しており，裁判所は，行政委員会の判断を尊重し，それに手続上の誤りを生じているかどうかに重点をおいて判断しているので，裁判官が行政法に強くなくても，まだ済む。また，行政も私人と同じくコモンローに服するので，裁判所は行政に対して，法を創造しても統制することがある。環境法で有名な公共信託理論などはその例であり[20]，学校改革訴訟，黒人と白人の差別解消のためのバス通学義務付けもそうである。

これに対し，日本は戦後，アメリカ流に司法国家になったが，裁判官はアメリカのように法を創造して行政を統制する伝統がなく，しかも，実体行政法は民法とは異なる従来のドイツ型に近い。私法上の請求権としての環境権が認められないのもこのためである。しかも，行政委員会も発達せず，労働委員会の判断についてさえ，裁判所はゼロから事実を審理し直している。

この現状では，裁判官，弁護士が行政法を勉強しないと，適正な判断ができない（普通は出訴を制限するが，たまには，行政を無茶に負かせる）ことになるのである。

今度の情報公開法により設置が予定される不服審査会は行政委員会にもならず，ただの諮問機関であるから，せっかく情報公開法の専門家がインカメラまで使って審理した結論が，裁判所では，1審から，しかも，行政法さえ勉強したことのない，修習生上がりの判事補に審査されるのである。いかがなものであろうか。

裁判官が行政法や労働法を少々勉強したとして，どの裁判官も，専門家であ

る労働委員会委員,情報公開不服審査委員よりも何でもわかるという前提が間違いであるから,これらの手続をしっかりした上で,公正取引委員会並みに,実質的証拠の法則を導入すべきであろう(さもなければ,裁判官の専門性強化が不可欠である)。

3 行政法の法技術の特殊性

(1) 行政行為の特殊性

行政法の法技術も,行政行為など,民事法では理解できない技術を使うので,民事法だけでは誤解が生ずる。

例えば,年金の不支給裁定が訴訟で取り消され,年金が遡及して支給されたが,遅延利息を付ける法律がない例で,裁判所は,「民法419条所定の遅延損害金は,金銭債務の不履行によって派生するものであって,未だ遺族年金の具体的請求権が発生しておらず,民事訴訟によってこれを請求することができないのに,同法所定の金銭債務の不履行が合ったものとみて同法を適用するなどということはとうてい無理な理論であり,立法論としてはともかくとして,法律の規定がないのに,解釈上,(社会保険庁)長官の裁定前に,遅延損害金の発生を認めることはできない」とした(大阪高裁民事第9部平成9年(行コ)第22号遅延損害金請求控訴事件平成10年1月29日判決)。

これは,年金の支給は,判決で初めて義務付けられたので,それまでは遅延でなかったから,遅延利息を支給する根拠はない,元々年金の裁定の時点では,年金請求権は抽象的なもので,具体的な請求権ではないから,その時点からは利息は付かないということであろう。

しかし,年金請求権は法律で具体的に定まっているのであって,元々支給すべきときに具体的な請求権が発生しているのである。請求権は年金の裁定という行政処分によって初めて発生するという構成が採られているが,それは,請求権を具体化するためではなく,請求権の有無を画一的に処理するための法技術である。年金の裁定という制度がないと,年金の支給時期に,本当に請求権があるのか,いちいち判断しなければならないので,迅速な事務処理ができないからである。この裁定は,抽象的な権利を具体化する制度ではなく,まして,遅延利息の発生いかんとは関係がない。行政の裁定にも裁量はないのであ

るが、ただ、画一処理のために行政処分の形式を用いているにすぎない。

そして、年金の不支給裁定については、直ちに民事訴訟を起こすことはできず、その取消訴訟を提起することになっているが、そのことから、年金請求権が取消判決によって初めて具体化するというのは間違いである。こうした制度は行政処分に関する争いは行政訴訟を用いるというルールに従っただけである。そのことから言えるのは、不支給裁定が取り消されるまでは、民事訴訟で年金を請求することはできないという効果を生ずるというにすぎず、取り消されたら、年金請求権が遡及して発生するのであるから、最初に年金を裁定すべきときに年金請求権が本来は発生していたというべきものである。

そもそも、行政は、年金の支給裁定をすべきところ、誤った不支給裁定をしたのであるから、その時点から、遅滞に陥っているのである。判決で年金を遡及的に支給すべきものと判断された時点で、年金が遡及的に支払われるので、年金支給義務も遡及的に発生し、遅滞という事実も遡及的に発生するのである[21]。

この誤解は、行政法の問題を民事法の発想で考えることから生ずるものである。

（2）行政裁量

行政法は法治国家の原理に基づき、法律により行政に授権されるので、行政がその与えられた権限の枠内で行動しているかどうかが、司法審査の対象になる。この司法審査の仕方は、権利義務の存否をめぐる民事訴訟とは異なって、行政の判断が行政裁量の範囲内に入っているかどうかである。これは行政の全般および行政法の全般に通じて、公平な判断ができる人でなければできないことである。

（3）民事法の借用概念

1）行政法では民事法の概念を借用しても、民事法とは全く異なった使い方をしていることがある。例えば、都道府県道又は市町村道の用に供される土地は、何らの手続を要せずに、地方公共団体に無償で貸し付けられたものとみなすという特殊な規定がある（道路法施行法5条）。この権利は無償の使用貸借で

あるから，地方公共団体の財産ではないというのが判例である（最判平成2・10・25判時1367号9頁）。

　しかし，この使用貸借権は，国の方に貸す貸さないの自由はなく，法律により当然に成立し，道路廃止の際も，原則として返還を要しないのであるから，実質は地方公共団体への譲与である。元々，いきさつとしても，旧道路法時代，府県道，市町村道は，その敷地の費用を地方が負担しても，国の営造物として，国の所有に属していたが，現道路法で実態に合わせようとして，地方への無償貸付としたものである。したがって，これは私法上の使用貸借とは全く異質であって，法文の文言に惑わされて，使用貸借と見るのは，民事法帝国主義である[22]。

　2）　国家賠償法は民法の不法行為の特則だ，行政権が国民の権利を侵害すれば賠償せよ，裁量の枠内の不当でも賠償せよなどという意見[23]が見られるが，行政権は，法律に基づいて国民の権利を制限することを授権されているのであるから，賠償を必要とするかどうかは，国民の権利を制限したかどうかではなく，法律に基づかなかったか，裁量を違法に行使したかどうかによる。これは，法治行政という，民法にはない原理に基づく制度なのである[24]。エイズなどで，厚生省の責任が問題になっているが，患者の権利を侵害したかどうかが争点ではなく，薬事法上の権限の不行使に当たり，違法過失があったかどうかが論点である。

附：司法試験行政法廃止への疑問

1998年1月30日

　1　司法試験改革に法曹三者（法務省，最高裁，日弁連）が合意した。試験科目の点では，民事訴訟と刑事訴訟を必修にして，代わりに法律選択科目を廃止するのがその主要点である。両訴訟法を必修にすることは必要であろうが，選択科目を廃止することは，その1つである行政法を学ぶ法曹が激減することである。

　2　行政活動は法律に基づき，法律の範囲内で行われなければならない。これは「法治国家の原理」（法律による行政の原理）である。戦前はこれを担保す

る行政訴訟を専門に扱う行政裁判所があった。通常の司法裁判所は，行政事件を扱わず，違憲審査権もなく，民事刑事の紛争を裁くだけであった。戦後は，行政裁判所が廃止され，違憲立法審査権が導入されたので，裁判所は，下級審も含めて，民事と刑事の紛争を裁くことのほか，憲法の定める三権分立の原理に基づき，立法・行政を適切に統制するという重要な任務を担っている。現在の裁判所は，司法裁判所のほか，実質的には憲法裁判所と戦前の行政裁判所という3つの機能を兼ねそなえているのである。

この行政活動の規範となり，行政訴訟の基準となるのが行政法である。これは国家と国民の間の法律関係に関し憲法を具体化し，憲法を支えている一群の法制度で，私人間の利害調整規範である民事法，処罰に関する刑事法と並ぶ，国家の基本的な法制度である。これは，情報公開法，地方自治法，行政事件訴訟法，行政不服審査法，国家賠償法など，国民に身近な法律であるとともに，さらに，社会保障法，土地法，環境法，税法など，国民にとっても利害関係の深い，実用的な応用法の基礎法となっている。

以上の制度を念頭におけば，行政法の知識を抜きにした法曹試験は原理的に考えられない。さらに，実質的にいっても，憲法，行政法について深い知識を有する法曹がある程度必要である。

3　行政法については，それを運用し，多くの場合，その立法にも携わっている行政官と国側の代理人である法務省訟務局の検事が非常に詳しい。これに対して，裁判官と弁護士は，今でも必ずしも行政法に精通していない。行政訴訟が十分に機能していない原因は種々あるが，その1つとして，こうした行政法に関する法曹内部の知識経験の差を挙げることができる。

今日ようやく，先進諸国並みに，行政の活動を透明なものとし，事後に司法の場でコントロールすることが強く求められるようになっている。行政手続法の制定，情報公開法制定の動き，規制緩和，地方分権の推進による国と地方公共団体間の訴訟の導入などがその例である。こうした法治国家の推進のためには，行政法に精通した裁判官，弁護士の増加が求められている。

しかし，司法試験から行政法を廃止すれば，裁判官，弁護士と国の行政官との知識経験の差は現状に比して極めて大きなものになることは必定である。裁判官，弁護士になってから勉強すればよいという意見もあろうが，裁判官や弁

護士が，民事法とは原理を異にする行政法を簡単に修得できることは期待できない。行政法を学ぶ学生や行政法に精通した弁護士はますます少なくなり，行政訴訟を提起する者も減って，救済率がますます低下する悪循環に陥る。これでは，すでに脅威にさらされている日本の法治国原理は風前の灯火になる。これは法治国家を目指す今日の国家的課題に正面から衝突する矛盾である。

4 他方において，裁判官が，事件を受理してから行政法にとりかかるようになるとすれば，それを適切に解釈・運用できずに，不当に行政を敗訴させたり，訴訟を長引かせて，公益を害することも十分ありうる。三権の1つである行政権についてこのような裁判が行われれば，由々しき事態である。

5 以上述べたように，司法試験から行政法を外すことは，日本国憲法における裁判所の機能にかんがみると，原理的・実質的に重大な疑問がある。元々は戦後しばらく行政法は商法とともに選択必修として重視されていたのであり，法曹三者は，合意の際に，行政法規の適切な執行と法治国家の重要性に配慮されたはずであるとは思われるが，以上の問題をどう考えているのか，代替案はどうなのか，説明していただきたい。また，立法府におかれても，試験科目の改正の際に，行政法を残すという前提で，他の改革案を工夫していただけないものか。法治国家の危機を憂慮する立場からお願いする次第である。

第3節　行政法学と司法試験科目のあり方

はじめに

著者は，先に，司法試験科目から行政法を排除することに反対し，かつ，行政法と行政法学の重要性を訴える主張を公にした（これを別稿と称する）[25]。これには賛成される方も多い。しかし，疑義があるとする方も多いので，ここでは，これらの異論をふまえて，行政法学と司法試験科目のあり方について，重複も厭わずさらに論述したい。

1 行政法と他の科目の関係

(1) 行政法の共通原理

行政法は通則も法典化されていないから，行政法をまとめて学ばなくても，必要があるとき，情報公開訴訟，税務訴訟，住民訴訟，国家賠償訴訟などと，勉強していけばわかるのではないかという意見もある。

しかし，行政法は，行政法典としてはまとまっていなくても，別稿で述べたように共通の原理があるから，断片的に学ぶ前に，まとめて勉強する方が効率的である。これまでの行政法の体系書はいずれもこの方向の努力をしてきたが，著者の『行政の法システム［新版］』（有斐閣），『行政の法システム入門』（放送大学教育振興会）も行政法の共通の原理を明らかにする試みである。

税法，証券取引法のような現代的な科目でも，行政法の知識をも前提としているので，行政法を先に一度まとめて勉強した方が能率がよい。

(2) 行政訴訟は民事訴訟の特則？

行政事件訴訟法は民事訴訟法の特則であるから，民事訴訟法を必修にすれば十分ではないかという意見を聞いた。

確かに，行政事件訴訟法は民事訴訟法の特例であるが，特例といっては済まない特殊性がある。原告適格，処分性といった門前払いの要件は，誰が行政のどのような行為をとらえて争えることとすべきかという判断を求められるもので，憲法の定める法律による行政の原理と裁判を受ける権利，民事訴訟と行政訴訟の機能の違いなどの洞察を前提とする。したがって，これは民事訴訟にはない行政訴訟特有の制度であるから，権利義務の有無を判断するという，民訴的な発想では適切には判断できない。判例上これらは狭く解釈されすぎているという見方が学界には多いが，判例がこのような立場をとるのも，1つには，裁判官が，民訴的な発想に慣れ親しみすぎているからであろうと推測する[26]。

審理方式も，行政訴訟では，行政法・行政訴訟に疎い原告のためにも，職権証拠調べを使い，かつ，ドイツ流に，釈明権を積極的に活用して，原告に親切にすべきである[27]。日本の裁判所は，このような観点で釈明することが少ないが，それは，民事訴訟の弁論主義に慣れすぎているからである。

塩野宏も,「行政事件についても,どうも民事法的思考方法が蔓延しているという感じが率直にする」と述べている[28]。

濱秀和[29]の指摘によれば,「民事事件と行政事件は,事件の性格が根本的に異なっている。……民事事件においては,当事者の自由意思にもとづく行動について,これに法律的意味を与えることが裁判所の職責であるのに対し,行政事件においては,行政庁の行動,権限の行使が法令に適合しているかどうかを判断する。……したがって,審理の方式も,行政訴訟は事後審査の形をとる。」そうすれば,手続審査の方法で行政作用を審査できる。しかし,民事事件に習熟した裁判官は覆審的な審査に慣れており,実体法上の審査に入っても,結局裁量の壁に阻まれる。

このように,行政訴訟を,民事事件に習熟した裁判官が民事事件方式で事件処理をすることが,行政の司法統制が機能しにくい原因の1つである。

(3) 司法試験の他の選択科目との関係

今回廃止されるのは,行政法だけではなく,法律選択全部ではないか,行政法だけの特殊性ではないという反論がある。そこで,司法試験の科目として,行政法を残すのなら,他の選択科目も同じく残すべきではないかという意見もある。確かに,他の選択科目も重要である。

しかし,行政法は他の選択科目よりも,より重要であると主張したい。そもそも,行政法は他の法律選択とは異なり,司法試験に残す重要性と不可欠性があることを別稿の論文で証明したつもりである。若干繰り返せば,行政法は民事・刑事法とは全く別個の原理に立つ法の3大分野の1つであるから,民事・刑事法を学んだだけの法曹はかえって行政法を正しく理解しにくいのに対し,行政法以外の選択科目は,基本的には民事法か刑事法の応用科目であるから,民事法と刑事法をしっかり勉強すれば,あとは必要に応じて勉強すればまだ済む。例えば,労働法は固有の原理を持つとはいえ,民事法の応用問題である[30]。国際私法は民法と民事訴訟の応用である。破産法は民事訴訟法と民法の応用である。もちろん,これらの科目もそれなりには固有の原理を持つが,そんなことを言えば,親族相続法は財産法とは異なる原理を有するし,借地借家法も,民法の賃貸借法ではとらえきれないので特別の法律とされているのであ

る。行政法の固有性はこれらの法律にいう固有性とは次元を異にする大きなものなのである。

　さらに，行政法と行政訴訟は，司法による行政の統制という憲法の大原則を担うのに，行政官だけが行政法を知っていて，裁判官と弁護士が行政法をあまり知らないようでは，裁判は機能しにくい。丁度，刑事訴訟で，検事だけが刑事法に詳しく，弁護士も裁判官もにわか勉強で刑事法に取りかかるようなものである。この事情は他の選択科目にはない。したがって，他の選択科目と行政法を同じとみてはいけない。

　多くの人は，行政法は，たかが選択科目だからと思っているが，元々，行政法を他の選択科目と同じく扱ってきたのが間違いである。刑事政策など，官庁で言えば，法務省矯正局だけの仕事である。すべての官庁の法律問題を扱う行政法となぜ対等なのか。法曹でも，刑事政策に関わる者は極めて少ないので，その必要性は高くなかったのである。また，司法試験で，刑法，刑事訴訟法のほかに，刑事政策を選択すれば，6科目のうち3科目が刑事がらみになり，バランスを失する。刑事関係をそんなに勉強させる代わりに，行政法を勉強させる方がバランスがとれていたのである。

　また，今日必要なのは，破産法，無体財産法，税法，国際私法，独禁法など，現代的な科目であって，行政法の重要性は低いのではないかといった意見もある。

　確かに，これらの科目は，必要であるが，応用科目であるから，司法試験科目をもう1つ増やす際に試験科目に入れるべきである。将来，合格者を1,500人に増やすときには，試験も易しくなっているであろうから，若い秀才を合格させることが至上命題だと仮定しても，そのときに試験科目を増やすことが可能であろう。

　しかし，行政法はこれら現代的な科目の基礎になっているのであるから，その前に学習させるべきである。行政法を学べば，例えば，租税法のかなりは理解しやすくなるのである。美濃部達吉の行政法の時代には，特許法も行政法の一部であった。行政事件と無体財産権の判例は，以前は同じ白表紙の判例集に載っていた。今はそんな時代ではないとはいうものの，玉井克哉，斉藤誠は行政法学から無体財産法に進出している。大学の授業の順序としても，憲法，民

法，行政法と習ったあとで，これらの応用科目を習うことになっている。

元々，法曹養成制度改革協議会が選択科目の廃止を議論したときは合格者700人を前提としていた。これを1000人にするなら，若い合格者も増えるので，前提が異なってくる[31]。したがって，試験科目を増やしてもそう不合理ではないともいえる。合格者を増やすので，選択科目廃止もやむをえないといった意見も聞いたが，全く逆である。

どうせ，行政事件は少ないのであるから，わざわざ勉強させるまでもないのではないかという意見もあるが，それは裁判所が行政訴訟を軽視したことの反映である。本来はもっと行政訴訟を起こせるようにすべきところ，逆に殺してしまってよいのであろうか。

2 法曹教育による対応

(1) 司法研修所での研修

司法試験で行政法の試験を廃止しても，司法研修所で特別研修させれば済むのではないか，したがって，司法試験で行政法を廃止しても，法治国家の崩壊にはつながらない，阿部説はオーバーだという反論もある。

しかし，法曹三者の協議に加わったある弁護士の話では，修習期間中に行政法の研修を増やすべきだと主張したが，法務省，裁判所の強い抵抗を受けたということである。もしそうだとすれば，今の研修体制を前提とすれば，法治国家はとても見込みがない。

行政法は重要ではないという従来の発想を前提とすれば，司法研修所の研修期間が1年半に短縮されるのであるから，行政法を研修に入れても，受験勉強並みに勉強させる余裕はないと考えるはずで，しかも，司法研修所に入った者は大部分卒業できるので，まじめに勉強しない可能性が高い。

研修講師も，内部の司法研修所教官であれば，学説がなかなか反映せず，学界から講師が呼ばれても，司法研修所から呼ばれたごく一部の学者の説しか浸透しないことになるので，学説の公定化につながる。法曹が勉強する学説は多様である方が判例の発展のためにもなるのである。さらに，司法試験で行政法を勉強しなくてよいとなれば，簡単な公務員試験用の勉強はともかく，行政法を本格的に学ぶ者が激減し，その結果，行政法の論文の掲載の機会も減り，行

政法はますます学説公定化の傾向を強めよう。これは法治国家の衰退に連なるのである。

　本来は，司法試験で行政法を必修科目とすべきであるが，もしやむをえず，これを試験科目から外すなら，司法研修所のカリキュラムに行政法を本格的に入れるべきであろう。その際には，仮に修習生1,000人全員相手にしようと，単に講義を聞かせるくらいでは不十分であろう。せめては司法試験合格と同じくらいの学力を養成するように，8単位分を厳しく試験すべきである。採点要員がたりないなら，優秀な2年目の修習生を採点者に雇う方法を工夫すればよい。実務修習は刑事・民事が主体であるが，さらに，実務の起案では，行政法特有の難問を勉強させるか，少なくとも，民法，民事訴訟法の問題の中に行政実体法，行政事件訴訟法の問題を潜ませるように工夫して，それができなければ，司法研修所を修了できないようにすべきである。

　研修所のカリキュラムは過密ダイヤで，そんな余裕はないと反論されよう。しかし，民事訴訟法と刑事訴訟法を必修にする分，研修所では教えやすくなるのであるから，それによって得られる余裕は，両訴必修化の犠牲となる選択科目の代替策に使うのが筋である。また，修習期間が短縮されるから，余裕がないなどというのは，他の科目の方が大事だという前提に立つものである。しかも，弁護士に聞くと，修習期間は人生の中で一番楽な時期だったという人が多い。日本の裁判官が，ただの役人なのに破格の厚遇を受け，修習生がただ勉強しているだけで給料をもらえるのは，単に民事や刑事をやっているからではなく，立法と行政を統制している（そういう偉い人の卵である）からではないのか。そうとすれば，余裕がないなどといわずに，民事刑事の修習の時間を割いても，行政法の研修のために余裕を作らなければならないはずである。

（2）　裁判所での行政事件の扱い

　裁判官は裁判所でしっかり研修を受ければよいのでないかという意見もある。この立場では，行政法を司法試験から外せば法治国家の崩壊に連なるという私見はオーバーだということになる。

　しかし，日本の裁判所は原則として民事，刑事を分けるだけで，あとはなんでもこなさなければならない超人的な任務を負う。民事裁判だけでも大変なの

に，民事法とは発想を異にする法律になじむのは大変である。

　実は，今日でも，多くの裁判官は行政法の知識がなくて，行政事件を裁いている。聞くところによれば，ある地裁では，行政法を学んだことのない判事補なりたての左陪席が行政事件の起案をする。右陪席もよくわからない。行政法の教科書でどれがよいかなどと探すが，たくさんあって，似たようなもので，判断できない。この有様であるから，論文を自分で検索してまで読むことは少ないであろう。当事者から，学者の意見書が出たりしても，最先端の意見書を理解する能力があるかどうか心配である。被告の方は，行政庁で蓄積された理論構成をするので，いかにも筋が通ったように見える。行政法をきちんと勉強していないと，これらに従っておけば安全だと考えやすい。

　これに対して，裁判長がしっかりしているからなどという反論も聞いたが，裁判長がしっかりしているという証拠もないし，3人の合議体で，裁判官が全員職務上独立対等の建前の制度のもとでは，全員がしっかりしてもらわなければならないのである。例えば，刑事事件の3人の合議体で，裁判長だけが専門家で，残りの素人の2人が採証法則に反して有罪を主張したら，どうなるか。それを刑事事件で起こしてはならないが，行政事件では起こしてもよいということはないはずである。

　行政専門部・集中部を置く地裁でも，行政法に精通している判事を集めるしくみがない。行政法も，法律である以上，判事・判事補であれば，数ヶ月もいればわかるとかいう説も聞く。自分は行政法など習わなかったが，独学でしっかり勉強しているという意見もある。しかし，それでわかるのは普通は易しい事件であろう。医師国家試験を通ったら，何でもわかるといっても，いわば町医者程度のレベルだということではないか。医師なら，ややこしければ専門医に移送すればよいから，普通の病気は町医者に頼ってもまだ大丈夫であるが，裁判官は何でも扱うのであるし，当事者は裁判官を選べないから，裁判官が町医者程度であっては困るのである。

　このように，裁判所の研修がしっかりしているとは思えないから，それを当てにするわけにはいかないのである。

　そこで，行政裁判所の設置という提案も可能であるが，現行制度とはあまりに乖離しすぎて，政治的にも実現は容易ではない。もう少し近道の改善策を考

えてみよう。

現行制度では，東京，大阪その他一部の地裁には，行政専門部ないし行政集中部がある。私見では，どの地裁にも，行政事件，損失補償事件，さらには民事事件ではあるが，国家賠償事件，行政法がからむ民事事件をも一手に引き受ける行政関係集中部を作るべきである。これらの事件だけでは，1つの部の仕事としてたりなければ，他の民事事件を扱うことにするが，同じ地裁では，これらの事件は行政関係集中部に集中するべきなのである。そして，その裁判長と陪席は，行政法に強い人で構成することにする。判事補なりたてではなく，せめて特例判事補以上とし，民事裁判にはすでに習熟した上で，行政法をきちんと勉強できる裁判官に限るとすべきである。裁判所内部にいなければ，在野からも採用すればよい。学界と常に共同研究会を開いて，学界には絶対に負けない水準を確保して欲しい。それだけの地位と待遇が裁判官には保障されているのであるから。

高裁レベルでも，同様に，行政関係事件は分散せずに，1つの部に集中するべきである。ただし，行政寄りの判事を集めてはならない。

最高裁の3つの小法廷は事案を順番に受理し，何でも引き受ける。これでは，裁判官は百貨店であり，事件数も多いことから，専門家にはなれない。むしろ，刑事部，民事部，憲法・行政・労働部に分けて，専門的な審査をした方がよいのではないか。これは裁判所法の改正を要することではなく，最高裁判所事務処理規則の運用の問題であるから，最高裁がその気になればすぐできることである。調査官が専門に分かれているから大丈夫といった意見もあるが，これではいわゆる「調査官裁判」を正面から承認することであり，もしそうなら，「こんなもの要らない，最高裁判事」ということになり，調査官を最高裁判事に任命すべきである。しかし，その肝心の調査官も，いずれは，司法試験では行政法を学んだ者がいなくなる。これでよいのか。

以上のような改革案は，司法試験科目から行政法を排除する場合はもちろん，行政法を残す場合にも必要なことである。

しかし，このような方法を採っても，なお，行政法を試験科目から削除してはならない。裁判所内部で研修すれば済むなら，最初から司法試験で受験科目にする必要がなく，そのことは刑法でも，民法でもたいして変わりはない。

司法研修所や裁判所での研修で済むという説は，行政法は民事法，刑事法ほどの重要性がないとか，その修得にはそれほど困難がないという前提に立っているのであるが，それは前述のように間違いである。

次に，裁判官は，わからなければ，助手を雇えばよいという発想もある。現に，税務訴訟では，一部の地方裁判所には国税庁から調査官という肩書きで職員が出向している[32]。税法は複雑だからというので，裁判官だけではわからないことを自認して，応援を頼んでいるわけであるが，被告行政庁の方から応援を頼んで，国民の権利を守る裁判ができるのであろうか。また，これは裁判所法57条2項により正当化されているなどと反論されようが，この規定は単に調査官をおくことを正当化しているだけである。調査官を雇うにせよ，裁判の公平が疑われない採用の仕方が必要である。

（3） 弁護士の自己研鑽

裁判官がしっかり行政法の研修を受けたとしても，弁護士が行政法に弱ければ，行政裁判はよくならない。弁護士がしっかりとした論陣を張れば，裁判官も考え，深みのある判決を書けるのである。判例の発展は裁判官の業績だと思っている者が多いが，実は多くの場合弁護士のすばらしい論陣の反映であり，学術論文と学者の意見書がそれを支えていることが多いのである（むしろ，裁判官が判例の発展を妨げている場合も少なくない）。

これに対して，弁護士は必要があれば，行政法を勉強するはずではないか，自分は独学でもしっかり勉強したという意見もある。確かに，司法試験で行政法を勉強しなくとも，行政法の専門家になっている人もいるし，大学や試験での勉強など，専門家から見れば入門編であるから，必要になってから勉強しても追いつけないことはない。

しかし，これは例外をもって一般論をなすものである。そんなことを言えば，司法試験で民法も刑法も勉強する必要はないのではないか。行政法は必要が生じたとき，断片的に勉強すれば，普通の法曹がわかるほどの簡単な科目ではない。行政法学者と議論すると，弁護士がよくわからずに行政事件を引き受けて，裁判が進行してから相談に来るが，もう遅いという話は少なくない。また，しっかりとした意見書を書いてあげたのに，弁護士がそれをしっかり理解

できず，準備書面できちんと主張できていないために敗訴する例もかなりあるというのが著者の実感である。

　行政事件が少ないし，勝訴率が低く，儲からないので，勉強してノウハウを蓄積できず，その結果，行政訴訟を提起しにくくなり，また，勝つべき事件でも負けているという悪循環に陥っているのではないか。

　最近住民訴訟や情報公開訴訟がたくさん提起されているが，それは原告の勝訴率が結構高く社会の注目を浴びるから，弁護士もやる気が起きるし，行政法全般に通じなくてもそれなりにわかるからであって，だから行政法を司法試験から外しても行政訴訟は大丈夫ということにはならない。泣き寝入りさせられている一般の事件をいかに救済するかが課題なのである。

　したがって，弁護士にも行政法を基本から勉強してもらうべきなのである。

　もっとも，弁護士の広告を認めて，行政法が得意でない弁護士が行政事件を受任することがないようになれば，弁護士に関する限り，行政法の勉強を試験で強制する必要性は減るであろう。

3　諸外国では？

（1）　外国の試験制度

　諸外国の司法試験では，行政法は必修になっているであろうか。

　1997年12月20日，朝日新聞社，大阪弁護士会主催の「違憲審査制度の現在と未来」というシンポジウムが行われた。ここで，司会者の樋口陽一教授が，日本では行政法を司法試験科目から外すが，これで公権力から守れるかと質問した。ドイツの憲法裁判所判事J・キューリンクは司法試験から行政法を外すことは「想像を絶する」と述べた。アメリカの連邦最高裁判所判事A・スカリアは，司法試験は州の試験であるが，不正義は憲法違反よりも，行政法違反が問題で，行政法をしっかり勉強することが大切であると述べた。これがまともな国の常識であると思われる。

（2）　ドイツ

　ドイツでは，司法試験は同時に法学部卒業であり，かつ，高級官吏試験を兼ねている特殊性があるが，試験科目は次の通りで，行政法は公法と訴訟法の両

方で重視されている。なお、これはバイエルン州の官吏法に基づく法律家養成・試験規則（最新改正1995年6月20日、Ziegler-Tremel, Verwaltungsgesetz des Freistaates Bayern, 1997年4月差し替え済み、木佐茂男氏所蔵による）によるが、他の州でもほぼ同じと思われる。

第1次司法試験（日本の司法試験に相当するもの、第2次試験は修習生終了時の2回試験に相当する）は、必修科目のほか、選択必修科目の中から1科目を選択する。

必修科目は、民法（その主要部分として、民法総則以下、具体的に規定されている。以下、同じ）、商法・会社法（その主要部分）、労働法（労働協約法を含めた労働関係法）、刑法（刑法総論・各論）、公法、ヨーロッパ法、訴訟法である。ここで、公法としては、国際法と一般国家学との関連のもとにおける国法学・憲法、行政手続法・不服審査法を含めた行政法総論、地方自治法、警察法、建築秩序法の基礎並びに建築計画法の一部をいう。憲法、行政法の広い領域が必修になっているのがわかる。訴訟法は民事・刑事・行政の一般的な手続法その他として、行政訴訟法は、訴訟法の中に一括して含められている。

選択科目としては、1 法史・憲法史、2 法哲学・法社会学、3 国際私法・比較法、4 非訟事件、5 刑事学、6 国土整備・国土計画・道路法・建築法・官吏法、7 経済行政法・環境法（一般原則並びにインミッション防止法・水法・廃棄物保護法・自然保護法の基本原則）、8 ヨーロッパ法・国際法、9 商法・会社法・有価証券法、10 独禁法・営業上の権利保護の基本原則・無体財産法、11 集団労働法、12 社会法の一般理論・社会保険法・社会扶助法・労働援助法・社会手続法・社会裁判所の手続の基本原則の12がある。

（3）米　　国

アメリカの代表的な州であるニューヨーク州の例を挙げると、司法試験は2日間行われる。第1日目は、40州の共通試験で、択一（Multistate、マルタイ）200問を6時間で解く。連邦憲法、刑法・刑訴法、証拠法、契約法、不法行為法、不動産法の6科目。2日目がニューヨーク州法に関し50問の択一、23科目ある。論文は6問あり、種々の科目を組み合わせた応用問題である。行政法はたくさん出るわけではない。due processなどは憲法で出ると聞く。

アメリカは司法国家であり，コモンローの国であるから，そもそも行政法の比重が低い。行政法といっても，行政手続法，委任立法，行政裁量くらいであるから，重視されなくても，おかしくはない。しかし，なぜ，司法が行政をしっかり監視するのか。学校や刑務所の制度改革訴訟までやるのか。行政法という特殊なものが元々は基本的に存在せず，コモンロー支配だからこそできるのである。役人の地位が高くなく，立法は議会が中心になって行うので，行政が実際上法解釈権を独占している国とは異なるのである。

日本ではドイツ流の行政法理論を教え，裁判制度はアメリカ流になっている。しかし，司法は消極的である。この辺の事情が異なるので，行政法を司法試験で重視しないと，行政をコントロールできないのである。

(4) 韓　　国

隣国を見ると，韓国では，徐元宇ソウル大学名誉教授の情報によれば，司法試験で行政法は必修である。第1次試験は，択一型・記入型で，憲法，民法，刑法の3科目が必修である。選択として，3つの類型がある。第1の選択は，経済学など関連社会科学から，第2の選択は，国際法，労働法，国際取引法，租税法，知的財産権法，経済法から，第3の選択は外国語からで，それぞれ1科目，計3科目である。

第2次試験は，憲法，行政法，商法，民法，民事訴訟法（強制執行法を除外），刑法，刑事訴訟法の7科目である。

第3次試験は面接試験である。

今年から，一審に行政法院が設置された。

(5) 台　　湾

台湾では，陳立夫政治大学助教授の情報によれば，弁護士試験と司法官試験に分かれる。弁護士試験の専門科目（論文試験）は，小論文問題で，民法，刑法，商法及び国際私法，民事訴訟法，刑事訴訟法，強制執行法及び行政法であり，1998年からは中華民国憲法もこれに加わる。司法官試験は，行政法，民法，刑法，民事訴訟法，刑事訴訟法，商法，強制執行法及び国際私法である。1998年からは中華民国憲法もこれに加わる。論文試験の合格者には口述試験が

行われる。なお，台湾には行政裁判所がある。その判事は一定の高級官吏又は高位の裁判官経験者となっている（2000年改正で，訴願前置主義，台北・高雄に高等行政裁判所，台北に最高行政裁判所が置かれている）。

4　行政法試験のあり方

（1）　受験生減少との関係

行政法の受験生が6％（推定）と減っているから，廃止しても，大勢に影響はないのではないかという意見もある。

しかし，受験生が減っているから，廃止せよというのは，瀕死の重傷を負っているから，いっそ殺せ，安楽死させよというようなもので，むしろ，蘇生させるように工夫するのが先決である。受験生が減ったのは，試験範囲が広すぎることと，過去に，登録，公共組合などという難問奇問が出たからである。試験範囲を限定して，まっとうな問題を出せば，受験生がこんなには減らなかったのである。今は素直な問題に戻っているが，試験範囲が広いし，一度悪評が付くと，復活は容易ではない。

問題が悪かったのは，試験委員の学者が悪いので，学界の問題ではないかという反論を受けた。しかし，司法試験委員は，司法試験管理委員会が任命するもので，学界とは関係がないから，学界の責任にされても困る。司法試験管理委員会が，試験委員に対してまっとうな問題を出すようにと注文を付けるべきことであって，責任は法務省にある。

（2）　試験範囲の限定の仕方

では，行政法の試験範囲をどのように限定すればよいのか。

行政作用法通則及び行政救済法とする。法治国家など，行政法の基本的な原理と行政強制，行政代執行法，行政手続法，行政不服審査法，国家補償法，行政事件訴訟法などである。地方自治法や公物法などの行政法各論を出さないこととすべきである。塩野宏著の「行政法」でいえば，出題するのはⅠ，Ⅱで，Ⅲは範囲外である。条例は行政立法との関連で入ると考えることもできようが，むしろ，憲法で出せばよい。行政作用法通則などという科目設定は，法律用語になるのか，商法，民訴法のように，他の科目では，法典科目なので，条

文で限定しているではないかという批判もあろうが，今でも，法典にない「行政法」という科目を出題しているのであるから，法典にないから限定できないという考えはおかしい。

(3) 行政法試験廃止回避の代替案

行政法を選択であれ必修として残すためには，どのような代替案が考えられるのか。若年受験者を合格させるためには，試験自体の負担を軽減すべきであるから，選択必修を廃止するのはやむをえないのではないかといった主張が多い。

しかし，この主張には，選択科目は重要ではないというバイアスがかかっている。負担軽減の方法は，既に述べた[33]ように種々ある。親族相続法を除外して，行政法を入れる方法もある。商法は民法の特別法であるから，必修にするほどの必要性はない。法曹の中でも行政関係に進出しようとする者にとっては，必要性の低い科目である。そこで，戦後しばらく行われたように，行政法と商法との選択必修にすればよい。これなら，科目は増えないから，受験生の負担を増やすこともない。

これに対して，商法は重要だなどという反論があったが，この改正案では，商法は100％の者が履修し，行政法を履修する者はゼロになる。これは極端である。商法と行政法の選択にすれば，商法を履修する者は減るであろうが，それでも，多くは商法を取るであろうから，商法の重要性を阻害することなく，行政法とのバランスを取ることができるのである。

憲法単独で出題するのは短答式だけにして，論文式では，ドイツ流に，憲法と行政法を1本にした公法という科目を新設する案もある。ただ，これでは，行政法の必修化ということで，受験生の負担が増える難点がある。

そこまで徹底しなくても，憲法の枠内で，実定法に関連する問題を出題し，多少は行政法的な感覚を試験すべきである。例えば，地方自治法の条例制定権の限界，財産権の規制の限界と損失補償，営業許可と特許，緊急事態における首相の指揮権，外国人の公務員就任権などは今でも行政法のほか憲法でも論じているので，憲法での出題においても，行政法にも目を向けた出題をすればよい。行政法が司法試験科目に復活するまでの間，憲法の出題委員に，憲法もわ

かる行政法学者を加えて，一緒に問題を検討することにすべきではないか。
　若い合格者を増やさないと，優秀な法曹は育たないといった反論もあったが，行政法を試験範囲から外せば，優秀な学生が合格し，あとで行政法をしっかり勉強するのであろうか。私の感想では，司法試験に悠々合格した秀才でも，行政法選択廃止反対に対するその反論は，本稿などで批判するような単純なものが多かった。そんな人は本当の秀才とは思えない。行政法については，民事法の発想で考えるので，かえって迷惑である。学校秀才止まりの人間が多くて，私は，最近は辟易している。何年かかって受かろうと，今どれだけの見識を持っているかが肝心である。
　現役で受かった者は優秀だなどと思っているのは，現役で受かった者が中心になっている法務省や最高裁の発想である。試験などいい加減なもので，法律の勉強をまじめにすればするほど受かりにくくなっている現実をどう考えるのであろうか。

（4）　公務員試験との関係
　行政法は公務員試験で必修であるから，司法試験の方まで必修にする必要はないのではないかという意見もある。
　しかし，公務員が行政法に強いからこそ，司法試験でも行政法を試験しないと，裁判官は行政官を統制できないのである。

5　大学教育への影響

　司法試験科目から外れても，大学教育をしっかりすればよいのではないかといった意見を聞いた。しかし，これはおよそ的外れの意見である。
　試験科目以外もしっかり勉強せよとなどと言っても，試験に合格することが保障されない以上，実際にやるわけがない。大学のゼミは，司法試験でその科目を選択する学生が数人でもいれば，活性化するのである。しかし，今では，司法試験で行政法を選択するのが損だということになってしまったので，司法試験受験生は著者の行政法ゼミに来なくなってしまった。行政法ゼミは先頭馬を失って，衰退産業になってしまったのである。
　公務員試験受験生が行政法を勉強するではないかといわれるが，公務員試験

は地方ならたいていはマルペケであるし，論文でも基本的なもので，大学の授業よりははるかにレベルが低い。地方公務員試験も合格率が低くなったため，一生懸命ゼミで資料を読んで法的思考を養うなどという余裕はなくなった。ハイレベルの授業は国家1種用であって初めて意味があるが，国家1種を一生懸命目指す学生がたくさんいる大学は少ない。その上，国家1種でも，通説と主要判例の要点を覚えれば合格するのであるから，思考訓練などをすると邪魔になるのである。

さらに，この司法試験法の改革は行政法に限らず，法学部教育そのものを危機に陥れる。受験生は，司法試験科目だけ，それも40単位強くらい勉強すればよい。しかも，要領よくまとめればよい試験なので，試験運が良ければ，大学入学後2年で合格してしまう試験になる。そのうちには，外務公務員試験であるように，大学3年中退が名誉になる時代が来る。これでは，大学法学部は無用の存在になる。法曹養成とその職務の多様化という時代の要請にも合わない。

ところが，こうして合格した者は，今でも，論文どころか，判例も読めない者が少なくない。こんな者は現役で受かっても，本当に法曹として役立つかどうかはわからない。本来なら，全く逆に，大学をまともに卒業して，ゼミナールもかなりやって，修士課程をやって，まともに法律の論文を読め，簡単な論文を書けるようになってから，司法試験を受けるようでないと，優秀な法曹は育たない。米国，ドイツでは実質はこのようなしくみである。ドイツでは1週間カンヅメで応用問題の論文を作成する試験もある。

大学教育を抜本的に変えるなら，アメリカのように，他学部出身の秀才を3年間徹底的に教育して，80％くらいは合格させるようなロースクール案も1案であるが，日本社会の大変革を伴うもので，大変な問題である。しかし，司法試験改革はいずれそのような問題を突きつけることになろう。

（その後，ロースクールが設立された。しっかり勉強すれば70－80％は合格するとのふれこみがはずれたと怨嗟の声が満ちているが，それはローが濫設されたためであって，一流ローに限定すれば，3回受験しての合格率70－80％は達成されている）。

6　法曹制度改革のあり方

(1)　司法試験改革の情報公開と意見聴取

今頃文句言っても，司法試験制度の改革はかねて話題になっていたし，法曹養成制度等改革協議会の意見書はジュリスト1084号（1996年）に出ていたから，気がつかないのがおかしいのではないかといった反論があった。

確かに，新聞で，法曹一元は？　修習期間の短縮は？　合格者数は？　といった論点が問題になっていることは報道されたことはあるが，選択科目を廃止することの重要性を特に問題にする記事には気がつかなかった。ジュリストでも選択科目の廃止は大きくは取り上げられていなかったので，気づきにくい。昨年末までこの動きをよく知らなかった最高裁判事や司法試験委員もいるようである。

1991＝平成3年4月16日参議院法務委員会では，司法試験法改正案に関する附帯決議として，「法曹養成制度における大学教育との関係及び司法修習制度の在り方については，大学関係者及び法曹三者の密接かつ有機的な協力の下に検討を進めていくこと」とされているし，同年3月19日の衆議院法務委員会の司法試験法改正案に関する附帯決議でも，「右協議においては，現在の法曹養成において大学の法学教育との関連が薄れている現状にかんがみ，大学関係者との協力を密にしながら，大学における法学教育との関連の強化につき十分に検討すること」とされている。

しかし，法曹養成制度等改革協議会には一部の大学人が参加しただけであって，それもこの改正で有利になる民訴学者が中心で，法治国家の崩壊を恐れる行政法学者は入っていない。ただし，青山善充東大民事訴訟法担当教授は，選択科目廃止に反対されているので，民訴学者が自己の利権追求的行動をとったわけではないことを付記する。

しかも，「法律選択科目については，科目の設定が必ずしも時代や法学教育の変化に即応しておらず，合理性を欠くに至っているという問題や，現実には受験生が試験科目として勉強しやすいかどうかという観点から選択する傾向が強まっているなどの問題点が指摘され，受験生の負担軽減という観点からは，これを廃止すべきであるという意見が多数を占めた」というだけである。判検

事，弁護士の多数の中で1本釣りで入った少数の学者が議論して，多数は選択廃止論だといわれても，大学関係者の意見を聴いたことにはならない。大学関係者には反対もあったから，アリバイ工作をしただけと評価される。しかも，この程度の理由では，行政法の重要性をおよそ無視したものである。私から言えば，行政法を専門にしていないためにその重要性を感じない人が行政法は要らないといっているだけで，およそ説得力がない。

さらに，選択科目の廃止は，意見書本体には入っていないから，この改革協議会でこれを決めたとはおよそ言えないのである[34]。

(2) 法曹三者協議の密室性

法曹三者の合意は尊重しなければならないなどという意見は何度も聞いた。しかし，その合意はまともなのか。

法曹三者協議は秘密ということで，外部での議論を巻き起こすことはなかった。日弁連では三者協議ニュースを作っていたが，部内資料ということで，弁護士以外は気づきにくいものであった。若年受験者を優遇する丙案導入の際には，38大学に照会したのに，今回は大学には正式の照会はなかった上，行政法の司法試験委員にさえ，事前の話はなかった。これでは前記の附帯決議違反というべきであろう。そもそも，行政法をしっかり学んでいれば，重要な決定の際には事前手続が必要だと思い当たるはずで，これも行政法を軽視した結果の産物ではないのか。

ただ，大阪弁護士会では，1997年夏，学者にアンケート調査を求めた点で，上記の非難を多少免れる努力をしている。

私は，アンケートには答えたが，それ以上に，大学にまともに照会しないでどんどん手続を進めるような，丙案導入の時とは異なる，いわば非常識なことが行われるとはうっかり考えなかった。大阪弁護士会では，大学教授に集まってもらったらしいが，これは大学とか学界の代表として出席してもらったのではないようで，著者は気づかなかった。行政法の重要性は一般には行政法学者しか気づいていないテーマであるから，他の専門の学者を集めて議論した結果には説得力がない。多数の意見は選択廃止論だったといわれても，これはその会議に出席できた人の多数決で決める前に，理論的な正当性が必要なのであ

る。

　次に，政府も，1995年9月，審議会などの会議の公開，議事録の公開を行うように，閣議決定を行った[35]。行政改革会議なども公開で行われていることは周知の通りである。この法曹三者合意は，政府の審議会ではないとはいえ，その合意を尊重するのであれば，重要事項の決定機関と同視できるから，その意味でも，本来は情報公開で行うべきものであった。

　弁護士会は，情報公開制度に関しては積極的に公開を進める提案をしている。しかし，ことが自分のことになれば，情報非公開で決めるようでは，言行不一致のそしりを免れない。

　また，法曹三者の合意というが，実は事務レベルの合意にすぎない。最高裁では，裁判官会議への報告はあったが，議論したわけではなく，事務総局が判断しただけである。したがって，これを法曹三者合意と称するのはミスリーディングであり，「法曹三者事務レベル合意」と称すべきものである。外交交渉にたとえれば，参事官レベル，次官レベル，大臣レベル交渉と，上がっていって，最後は元首が署名する。この法曹三者合意は，せいぜい次官レベルのものではないのか。

　そうすると，この程度の協議でまとまったら，国会までこれを尊重し，フリーパスさせるべきだなどと考えるのが不合理であり，これまでそうしてきたからなどと言っては，この国の改革は1歩も進まない。立法者も，法曹三者の合意を求めてきたが，合意があれば，それで認めるのではなく，法曹三者の合意が理論的に筋の通ったものであるのかを，十分に審査していただきたい。

［追記1］

　　この司法試験法改正案については，2月20日の3与党政策調整会議の席で，自民党山崎拓政調会長，社民党秋葉忠利政審会長，さきがけ水野誠一政審会長から，「行政法は大切なので，司法研修所できちっと教えるように」という趣旨の発言があり，最高裁と法務省がこれを了承したようである。その後，同法案は，2月24日に閣議決定され，国会に提出されたが，このような了解がなされるについては，特に自民党司法制度特別調査会長保岡興治代議士，さきがけ武村正義代表をはじめ，関係者の格別のご尽力を得た。厚く感謝する次第である。司法研修所でのカリキュラムについては，格別に充実することが約束されたと理解している。国会ではそれ

を審議で確認していただきたいと思う。それをしっかり充実すべき根拠と内容としては，私の論文も，参考になると思われる（その後，司法研修所での行政法の教育は極めてお粗末と聞く。約束違反である）。

［追記2］
　選択科目廃止については，著者は先陣を切って，反対運動をしてきたが，労働法の司法試験委員（現，元）九名も，法務省に意見書を提出した。奥田安弘北大教授は「司法試験で国際私法外すな」（朝日新聞論壇1998年3月19日関西版）と主張し，ジュリスト1131号（1998年4月1日号）には廃止される選択科目各分野からの主張・提案がある。特に，青山善充論文は，法曹三者の合意のあり方，大学教育への影響の観点からも鋭く反対され，選択科目廃止は延期すべきだとしている。あわせて参照されたい。

［追記3］
　本章のテーマに関しては，さらに，「法曹養成における行政法の重要性」自由と正義1998年12月号58-71頁がある。

注
1)　山口宏＝副島隆彦『裁判の秘密』（洋泉社，1997年）189頁以下。
2)　濱秀和「実務を通じてみた行政訴訟制度の問題点」公法研究52号（1990年）166頁。
3)　日本の行政訴訟の実態については，山村恒年『行政過程と行政訴訟』（信山社，1995年）295頁以下，濱・前掲「実務を通じてみた行政訴訟制度の問題点」168頁以下参照。
4)　濱発言・ジュリスト増刊行政手続法（1996年）300頁。さらに，白石健三「行政事件訴訟法のあり方」判例時報428号（1966年）3頁，濱「行政訴訟の審理方式についての若干の感想」判例時報479号（1967年）5頁。
5)　濱発言・前掲ジュリ増刊行政手続法299頁，同前掲「実務を通じてみた行政訴訟制度の問題点」182頁。
6)　濱・前掲「実務を通じてみた行政訴訟制度の問題点」180頁。
7)　阿部泰隆「違法な都市計画事業を正当化する都市計画変更決定の裁量（広島県）」判例自治158号（1997年）91頁，同「三行半上告棄却例文判決から見た司法改革」『園部逸夫先生古稀記念　憲法裁判と行政訴訟』（有斐閣，1999年）505-541頁参照。
8)　阿部泰隆「行政事件訴訟法改正の提案」月刊民事法情報91号（1994年）2頁，同・行政訴訟改革論（有斐閣，1993年），山村・前掲『行政過程と行政訴訟』309頁以下，塩野宏「行政事件訴訟法改正論議管見」成蹊法学43号454頁以下（1996

年)。
 9) なお,ドイツの行政訴訟については,木佐茂男『人間の尊厳と司法権（日本評論社,1990年),同「行政訴訟の現状と改革の方向」自由と正義45巻6号（1994年）5頁以下,キューリンク判事との対談「ドイツにおける行政訴訟と憲法訴訟──連邦憲法裁判所判事に聞く」（阿部泰隆,木佐茂男共同作成)（法律時報1992年3月－5月号）を参照されたい。
10) 濱・前掲「実務を通じてみた行政訴訟制度の問題点」176頁以下,さらに,塩野宏（発言・前掲ジュリ増刊行政手続法109頁）参照。
11) 阿部泰隆『行政の法システム［新版］』（有斐閣,1997年）21頁。
12) 久保利英明『法化社会へ日本が変わる』（東洋経済新報社,1997年）6頁。久保利によれば,「行政訴訟や税務訴訟での原告勝訴率はお話にならないくらい低率であるが,その責任の大半は,行政や課税当局が正しいからではなく,行政追随の後追い判決しか書かない裁判官にある」(33頁)。税務訴訟は1994年で全国でたった320件,完全勝訴率は2.2％,一部勝訴率は2.8％しかない。久保利氏は,いわゆる三者協議の弁護士会のメンバーであった。
13) 著者は,かねてこのような改正を提案してきた。阿部泰隆『国土開発と環境保全』（日本評論社,1989年）253頁,阿部・前掲『行政の法システム［新版］』295頁。
14) 文献多数であるが,阿部泰隆・野村好弘・福井秀夫編『定期借家権』（信山社,1998年）が網羅的である。このほか,ジュリスト1124号（1997年),判タ959号（1998年),自治研究74巻2号,3号（1998年）に詳しい。
15) 詳しくは,阿部泰隆「大深度地下利用の法律問題」（一─四・完）法時68巻9号（1996年8月号）35頁以下,同10号（9月号）63頁以下, 同11号（10月号）62頁以下,同12号（11月号）57頁以下。
16) 小澤英明「国民共有財産としての大深度地下」自治研究74巻3号（一1998年）97頁以下。なお,この論文で,小澤は,地下水利用権の根拠を大深度まで土地所有権が及ぶとしなければならない理由はないとして,自身の論文を引用し（同「大深度地下と土地所有権」NBL583号18－25頁（1996年),「その後」阿部泰隆はこれと独立に同様の論理を展開したとして,私見に言及している。私が,小澤論文に気づかずに,同様の論理を展開したのは恐縮であり,御教示に感謝する次第である。ただ,私見の要点は,少なくとも1992年発行の行政の法システム初版272頁で展開しているので,小澤説のこの論文よりは先に発表されているから,むしろ,著者としても,小澤氏は,その後私見とは独立に同様の論理を展開したと書いても良さそうである。いずれにしても,小澤論文は,私見と結論こそ同様であれ,別個に十分な論理展開を含む優れた論文であるから是非ともご参照賜りたい。
17) 阿部泰隆『国家補償法』（有斐閣,1988年）197頁。
18) 法律時報1998年3月号特集参照。
19) この2つについては,阿部・前掲『行政の法システム［新版］』33頁,2－9頁,496頁。
20) 畠山武道『アメリカの環境保護法』（北大図書刊行会,1992年）91頁以下。

21) 阿部泰隆「年金不支給拒否裁定の取消しと遅延利息」法時69巻8号61頁以下（1997年）。
22) 阿部・前掲『行政の法システム［新版］』490頁，阿部泰隆「国からの無償貸付道路敷と住民訴訟」『行政法の解釈』（信山社，1990年）第11章。
23) 阿部・前掲『国家補償法』150頁。
24) 宇賀克也『国家補償法』（有斐閣，1997年）は，特に，この違法性を法治行政の観点から定義しており，私見（阿部・前掲『国家補償法』）と基本的に同方向である。
25) 阿部泰隆「司法試験行政法廃止は法治国家の危機」ジュリスト1128号41頁以下（本書第3章第1節），同「論壇 司法試験で行政法外すな」朝日新聞1998年2月17日，同「行政法・行政法学の重要性」自治研究74巻4号3頁以下（本書第3章第2節），同「司法改革における立法の課題」ポリシーフォーラム21創刊号（21世紀政策フォーラム，1998年）。
26) 阿部泰隆「行政訴訟からみた憲法の権利保障」ジュリスト1076号24頁以下（1995年）。
27) 木佐茂男『人間の尊厳と司法権』（日本評論社，1990年）参照。
28) 塩野・発言・ジュリスト増刊行政手続法109頁（1996年）。さらに，ドイツ法につき，前注9）「ドイツにおける行政訴訟と憲法訴訟──連邦憲法裁判所判事に聞く」──，木佐茂男・前掲『人間の尊厳と司法権』，ギュンター・ゲンチ（山本隆司訳）「ドイツにおける行政法上の権利保護」自治研究74巻3号15頁以下（1998年）参照。
29) 前注2）濱秀和「実務を通じてみた行政訴訟制度の問題点」。
30) ただし，不当労働行為に関する労働委員会の判断が裁判所で尊重されなかった事例に着目すれば，その大きな原因の1つに，裁判所側に特有の「私法（市民法）的基準への依拠」ないし「私法的基準の優先適用」という解釈態度に求めることができるという研究がある。中嶋士元也「不当労働行為救済規定の解釈──行政救済命令取消判決と私法的基準」日本労働法学会誌72号72頁以下（1988年）参照。労働法を応用問題にすぎないと断ずる見解は，事実上，労働事件に関しても，民商法のよって立つ法原則を適用すればよいとの主張をしているに等しく，社会国家的基本権を規定する現行憲法の理念に反することは明らかであるという説（村中孝史「労使紛争処理と司法試験改革」ジュリスト1131号55頁（1998年）もある。西谷敏（労働法，大阪市大教授）も，1998年3月31日の学術会議の集会で，類似の見解を表明された。そうとすれば，民事法的な発想では行政法を誤解するという私見と同じ問題がここでも指摘されていることになる。ただ，このことは裁判官が労働法に精通しているためか，労働法に疎いためかは著者にはわからない。
31) 青山善充「是か非か，今次司法試験法改正」ジュリスト1131号45頁（1998年）。
32) 久保利英明 前注12）『法化社会へ日本が変わる』50頁。
33) 阿部 前注25）「司法試験行政法廃止は法治国家の危機」ジュリスト1128号41頁以下。

34) 青山善充 前注31)「是か非か,今次司法試験法改正」45頁。
35) 阿部『行政の法システム [新版]』(有斐閣,1997年) 329頁。

第4章　行政の法システムの改善

第1節　行政手法論，規制手法の拡大，規制手法から情報手法へ

はじめに

　塩野宏先生によれば，日本の行政法(学)は「大変革」(Umbruch) の時期にあるという[1]。行政手続法，情報公開法，地方分権化への改革などの近時の動きは，行政と国民・企業の関係，中央官庁と地方公共団体の関係などを大きく変えていくのである。先生は周知の通りこうした動きを推進する当事者の1人として大きな業績を上げられている。

　さらに，行政法(学)の主たる部分は元々監督・規制であった。ところが，今日では，規制緩和，競争，情報公開の時代である。ここでも行政法(学)には大改革の波が押し寄せている。

　ところで，規制には経済的規制と社会的規制があるとされる。前者は需給調整のための規制であり，後者は安全，衛生その他のための規制である。そして，最近は経済的規制は原則撤廃という方向での改革が行われている。これに対し，社会的な規制は，それぞれ存在理由があるので，規制の撤廃は不適切であるが，後に述べるように規制の機能不全が生じており，行政が全責任を持つことは不可能であるから，これについても大変革が必要である。しかし，その具体的な内容はまだ明らかではない。

　このような現状において，著者は，規制緩和により競争を促進する代わりに，新しい情報手法を開発・発展させて，事故や不祥事，消費者の不利益を防止し，より良いサービスの提供を促す新しいしくみを提案すべきだと思う。ここで，情報手法というとき，行政自身の情報を公開するとか，行政が情報を収集する手法，行政が情報を提供して社会を誘導するという，これまで行われている手法だけではなく，被規制者に情報を収集して行政に提供させる手法，被

規制者自身が情報を社会に対して公開するように義務付ける手法も念頭におく[2]。

まず，1 従来の行政監督システムの存在根拠と，2 その機能不全を解明し，3 これから情報を活用した新しい監督手法の必要性を論じて，そのための具体策を模索する。その際には，情報手法に移行できるものとなお従来型の行政の監督手法を残すものを整理することが必要である。そして，4 このように，情報手法を活用しても，なおたりない分については，むしろ，新しい形の行政監督手法を導入する必要がある。論述の重点は立法論とその位置づけにある。21世紀の行政法(学)を創設するための1つの試論となれば幸いである[3]。

1 行政監督が必要な根拠

(1) 情報収集のコスト軽減

行政が民間活動を規制したり，公務員を監督する場合に見られるように，行政の仕事の多くは監督である。拙著『行政の法システム「新版」』でも，監督の法システムに大きな比重を置いている (同著第1編第1章)。

たとえば，飲食店などの許可，命令，監督，欠陥建築防止のための建築規制，車両の安全性の検査，各種の「士」，「師」などの公的資格は監督手法の典型である。

では，なぜ行政が監督を行うのか。これまでの行政法学では，この点について適切な説明がなされていない。例えば，各種許認可については，天然の自由を一般的に制限し，支障がないと確認の上これを回復させるというに止まっていた。国家の監督の必要性は自明のこととされていたのであろう。

思うに，危ない経営をしていることを業者の方は知っていても，消費者はこれを簡単には知りえない。こうした情報の非対称性を打破することが必要であるが，行政監督ならこれを効率的に行うことができるはずである。つまり，消費者個々人が，支障がないかどうかを判断するには膨大な情報収集コストがかかるし，私人は権力を有しないから情報を収集することも容易ではなく，結果として，乏しい情報で判断することから，誤る可能性が大きい。これに対し，行政が権力を活用して情報をまとめて収集すれば能率がよい。その恩恵を受ける者1人あたりで考えれば，そのコストははるかに安くなる。また，被害の発

生後でも，被害者が情報を収集して賠償を求めるのは容易ではないが，行政が情報を収集してくれれば，多少助かる面がある。要するに，行政監督の存在理由は，情報の非対称性を安価に是正できる手段であるはずだということにある。

(2) 若干の例

これは，食品の安全性，薬の副作用の有無，車の安全基準の遵守いかんを考えれば明らかである。

医師の能力についても，個々の患者が判断するには，そもそも情報がない。医師免許の制度がなければ，藪医者に殺される人が激増するだろう。これに対し，国家は，医師国家試験とその受験資格として必要とされる医学部卒業というテストによって，医師の能力に関する情報を収集して，最低水準を確保できる。

弁護士などの法律関連「士」業についても，法的なサービスの能力があるかどうかを依頼者が個々に判断するよりも，とりあえず国家が最低水準を満たしたと保証してくれれば，依頼者の情報収集のコストは大幅に軽減できる。これが「士」業という公的な資格制度の存在理由である。

2 行政監督の機能不全

(1) 研究の動機

こうした行政監督が機能するためには，前提として，行政がお上として，情報を適切に収集して分析することが必要である。

ところが，行政も本当に情報を適切に収集しているのか。行政の監視もしっかりしているのか。むしろ，機能不全に陥っている行政が少なくない。さらに，行政の監視は最低ラインにすぎないが，被監督者は行政の規制をクリアーすれば，それを上回るサービスを提供しようとするインセンティブに欠ける。これは，著者がドイツ留学中に，「Vollzugsdefizit」(執行の機能不全)というテーマからヒントを得たもので，『行政の法システム (新版)』第1編第1章「監督行政のシステム」において重点を置いたところである。そこに挙げたもののほか，最近のものとして，例えば，次のようなものを挙げよう。

（2） 福祉施設

障害者施設，老人施設におけるイジメが頻繁に報道される。本来，福祉事務所や児童相談所がこれを監督するはずである。しかし，イジメは現場を押さえなければわからない。内部では，イジメを集団で行っており，必要悪だとか，職員も人間であるからそれもやむをえないなどと考えているから，これを指摘・改善するのではなく，隠し通しているところが少なくない。イジメられている方は，その状況をきちんと報告できない者が多いし，それを指摘すれば逆襲される可能性も高いから，イジメの事実は隠され続けるのである。したがって，現行の行政の監視手法だけではたりず，新しい監視手法が必要になる。

（3） 重大事故

マニュアルから完全に外れて原子炉核燃料を違法に取り扱った結果発生した1999年茨城県JCOの事故，返品された乳製品を安全性の欠ける製造工程で再利用し，細菌混入のおそれのある仮設パイプを使い洗浄もしないことにより黄色ブドウ球菌を発生させた2000年の雪印の食中毒事件から見ると，監督官庁は，重大なルール違反をされてもそれが予想外であるため，監視しようがないことが明らかになった。これに対して役人を増員して頻繁に立ち入りせよという意見があるが，それは見当はずれの調査になるだろうから何の成果もない。手法を変えるしかない。

（4） 大学

大学では先生も学生もまともな評価を免れている。先生については，新しく学部を設置するときは設置審（大学設置・学校法人審議会，学校教育法60条の2，現94条）の審査にかかるが，これも，教育の上手下手を審査することはなく，研究業績も，論文名と要旨を出すだけなので，審査委員が無数の研究者について短時間にまともに審査できるはずはない。文部省も，大学の濫設を認める方針（と筆者は理解する）なので，10年や20年ほとんど学問的な業績がない先生でも，元大学院大学の教授であれば，修士課程の丸合（マルゴウ）教授となっている例もある。そして，その先生よりもはるかに業績がある先生でも，同じく

丸合にとどまる。まるで、不可でなければ、可も秀も一緒という扱いである。なお、完成年度をすぎると、その大学学部も1人前となり、その後の先生の採用は自由となる。その結果、そもそも設置審の審査に合格しないような先生も採用されることになってしまう。こんな設置審規制は意味が薄い。

　学生の評価は大学に任せてある。現行制度は、設置認可を得た大学なら、学生をまともに評価するだろうという前提に立っているが、それは神話並みにも信じられているだろうか。

（5）　新薬の承認

　厚生省が新薬を承認するしくみは、厚生省がその副作用や効用の情報を収集できることを前提としているが、厚生省の小さな組織でこれを担当するのは大変な負担であり、実際上容易ではないので、相次ぐ薬害の責任を問われていることもあって、厚生省はこの審査事務から撤退すべき（民間と外国の承認に任せる）だという提案もある[4]。そうすれば、次は、製薬会社がしっかり審査していることを確認する情報収集と情報公開が必要になる。

3　情報を収集・公開してこそ、行政監督が機能し、自己責任が徹底する

　そこで、次に解決策を検討する。

（1）　住民監視のための情報公開制度

　情報を公開して、広く国民・住民の目で監督する手法がある。これまでの例を挙げると、まず、ドイツの環境情報公開法は、企業に環境情報を公開させて、行政だけではなく、住民が企業を監視する制度である[5]。その根拠となったEUの指令は、行政だけでは公害企業の監視を適切に行うことはできないという監督手法の機能不全を正当に認識している。

　日本でも、廃棄物処分場の情報公開制度が導入された（廃掃法8条の4、15条の2の3）。愛媛県の土砂等の埋立て等による土壌の汚染及び災害の発生の防止に関する条例（2000年）18条にも同旨の規定がある。

　いわゆるPRTR法（特定化学物質の環境への排出量の把握等及び管理の改善の促進

に関する法律）は，これまでの制度と異なって，排出削減のための権力的な手法を定めたものではなく，単に，すべての環境媒体（大気・水・土壌・廃棄物等）への化学物質の排出・移動のデータを把握，報告，集計，公表させる制度にすぎない[6]。

これは住民の知る権利を前提に企業を監督する，アメリカの「地域住民の知る権利法」[7]ほどは徹底してはいないものの，それでも，排出基準その他行政の権力的な規制にはなじまない無数の化学物質の移動の情報を把握して，これにより有害物質が自ずから削減されることを期待するものである。

（2） 情報公開手法による顧客の選択
1） 住宅品質確保法と欠陥住宅対策としての工事監理

情報が十分に提供されていれば，個々人でも判断できる場合が多い。そこで，行政の監督よりも，むしろ（あるいは，行政の監督と合わせて），情報の公開を業者に義務付けて，顧客や住民の選択に任せる方が企業の行動を左右できるのである。その際には保険の活用も考えられる。

住宅の品質確保の促進に関する法律（1999年）は，住宅の性能に関する表示の制度を創設した。住宅の性能とは，構造耐久力，遮音性，省エネルギーなどをいい，その表示の適正化を図るため共通のルール（日本住宅性能表示基準・評価方法基準）を設け，消費者による性能の相互比較を可能にするものである。これを利用するかどうかは，住宅供給者・取得者の選択による。これで一歩前進であるが，なお不十分である。

住宅に対する建築基準法の規制を集団規制と単体規制に分けて考えると，前者はまちづくりのためのもので，個々の建築主としては，違反により処罰されたり代執行されたりしなければむしろ違反したいと考える。その保護法益は社会公共のものであるから，建築行政が監視するしかない。これに対して，単体規制は個々の建物の安全を確保するのであるから，施主の利益に直結する。そこで，安全性に欠ける欠陥住宅対策としては，行政がイニシアチブをとるよりも，施主の動機を引き出す施策を工夫する方がよい。住宅品質確保法はそのための一工夫であるが，さらに，工事監理を工夫すべきである。これまで施主は工事監理の費用を惜しんで，欠陥住宅に泣くことが少なくなかったが，工事監

理を依頼する方が得だというほど，信用性を高めれば，工事監理依頼が増え，欠陥住宅は自然に激減する。

　工事監理者が設計・施工業者と密着していれば，適切な監理は期待できない（泥棒に刑法を作らせるようなもの）から，工事監理者がそうした関係にあるかどうかの情報を公開させるべきである。つまり，工事監理者はどこの設計，施工をしているか，今回監理する建築を請け負っている業者とは従前も今後も当分の間は利害関係を有しないかを公開させる。この点に誤りがあれば，それだけで偽計による契約勧誘とみなして，一定の賠償を義務付けるほか，悪質なので，欠陥住宅を見逃した場合には倍額の賠償を命ずることとすべきである。

　工事監理業者が負担することがありうる賠償債務を担保するように保険に加入しているかどうかの情報を公開させる。

　これまでの監理で欠陥住宅を防止した例，防止できずに紛争になったり責任を負った例を公開させるべきである。施主は欠陥を見逃したと主張し，工事監理業者はそうではないと主張する例も多いだろうが，それはそれなりに，その旨の情報を公開させる。

　そうすれば，監理料次第では，施主は工事監理業者に依頼した方が得だと考えるはずである。あるいは，建売住宅でも，しっかりした工事監理業者がついている建物は高く評価されるし，中古も同様になる[8]。

2）　自動車の安全性

　自動車の安全性を確保するためには，行政が監督するほかに，安全・危険情報を公開すれば顧客は安全な方を選択するから，安全性の高い車両に競争力が付く。自動車の安全性情報は運輸省ユーザー業務室が公開し始めた。軽自動車にトリプルAといった評価を付けたりしている。

　さらに，運輸省は，自動車の安全性を評価する「自動車アセスメント制度」の衝突試験について，これまでの「フルラップ前面衝突試験」，「側面衝突試験」の2種類のほか，「オフセット前面衝突試験」を追加して，世界一厳しくする（朝日新聞2000年10月17日朝刊1面, http://www.motnet.go.jp/carinf/ast/ast_m_feu.htm）。

　このほか，私見では，車両の安全性については，国家は一定基準は最低基準として遵守させるが，それ以上は安全性の程度とコストの比較で消費者が選択

できるようにすべきである。例えば，エアバックは目下強制されていないが，消費者が実質的に選択できるように，エアバックのコストと事故軽減効果を公表させるべきである（その後強制された）。

「命は地球よりも重い」，命にかかわるのに，消費者の選択に委ねるのでは，弱者が事故の犠牲に遭うだけだという反論があろうが，それなら，みんな戦車とまでは言わなくても，大型のベンツにでも乗ればよい。ダイアナ妃がベンツに乗っていたにもかかわらず死亡したのはシートベルトをしなかったためで，助手席の人は超スピードで壁に衝突大破した車から生還したのである。しかし，現実には，軽自動車，さらには単車に乗っている人も多い（神戸大では単車による学生の死亡事故が頻発している）。誰も本音では「命は地球よりも重い」とは思っていない。みんな財布と相談して，命を軽視しているのである。リスクがはっきりしていないので，目先の金の方を出し惜しみするのが多くの人の行動原理である。そこで，リスクの程度をしっかりと分析・公表して，消費者の選択をより健全ならしめる方がよい。

自動車のフロントガラスは以前部分板ガラスであったところ，合わせ板ガラスの方が安全であり，欧米ではこれを義務付けているという理由で，1987年から日本でもこれを義務付けた（道路運送車両の保安基準29条2項）。しかし，本来なら，そのリスクとコストを公開して，その上で，義務付けるべきか，消費者の選択に委ねるべきかを議論すべきであった[9]。軽自動車の安全規格についても，私見では，軽自動車の従来型でも，おそらくは単車よりは安全であるから，禁止する理由があるかどうかを議論すべきであり，従来型と新規格の費用と安全性のアップ情報を公開して，消費者の選択に任せるのも一方法ではないかと思う。

しかし，運輸省自動車交通局技術安全部技術企画課安全基準係に質問に行った（2000年7月26日）ところ，運輸省にそういう発想はない。安全性と負担等の関係の費用便益分析はしていない。事故軽減，外国の状況，メーカーの負担などは考慮するが，命の値段を考えたリスク・マネジメントはしていないということである。

これに反し，RV車のパイプは衝突される歩行者・自転車には危険この上ない（外部不経済）が，乗員には危険でないので，ユーザーの選択に委ねても，

適切に判断されない。車を買う者が，損害賠償責任を生じやすい車を買わないという発想よりも，格好のよい車を買うという発想で，衝突される歩行者の方には選択の余地がないのであるから，被害者保護の発想で，行政が規制すべきである。しかし，運輸省に聞くと，これを禁止するという発想もない。ただし，鉄パイプでなく，樹脂製も開発されているというが，これも業界の自主性に任せずにその使用を義務付けるべきである。さらに，この辺も情報公開して，車の購入の際の判断基準にするとともに，自動車保険料に反映させるべきであろう。

3) タクシー・飛行機の安全情報

タクシーとお客の関係は1回限りなので，お客は優良なタクシーを選択できず，粗悪なタクシーでも順番に顧客を確保できる。運輸省は，タクシーの事故状況，保険活用・賠償状況を公表し（さらには，この情報を車両に表示させ）て，顧客の選択の際の参考とすべきである。ハイヤーでもこの種の情報は不十分なため，同様である。

どの飛行機会社が事故を起こしやすいか，延着，接続不可能などのトラブルが多いか，といった情報を公開してほしい。ある年，ある航空会社で，アメリカに2度行ったら，往復4回飛行の内3回も大幅に遅延し，1回は燃料不足でアンカレッジに着陸し，1回は東京到着が深夜になり，新宿に泊められた。情報があれば，危なかったりいい加減な航空会社を避けることができるのだが。

旅客機の安全情報については，航空事故調査委員会（AAIC = Aircraft Accident Investigation Commission, 通称「事故調」）の航空事故調査報告書の内容が，年度別，型式（機種）別，運航者（会社）別，都道府県別の各一覧表により検索できる（http://www.rinku.zaq.ne.jp/sakuma/accident.html）が，会社別でも，わかるのは事故だけであった（2000年8月25日現在）。

タイペイ空港でシンガポール航空機が閉鎖中の滑走路に進入して起こした事故（2000年10月）は，閉鎖中の滑走路が途中まで使用中のため，入口を閉鎖していなかったためであった。閉鎖中の滑走路とわかるように，道路工事と同じく赤色灯くらい設置すべきである。世界中の飛行場の工事マニュアルを点検して公開すべきである。

4) 医師の評価

　医師ほど，能力と収入が反対方向を向く商売はない。医師国家試験は単なるペーパーテストで，医療の技術も倫理も確認していないし，医学部でしっかり勉強したという保証もない。巨額の金を積んで，どこかの医学部に潜り込み，医師国家試験の特訓講座で丸暗記をすれば，晴れて医師になれる。その後の研鑽の状況も，医療過誤をいくら起こしたかも，患者にはわからない。これで，医療機関は営利活動をしない建前（医療法7条5項）に反して，親の後を継いで，営利活動に精を出す。他方では，高度の医学研究に勤しんで，治療水準を上げても，エイズの撲滅法を発見したとしても，そうした医師は勤務医で，あまり儲からない。

　ではどうしたらよいか。医学部の入学試験に面接を導入したくらいでは何もわからず，対策にはなるまい。名医が儲かるように技術料に差を付ける方法はないだろうか。

　まずは，医師は，国家試験に合格すればなれるのではなく，その前に医学部を卒業していなければならない。大学を出なくても，司法試験に合格すれば法曹になれるのとは大違いである。その理由は，医師の能力は国家試験だけでは確認できないことにある。ところが，大学の方がいい加減な授業をしていれば，この制度の趣旨は貫徹できない。日米の学生を比較すれば，日本の医学部の学生は本当に不勉強だという[10]。

　そこで，（6）で述べるように，大学が品質管理をしっかりする動機を与えるべく，まずはその内容を公表させるべきである。大学の成績が悪かった医師でも，後で頑張れば評価は高くなるが，それは後述の認定証などを使う。

　次に，医師国家試験を通っても，まだ半人前の医師補として，その中で実際に適切な判断を下せる者だけを専門家として医師免許を与え，その試験で落ちた者には別の道を歩ませるべきである。その方が国民の生命，健康を守ることになる。

　難しい病気の治療に成功したら，高い報酬がもらえるようにすべきである。手術担当医へ謝礼を渡す慣行が問題とされるが，例えば，他の3人の医者にあと1年と言われたとき，5年生存させれば1,000万円払い，しかし，半年以内に亡くなれば医師が100万円払うのはどうだろうか。これを契約で交渉するの

である。成功率の高い医師は応ずるであろう。

　貧乏人はどうするのかと反論されようが，手術が失敗すれば終わりであり，病気が治らなければ一生苦労するのであって，成功した場合には，その人生はおまけと思って，そのこれからの稼ぎの一部を払ってもよいではないか。

　次に，外科，産婦人科など，賠償責任訴訟の被告になりやすい，ハイリスクの医師には賠償責任を果たしても割が合うくらい高額の技術料を支払うべきである。

　また，専門医などが審査して，医師にランクを付け，診察料などに差を付けて，公示すべきである。難しい治療・手術を成功させる率が高ければ評価されるようにすべきである。

　ここで肝心なのは評価の仕方である。目下，医療機関の第三者評価を行っているのは，1995年に設立された財団法人「日本医療機能評価機構」である。病院の安全管理や看護体制，カルテの記載やインフォームド・コンセントが適切かどうかなど，病院の機能面の「質」を審査して，認定証を交付している（読売新聞2000年1月7日夕刊1面）。これはハード面やソフト面はかなり細かく見ているが，患者の知りたい診療技術，手術の成功率，治癒率などの情報は対象になっていない[11]。不十分である。

　現行保険制度では厚生大臣から保険医療機関の指定を受けると，医療機関と保険者の間に自動的に保険の契約関係が成立する（健康保険法43条の3，現行65条）。これでは無能な医師にもお客がつく。保険者が医療機関と自由契約できるように規制緩和すれば，保険者による医療機関の評価が進む。

　なお，手術の成功率は基準にならない。これを基準とすると，医師は失敗のリスクのある手術を回避して，かえって患者のためにならない。

　標準よりも技術料の高い分の半分は患者負担，半分は保険負担というのはどうだろうか。貧乏人は優秀な医師にかかれないという反論が出るが，普通の医師にはかかれるように保障する以上は，国家としてはそれなりの医療保障をしたと考えるべきである[12]。

　これにより，患者が多少はよい医師の方を向き，優秀な医師は高給で迎えられ，治療に役立たない博士号を取って偉そうな顔をする開業医が絶滅することが期待される。

5) 弁護士なら

　弁護士なら，医師と異なって，相談料が，時間単価で1万円と5万円くらいの差はある。頭がよいほど儲かる商売ではある。しかし，本当に頭がよいかどうかはよそからはわからない。しかも，司法試験合格者数が増えるので，1度だけの依頼者を食い物にする悪徳弁護士が増えるのではないかと心配されている。これに対応するには単に情報公開だけではたりない。

　弁護士は，医師と異なって，法律問題は何でもわかることになっているが，それは非現実的である。法律も複雑で幅広い。そこで，弁護士の能力試験，あるいは，格付けが必要である。銀行，証券会社の格付けもなされているのであるから，弁護士についても，格付け機関を作りたい。全分野で格付けするのではなく，専門毎に認定をするのである。例えば，無体財産法，行政法などと分野を限定して，認定機関が専門試験をし，業績を見て，1級，2級などと判定する。それは5年間有効とし，また，判定し直す。認定機関は民間でたくさん設立し，競争する。どんどん1級の認定を出す機関は信用がおけないとして，お客がつかないようになれば，機関の認定は厳格になる。なお，医師の手術と同じく勝訴率で判断すれば，勝訴の見込みの高い事件しか引き受けなくなって，敗訴の危険は高いが，新しい判例を作るという意気込みで頑張る弁護士がほとんどいなくなって困るであろう。

6) 大学は学生の成績評価を公表せよ

　世間では，大学の評価というと，入学試験という入口の偏差値だけで，出口ではない。会社の就職の際にも，大学の格差は考慮するが，大学の成績を見ないのが普通になったらしい。その理由は，青田刈りが進行したためもあって，就職解禁前に大学の成績を提出させることができないためでもあるが，大学の教育と成績評価が信用されていないためでもあろう。大学は，高校卒業生を仕入れて，大学卒業生として販売する製造業であるが，製造業者としてなすべき品質管理を怠ってきたのである。

　これでは大学は入試が終われば，あとは4年間待って，送り出すだけという壮大なムダを行っていることになる。そんなムダで生活をさせてもらった私の人生には忸怩たるものがある。大学は，玉が悪くても，多少は磨いて，とにかく，どれだけの付加価値を付けたかで評価されるようになるべきである。

採用する方としても，勉強ができなくてよいかといえば，偏差値の高い大学の方から優先採用する会社も少なくないのであるから，何らかの意味で「頭がよい」ことは役に立つ1つの要素なのである。大学はこの期待に応えるべきである。

そこで，大学は，大学の授業の内容，学生の成績評価方法を公表すべきである。つまりは，受講生，受験生，優良可不可の比率，成績評価の基準を公表し，合格率が高いとか低い理由を説明して市場の評価にさらすべきである。そうすれば，ダメならダメと，まともならまともと評価される。会社も，大学の成績を信用するところと，信用しないところに分かれるだろう。大学としては成績評価を信用してもらえなければ，生き残りは難しくなるから，世間から評価されるような授業と試験をやるようになるだろう。

これに対しては，合格率を公表すれば，楽勝科目が明白になるので，学生が特定の科目に集中するという反論が出るが，そんなものは「知る人ぞ知る」であるから，知らない者だけが難しい科目を受けて，よい成績を取れないことの方が不合理である。また，現状のまま公表すれば，学生が楽勝科目に流れるのは当然であるが，公表すれば，先生方の採点行動にも影響を与えて，ある程度のところまで収斂するのではないか。さらに，そのうち，ガイドラインを作ればよい。

本来，大学は，自主的にこうした情報公開競争を行って，市場で評価されるのが望ましいが，現在の護送船団的な大学行政のもとでは，それも難しいので，せめて大学の設置基準でこうした情報公開を義務付けるべきである。

なお，博士論文も，公表すべきものとするとされているが，公表を怠っている例が多い。博士号は，論文公表までは2年間くらいの仮のものとし，その間に公表されなければ失効すること，これには審査報告書も添付することとすべきである。

目下構想中の法科大学院構想でも，文部省や弁護士会が認定した大学院にだけ司法試験受験の特権を与えるという文部省案（「法科大学院(仮称)構想に関する検討のまとめ—法科大学院(仮称)の制度設計に関する基本的事項—」2000年9月20日，10月6日司法制度改革審議会に報告）は，役人の規制の最たるものである。安念潤司教授のウイットのきいた言葉[13]を借りれば，これは国家が特定の農場に

だけ農産物を生産させて，買い取りを保障するコルホーズ並みである。認定された法科大学院の堕落を助長する失敗は最初から約束されたようなものである。私も参加している民間司法改革が，2000年10月，「『身近な司法』実現に向け，司法試験でロースクールを一切優遇するな―立法府は，文部省報告ロースクール構想の愚挙にブレーキを―」(第四次提言)として提言しているように，法科大学院は自由設立として，何らの特権も与えず，市場で競争すれば，社会で評価される立派な法科大学院が生き残る。

　7) 消費者契約法などと情報開示義務

　2000年に成立した消費者契約法は，「事業者の一定の行為により消費者が誤認し，又は困惑した場合について契約の申込み又はその承諾の意思表示を取り消すことができる」として，情報開示を事実上義務付けている。

　労働基準法15条1項は，使用者に対し，労働契約の締結に際し，労働者に対し，賃金，労働時間その他の労働条件を明示する義務を課しているが，転勤，各種手当てなども明示すべきであるし，これを早めて，労働者募集の段階で，十分に説明して，労働者に選択の機会を与えるべきである。もっとも，職安法5条の3は募集時期における情報提供義務を導入したが，罰則規定はない。

　2000年10月，東京都がバーのぼったくり禁止条例を制定した。東京の一部の地域に適用する。私見では，風営法17条と同法施行規則25条(現33条)には料金明示義務があるので，これを徹底すれば済むことかと思われる。つまり，これは善良の風俗の観点からの規定であり，警察権力の濫用を防止し，その過大化を防ぐという観点から抑制的になっており，これに違反しても直ちに営業停止にはならない(同法25条，26条)し，しかもその適用対象は風俗営業だけで，性風俗特殊営業には適用されないという限界がある。確かに，警察権力が過大化するのは問題であろうが，これは警察法というよりも消費者保護法として構成し，契約をする以上原則として条件を明示するのが当然であると考えれば，サービスを提供する以上，その条件を明示しないのは原則としてまことに不適正であるから，法律の改正により，料金を明示しなければ直ちに営業停止とし，全国一律に適用し，かつ，性風俗特殊営業にも適用すべきである。例外は，由緒ある料亭など，特に理由があるとして料金表示義務免除を得た者に限るとすればよい。

アメリカの自動車情報開示法は、ディーラーがメーカーによる推奨小売価格を上乗せして、いかにも大幅に値引きしているとか中古車を高額で引き取っているかのようにみせることを防止するために、これらの情報を自動車に表示することを義務付けている[14]。

8) 医療事故情報

これまで医療事故のうち死亡に至らないものは行政や警察に対する報告義務がなかった。そこで、どこでどれくらいの頻度で医療事故が発生しているのかは全くわからない。これに対し、大阪府の医療事故対策ガイドラインでは、事故発生時の対応として、医療機関の行政への報告制度を初めて盛り込んだほか、患者や家族への説明義務を明示した。ただし、これには法的な強制力はない（産経新聞2000年8月13日朝刊1面）。

他方、厚生省は、医療のニアミス報告制度をおいて、データを公開し、事故防止を促す方針ということである。事故情報の報告義務を導入する点については、正確な報告が集まらない可能性がある上、報告されると刑事告発義務が生ずることもあるため、制度の運用が難しいので、ニアミス情報だけを対象とするということである（読売新聞2000年7月30日朝刊1面）。これは、情報を収集して、その業者を監督するという制度ではなく、集めた情報をホームページなどで公開して、医療現場や患者にも還元する一般的なしくみのようである（厚生省健康政策局総務課、2000年8月25日）。

9) 福祉施設も、競争を導入して、情報を公開せよ

福祉施設は、国家が巨額の補助を支出している関係もあって、供給過多になればムダだとして、供給を抑制し、また、株式会社の参入は利潤追求主義になるとして、拒否してきた。施設側は全く競争がないので親方日の丸で経営努力・サービス向上を怠ってきた。これが、イジメ・縛り付けなどの大きな原因である。

2000年施行の介護保険法で、老人介護は、行政が福祉のサービスを決定する処分（措置制度）から契約方式になり、その費用は一部負担を除き保険給付される。また、2000年の社会福祉事業法の改正（社会福祉法と名称変更）及び身体障害者福祉法、知的障害者福祉法、児童福祉法（障害児者の分）の改正で、これらの領域でも、措置制度から契約制度に切り替えられることになった（2003

年実施)。

ただし，老人福祉法11条では介護保険法に規定する介護老人福祉施設に入所することが著しく困難であるときは当該市町村の設置する特別養護老人ホームなどへ入所させるといった例外的措置を残している（これには施設の方に受託義務がある。同法20条）。また，障害者福祉でも同様に，従来の措置入所（入所の委託）の制度が残されている（身体障害者福祉法18条，知的障害者福祉法16条）。

こうした措置から契約への移行により，要介護老人，身体障害(児)者，知的障害(児)者など福祉の利用者側の選択の自由が広がるとされる。

しかし，措置＝処分の手法でも，事実上意見を聴いて措置先の施設を決めることができるし，施設側は建前では「正当な理由」がなければ断れない（受託義務，身体障害者福祉法28条の2（現18条の2），知的障害者福祉法21条の4（現21条），児童福祉法34条の6）が，実際上は特に重い者は世話できないとして断る（あるいは，別に寄付を要求する）施設が少なくない[15]ので，実態は契約に近い。また，契約の手法では受託義務は廃止された上，施設が少なければ利用者には実際上選択の余地がない。社会福祉事業の経営者は情報の提供，利用契約の説明の努力義務，契約成立時における書面の交付義務を課されたし，苦情処理制度も導入された（社会福祉法75，76，77，83条以下）が，この程度では，サービスの利用者が対等な立場で契約交渉することは不可能である。施設の方は膨大な国庫補助を得ていながら，本当に重度の者を断るとか特別に寄付などを要求できるという無茶が生ずると心配される。実際，介護保険法の施行でも，待機期間が短縮されたわけではなく，むしろ契約を断られる要介護者が増えていると聞く（「特養が足りない」読売新聞2000年11月4日朝刊15面）し，著者の知るところ，福祉施設でも，これからは契約制だから，行政からの依頼を無視して好きな人を入所させると公言しているところもある。したがって，利用者側の選択の自由が広がるかどうかは，処分か契約かの問題ではない。本来はこれは福祉サービスが十分に供給されるかによる。

しかし，厚生省は施設の増設に消極的である。国会の附帯決議（衆議院厚生委員会2000年5月10日，参議院国民福祉委員会同年5月26日）は「障害者のサービス利用に支障をきたさないように指定事業者に応諾義務を課すなど必要な措置を講ずる」ことを求めているが，応諾義務の賦課自体を求めているわけではない

(それを求めるなら法律に規定すべきことである)。これでは，施設の方の選択の自由が広がるだけだろう。

　まずは，膨大な国庫補助が支出されているのであるから，最重度の者が在宅で苦労している実態が生じないように，従前通り受託義務を課し，これに応じなかったり，裏の寄付金を取ったりすれば，補助金支給を取り消すとか，これからの措置費を減額する制度をおくべきである。

　さらに，基本的には，行政の監督は機能せず，競争と情報公開こそがサービス向上に寄与するとの立場に立って，サービスの供給主体を社会福祉法人に限定せずに株式会社の参入を認めて，供給過多の状況を作り出し，利用者が現実にも選択できる地盤を作るべきである。そして，利用者によいサービスを提供する者が選択されるように，事業者のサービス内容を情報公開する義務及びオンブズマンの設置義務を課すべきである。供給主体が株式会社であれば，利潤追求に走ってサービス内容が悪化するという不安があると言われるが，逆であって，まともに競争させれば，むしろサービスがよくなり，イジメも大幅に減少して，人気が出て満員となり，株主にも還元できることが期待されるのである[16]。

　また，利用者の負担軽減はこれまで施設へ膨大な国庫補助を与えることによって対応してきたが，むしろ，これはサービスを受ける被介護者に支給して，利用者の介護の必要の程度に応じて，施設が引き受ける気がするくらいに支援費を加算すべきである。

　なお，利用者の側が組織的に介護サービスの質を評価するという民間の動き（大阪高齢者福祉協同組合，読売新聞2000年10月22日朝刊1面，神戸市消費者協会，神戸新聞2000年10月26日朝刊26面）を促進することも重要である。

（3）　行政監督の要否

　このように，規制緩和して，情報を公開して，顧客の選択に任せれば済む領域が増えるが，それでも，なお，行政の監督を併用する必要がある場合，あるいは，消費者なり国民に任せることが不適切な場合も残る。

　この区別について，「士」業の法律相談と医師免許を比較して説明しよう。

　弁護士，司法書士，行政書士などの「士」業については目下業務独占が認め

られているが，単なるペーパーテストの国家試験に合格したというだけでは，その業務を他の専門家に負けないように適切に処理する能力と倫理を培っているとは保証されていない。国家によるスクリーニングは最低保証の価値もないのである。それが業務を独占するので，価格はカルテル気味に不透明になる。

その職務を，訴訟代理や第三者との交渉，単なる法的知識の提供や登記や許認可の書類作成と分けると，訴訟代理は，非専門家が行えば裁判所と相手方に迷惑であるから弁護士の業務独占にするのが原則であり，第三者との交渉も，暴力団が法外的な手段を行使して利権漁りをすることを防ぐためにも，「士」業の独占とするべきである。現行法では，法律相談でも背後に紛争が控えていれば，弁護士の独占業務とされるので，司法書士や行政書士は，依頼者からの相談にヒヤヒヤ応じているのが現実である。しかし，紛争性が背景にあるといった基準は不明確であるから，刑罰法規の基準として不適切である。そして，法律相談業務程度であれば，それを行う者の情報を開示すれば，お客が選択すればよいわけで，弁護士の業務独占にする理由はない。その限りで，弁護士の業務独占は違憲である。これまで，単なる法律相談でも，紛争性があれば，弁護士の業務独占が認められていたのは，情報を公開して，それによって選択してもらう方が，監視するよりもよい結果をもたらすという発想がなかったためである[17]。

患者が医師の情報を十分に収集することは実際上困難である。情報がいかに公開されるとしても，それには限度があり，また，無数の情報を選択することは不可能であり，病気になると，溺れるものは藁をもつかむという諺通り，怪しげな新興宗教や根拠もはっきりしない健康食品にも頼る者が結構いるという現状で，しかも，誤った場合の結果は生命に直結する。また，法律の場合には，司法試験に合格していなくても，当該法律に特に精通する者がいるが，医学の場合，医学部を出ないで，治療技術が十分にあるという者はまずいないから，医療行為を医師の業務独占とする理由はあるが，法律知識は「士」業の独占にする理由はない。

4　新たな監督手法の強化の必要

このように，情報手法への移行が必要であるが，それでもなお消費者の選択

に委ねるのではなく，監督手法を強化すべきものもある。その方法として，営業禁止，情報収集手法の強化，密告の奨励と報奨金，立入検査の強化，さらには，民事賠償の高額化など種々考えられる。いくつか例を挙げておく。

(1) 監督の強化
1) 欠陥車のリコール漏れに対する制裁強化

道路運送車両法（63条の3）では，車のリコール（無償回収・修理）の運輸省への報告義務を課している。これは正確には設計又は製作に起因する保安基準違反のおそれがある場合に改善措置を届出させる制度である。行政の情報収集手法としても，有用である。

三菱自動車が数十万台リコール漏れで，しかも，書類を二重処理して虚偽報告した（同法63条の4違反）事件では，"苦情隠しを30年"も続けた疑いで，警察の捜査が入った。これは100万円以下の過料なり（同法111条の2。現在112条により30万円以下の過料），20万円以下の罰金に処される（同法110条1項3号，現在30万円以下の罰金）。東京地裁は2000年10月2日，違反計4件で400万円の過料を命じた。最高額である。

しかし，この会社は堂々と営業を続けられる。元々自動車の製造業は許可制ではないので，営業禁止制度を導入できないと思いこんでいる者が多いらしいが，しかし，重大な不祥事があれば，営業禁止・停止命令の制度をおくべきである。無認可保育所にも，事業の停止又は施設の閉鎖命令の制度がある（児童福祉法59条3項，現5項）から，許可制度のない事業に対する禁止命令も矛盾ではないのである。

2) 卒業生の事故率に応じた自動車教習所の監督

指定自動車教習所を卒業すると，運転免許試験で実地試験を免除される（道交法97条の2）。指定教習所は国家試験の試験場なのである。ところが，教習所の教習員が自分の子どもならこんな簡単に合格させないと言っていると聞いた。自動車の教習所の審査が甘いかどうか，気になる。現行のしくみでは教習所も大学と同じで，受講生と談合して簡単に免許を与えた方が，お客が来るようになっているからである。ただ，大学の卒業証書はいくらインチキでも誰も殺さないし，世間もその程度のことは先刻承知である。しかし，教習所の実地

試験が甘ければ,人を殺すのだから,ことは重大である。
　では,警察はどうやっているか。警察庁運転免許課に問い合わせた(2000年8月25日)ところ,学科試験に合格した教習所卒業生の任意の協力を得て,実力を見て,教習所の教育が不十分なら指導するように通達を発しているということであるが,通達は入手できなかった。これは指導であるから,現場の運用も徹底するとは限らないと推測される。
　他方,警察庁によれば,免許取得後1年以内の初心運転者(いわゆる若葉マークの運転者)については,事故を起こした場合にはどの教習所を卒業したかというデータを取っているので,これによって指導しているという。
　私見では,それなら,さらに徹底して若葉マークの運転者が故意・過失で事故を起こす率が他と比較して高い教習所に改善命令などを出せるようにすべきであるし,あるいは,教習所にも教育責任があるとして,重大事故1回いくらの課徴金を取れば,教習をもっと丁寧にやるだろうと思われる。

（2）　行政の情報収集力の強化――薬の副作用情報の積極収集の義務付け
　医薬品による副作用や感染症を知った場合に厚生省に報告する義務を製薬会社に課する制度が1997年に導入された(薬事法77条の4の2)。これに基づき「医薬品の市販後調査の実施に関する基準」(GPMSP, Good Post Marketing Surveillance Practice)が省令化(厚生省令平成9年10号)されている。
　また,厚生省は医療機関には任意に副作用情報の提供を求めている(「医薬品等安全性情報報告制度へのご協力について(お願い)」1997年5月15日薬発633号厚生省薬務局長通知)。

（3）　密告奨励による情報収集
　普通の監督手法では秘密裏に行われる内部の違法行為の情報を入手できない。雪印乳業やJCOが行った違法操業,外務省の機密費の流用,入札談合,医療過誤,大幅に行われていると噂される警察内部の隠蔽・不正経理がその例である。ぼったくりバーも似たようなものである。脱税は密室で行われるから,税務署の役人をいくら増員しようと,きちんと調査するのは難しい。福祉施設の内部で行われる,物言わない利用者イジメも,福祉オンブズマン[18]くら

いでは発見できないだろう。

　密告を奨励すれば，(元)社員が当局に通報する可能性が高まり，犯罪・違法行為は，限界費用が高くなるので，激減する。アメリカでは，脱税した者にとって一番怖いのは，離婚した元妻(夫)だそうである。愛は永遠だなどと信じて2人で脱税すると，愛の破局の際には，口止め料をたくさん取られるから，脱税するとしても，最愛の妻(夫)にも内緒にせよということである。

　日本では戦後一時期脱税の密告報奨金制度があったが，それは適正な人間関係を害するとか，日本社会にはなじまないという見方によりすぐ廃止された。今残っているのは著者の知るところ，違法滞在の外国人を密告した結果退去強制に追い込めば最高5万円の報償金を貰える制度だけである（出入国管理及び難民認定法66条）。しかし，違法行為をしなければ告発されないのであるから，違法行為を秘匿して成り立つ人間関係を保護する必要はなく，むしろ積極的に密告を奨励すべきである。さらに，密告者自身が違法行為にかかわっていた場合にはその者自身が犯罪に問われるので，密告も期待できない。アメリカ流の司法取引を導入して，一定の重大な犯罪を密告すれば，その者は免責とするべきである（独禁法改正で一部導入）。

　ただし，報奨金目当て，あるいは人を陥れる目的で，ガセネタを使って人をいわば売るといった密告の濫用も懸念されるところから，密告報奨金を用意する場合を，行政監督が機能しにくく，かつ重大な違法に限定するとともに，濫用に対しては厳罰に処することとして，それを防止する対策も必要である。

　原子炉等規制法66条の2は1999年のJCO事故をふまえて，主務大臣に対する従業員の申告制度を導入した。雇用主はこの申告を理由としてその従業員に対し解雇その他の不利益取扱いをしてはならないとしている。しかし，これではこの不利益取扱いが裁判で無効となるだけであるから，実効性が低く，従業員に内部告発する勇気を出させるほどにはならない。

　違法行為がバレルと，密告者探しが行われるので，密告者探し自体を処罰すべきである。そして，密告者に不利益（免職，配置転換その他）を及ぼした場合，それを無効とするだけではなく，倍の賠償を命じ，刑事罰でそれを禁止すべきである。当局が密告者を漏らせば，密告者の生命も危ないし，密告制度が崩壊するので，単に守秘義務に違反したという程度のものではなく，厳罰に処

するべきである。密告が当たっていれば社会公共に寄与したものとして，入管法66条の例に倣って（というよりも，密告がバレて被る不利益を償うだけの高額な）報奨金を与えるべきである。

　現行法では，公務員はその職務を行うことにより犯罪があると思料するときは，告発義務がある（刑訴法239条2項）が，これを怠った者について懲戒処分事由に当たることはともかく，処罰規定はないので，実効性が低い。一般市民は告発することができる（同条1項）というだけである。これを一段と厳しくし，一般市民についても，違法行為を知ったら告発しなければならないとし（ただし，処罰規定はおかない），公務員については，告発義務の懈怠を処罰することとすべきである。まして，警察官が犯罪を知ったのに告発しなかったら厳罰に処するべきである。これこそが警察の不祥事を撲滅する特効薬である[19]。

（4）　立入り先の拡大

　立入検査の立ち入り先は監督下にある事業者であるが，その原料生産者に原因があることもある。カネミ油症事件では，ニワトリのエサの生産者のほか，その原料の生産者であるカネミ倉庫にも立ち入る必要があったが，法的根拠がないので，行政指導で立ち入り，それが調査不十分の1つの原因になった。この立入り先を拡大する必要がある[20]。

（5）　割増し損害賠償制度の導入

　日本では損害賠償は損得なしとする原則という発想で，懲罰的損害賠償なり制裁的慰謝料は認められていない。被害者が得する根拠がないというのがその理由らしい[21]。しかし，それでは，加害者はバレて，最終的に訴訟で敗北して，執行されてもともとである。加害者の方は平均すればその加害額だけ賠償することはない。他方，損失補償においては，事前に10割の補償を用意しなければ財産権を剥奪できないところから，被収用者が損することはない。違法行為の被害者と損失補償の相手方との間にこのような差が生ずるのは，権利が違法行為においては加害者側に初期配分され，違法行為の被害者の権利救済実現のためには，交渉や訴訟の時間的金銭的心理的費用からなる取引費用が膨大にのぼる一方で，適法行為においては権利がタイトル所有者側に過大に配分さ

れ，公共事業の起業者の取引費用が膨大だからである[22]。例えば，極端な例を挙げれば，邪魔な家を収用するときに，いっそ破壊すれば，被害者の方は賠償訴訟で勝たないと損害を回復できないので，かえって安くなる可能性がある。

その上，被害を生じさせないようにという行政監督は機能しにくく，しかも，行政監督を情報手法へと移行させる時代である。それならなおさら，賠償が機能するように切り替えるべきである。

そうすると，私見では，制裁的な賠償とまではいわなくても，違法行為の被害者の負担になっている取引費用の分でも，余分に賠償させるべきである。もっとも，その額は，ことの性質上わからないけれども，50％割増しくらいなら，正当化されないか。

（6） 私人による法の執行

行政だけでは法律をきちんと執行しないところから，私人のイニシアチブを活用すべきである[23]。ドイツで EU 全体の方針で環境情報法が制定されたのも，アメリカの環境訴訟で市民訴訟が導入されているのも，1つの理由はこの点にある[24]。独禁法でも，これまでは私人は公正取引委員会に違反事実を申告するだけ（独禁法45条）であったが，不公正な取引方法に限り，民事差止め訴訟も許されることになった。価格協定，入札談合などについては適用されない（独禁法2000年改正後の24条，83条の2以下）[25]。

［追記1］
　塩野宏先生には，1964年以来すでに36年以上もの長年の間ご指導をいただいた。この間，厳しいご薫陶を受けながら，著者の思索はなかなか進まないところで，疲れた，もうやめたいという気もしているが，塩野宏先生は，一回り年上であるのに，なおかつ頑張っておられる。長年のご指導に感謝するとともに，先生を見習って，もう一踏張りしなければならないという迷いも生じているところである。
　塩野宏先生におかれては，お元気なのはなによりであるが，古稀を迎えられるからは，無理をせずに，ご健康にご留意の上，これからもご指導を賜りたく，お願い申し上げるところです。

［追記2］
　中央官庁名は省庁再編前のママとしている。

第2節　民法と行政法における違法性と救済手段の違いと統一の必要性
　　　　──建築紛争を中心として──

1　建築紛争の現れ方

　各地で建築紛争が生じている。由緒ある街並みの保全とか，良好な環境の保全などもあるが，主なものは，高層建築物への住民の異議申立てである。普通の事件は次のような発生の仕方をする。住民の多くはその居住している地域は低層住居地域だと思いこんでいたし，現実にも低層住宅しか建っていなかった。住民は街並みが整っていることを自慢し，日照，眺望，景観の利益を享受していた。ところが，実はその地域は高層建築物を建てることができる用途地域に指定されていた。ある日，突然，高層マンションの建設計画が公になる。住民は，激しく反対運動を行う。住民と建築業者は話合いをするが，簡単に妥結はしない。住民はこれまでの現実の利用状況を根拠とし，他方マンション業者は用途地域の指定などの法規制を根拠としており，お互いに平行線だからである。

　これまで，多くの自治体は，この紛争の斡旋を試み，場合によっては，住民側に立って強力に介入した。建築確認の留保，水道の給水拒否，建築紛争の予防条例，建築計画の事前届出制[26]などを武器とするいわゆる行政指導，用途地域の緊急の変更，地区計画条例の制定によるマンションの建築禁止などがそうである。

　いわゆる行政指導は任意の手段であるから，こうした法定権限を法定外の目的に活用（濫用）することは法治国家においては許されない。そのことは1994年の行政手続法32条において確認されているが，同法の制定前でも判例で確認されている（最判1985・7・16民集39巻5号989頁）。任意のはずの手段を強制的に活用すると，賠償責任が発生する。

　そこで，最近は，法律上の武器を活用する傾向が顕著になってきた。そして，それは裁判の形になる。

　裁判としては，民事訴訟と行政訴訟がある。前者は私法上の権利，たとえば

人格権侵害などを理由とする。後者は行政法規違反を理由とする。建築確認の取消訴訟は少なくないが，係争中に建築が済んでしまうのが普通であろう。しかも，建築主事が法令の適用を誤解することも稀であろうから，建築確認が違法とされる例は稀であったと推測される。普通は，行政法規には違反しないが，民事上の権利を侵害するという形の訴訟が提起される。これに対し，後に紹介するいわゆる国立マンション事件では，マンション建築を規制する地区計画条例が制定された時点で，後述のように，建基法3条2項にいう「工事中」かどうかが争われたので，行政訴訟とする実益がある珍しい例であった。

2　民事法と行政法のずれ

(1)　日照権，景観権裁判

元々，建基法では，一部の地域で適用される北側斜線制限（同法56条1項3号）などのほかは，日照権に正面から配慮する規定がなかった。まして，近隣住民の眺望，景観を保護する法律はほとんどない。そこで，日照，景観を著しく奪ってしまう建築物も，建築確認を得て合法的に建築することができた。これに対して近隣住民が抵抗するための法的手段は，民事の差止訴訟と仮処分であった。そこでは，人格権とか財産権の侵害が根拠となった。ここでは，土地＝環境法は地域に根ざしたものでなければならないとか，都市環境は地域に適合しなければならないと主張される[27]。

しかし，これでは，基準が不明確で，裁判所も判断に苦労するし，両当事者とも予測可能性を欠くので，重大な不利益を受ける。建築主から言えば，現行法上適法だと思って建築したら，日照権・眺望権侵害を理由に建築を差し止められ，さらには一部であれ除却させられては，大損害を被り，投資を回復できない。破綻に瀕する。近隣住民からいっても，この辺は日照，眺望が保護される地域と思っていたら，突然，実はそれは幻想だとされると期待はずれである。その上，地域環境という多数の人の利害にかかわるルールを裁判で原告と被告の間で個別的に創造するのは，法治国家の観点，民主主義の観点からも決して合理的とは言えない。

そこで，1981年に建基法56条の2が追加され，日影規制条例の制度が創設された。これは建築確認により担保される。

近隣住民が建築確認の取消訴訟を提起する例は少なくないが、それは、建築の進行により争う意味がなくなる（法技術的表現では訴えの利益を喪失する）。むしろ、違法建築物の是正命令の義務付け訴訟を提起すべきことになるが、これまでそうした例は少ない。しかも、建築確認においてこの判断が間違われることはおそらくは極めて少ないから、行政訴訟の実益は少ない。

そこで、住民が争うのは、建築計画が日影規制条例には適合しているが、地域性から導かれる日照権を侵害しているという場合、さらにはこれとは別に眺望権、景観権、静穏権侵害などを理由とする場合である。この種の訴訟で、請求が認容される例は最近では少ないが、それでも判例上決して少なくはない[28]。そこで、ここに民事法と行政法のずれが生ずる。

（2）　国立マンション事件の例

建基法と同法に基づく条例は、「現に存する建築物若しくはその敷地又は現に建築、修繕若しくは模様替の工事中の建築物若しくはその敷地」には適用されない（建基法3条2項）。いわゆる既存不適格である。そこで、建築計画と法令・条例の改正計画があるときは、先手必勝である。その基準は、「現に工事中」というものであるから、法令の施行前に工事に着手したかどうかで決まる。

いわゆる国立マンション訴訟では、マンションの建築が計画されたのに対抗して、国立市は、地区計画条例を改正して、その地域に20メートルの高さ制限を導入して、マンションの建築を阻止しようとした。この条例が施行された2000年2月1日の前、マンション業者はすでに、建築確認を得て、建物の土台を作る「根切り工事」を開始し、これによって掘削された部分の崩壊を防止する山留め工事を並行していた。しかし、条例が施行された日には「杭打ち、基礎又は地下駆体工事」には着手していなかった。そこで、「工事中」とは何かが争点になる。これまでは、一般に、根切り工事だけで工事中と解されていた。この段階で、このマンションに隣接する者が20メートルを超える部分の建築禁止の仮処分を申請した。東京地裁八王子支部2000年6月6日決定[29]は、本件建築は工事中との解釈をして、仮処分申請を却下したが、東京高裁2000年12月22日決定（判時1767号43頁）は逆の解釈を行った。建築工事中というために

は，「建築物の基礎又はこれを支える杭などの人工の構造物を設置する工事が開始され，外部から認識できる程度に継続して実施されていることを要する」というのである。ただし，景観に関する利益，環境のいずれについても，裁判規範となる立法はされていないとし，日照侵害は受忍限度内として，仮処分申請を却下した。

東京地裁2001年12月4日判決（判例自治225号74頁）は，建築工事中についてはこれと同様の解釈を採り，まだ，工事に着手していないとして，東京都知事が，建物の是正命令を発しないことを違法とした（ただし，是正命令を発せよという義務付け判決は認められなかった）。原告適格の判断としては，日照侵害は受忍限度内としつつ，景観侵害は保護に値するとしている。しかし，東京高裁2002年6月7日判決（判時1815号75頁）は，本件は工事中との解釈で，この判決を覆した。

他方，東京地裁2002年2月14日判決（判時1808号31頁，判タ1113号88頁，判例自治236号87頁）は，建設業者が多額の投資をし，着工しようとしていることを無視して，市は急遽条例を制定し，高層マンション計画を積極的に妨げようとしたと認定し，景観保持を重視するあまり，既存の権利者の権利を違法に侵害したとして，4億円の賠償を命じた。

他方，東京地裁2002年12月18日判決（判時1829号36頁，判タ1129号100頁）は私法上の景観権侵害を理由にマンションの取り壊しを命じた。

ここでは，民事訴訟と行政訴訟の違いにだけ着目する。「現に工事中」であれば，民事訴訟であれ行政訴訟であれ，建築は建基法上は適法であるが，そうでなければ，建基法上違法な建物に対して，民事訴訟では景観権，日照権侵害を理由とし，行政訴訟では，本案が違法であることは確かなので，原告適格だけが問題である。原告適格では景観権，日照権が侵害されたかどうかが論点ではなく，判例法理では，法律でこれらの利益が個別具体的に保護されているかどうかが論点で，判断の理屈は異なるので，結論も異なることがあるのである。

3 民事法と行政法のずれは正当か

(1) その正当化論拠

このように，わが国の現行法では，民事訴訟と行政訴訟では，ずれが生ずる。それはその訴訟の根拠となっている実体法の違いによる。元々，民事法の基準は不明確で，当事者の予測可能性が低く，紛争は裁判で事後的にのみ解決される。これでは紛争解決のコストは大きいが，個別具体的な事情に対応できる。これに対して，行政が事前に明確な基準を制定し，これに基づいて建築確認などの手段でコントロールすれば，効率的に紛争を解決できる。そこで，行政法規がきちんとしていれば，それが基準となるべきである。しかし，現実には行政法規は完全ではなく，地域の実情に必ずしも合わないことがある。そこで，その場合には民事法による利害調整が必要となる。

これについてある判例の説明を借りると，次のようである。「建築基準法その他の公法的規制は，一般的・概括的に種々の利益衡量を行っているものであり，将来建物建築を予定する者の法的安定性や予測可能性の観点からも，公法的規制への適合性は，私法上の受忍限度の判断に当たり，十分尊重されなければならない。

しかし，建築基準法における利益衡量は一般的・概括的なものであるし，そこに定められている基準は「最低の基準」であるから（同法1条），公法的規制への適合性如何は，私法上の受忍限度と必ずしも一致するものではない。したがって，当該建物が同法における日影規制対象外の区域に建てられるものであることから，直ちに当該建物による日影が私法上の受忍限度を超えるものではないとみるのは相当ではない。すなわち，当該建物が日影規制対象外の区域に建てられることは，重要ではあるが，利益衡量の1つの要素にすぎないというべきであり，問題となる具体的・個別的な事情を総合的に比較衡量して，受忍限度を超えるものであるか否かを判断するべきである。」（神戸地姫路支決1999・10・26判タ1038号291頁）。

(2) その不合理性――法的紛争における社会的コスト低減の必要性

ここでは，建基法の違法と民法上の違法という異なる次元の違法が発生して

いる。建築の法的紛争の多くは，こうした法の不明確性に起因している。このため，建築に反対する住民も，建築して土地を適切に活用しようとする土地所有者等も，無用の大きな負担を負う。建築主＝土地所有者等からいえば，建基法や日影規制条例というルールを守っているのに，日照権という不明確なもので差し止められては，予測可能性がなくなり，投資のリスクが大きくなりすぎる。

　この法的リスクを排除することは，経済学的にいえばコースの定理への適合性の観点から，法律家的な表現をすれば，法の予測可能性を確保する観点から不可欠である[30]。

　さらに，民事法では，たまたま小さな家1軒の日照，眺望が阻害されたというだけで，大きな建物の建築を阻止することもありうるが，これは効率性を大きく阻害する現状固定的な発想である。その地域の行政法規で保障された日照，眺望に不満な者は転出して，それに満足する者が転入するのが合理的である。

4　解決策の模索

(1)　明確な事前規制の必要——行政法の有用性

　では，どうすれば解決できるのか。ルールを明確にして，事前規制をきちんと行い，事後の民事裁判による解決を可及的に防止することが肝要である。今日，規制緩和の流れの中で，事前規制から事後規制へというキャッチフレーズが支配的になっているが，悪いのは事前か事後かではなく，不透明性にある。不透明な事前の規制は，予測可能性を害し，行政依存体質を助長するので，可及的に廃止すべきである。しかし，事後の規制であっても，民法的なルールでは，基準をいくら明確にしようとしても，限度があるので，やはり予測可能性を害し，事後の紛争を生ずる。特に，民法のルールを民事特別法で詳細に規定する担当者は法務省であるが，法務省にはすべての官庁や地方自治体の担当する行政需要に応える余裕がない。

　むしろ，行政なら権力で情報を収集できるので，私人の訴訟とは異なり，効率的に社会をコントロールできる。しかも，その担当官庁はそれぞれの領域の主管官庁であるし，また，全国3,200（現在は1,800あまりに減少）あまりの地方

公共団体であるから，地域の実態に合わせて種々工夫をすることができるのである。行政法規が発達していないことが前記のような紛争が生ずる根本原因なのである。まずは行政法に対するいわれなき誤解を解くことから始め，国全体に通ずる重要なルールは法律で，地域的な課題については条例で対応するように法制度を整備すべきである。

　（2）　行政指導の原則撤廃と条例制定権の拡充
　元々，条例では財産権を規制できるのか，土地利用規制をすることができるのかが，憲法29条2項の「財産権の内容は法律で定める」という文言，「法律の定めるところにより，建築物の構造，設備，敷地及び周密度，空地地区，住居，商業，工業その他住民の業態に基く地域等に関し制限を設けること。」を自治体の事務とする旧地方自治法2条3項18号の関係で争われてきた。また，建基法，都市計画法の規律密度が高いので，条例による規律が法律違反になるのではないかという心配があった。
　そこで，これまで，多くの自治体は，住民の期待に応えるとして，法律に基づかない行政指導を行ってきた。条例を制定しても，その内容は実質的には指導に期待するものが多かった。
　行政指導は，法律の不備を補うものとして，それなりに有用であるが，しかし，その内容は，法律以上に不明確である。アメリカからも，日米構造協議の中で，日本の不透明な行政指導をやめろと指摘されていたところであり，それは行政手続法の中に，世界的に稀な行政指導に関する規制規範を導入する契機となったのである。
　ところで，2000年の地方分権改革で，「法律の定めるところにより」の規定は廃止され，判例も，条例による土地利用規制に異論を唱えていない[31]。
　そこで，国法による規制は，特段の規定がない限り，標準規定であって，地方公共団体の条例による創意工夫を許容するものと解釈すべきであるし，その旨の明示の規定がほしい。
　そうすれば，地域的に必要なルールは，自治体が自己責任で条例化して，法治国家のルールとして，司法審査で決着を付けることとなる。土地利用に関する行政指導は，地方公共団体の条例制定権が不十分であった時代の苦肉の策

で，滅び行くべきものである。

　日影規制については，条例による対応が可能であるから，必要なものは地方公共団体が徹底的に，空白がないように規制すべきである。景観や眺望も，自治体が必要と思えば，条例で対応すべきである。

　ただ，現行の日影規制条例の制度にはこのような地方公共団体の工夫を阻害する難点がある。これは国全体に共通の単一のしくみではなく，南北に長い日本列島の地理的特質を反映して，3つの選択肢の中から条例で適切なしくみを選択することができるようになっている（建基法56条の2，別表4）。そこで，これは地方自治を尊重したものといわれる。しかし，逆にいえば，地方公共団体の選択権をこの3つに押しとどめているのである。例えば，規制される建物は高さが10メートル以上などとされているが，判例では，地域の状況によっては，それ未満の建物も日照権を侵害するとされる（例：名古屋地決1995＝平成7・11・8判タ910号238頁）。そこで，この法律の制約をなくし，高さの制約も地方公共団体が地域の実態に合わせて丁寧に指定すれば，それが地域の法といえるから，民事判例で違法とされる理由はなくなるのである。

　建基法が，地方公共団体の選択の自由をこのように制限しているのは，同法が財産権に対する最小限の制限である（同法1条）から，条例で自由に規制するのはいきすぎだということによるが，その結果，行政法規とはずれる民事の法規範が発生して，紛争を生じ，社会的コストを発生させているのである。建基法が条例に対し，地域の実態に合うような規制をすることを授権することが，民事法と行政法のずれを解消する妙案なのである。なお，条例の規制がいきすぎれば，違憲となるが，それは地方公共団体が自己責任で判断すべきである。

　多少具体的に言えば，住民にはマンション用に売りたい人もいれば，現状の1戸建て用の地域を維持したい人もいる。住民の間の利害を事前に適切に調整することが肝要である。行政が住民の意見を十分に聴かずに用途地域，日影規制制度の指定をするのは問題を先送りするだけである。そこで，これらの指定の際には，住民向けの公聴会を丁寧に行い，そこで決まったらあとでマンションが建てられようと文句が言えないことを周知すべきである。また，いったん決まっても，事情や考えが変わったら，変更を認める。そのために，住民に変更申立権を与えるべきである。世帯主の5分の1といった数を考える。そし

て，公聴会を行う。自治体に応答義務を課す。これで，決まればそれでとりあえず当分の間は拘束されるとする。

(3) 現行法の活用

現行法では地方公共団体に十分な権限が与えられていないが，与えられている権限を活用していないという面もある。地区計画なら，用途地域の規制以上に厳しいので，住民の間の話し合いがなかなかまとまらないが，もっと活用すべきである。前記の国立マンション事件では地区計画を策定したし，京都市は祇園の風情を守るため，地区計画条例でゲームセンターやラブホテルなど17業種の出店を禁止する方針を定めた。ここでは市の歴史的景観保全修景地区に指定され，建物の高さやデザインなどは規制されているが，業種までは制限がないからであるという（読売新聞2002年6月22日夕刊14面）（京都市は景観規制を強化する新景観条例を2007年に制定した）。そうすれば，民事法による利益衡量の必要性は大幅に減少する。

(4) 行政訴訟は行政実体法の受け皿

民事訴訟では人格権侵害などが認められない場合でも，行政訴訟では，行政法規の趣旨を考慮して原告適格を認めるべきだという議論が行政法学では一般的である。これに対して，原告の権利・効用が害されているかどうかが基準であり，それは民事と行政で異なることはないという趣旨の疑問があるらしい。

しかし，これは行政法の存在意義を十分に理解していない議論ではなかろうか。民事訴訟は，民法という実体法の受け皿である。そして，民法は，個人の人格権などを認めていることになっているので，裁判所は，人格権が侵害されれば，賠償なり差止を認める。

これに対して，この民事法のしくみでは，社会の活動から生ずる外部不経済を効率的に除去できないところから発達したのが行政法である。前記の日影規制を例とすれば，民事法は，日照阻害という建築から発生する外部不経済を除去しようとするが，その基準は明確でないので，建築主は，情報を十分入手することができないまま（予測不可能な状態のまま）土地を購入して建築計画を立てるしかない。これに対し，日影規制条例は事前の明確なルールであるから，

建築主にも周辺住民にとっても，トラブルコスト，ルールの入手コストは低廉である。ここに行政法の存在意義があり，現代社会でこうしたルールがどんどん増殖するのも，官僚制の病理を別にすれば，合理性があるのである。

そして，この日影規制条例の訴訟法上の受け皿は行政訴訟である。なぜなら，民事法では，日影規制条例違反というだけでは，直ちには民事法上の権利侵害にはならず，その判定の重要な要素になるにとどまるから，民事訴訟がその直接の受け皿とは言えないのである。そして，行政法は，日影規制の範囲で周辺住民の日照権を守るのであるから，住民に民法が認めるのとは別の内容の日照権＝つまりは効用を付与したことになる。もし行政側（建築主事，特定行政庁）がこのルールを無視することがあるとすれば，日影規制条例で保護された利益を侵害される住民は，法律により与えられた権利利益を侵害されたものとして，争うことができるのが当然である。また，さもないと，周辺住民の利益を守るための行政法規違反を是正する司法的な手段が存在しなくなるので，何のための利益保護規定かという問題が起きる。

このように，民事法と行政法で争える範囲の人が一致せず，民事法よりも行政法の原告適格の範囲を広げるべきであるとしても，それは行政法を創造したことからくる当然の帰結である。

（5）　実体法上の基準の可及的統一
1）　解釈論的解決

現行法では，民事法と行政法がずれているが，前記のような予測可能性，コストの軽減の要請から考えると，民事法を行政法に接近させる（その逆ではない）ことが望ましい。

元々，日照裁判で民事法の利益衡量論という曖昧な基準が跋扈したのは，建基法と条例の規制が曖昧・不十分であったためである。4（2），（3）で述べたように条例で地域の実態に合うようにきめ細かく規制できるようになれば，それが地域の法であるから，民事訴訟で地域性を判断する際にもその規制を重視すべきである。

2）　立法的解決

ドイツでは民法典（BGB）906条1項が1994年に改正された。BGB906条は，

所有権に基づく防御請求権の受忍義務に関する規定である。そして，同条1項では，問題となる侵害が「本質的 (wesentlich)」でない場合に，この受忍義務が生じると規定されている。この1項に追加された2文及び3文では，「法律又は法規命令において定められる限界値又は基準値を，これらの規定において査定され評価される作用が超過していない場合は，通常は非本質的な侵害が存在する。連邦インミッション防止法48条に基づいて公布され，かつ技術水準を反映している一般行政規則についても同様のことが妥当する」と規定されている。このBGB906条1項の改正以前は，当該侵害の非本質性の証明責任が排出者の側にあった。しかし，この改正によって，排出者は公法的な限界値の遵守に対する証明責任のみを負うことになり，その限界値の遵守にもかかわらず本質的な侵害が存在していることは相隣者の側で証明しなければならない，と解釈されている。学説において，この改正に対して肯定的な見解の根拠としては法政策的な考慮が挙げられている。逆に，否定的な見解の根拠としては，司法に対する公法の過度な拘束などの体系的な問題，及び私法的な相隣保護の縮減という問題点が挙げられているという[32]。これは直接にはインミッションという大気汚染や騒音にかかる制度であるが，日照にも理論的にはそのまま当てはまるだろう。

　ドイツでは，原発とか高速道路などでは，計画確定手続という手続において，所有権以外の私法上の権利侵害なども一緒に審査する代わりに，不満があっても，行政訴訟でしか争えないことと，一元化されている[33]。

　計画確定手続の立法化は大作業であるが，民法の不法行為の規定の中に行政法規に違反しない場合に，適法と推定するという規定をおくことはそれほどの大作業ではない。

　［追記1］
　　国立マンション事件東京高裁2004年（平成16年）10月27日判決（判時1877号40頁，判タ1175号205頁，判例自治259号84頁）は，本件の前記一審判決を取り消し，マンション側勝訴，住民敗訴の判決を言い渡した。その間においては，阿部「景観権は私法的（司法的）に形成されるか」自治研究81巻2月号3-27頁，3月号3-27頁（2004年）が東京高裁に提出されている。

最判2006年（平成18年）3月30日（民集60巻3号948頁，判時1931号3頁，判タ1209号87頁，判例自治279号79頁）は高裁判決を維持した。景観利益を認めつつ景観権を否定したので，住民の私法上の差止請求権は否定された。

［追記2］
　本章は民事法と行政法のずれとして，行政法の規制の網の目から抜けるが，民事法的保護に値するものに注目したが，逆の問題もある。
　私法上の権利は民事法では受忍限度を超える被害がないと認められないが，行政規制はおよそ被害が生じ得ないところにまで及ぶ。日影規制は，北側の土地利用の実態を問わないため，北側の土地は隣の家に入る通路で，日影の被害がないのに，南側の宅地の利用を制限する。防火地域，準防火地域では，延焼防止のためと称して，「隣接している建築物又は道路の中心線からの距離が，1階は3m以下，2階以上は5m以下の距離にある建築物の部分」の窓を網入りガラスにすることを義務付けている（建基法2条6号，64条，施行令109条，平成12年建設省告示1360号，防火設備の構造を定める件）。しかし，道路から火が出るわけではないし，隣地も，広い邸宅であったり，通路であったりして火が出ないところも多い。
　この種の規制は，隣地の住宅からの距離を基準とすべきである。将来の増築もあろうが，その可能性は高くないので，現に建てようとする建物を規制するだけの必要性が低い。過大規制である。
　行政規制も，民事上であれば請求権が成り立つ範囲に限定すべきである。

第3節　資産・取引の完全な把握と税制・福祉の総合政策
　　　　──納税者番号制度を含めて──

1　問題の提起

（1）　税制の現状──取引の捕捉が極めて不十分，資産はほとんど対象外
1）　所得課税は，個人の場合でも法人の場合でも，金の出入りを捕捉し，その趣旨を解明すれば，あとの税額は経費の見積もり次第で決まる。
　課税当局がこれらを適切に捕捉すれば，税金は税法通りに取れるのであるが，現行法では，この捕捉に膨大な人員と手間を要する。申告に疑問を感じても，証拠がないので，是正させにくいことが多い。調査には膨大な人員と時間がかかるので，限られた行政資源（リソース）のもとでは，結局は，捕捉は極

めて不十分になる。税務職員に聞くと，税収増のノルマを課されているので，手間暇のかかる調査はしたくない，効率よく税収の上がる調査に傾くということである。

例は無数であるが，最近の報道によれば，芸能界に多くのタレントを送り出している「西野バレエ団」が実際より会員数を少なく見せかける手口で，会員から受け取る入会金や授業料，ロッカー使用料などを申告から除外していた。1990年から96年までの7年間で，このような意図的な所得隠しは約8億円にのぼるとして，重加算税が課された（朝日新聞1998年8月3日朝刊27面）。

著者の経験では，2,600万円もするAMGというベンツに乗り，相撲のタニマチをしている営業者がいるが，著者からは消費税を取りつつ，どうやら零細業者を装って，その消費税さえ納めていないらしいし，あるスナックはママさんに月に50万円を払っても，源泉徴収していないが，税務署は来ないといっていた。

和歌山市の毒入りカレー事件で，巨額の保険金を受け取っていた容疑者夫婦は，3年間でわずか1,800万円だけ申告していた。警察がさんざん捜査して逮捕して初めて大阪国税局は税務調査を始めたという（朝日新聞1998年12月13日朝刊1面）。これなら，普通は保険金を受け取っても，申告するだけ馬鹿だということになる。

特別地方消費税（かつての料理飲食等消費税，2000年廃止）は，（当時）1人当たり7,500円を超えて食べた場合にかかるものであるから，飲食店の売上げ総額を把握しても，課税できない。課税するためには，1つ1つの売上げをチェックしなければならないので，記録がきちんとしていないと，把握できない。担当者が実際に食べてみて，あとでその店を調査して，自分の食べた分の記録がないと指摘して，税金を取ったという涙ぐましい例もある。

貯金利子，株の譲渡益も，原則として分離課税のため，高額所得者に有利であると批判されている。捕捉を十分にすれば，総合課税が可能になる。ただし，私は，総合課税では他に流出するし，これらの所得は元々総合課税で徴収した残りの源泉の派生利益と思えば，むしろ比例税率＝分離課税とし，源泉徴収すれば十分と思っている。

他方，給与所得者，著作者など，収入を完全に捕捉されている者は，大変な

重税感を訴えている。課税所得900万円から税率が45％，1,800万円からは55％で（当時。しかし，現在でも中間層の重税感に変わりはない），単身赴任手当や住宅手当，管理職手当，昇給分のほぼ半分は税金で徴収される。まして，大学教授など給与所得者が審議会に出れば，審議会委員手当が給与所得扱いになっているため，総合課税によりわずか1万円余りの手当の半分が税金である。これに反して，弁護士などの事業所得者が得る審議会委員手当は，パート減税たる給与所得控除の恩恵を受けて65万円までは非課税である[34]。

　景気対策として，あるいは，国際協調主義の観点から，政府は減税を先に実行したが，現行制度のまま減税しても，この不公平の構造はなくならず，国家の財政は大赤字になるだけである。

　消費税は，所得税逃れをしている者も負担する点で公平な税であるが，実は，営業者のもとにいわゆる益税が残るという，新たな不公平を惹起した（現在は免税点が1,000万円となったので，著者まで消費税納税事業者で，益税はほとんどなくなった）。

　2）　国民健康保険税には資産割額があるが，固定資産税にリンクしている（地方税法703条の4第9項）。したがって，巨額の株や貯金を持っていても，資産割はかからない。

　また，固定資産税は，当該市町村所在の固定資産だけを課税標準としている。そして，通達では，「国民健康保険税の資産割額の算定の基礎となる固定資産税額……については，国民健康保険税を課税する市町村に所在する固定資産に係るものに限られるのであって，他の市町村に所在する固定資産に係るものを含めることは適当ではない」（昭和29年5月13日自乙市発第22号自治庁次長通達）とされている。この理由は示されていないが，固定資産を名寄せしていないため，他の市町村の固定資産を適切・公平に把握できないためであろうか。なお，国民健康保険税が市町村税であるという理由も考えられるかもしれないが，それはおかしい。所得課税である住民税は他の市町村で稼得した分にも課税されるからである。

　そこで，資産を他の市町村に持っていれば，資産割りの基礎にならないので，資産家でも，安い国保料で済ますことができるし，さらには，大きな固定資産を持っている者は，他の市町村に移住すれば，国民健康保険の資産割が安

くなるという税逃れが可能である。

(2) 福祉の現状——クロヨンの自乗（二乗）
1) さらに，福祉（配分）が，捕捉された所得，資産に応ずるので，そこに再び大きな不公平が生ずる。所得をごまかした者ほどたくさん配分されるし，資産があっても，所得が少なければ，福祉の対象になる。
そのため税法の公平性が著しく損なわれている。いわゆるクロヨンである。その程度はことの性質上誰も直接には立証できないが，国民所得統計を用いた推計によれば，大筋でクロヨンに近い捕捉率を推定できるということである[35]。
2) 巷間言われることでは，保育所に子どもを送り迎えする親で，自営業者はベンツで迎えに来ても，保育料は安く，夫婦共稼ぎの給与所得者のそれは高い。結局，二重の不公平である。私はクロヨンの自乗（二乗）と呼んでいる。
規制緩和，消費税の導入で，弱者のためのセイフティ・ネットが必要である[36]が，そのためには，本当の弱者は誰かを明らかにしなければならない。税金をごまかしている似非弱者を排除しなければならない。
消費税の引上げの際，戻し減税が支給され，所得税を納めない低所得者には給付金が支給された。1999年春には低所得者に商品券（地域振興券）が支給された。しかし，所得が適切に捕捉されなければ，偽低所得者（泥棒）に追銭である。
年金についても，これまでは65歳以上になれば所得制限はない。しかし，高額勤労所得者であれば，65歳以上であろうと，どの年代でも，年金について所得制限を導入すべである[37]。65歳以上については所得制限をおかない理由として，65歳までは，年金保険料を徴収しているので，勤労所得を把握できるが，65歳以上では年金保険料を徴収しないので，所得を捕捉できていないことが挙げられる。それなら，65歳以上では別個に所得の捕捉方法を工夫しなければならない。私見では，雇用主は年金保険料を徴収しない高齢者についても，その所得を年金所管庁に通知する義務を負うこととすればよい[38]。
公営住宅の家賃は収入その他に応ずる（公営住宅法16条1項）から，収入の捕捉が必要である。しかし，それがきちんとできていないので，公営住宅入居者

でも結構豊かな生活をしている者が少なくない。さらに，最近は，経済学方面からは，物をくじ運で与えるのは極めて不公平であるから，公営住宅を売却して，所得と資産に応じてみんなに家賃補助か，所得保障をすればよいと提案されている（補助は石から人へ）が，そのためには，所得の捕捉が必要である。

　ところで，会計法，予算決算及び会計令72条1項，95条，地方自治法施行令167条の5，11により入札資格が定められている。公共事業への応札の際には，これに基づき法人税の納税証明書の添付が要求され，滞納のないことが求められている[39]。建設業法の経営事項審査では，納税状況の証明書がいるが，滞納でも直ちに資格を失うわけではない。さらに，国税庁は，消費税の滞納対策に苦慮し，関係省庁と各自治体に公共事業の入札に際し消費税滞納の有無も審査項目に入れるように依頼している（毎日新聞1997年10月5日社説，朝日新聞1997年3月23日）。

　しかし，これでは中途半端である。課税の段階でごまかされれば，滞納がなくても，どうしようもないから，本筋は課税段階の対策である。

　3）　さらに，各種福祉の手当は，基本的には所得制限をおいているだけなので，所得が少なければ，資産家でも支援を受ける。大災害向けの被災者生活再建支援法では，所得制限がおかれたが，資産制限はおかれていない。高価な土地を持っていても，所得が少なければ支援を受け，普通に給料を得ていれば，二重ローンで苦労しようと，資産がなくても支援を受けられない。

　4）　各種の福祉施策では，高齢者優遇措置が講じられる。例えば，被災者生活再建支援法や兵庫県が震災復興基金や義援金を活用して行った支援策でも，高齢者を優遇している。

　しかし，災害で生活に窮しているかどうかは年齢とは関係がない。むしろ，60歳前の方が失業が長引いたりしても生活保護を受けられず，かえって気の毒である。

　こうした施策は資産や所得をきちんと把握できないので，定型的に弱者と思われている老人層（この判断自体が誤りであるが）を支援すれば，多数の弱者を救えるという前提に立つが，弱者かどうかは個々人の問題で，一般に弱者の層に入るかどうかの問題ではない。若いが，病気がちで，仕事も見つからないという人こそ支援されるべきである。現行制度はこうした人を放置している点で

極めて不均衡であり，年齢による差別として，違憲の疑いが濃い。

このように，弱者かどうかは年齢で一般的に判断するのではなく，個々人ごとに判断すべきであり，そのためには，その所得と資産を個々人ごとに把握する制度を導入する必要がある。

(3) 制度改革の方向づけ

したがって，この二重の不公平の打破を目的とする制度改革が必要である。そのためには調査が必要であるが，普通の方法では手間暇がかかるし，いくら調査しても他人の懐はわからない。そこで，効率的な調査手法を工夫することが肝心である。

税制と福祉とを別々に扱わず，この両者をリンクさせた総合政策が必要である。

そうすれば，税制と福祉の両面で，公平を実現できる。また，国家の歳入を減らすことなく税率を下げることができるので，国家財政の健全化，社会の活性化，国際水準への接近も可能になる。以下，その手法を提案・検討する。

2 金銭登録機または銀行取引などの義務付け

(1) 制度のしくみ

現行法では収入の捕捉は容易ではない。現行制度のまま捕捉率を向上させようとすれば，税務職員の増員が必要である[40]が，いくら増員しても，収入を隠されれば，それを捕捉することは至難である。また，税務職員の増員にも費用がかかる。

まずは，税務職員を増員しなくても，税源の捕捉が容易にできるシステムの導入を工夫し，そのシステムの運用のために税務職員を活用（場合によっては，増員）することが順序である。

現在，青色申告者は，帳簿書類の備付け，記録，保存を義務付けられている（所得税法145条，148条）が，これでは単に帳簿を付けているだけで，帳簿が正しいかどうかの保障はない。隠し収入（売上げ除外）を税務職員が調査するのは大変である。銀行調査でも，数が多いから大変で，調査漏れが出る。

そこで，個人でも法人でも，業として収入を上げる場合には，青色申告か白色申告かを問わず，原始記録を証拠を残す方法で保存する制度を導入することを義務付ける。具体的には，税務署に届け出た銀行若しくは郵便局の口座（以下，銀行口座という）での取引又は税務署の審査を得た金銭登録機，電子取引[41]その他の金銭の出入を自動記録する（必ず証拠を残す）しくみを利用して記録することを義務付け，記録のない現金取引を禁止するべきである。右記の金銭登録機も銀行取引も利用したくないといっても，青色申告で記録しているとか請求書，領収書があるというだけではたりない。領収書の場合には，複写式で，誤魔化せない一連番号が付くものとするほか，支払者には店頭などに必ず領収書を発行します（発行しない場合は税法上違法です）という表示をすることを義務付ける。支払者が領収書をもらわなければそれだけで不正に荷担していることがわかるようにする。企業間の取引で，いちいち現金を動かさず，最終的に相殺して差額だけを送金する場合には，途中の記録を誤魔化せないものとしなければならないものとする。

確定申告の際には，これらの書類を用意させる。

業として収入を上げる以上，継続的に収入があると推測されるから，これらの負担は重すぎるものではない。他方，個人にたまたま発生する雑所得や一時所得については，負担を考慮して，これらの義務付けは行わない。

これにより，税務職員を増員することなく，現金での多額の謝礼，リベート，パチンコの玉の売上げ，医者の自由診療，獣医師の収入，バー，ソープランド，その他すべての自営業者などの売上げを容易に捕捉できる。収入隠しは，今の制度と比べれば，はるかに減少するから，同じ警察，検察，税務署の人員でも，重点的に取締りができる。したがって，違反者を確実にかつ厳重に処罰することができ，その結果，ますます，違反は減少するのである。

これに対しては，所得が完全に捕捉されて，課税強化になる層からの反対が予想されるが，その代わり，国家としては，プラ・マイ・ゼロとなるように，税率を下げるべきである。国民の多数は所得を完全に捕捉されて損しているから，こうしたしくみでの減税なら，国民の多数派の賛成を得られるであろう。

（2）　反対論のクリア

　納税者の業務負担が増えるという反論がありうる。しかし，金銭登録機は喫茶店でも使っているものである。店舗の賃料の算定方式として，売上げ比例方式がある。そうした店舗では売上げはすべて賃貸人に捕捉される方式が採られている。したがって，その使用を義務付けても，業者の負担はたいして増大しないので，負担増大という反対理由は成り立たない。これは適正な納税の義務に伴う記帳義務の一種と考える。なお，負担が重いと言えば，源泉徴収義務の方が重いが，これは補償なしで義務付けることも合憲とされている。

　したがってまた，小さい営業者についても，スソ切りでこの義務を免除するようなことをしてはならない。

　銀行取引の義務付けは，現金の通用力に対する制限だとか，自由な取引の禁止につながるという反論がある。しかし，それなら，金銭登録機を活用すればよいのである。遠隔地間の金銭移動の場合には，金銭登録機を利用できないが，書留にする必然的な理由はない。書留は銀行口座のない人のためと考えるべきで，業として金銭を受け入れている以上，銀行口座を使うのは当然だとみるべきである。小切手なら，あとで必ず，税務署に届け出た銀行口座に入れることで，この制度の要請を満たすことができる。電子取引なら，そこに金銭取引の証拠が残る方法を採れば，この制度の要請を満たす。海外取引でも，銀行に届け出た証拠を残す方法で行えばよい。もし，これらの方法によらずとも同じ目的を達成できる方法を発明した者はそれによればよいので，法文としては，その他これと同等の目的を達成する方法として所轄税務署長の承認を得た方法という概括条項をおけばよい。

　これは決済方法への税法の介入ではないかという疑問もあろうが，右記のように，これは決済方法の選択を自由としつつ，証拠を残す方法を義務付けるだけである。したがって，それは取引を阻害するものではなく，営業に内在する義務と考える。

　これでもなお，銀行取引などの義務付けは，取引に対する不当な制限であろうか。

（3） 制度の実効性

　これらの義務の遵守状況は取引相手の監視にさらされているから，おおっぴらには違反できない。例えば，バーが金銭登録機を使用しないで現金をポケットに入れようとしても，お客の中に税務職員がいるかもしれないので，ごまかしはきかない。一億総スパイ制度であるから，違反遵守監視の行政費用はほとんどかからない。それでもごまかされるのは，支払者が，受取人の方に受け取った証拠が残らないようにするためにリベート（割引）でも貰って現金で支払うことに合意した場合など，取引当事者が談合した場合であろう。

　そうすると，これだけの監視網があるにもかかわらずこれらの義務に違反した場合には，かなり悪質と考えてよい。したがって，脱税の予備として，重い制裁を科すべきである。制裁の方法としては，刑事罰，重加算税，違反毎に定額の加算税などが考えられる。まず，現金で受領して，金銭登録機にも記録しなかったり，届けていない銀行口座に入金させたら，その金額の一定割合の加算税を導入する（例えば，100万円を現金で受領したことが発覚したら当然に30万円を没収する）。あるいは，重加算税を高くすべきである。汽車のキセルでも3倍取られるのであるから，税金のごまかしに対しても3倍取ってもおかしくはない。その額が巨額になれば脱税犯として処罰する。金銭登録機の記録を故意に改ざんしたら，重加算税を特別高い割合にするか，刑事罰を科す。

　また，個人がこうしたラフな記録をしている場合にはその収入を捕捉するのは推計課税によることになるが，それを合理的に推計するのは税務当局にとっては大きな負担である。推計課税は納税者が義務を怠ったために必要になることであるから，それなりに合理的と認められる方法で行えば多少ラフでも合理性があるとすべきである。

　さらに，支払者が届け出た銀行口座以外に入金するとか記録の残らない現金支払いに合意した場合には，いわば脱税予備の共犯であるから，共犯として処罰する制度を置くとともに，一種の加算税なり秩序罰を賦課する。さらに，こうした者については，経費査定を厳重にする運用を行うべきである。真実経費であれば，経費として認めるしかないが，記録を残すというルールに違反しているのであるから，本当に経費か，疑問があるのである。

　さらに，脱税協力支出は，国家秩序に違反したものとして，それが真実経費

であっても，経費として認めないという立法は可能ではないか。泥棒にも，必要経費がかかるので，認めなければならないといわれるが，それは特別の規定がないからであって，特別の規定をおけば，けっして過大な課税ではないというべきであろう。

納税者基本権[42]という主張があるが，著者はそのほかに納税者の基本的義務を定めるべきだと思う。義務のない権利は脱税を奨励するだけである。給与所得者や著作者はガラス張りで納税しているのであり，どの営業者も，十分記帳をする法的義務を負うとすべきである。その上でならば，納税者の基本権にも賛成できる。

（4）納税者番号制度など，他の制度との関係

納税者番号制度の導入が提案されているが，その制度では貯金や株取引などがわかるだけで，売上げや仕入れなど事業にかかわるものまで適用するのは，事業者の負担が重すぎるとして無理と考えられる。仮に，売上げや仕入れにも適用しても，パチンコの玉の売上げにまで納税者番号制度を適用するのは無理であろう。そうすれば，納税者番号制度では元の収入を適切には捕捉できない。クロヨン対策にはおよそならないのである。したがって，納税者番号制度が導入されても，私案はなお，それを補うものとして，独自の必要性を主張できるものである。

むしろ，納税者番号制度ではプライバシー保護の観点から反対があるが，この提案にはそのような難点がないので，それよりも先に実現すべきである。

また，消費税に関してインボイス方式を導入すれば，消費税だけではなく所得税・法人税の捕捉率が向上するから，それを先行させるべきだという意見もあろうが，そうしてもなお，右記の記録義務付け手法が必要な場合が多い。たとえば，パチンコの玉の売上げは，同じ店の中で玉が動いているだけであるから，インボイスにも記録されない。したがって，消費税の益税阻止手法が導入されても，私案はなお独自の必要性を主張できるものである。記録を義務付けても，取引の内容がわからないと課税の根拠にならないのではないかという疑問もあるが，パチンコ玉の売上げ，獣医師の売上げを記録させれば，その取引の内容は当然に明白である。この取引以外の収入を入れるときは別の金銭登録

機や銀行取引を使うように義務付ければよい。また，売上額がわかれば，その取引の内容を税務調査で解明する大きなきっかけになる。

　さらに，インボイス方式は納税者の負担もある程度重い（パチンコ，ラブホテルの売上げにいちいち一連番号のついた領収書，納品書を発行することを考えよ）。上記の私案なら，手間暇がかからずにおそらくは消費税相当分くらいは徴税できるであろう。実際に計算しなければわからないにしても，これでかなり脱税を捕捉できるから，消費税のような，いい加減か，手間暇のかかるシステムについては，廃止するのも1つの選択肢である。

(5)　誘導手法としての構成

　もし，この手法に法的な疑問があるというのであれば，義務付けではなく，誘導手法として構成すべきである。青色申告の場合には，金銭登録機又は銀行取引口座などの利用を義務付けることにする。そうすれば，それを活用しない者は白色申告になる。白色については，必要経費は推計課税であるが，記録がないのであるから，それなりに合理的と認められる方法で推計した場合には，納税者の方に立証責任があるとすればよい。

　これに対して，現行制度でも青色申告の利用率は低いという反論があるが，それは捕捉率，経費率のほか記帳の手間を勘案すれば白色で課税される方が有利だからである。青色の方が有利なように，白色は，経費率を下げるとか，不利に扱うこととすればよいのである。

3　必要経費(損金)の過大申告の排除

　本来は，さらに必要経費（損金）をごまかされないようにすることも必要である。必要経費について，法律は単に「当該総収入金額を得るために直接要した費用の額及びその年における販売費，一般管理費その他これらの所得を生ずべき業務について生じた費用」（所得税法37条1項）と定めるだけである。そこで，直接にかかった分はすべて経費だといわれるようである。

　しかし，私見では，必要経費とは，支出と営業との合理的な関連性を基準とし，その証明責任は納税者にあると解釈すべきである。

　医療費控除は，「治療……に通常必要であると認められるもの」（所得税法73

条）とされて，この趣旨が明らかにされている。必要経費についてはこのような規定の仕方がなされていないので，反対解釈をすれば，必要経費は，通常必要でなくても，かけた以上は経費であるということになるらしい。しかし，それでは実は必要経費の名の下に節税を許すことになるのである。

例えば，通常の営業者が高級車に乗っていても，営業に使う以上，経費として落とせるとされているが，営業に使っていても，高級すぎる分は経費性を否認すべきだということである。造園屋さんが2,600万円のAMGというベンツに乗っている場合，営業用に半分，半分はレジャーとして利用するとすれば，半分は経費として落ちるということであるが，半分の分も，通常の営業用の車の価格，例えば，200万か300万円を超える部分は経費にはならないとすべきである[43]。

接待費の類も，営業に必要だというのであれば，売上げの一定割合を超えることはないはず（さもないと何のために商売しているのかわからない）であるから，かけたものが全部経費というのは不合理である。条文上は，右の規定の「当該総収入金額を得るために直接要した費用」の「直接」に求めるべきであろう。接待と売上げとの直接的な因果関係がなければ，経費とは認めるべきではない。

さらに，必要経費の考え方として，標準率を実態調査に基づいて法定し，例外は納税者に証明させるべきである。

社宅，通勤費，優遇融資，有利な社内預金，企業年金のようなフリンジ・ベネフィットも，本来徹底的に課税して，課税ベースを広げるべきである。これらを税制上優遇したため，こうした優遇措置のない小企業や公務員などの勤務者との間に大きな不公平を生じ，また，大企業の社員も，会社の提供する優遇措置に縛られ，いわゆる社畜化の一因となっている。

法人税の損金は，原価と販売費，一般管理費などである（法人税法22条3項）から，どこまでを販売費，一般管理費として扱うかに関しては，右記と同様の問題があるのではないかと推察しているが，本章では省略したい。

4 納税者番号制度

(1) 制度のしくみ

　これは納税者毎に番号を付け，名寄せを図ることにより貯金，株などの取引をきちんと捕捉して，適正な課税に努める手法である。これにより，資産や資産性所得も事実上確実に捕捉でき，さらには，その前の闇の収入や経費のごまかしを発見する端緒にもなる[44]。納税者にそれぞれ番号を付け，取引相手方の番号も同時に申告させることにすれば，一方の経費と他方の収入とをチェックしあえることになるので，事業所得の捕捉率が格段に向上するが，それは手間暇をかけすぎだということか，一般には予定されていないようである。

　もっとも，本来は貯金，株の源泉となる本来の所得を把握すべきであり，少なくとも，安く把握する方法があれば，それによるべきであるが，その方法をいくらしっかりしても，資産性の所得を適切に把握できるわけではない。したがって，納税者番号制度は，記録の義務付け手法とは対立することなく，両者を併用することが可能である（ただし，コストの関係でその価値があるかどうかは別）。

　番号の付け方については，年金方式と住民基本台帳方式がある。住民基本台帳法改正法が1998年春に国会に上程され[45]，後者も名乗りを上げたと見られる。

　住民基本台帳法改正法は，すべての国民に，10桁の番号をふり，その氏名，住所，生年月日，性別という4つの情報に住民票コードを付ける。この4つの情報を，都道府県知事が電気通信回線を通じて，一定の行政機関などに提供するしくみである。

　庶民は，住所地以外においても住民票などの交付を受けることができるし，転出入のときは転入，転出届けを1度で済むようになるから便利になるというのである。

　しかし，その程度の便利さのために全国網を作り，当初経費400億円，運用に年間200億円という経費をかける価値があるのか。おそらくやはり，自治省（現総務省）が納税者番号制度の受け皿づくりの主導権を握りたいということではないか。

(2) プライバシー侵害防止策

1) 納税者番号制度については，税制全体の設計やコスト，クロヨン対策としての実効性など種々議論があるが，ここではこれらはクリアされると仮定して，特に一番心配されているプライバシー侵害の問題[46]を考えよう。

まず，国家が所得と資産を把握するのは，プライバシーの侵害ではなく，税制の執行の平等原則と善良な納税者の保護のために不可欠であると考える。悪い奴を逃がさない，逃げ切れない社会は悪いことではなく，良いことだと考える。国家による個人情報の管理が，人間が持つ精神的自由に対する当然の圧迫だという見方[47]はとらない。

しかし，行政(国家)が国民総背番号制で国民の情報を全部把握して自由に活用するのは恐ろしいことであり，情報保護制度の整備が先決である。税務署が所得と資産を他人に漏らさず(租税資料開示禁止の原則，税務情報転用禁止原則)[48]，思想，逮捕歴，職業など，その他の情報とは一切連結しないシステムを作ったくらいでは，情報漏れを防ぐことは難しい。原子力発電所のように，多重防御措置を講ずる必要がある。金子宏の言葉によれば，「二重，三重，四重に鍵をかける」のである[49]。その具体策を多少考えたい。

2) 情報が連結されると，プライバシーの侵害の危険が増幅される。石村耕治によれば，スウェーデンでは，個人のあらゆる情報，つまり，離婚から所得まですべてを把握する上に，それを公開し，国民相互監視システムの下で高福祉，高負担を実現しているという話である。日本でもそのようなことまでいくのではないかというのが，ここでの心配事である。

私は，個人のあらゆる情報を公開して住民相互に監視させるしくみは，そもそも憲法違反である上に，所得はプライバシーだという意識の強い日本で，そのような法改正が行われるとは思われない。国民のあらゆる領域について共通の背番号制を導入すれば，ドイツでも憲法違反ということになっている[50]。しかも，今回成立した情報公開法でこのようなプライバシーをきちんと保護することにしている以上，情報公開法の前提を覆すような情報連結，プライバシー公開法がまさかできるとは思われない。しかし，その方向へとぎりぎりまで進むという心配もわからないことはない。行政としては，あらゆる情報を管理し

たいという欲求が強くなるであろうから，できる限り情報を結合するという方向にいくはずである。

3) しかも，日本では個人情報保護の考え方が浸透せず，同じ自治体内部では税務情報を他の部局の依頼により提供していることが少なくない（著者が各地で聞く経験による）。例えば，福祉関係の手当の支給資格を調べるために直接に住民税担当課に聞くとか，道路の沿道の土地所有者が誰かは登記簿でわかるのに，道路課が固定資産税係に問い合わせるとか，さらには顔パスで端末を叩くといった運用をしている例がある。

国民健康保険料(税)の所得割は住民税の対象になる総所得（地方税法314条の2）による（国民健康保険法施行令29条の5）。保険料(税)賦課担当者はこれを閲覧している。神戸市では，国民健康保険被保険者の所得はオンラインシステムで国保課に提供されている。その法的根拠は，明文の規定がない（厚生省国保課に確認済みとのこと）が，税金相互間は情報のやりとりをしてよいという前提であり，保険料もこれと同じというつもりらしい（兵庫県国保課，神戸市による）。国民健康保険のモデル条例でも，住民税の申告をしている者は保険料の方の所得の申告をしなくてよいということになっているが，それは以上のことを前提としている。しかし，住民税を賦課するために国の税務署で確定申告を調べるには法的根拠があるのであって，税金相互間では情報のやりとりをしてよいということにはなっていない。同じ団体内では情報のやりとりを許すという理由もあるのであろうか。

情報の連結禁止を徹底させることが先である。

4) 行政機関がコンピュータを連結して情報を見るしくみでは，他目的利用の禁止原則の例外として，その連結の要件，見てよい場合などの要件をどのように厳重にしようと，他の行政部局から情報が流れることがある。

これを防ぐには，税務と福祉の情報しか連結できないとすること，その連結機関は，国に1つだけ設立すること，ここでは情報を厳重に監視すること，その情報を見たい国家地方機関は，個別に申請すること，この情報は国の官庁のほかに，地方公共団体も一元的に利用するが，他目的に利用されないように，情報の収集段階で申請し，チェックを受けること，その活動を情報公開すること，インチキで情報を公開してしまった者やそれを幇助した者は厳罰に処する

こと，見てよい場合の決め方を具体的にし，誰でも，わかるように決めて，その判断の誤りがないようにすること，情報を得た機関も，必要がなくなったらその情報を破棄することなどと決めることが必要である。

消費者情報産業など，民間企業が個々人から納税者番号の提出を求め，情報を収集するという心配がある[51]。民間には，銀行，証券会社など，国家による納税者番号の活用に不可欠な業種を除いて，その番号の利用を禁止することにすべきである[52]。住民基本台帳法改正法でも民間利用を禁止している。

5) 自己情報の開示請求権，誤った情報の訂正請求権を認めるのが先決である。個人情報保護法との調整が必要になるが，納税者番号制で収集された資料のうち，第三者の個人情報でないものはすべて請求により本人に開示すべきである。

6) 税務署が納税者の記録を納税者番号制度で整理すれば，銀行，証券会社も，同様にその番号で整理することになろう。そうすると，税務署は，質問検査権を行使して，納税者全員の記録の入っている磁気テープの提出を銀行に求めるなどのことが起きるかもしれない[53]。これはいかにもいきすぎである。そうとすれば，今の質問検査権の規定，反面調査権の規定はおおざっぱすぎるので，納税者番号制度の導入に際しては，これを詳細化して，特定の個人の情報については個別に提示させるに止め，磁気テープをそっくり提出させることのないような規定が必要であろう。調査の必要性を限定するわけである。また，その結果得られた情報を本人に通知することも必要と思われる[54]。納税者番号制を導入するなら，このような税法的な工夫が先決である。

7) 税務署が収集する情報の内部管理を徹底させるだけではたりず，コンピュータへの入力の外部委託から秘密漏洩の危険が生ずる。例えば，京都府宇治市の住民基本台帳などのデータ約21万件以上が流出し，インターネットを通じて販売されていたが，これは電算機室で簡単に複製できるためか，受託業者が持ち出したためとみられている（読売新聞1999年5月23日朝刊27面，24日朝刊26面）。管理体制を徹底し，漏洩はもちろんのこと，漏洩がなくても，管理体制の不備だけで処罰するしくみが必要である。また，外部委託にあたって，分割して多数の会社に委託するなどして，それぞれで情報を流しても価値が低いようにし，漏洩の場合には重罰に処し，また，多額の損害賠償を要求できるよう

に契約すべきである。

8) さらに，情報の危機管理の問題がある。コンピュータ情報にアクセスして，ウイルスをまき散らしたり，ハッカーとして情報を破壊し，盗むという問題である。これは，政府情報に限らず，銀行貯金も同様である。こうしたコンピュータ情報の不正アクセスを厳重に取り締まることが可能になるしくみが不可欠である。

(3) 税情報と福祉サービス施策の連結

1) このように制度が整備されれば，他方，国家の知り得た情報は，脱税調査，税務調査（地方税も含めて）と国家の福祉サービス資格判定のためであれば使ってよいと考える。むしろ，国家による給付の際には積極的に活用するためにこの旨明示的な規定をおくべきである。現在でも，恩給法58条の4第3項，公営住宅法34条，老人福祉法33条，生活保護法29条，児童手当法28条，児童扶養手当法30条などに例がある。

さらに，現行制度でも，情報の連結をもっとしてよい例がある。

地域振興券などの受給要件として，市町村民税の納付すべき税額がないこととされているものがある。自治省は（自治省税務局企画課企画係長事務連絡1998年1月29日）いわゆる臨時福祉特別給付金に関して，プライバシー侵害防止の観点から，「市町村の福祉部局に対し税務資料による協力を行うことができるのは，申請者又は申請者を控除対象配偶者若しくは扶養親族としている者からの同意書の提出があった場合に限る」としている。そこで，わざわざ同意書を取り寄せて調べたら資格がないとして申請を却下することになり，住民にも迷惑であり，行政の手間もかかる。福祉部門が税務資料を見れば該当者一覧を作ることができ，効率がよい。それがプライバシー侵害にならないようにするには，たとえば，65歳以上，市町村民税ゼロといったプログラムを組んで，そこから出た情報を福祉部局に提供することとすればよいのではないか。自治省の態度は硬すぎるだろう（この点の解決策は『やわらか頭の法戦略』第2章で提言した）。

日本の年金と医療保険の制度はいずれも国民すべてが加入する国民皆年金，国民皆保険が前提であり，被用者年金に加入しない人が国民年金に，被用者保

険に加入していない人が国民健康保険に加入するしくみであるが，実際には国民年金，国民健康保険とも加入漏れが出ている。特に，国民年金では加入漏れは170万件にのぼると推定される。年金の加入漏れは，給与所得者が会社を辞めて被用者年金資格を失った際，国民年金への加入手続を怠ることで発生するケースが多い。ただ，医療保険ではほとんどの人が国保への移行手続をするため，国保資格取得情報が年金側に伝われば，加入漏れを防ぐことができる。また，被用者年金の資格喪失情報が市町村に通知されれば，国保の加入漏れも起こらない。

　すでに，市町村では，個人情報保護条例などに基づきプライバシーに配慮して，年金担当部門と国保担当部門で情報をやりとりするところもある。そこで，厚生省は，自治体内部だけではなく，被用者保険を所管する社会保険庁とも情報交換することにより，全国的なネットワークで加入漏れのチェックをすることにした。そのためには，国民年金法，厚生年金法，国民健康保険法の改正が必要だということである（官庁速報平成10年5月6日）。

　私見のしくみによれば，福祉の給付金の支給漏れを簡単に防止することができる。つまり，福祉の給付金は申請主義で，申請しないと権利を失うし，申請が遅れても，支給が遡及せず，損することになっている（児童扶養手当に関する大阪高判平成5・10・5判例自治124号50頁はその広報が不十分でも適法とした）。しかし，支給資格をオンラインのコンピュータで把握すれば，支給漏れがない。コンピュータに入力できる情報，結合できる情報を法律で明示すれば，プライバシー保護の点は大丈夫である。

　この私見のしくみでは情報漏れが心配なら，福祉の情報は，個々人が税務当局から入手して，各種の福祉の申請書に添付するという制度にすべきであろう。しかし，それでは，行政の方から，資格があることを個々に職権で通知するという制度は作れないので，入手し忘れた者には損なしくみである。

(4) そ の 他

1) こうして，納税者番号制が導入されたら，次は，総合課税という主張がある（むしろ，納税者番号制度は分離課税を廃止するためであろう）。しかし，総合累進課税にすれば，高額所得者が貯金，株から逃げるし，家族間で分散すると

か会社に留保してしまう。経済社会に中立的ではない。さらに，また，利子も物価騰貴があれば実質は額面通り高くないし，株には損失のリスクがある。総合課税では，貯金しなかった方が得になりかねない。そのため，源泉分離徴収・比例税率が妥当である。ただ，そうすると，納税者番号制度導入の価値は下がる。

　土地の譲渡所得税については，ここで詳論の余裕はないが，基本的には社会の発展の恩恵を吐き出させるという意味で，株とも異なるから，100％課税とすべきだと思う（売り惜しみ対策が必要なので，その兼ね合いは考えなければならない）。

　法人税まで累進課税にせよと主張されることがあるが，これでは，会社を分割して，小規模会社にして節税させるだけであるし，経済社会に中立的でもない。

　個人でも，累進課税のもとでは，余分に働いた時間の手取り収入がかえって安くなるので，不合理である。かなりの高額所得者に至るまでは，比例税率が妥当である。

　2）　納税者番号制度は住民票とか社会保険番号から転用されることからわかるが，自然人を念頭においている。しかし，法人も貯金するのであるから，法人の資産のごまかしを防ぐために法人にも納税者番号制度を適用すべきである。

5　固定資産の申告，全国名寄せ

　現在，固定資産の名寄せは，所在する市町村単位で行っており，それをこえてはしていない。したがって，資産割をおいている国民健康保険料(税)でも，当該市町村以外に存する資産は考慮外である。かなりの市町村では国民健康保険でも，資産割をおいていない。多くの福祉施策では，固定資産を問題としていないので，固定資産を所有している者も対象になる。これは不合理である。

　そこで，固定資産の名寄せを導入することを考えるべきである。費用がかかるという反論があるのであれば，その費用を試算するとともに，福祉の受給制限を導入，費用対効果を比べればよい。

　全国名寄せまでしなくても，固定資産から収益が上がっていれば，税務申告

をすべきものであるから，市町村は税務署の申告書をコピーする（地方税法325条）際に，合わせて不動産所得の源泉を調査すればよい。それにより住民個々の固定資産を把握すれば，固定資産割は，当該市町村だけではなく，全国の固定資産を合算したものを基準とすることができる。他の市町村所在の固定資産を資産割の基準としてはならないという前記の通達は廃止すべきである。

　これに賛成するとしても，全国名寄せが完成するまでは，この制度は導入できないという議論があろうが，それまでは，自主申告とし，他の市町村に所有していた固定資産を正直に申告しないで，福祉の給付金を得た者は，申告義務違反，詐欺として，発覚したときに，数倍返還させればよい。これでは気の毒だといった反論があろうが，固定資産の所有関係はみんなわかっているはずであり，キセルでも3倍取られるのであるから，これは決して酷ではない。

　なお，福祉の給付金の支給の基準として，固定資産の所有を考慮すると，その基準時点をいつにするかという問題がある。1月1日とすれば，その後の固定資産の売買は考慮されないので，不公平は生ずるが，取引をするとき，福祉の給付金を考慮すべきであるし，売って代金を貯金すればそこで資産として評価され，貯金を下ろしても，不動産を購入すれば，福祉の給付金の基準となる。行政としても調査の手間は増えるが，公平のためにはこの方向に進むべきである。今でも，国民健康保険の資産割は，居住市町村内の資産についてであるが，実際に導入されているのであるから，こうした制度を導入することが困難なわけではない。このような制度をおいても，ダイヤや金，現金で保管していれば，行政に捕捉されないので，資産家でも福祉の給付金を受けられることになる不合理はあるが，それは例外であり，そのような資産保管方法は限られるのであるから，そこまで考えなければ制度化できないものでもなかろう。

6　むすび

　このように，各種の手段を講ずれば，国家は，おそらくはたいした減収になることなく，税率を大幅に下げることができ，福祉の資格判定には所得と資産の両方を基準とすることができるので，国民のプライバシーを害することなく，福祉を公平に配分することができる。

　なお，フローの金は入らないが，ストックのある者は，この説によれば，福

祉の手当は受給できない。代わりに，リバース・モーゲージを導入すれば，丁度死ぬときに財産がゼロに収斂するので，安心である。そのために税制上の工夫が必要になる[55]。

[追記 1]
　　本節は1998年10月の租税法学会報告原稿に，当日の意見をふまえて手を加えたものであるが，著者のアイデアを中心とし，租税法学としては考察の深さの点でも参照すべき文献の点でも不十分である。ご教示をいただければ幸いである。なお，占部裕典氏には適切なコメントをいただいた。本節の内容はこれにより大幅にバージョンアップした。

　　引用しなかった文献として，宮谷俊胤「納税者番号制度論」金子宏編著『二一世紀を支える税制の論理　第二巻　所得税の理論と課題』（税務経理協会，1996年）257頁以下，三木義一＝松岡基子「『納税者番号』制議議における応能負担原則とプライバシーの権利」経通信47巻11号（1992年）15頁以下，和田八束「「納税者番号制度」の再論議と展開」税理35巻 1 号10頁以下（1992年），「特集　納税者番号制度導入のコンテンツ」税研69号（1996年）所載の宮島洋，畠山武道，堀部政男，鶴見祐策，宮口定雄論文参照。

[付記 2]
　　本節は，所得税率は累進税率であり，また，外形に課税するのではなく，所得，益金に課税するという原則に立って考察した。しかし，収入の10%に課税し，それ以上は一切問題にするなという説がある。これなら，全て収入があるときは源泉徴収義務があるというだけで，あとは一切経費なども考慮しないから，課税は容易である。ただ，それでも，収入を捕捉しなければならないから，私見のような収入捕捉手法を同時に導入するべきである。また，この制度でもやはり福祉の給付をするのであろうが，そのためには各人ごとに所得と資産を捕捉する必要がある。私見を抜きにして，このような制度を提案しても中途半端である。

注
1)　塩野宏「行政法の Umbruch」季刊行政管理研究1996年 3 月号 1 頁。
2)　この方向を模索した私見として，阿部泰隆『行政の法システム（新版）』（有斐閣，1997年）389頁以下。
3)　なお，こうした研究には経済学の分析が大いに参考になる。八代尚宏編著『社会的規制の経済分析』（日本経済新聞社，2000年）は必読文献である。この書物に

掲載された行政法研究者の論文として，福井秀夫「司法の規制緩和」がある。これは新古典派的なセンスで分析している。本章全体に参考になるので，個々の引用は基本的に省略し，阿部の知見を中心とした。
4) 『薬害等再発防止システムに関する研究』NIRA研究報告書NO.19990118（1999年）。
5) 藤原静雄『情報公開法制』（弘文堂，1998年）222頁以下，大橋洋一『行政法学の構造的変革』（有斐閣，1996年）332頁以下，山田洋『ドイツ環境行政法と欧州』（信山社，1998年）31頁以下。
6) 神戸環境フォーラム（鷲田豊明＝國部克彦＝阿部泰隆）編『PRTR法は企業と社会を変えるか』（（株）マイガイア発行，（株）通産資料調査会発売，2000年）。
7) 由喜門真治「有害化学物質に係わる情報収集と情報公開—アメリカにおけるEPCRAについて」札幌学院法学12巻1号1頁以下（1995年）。
8) 藤田弘「欠陥住宅防止のための工事監理改革論」阿部泰隆＝根岸哲監修『法政策学の試み　法政策研究（第三集）』（信山社，2000年）201頁以下，あわせて，「ワークショップ　住宅に関する情報提供と保証・保険制度について—表示・保証・保険の可能性と限界を考える」都市住宅学30号77頁以下（2000年）参照。
9) 阿部『前注(2)著』94頁。
10) 中野次郎『誤診列島』（集英社，2000年）31頁以下。
11) 米山公啓『大学病院の本当の話』（三笠書房，2000年）224頁。アメリカなら，医師の評価機構ははるかに発達している（中野『前注(10)書』122頁以下）。
12) 以上は私見であるが，八代『前注(3)書』99頁以下のほか，八代尚彦監修＝通産省サービス産業課編『改革始動する日本の医療サービス』（東洋経済新報社，1999年）参照。
13) 安念潤司「『法学ナビゲーション（新版）』の遅延を弁じて，ロースクール構想の批判に及ぶ」書斎の窓498号24頁（2000年）。さらに，福井秀夫＝川本明『司法を救え』（東洋経済新報社，2001年）参照。
14) 栗城利明「アメリカ自動車情報開示法」阿部泰隆＝根岸哲監修『法政策学の試み　法政策研究（第二集）』（信山社，2000年）222頁。
15) 阿部泰隆「低負担・高福祉の法的手法」財政法叢書12号57頁以下（1996年）。
16) 八代『前注(3)書』22頁以下，155頁以下参照。
17) 阿部泰隆「弁護士などの業務独占の見直し」ジュリスト1172号157頁以下（2000年）。
18) 大橋洋一「福祉オンブズマンの制度設計」『対話型行政法学の創造』（弘文堂，1999年）111頁以下。
19) なお，アメリカでは内部告発者保護法（whistleblower protection act of 1989）が制定されている（丸田隆「企業の不正行為と内部告発責任」法セミ549号82頁以下（2000年）。
20) 阿部『前注(2)著』312頁。
21) 窪田充見「不法行為と制裁」『民法学の課題と展望』（石田喜久夫先生古稀記念）（成文堂，2000年）682頁以下参照。

22) 取引費用や権利の初期配分については，日本法に関してきちんと論じた文献は寡聞にして次のもののみである。福井秀夫＝久米良昭「競売市場における司法の失敗（上）（下）」NBL 671, 672号（1999年），同「短期賃貸借保護の法と経済分析」NBL 670号。
23) 田中英夫＝竹内昭夫『法の実現における私人の役割』（東京大学出版会，1987年）参照。
24) 北村喜宣『環境管理の制度と実態』（弘文堂，1992年）168頁，木原政雄「米国における市民訴訟の一考察」『新井隆一先生古稀記念　行政法と租税法の課題と展望』（成文堂，2000年）35頁。
25) この立法前の立法論として，根岸哲「独占禁止法違反行為に対する私人の差止請求権の立法化」阿部泰隆＝根岸哲監修『法政策学の試み　法政策研究（第一集）』（信山社，1999年）21頁以下参照。
26) 例えば，建築紛争の予防や調整については，千代田区及び都が「建築紛争の予防調整条例」を設け，事前説明の指導や紛争解決に向けた「あっせん」，「調停」を行ってきたが，今度は，建築主が地域関係者等に対して，できるだけ早い時期に，分かりやすく，計画内容を周知するように手続を定めるため千代田区建築計画の早期周知に関する条例を平成14年10月施行した。
27) 文献多数であるが，さしあたり，楠本安雄「都市建築の地域適合性　地域にねざした土地―環境法のために」判タ355号（1978年）4頁以下，五十嵐敬喜『日照権の理論と裁判』（三省堂，1980年）参照。
28) TKCの判例検索で，1995年1月以降の建築基準法 and 日照権 or 日影規制で検索したら，25件検索でき，その中でも下記のものは，建基法に適合している建物でも日照権を侵害したと認めている。
　名古屋地決1995＝平成7年11月8日判タ910号238頁，大阪地判1996＝平成8年9月25日判時1602号104頁，大分地決1997＝平成9年12月8日判タ984号274頁，名古屋地半田支決1995＝平成7年8月10日判時1559号99頁，広島高裁岡山支判　平成10年（ネ）第155号建物一部撤去等請求控訴事件2001年12月14日。
29) 保屋野初子「市民と行政訴訟　第1回　国立マンション訴訟　『違法建築物』を市民は撤去させられるか」法セミ2001年12月号57頁以下，同「二つの『藤山判決』から　情報公開時代には新しい司法アプローチがある」法セミ2002年6月号79頁，五十嵐敬喜『美しい都市をつくる権利』（学芸出版社，2002年）188頁以下，角松生史「建築基準法3条2項の解釈をめぐって」九大法政研究68巻1号（2001年）98頁以下。東京地八王子支決2000年6月6日は角松論文による。
30) 福井秀夫「権利の配分・裁量の統制とコースの定理」小早川・宇賀編『行政法の発展と変革　上巻』（有斐閣，2001年）403頁以下は経済学の議論を法律家向けに説明している。
31) 山梨県ゴルフ場等造成事業の適正化に関する条例は，ゴルフ場の開発規制について，行政指導によっている他の自治体と異なり，知事の不同意に従わずに工事を開始した場合，刑事罰を用意しているが，裁判では，県にこの条例制定権があるかどうかは全く争われず，この不同意は処分とされている（甲府地判1993＝平

成5年(行ウ)第4号1997＝平成9・3・5判決，東京高判平成9年(行コ)第55号2001＝平成13・9・12)。この判決については，椎名慎太郎「現代型訴訟における裁量統制」自治総研2002年4月号60頁以下。

32) 宮澤俊昭「都市環境保全における『公法と私法』」環境法政策学会2002年度学術大会論文報告要旨集（2002年6月8日）1頁以下。

33) 山田洋『大規模施設設置手続の法構造』(信山社，1995年) 参照。

34) 阿部泰隆「給与所得者の必要経費とは—その範囲の考え方と上乗せ実額控除の提案」税務弘報35巻4号（1987年4月）184頁以下。

35) 石弘光「課税所得捕捉率の業種間格差—クロヨンの一つの推計」季刊現代経済1981年春季号72頁以下，なお，阿部泰隆『政策法務からの提言』(日本評論社，1993年) 106頁。

36) 八田達夫「経済教室 規制緩和『弱者』把握前提に」日本経済新聞1997年5月8日朝刊31面。

37) 阿部泰隆「福祉施策の法的視点（中）」自治研究73巻8号3頁以下（1997年）。

38) ただし，2000年になって，65歳から69歳の在職者にも，年金を減額する法改正が行われた。それまでにすでに減額対象になっていない人は減額されず，これから65歳になる人は減額される。これは不公平であり，70歳未満はみんな減額すべきである。

39) 滋賀県の場合，「直前2年間における県税滞納及び納入遅延の有無」を審査項目に入れている。「滋賀県が発注する建設工事等についての契約に係る指名競争入札に参加する者に必要な資格等」昭和63年10月5日，滋賀県告示443，第3条，別表第2，1（1）イ（カ）b。久保井五洋「租税滞納対策としての行政サービスの制限」『法政策学の試み 法政策研究（第2集）』(信山社，2000年) 172頁以下。

40) 八田達夫『消費税はやはりいらない』(東洋経済新報社，1994年) 54頁，164頁以下。

41) 電子取引とは，取引情報の授受を電磁的方式により行う取引をいい，その電磁的記録の保存が義務付けられることになった（電子計算機を利用して作成する国税関係帳簿書類の保存方法等の特例に関する法律10条，1998年法律25号）。この法律に関する詳しい文献として，松沢智編著『コンピュータ会計法概論』(中央経済社，1998年)。

電子取引は納税者番号制度では対応できないので，新しい記録義務付け手法が必要である。岩崎政明「金融ビッグバンと納税者番号制度導入の動き」税理41巻3号2頁以下（1998年）参照。

42) 北野弘久「租税手続の改革と納税者基本権」租税法研究22号（1994年），北野著『税理士制度の研究［増補版］』(税務経理協会，1997年) 116頁以下所収。

43) 阿部泰隆『政策法務からの提言』(日本評論社，1993年) 112頁。

44) 文献は金子宏「納税者番号制度と納税者の秘密の保護」，「納税者番号制度の意義と機能」，「税務情報の保護とプライバシー」『所得課税の法と政策』(有斐閣，1996年) 180頁以下，196頁以下，231頁以下。

45) 1999年春の国会でも審議中。同年6月13日現在。個人情報保護法の制定まで施

行を延期することで成立するという流れのようである。その後成立。
46) 例えば、石村耕治『納税者番号制とプライバシー』(中央経済社、1990年)、同『納税者番号制と国民背番号』(労働法律旬報社、1992年)、同「具体化した納税者番号制度と税務行政の効率化」税理39巻4号2頁以下 (1996年) など。関連文献は必ずプライバシーに言及している。
　これに対して、佐藤英明「納税者番号制導入の可否—論点の整理」税研83号41頁 (1999年) は、プライバシー保護の問題は納税者番号制度導入の障害にならないと見ているようである。
47) 石村耕治前注(46)『納税者番号制とプライバシー』35、36、40頁参照。石村の心配に言及すると、不法就労した外国人が、雇用主の税務申告で発覚しても、私見では、外国人の人権が侵害されたとは思わない。むしろ、法が適正に執行されたと思う。PTAなどが講師などに謝礼を払い、課税庁に申告したら、政府に批判的な場合に弾圧されるといった心配も、著者は杞憂であると思う。税務申告には講演者の名前は書かなければならないが、講演の内容を書く必要はないのであるし、そんな心配があたっているのであれば、今でも、素直に申告している者には弾圧されている者がいるはずであるが、そんな話は聞かない。
48) 金子・前注(44) 192頁、242頁。
49) 金子・前注(44) 228頁。
50) 鈴木庸夫＝藤原静雄「西ドイツ連邦憲法裁判所の国勢調査判決 (上・下)」ジュリスト817号64頁以下、818号76頁以下 (1984年)。
51) 石村耕治・前注(46)『納税者番号制とプライバシー』62頁。
52) 銀行あるいは百貨店の顧客名簿、人材派遣業の登録が流出し、販売されるなどといった個人情報侵害事件が起きているが、むしろこれについて早急に民間情報規制立法を制定すべきものである。ブラックリストに載っていないという証明がないと、家を貸さないといった問題もあるといわれている。これも、家主からみれば無理もないことである。しかし、ブラックリストにいったん載った以上、家を借りられないということが問題であると考えるならば、やはりこのような民間情報の伝達、利用禁止法、少なくともその情報の正確性を担保するしくみと保存期限を定めるしくみを早急につくるべきものである。
53) 水野忠恒「納税者番号制度とプライバシー」税経通信46巻15号23頁 (1991年) 以下参照。
54) アメリカでは金融機関が有する顧客情報に関し政府機関がみだりにアクセスできないように、金融プライバシー権法があるということである。石村耕治・前注(46)『納税者番号制とプライバシー』57頁。
55) 阿部『政策法学と自治条例』(信山社、1999年) 第五章一。
　リバース・モーゲージの税制上の問題については、二一世紀の関西を考える会『安全・安心な都市・地域づくりのために』(1999年) 192頁以下 (占部裕典執筆)。

第5章　行政法解釈学の前進

第1節　行政手続法の整備の意義，聴聞手続と司法審査のあり方

はじめに

　本章は，日本道路公団藤井総裁解任事件東京地裁民事38部平成18年9月6日判決（判タ1275号96頁）を契機として，行政手続法整備の意義と，その定める聴聞手続に対する司法審査のあり方について，一般論を述べるものである。そのために，行政手続法がなぜ必要となったのか，諸外国の動き，わが国の判例，学説，立法の動きを素描する（文献は無限であるので，かなり調査はしたが，網羅的ではないことをお断りする）。日本の学会が総力を挙げて行政手続法の整備に努力した様子，判例にも，行政手続法が制定される前でも，法文の形式的な解釈ではなく，英米法流に創造的な解釈を行ったものが少なくないことを明らかにしたい。そして，聴聞を経た行政処分の司法審査を実体的判断代置主義で行うことが許されるのかどうかを検討する。

　結論的に言って，行政手続法の制定により，司法審査のあり方はいわば大変革を成し遂げるべきで，聴聞手続をふむべき事件では，被処分者には，適法な聴聞手続を経た処分を受ける利益があり，裁判所は，聴聞手続がきちんと行われたかどうか，聴聞手続によって事実認定が的確に行われたのかどうかを審理すべきである。聴聞手続を抜きにして，本案について自らの目で見て，実体的判断代置方式を採ることは，行政手続法を空文化し，同法に違反し，立法者と学界＝学会と裁判所がこれまで総力を挙げて蓄積した膨大な財産を無にすることになると考えられるのである。

1　日本道路公団総裁解任の法制度の確認

　本章は，表題に関して一般論を述べるものであるが，前記日本道路公団藤井

総裁解任事件東京地裁平成18年9月6日民事38部判決を念頭におくので，まず最初に，これに関する法制度を確認しておきたい。道路公団総裁は，政権にとっても極めて重要なポストであるから，政治的に任命される。

その関係もあって，その解任も，一部では政治的に行って良いと誤解されており，その結果，司法審査の場でも，任命権者に広い裁量を認めるべきだとの誤った解釈論につながってくるおそれがあるからである。

(1) 日本道路公団総裁の解任事由——政治的解任は禁止

日本道路公団法13条2項（同法は，2005年10月の道路公団民営化に伴い既に廃止されたが，ここで引用するのは本件当時（2003年10月）のものである）では，解任事由は，「心身の故障のため職務の執行に堪えないと認められるとき」，「職務上の義務違反があるとき」，「その他役員たるに適しないと認めるとき」に限られている。日本道路公団総裁の地位には4年の任期が付いており（同法11条），その任用も政治的に行われる点で，一般の職員のそれとは異なるが，任期中は，手厚い身分保障を与えるのが立法者の意図するものである。解任について政治的に行えるという規定はないのである。論理的にも法制度上も，政治任用だから，政治的解雇もできるということにはつながっていない。

したがって，「道路公団民営化の政府方針を円滑に推進するにはふさわしくないと判断した」との判断で解任することは違法である。

立法論としては，このような重要なポストは，時の政権の方針に従うべきであるから，大臣交代の際，少なくとも，政権交代の際には，自由に解任できるという制度をおくべきだという意見もあろう。例えば大臣交代の際にはいったん機械的に総裁任期が切れる，といった特別の規定をおくこと，少なくとも内閣が交代した場合には，新しい大臣が総裁の解任を求めることができるとする制度をおくことは考えられる。しかし，それは立法論である。

しかも，そうした立法論が当然に妥当なわけではない。もし大臣が替わるたびに，総裁が交代するという制度を導入するとすれば，総裁は，大臣の交代を予想して行動することになり，短命とか，交代が予想される大臣の威令は届かないという弊害が起きる。日本道路公団のような巨大な組織（それは巨大な利権まみれになる可能性がある）に対しては，政治家の圧力が多方面からかかってく

るが，総裁はその圧力に屈しやすくなるという問題がある。

現行法は，この観点を考慮して，せめて任期中だけでも身分保障を与えることとして，政治的解任を認めていないことを最初にきちんとふまえておく必要がある。

したがってまた，解釈論において，一方的な立法論を先取りして，総裁の解任事由について大臣に裁量を認めることをしてはならないのである。まして，事実認定において，大臣の処理理由を尊重してはならないのである。

総裁の解任事由は，「その他役員たるに適しないと認めるとき」という抽象的ないわゆる不確定法概念で定められているので，任免権者である大臣に広い裁量が認められるとの主張があるが，これを自由裁量とすれば，政治的解任が行われて，法律の趣旨に反するので，これはいわゆる法規裁量つまりは司法が全面審査する概念と解すべきである。

（2）聴聞手続の適用──一般の公務員よりも手厚い解任手続

しかも，一般職の公務員の免職については，聴聞手続はおかれていない。免職の際に処分説明書が交付されるだけで，処分後に人事院（国家公務員の場合），人事委員会，公平委員会（地方公務員の場合）に救済を求めて，そこで初めて，一種の聴聞が行われるだけである（国公法89条，地公法49条）。

これに対して，日本道路公団総裁には，国家公務員法の適用がないが，かえって一般法である行政手続法が適用され，解任の場合には聴聞の制度が適用される（行政手続法13条1項1号ロ）。行政手続法の適用を排除する規定はない。

日本道路公団総裁は，高位高官のポストだから，手続の保障のない解任を認めるべきだとの見解もあるが，法制度は逆に，政治的圧力がかかりやすいポストであるからこそ，高度の身分保障を認めていると解されるのである。

2　行政手続＝事前手続に関する各国法制の発展

（1）伝統的事後的実体審査システム＝大陸流の法治国家

行政機関が行政行為（行政処分）を行うときは，法律に従わなければならない。この「法律による行政の原理」が行政法最大の基本原理である。それを担保するものは最終的には司法による救済，つまり行政訴訟である。

これについては，元々，ヨーロッパの大陸法（ドイツ，オーストリア，フランスなど）と英米法では異なった思想でできていると言われてきた。

大陸法では，行政庁が行政行為を発する段階では，相手方や利害関係者の意見を聴かず，自らの責任で判断し，不服審査庁が事後の不服審査において，さらに，訴訟の段階では裁判所が，行政行為が法規に適合するかどうかについて事後的に実体審査することにより法治行政を担保するシステムを採用していた（事後的実体審査システム）。裁判所は，法規裁量の行為（これは字義に反し，裁量行為ではなく，全面的に司法審査が及ぶ覊束行為である）については，行政庁と同様の立場で事実認定を行い，その法規適合性を審理し（これを実体的判断代置主義という），自由裁量の行為については，裁量濫用のみを審理するのである。このシステムは，法規裁量行為であれば，司法による徹底的な審理により権利救済を図りうるというメリットを有する。

しかし，反面，行政の手続なり処分過程が不透明のままで，裁量のベールに隠れた恣意的な処分の統制が不十分となりやすい。処分が仮に違法として取り消されるとしても，救済が遅れ，既成事実の原状回復による種々の摩擦・社会的不利益が生じる。被処分者にとっては出訴・訴訟追行の負担が大きいという欠点を伴った。処分が不明確な規定（不確定概念）で規定されている場合，建前としては行政に裁量を認めないといっても，実体的判断代置主義は必ずしも十分に機能しないのであり，法治国家としても十分な制度ではないのである。

（2） 英米法の事前手続＝英米流の法の支配

これに対し，英米法にも実体的判断代置主義をとる審査方式はある（いわゆるde novoの審査）が，むしろ，行政に広い裁量を認め，行政は事前に利害関係者に告知・聴聞（notice and hearing）の機会を与えて，裁決（adjudication）を下し，裁判所は行政手続が遵守されたかどうかに重点をおいて統制し，行政活動が法律に適合するかどうかという実体法の側面については統制を弱めるシステムに特色がある。イギリス法のnatural justice（自然的正義）の法理（山田幸男「行政手続と自然的正義の原則」ジュリスト・英米判例百選（1964年）24頁参照）や，アメリカ法のdue process of law（適正手続と訳されることが多いが，法の適正な過程を指す）の法理がこれである。これは元々判例法であったが，アメリカでは

1946年に行政手続法（APA, Administrative Procedure Act）が制定され，イギリスでは1958年に審判所及び公聴会法（Tribunals and Inquiries Act）が制定された。

なお，ここにいう行政手続は行政処分前に行う事前手続を指し，告知・聴聞のほか，記録閲覧，理由附記（理由の提示）を含む。同じく行政の行う手続でも，不服審査手続は処分の事後になされるもので，行政手続とは区別される。

アメリカの行政手続では，個別の処分に相当する裁決を，ヒアリングを行った後記録に基づく決定を行うように個別の法律で定められているものがある。これを正式裁決という（宇賀克也『アメリカ行政法 第2版』(弘文堂, 2000年) 97頁)。

これに関する文献は無数であるが，まず，鵜飼信成編著『行政手続の研究』(有信堂, 1961年）は，アメリカ連邦行政手続法を制定史と個別のしくみについて丁寧に検討しており，特に，橋本公亘「行政聴聞」と「行政手続法（訳文)」を掲載している。

さらに，注目すべき文献として，次のようなものがある。

1. 鵜飼信成『行政法の歴史的展開』(有斐閣, 1952年) 第6章
2. 橋本公亘『米国行政法研究』(有信堂, 1952年) 第1章
3. 連邦司法省［他］『米国行政手続法解説』(法務府法制意見第四局, 1952年, 法務資料第319号)。
4. ランディス［他］『行政手続』(法務府法制意見第四局資料課, 1950年, 法務資料第309号)
5. 川上勝己「アメリカ行政手続法とその直面する課題」ジュリスト212号 (1960年)
6. 山田幸男「イギリス　フランクスリポート」ジュリスト212号 (1960年)
7. 外間寛「アメリカ行政法における公正な手続」公法研究23号441頁以下 (1961年)
8. 園部逸夫『行政手続の法理』(有斐閣, 1969年)
9. 杉村敏正『法の支配と行政法』(有斐閣, 1970年)
10. 外間寛「アメリカの行政聴聞（法窓展望)」時の法令．通号770号 (1971年)
11. 外間寛「行政のデュー・プロセス—アメリカの公的扶助の行政手続にお

ける聴聞」法学新報79巻9号（1972年）
12. 熊本信夫『行政手続の課題』（北海道大学図書刊行会，1975年）
13. 熊本信夫「行政手続の法典化—英米系諸国」『行政法大系3』（有斐閣，1984年）77頁以下
14. 木村実「イギリスにおける双方聴聞原則—その展開と範囲」拓殖大学論集158号（1985年）
15. 本多滝夫「アメリカの行政手続法の概要とその特色（行政手続法の立法課題〈特集〉）」法時65巻6号62頁以下（1993年）
16. 榊原秀訓「イギリスの行政手続の概要と特色（行政手続法の立法課題〈特集〉）」法時65巻6号67頁以下（1993年）

　これは，行政の判断形成過程を公正・透明化することによって，事前の救済に寄与し，不当・違法処分を防止し，裁量をある程度統制できて，上述の事後統制の欠点を修正するメリットを有するが，裁判のレベルでは，実体審査が不十分ではないかという問題がある。
　とはいっても，その実体審査の範囲は時代とともに揺れ動き，1980年代においては，実体的合理性を求めた司法審査がなされている（古城誠「規制緩和理論とアメリカ行政法—規制の失敗と裁判所の役割」アメリカ法［1986－2］273頁以下，同「規則制定と行政手続法（APA）」藤倉皓一郎編『英米法論集』〈東京大学出版会，1987年〉223頁以下，蔡茂虎「アメリカにおける規制緩和と司法審査—『厳格な審査』論に関する一考察」名古屋大学法政論集135，136号，1991年参照）ので，アメリカ法における実体審査は本当は不備ではない。むしろ，司法審査に消極的な日本の判例よりも実体に深く介入している印象を受ける。

（3）　大陸法の発展
1）　オーストリア
　実は，大陸法もかなり早くから事後的実体審査のほかに事前手続を導入していた。オーストリアは既に1926年に一般行政手続法を施行していた。しかも，それは判例を集大成したものである。
　これについては，尾上実元熊本大学教授の一連の論考がある。

1．「一般行政手続法に関する―資料1－2」自治研究35巻3号，4号（1959年）
2．「欧州諸国における一般行政手続法の立法的傾向1－3」自治研究35巻12号，36巻2号，36巻11号（1959，1960年）
3．「オーストリア行政手続法の輪郭と問題点」ジュリスト212号（1960年）
4．「オーストリア行政手続法の問題点」公法研究23号（1962年）
5．「オーストリア行政裁判所と行政手続法―判例法形成過程の一考察1」熊本法学2号（1964年）
6．「オーストリア行政改革における行政手続法制定の意義1－2（完）」自治研究．41巻4，9号（1965年）
7．「オーストリア一般行政手続法の歴史的・実証的研究（むすび）」札幌学院法学20巻2号（2004年）

2）ド　イ　ツ

ドイツ（旧西ドイツ）は1977年になってようやく連邦行政手続法を施行したが，ただ，それは既に判例で形成された法理（理由附記，官庁の書類の閲覧権なども含めて）を体系化したにとどまる（バッホフ〈阿部泰隆訳〉「ドイツ連邦共和国の行政手続法」自治研究54巻1号，1978年）。

ドイツの連邦行政手続法については，詳しくは，海老沢俊郎『行政手続法の研究』（成文堂，1992年）を参照されたい。この法律の前史からこの法律の論点が広く検討されている。さらに，同「西ドイツ・オーストリア」『行政法大系3』（有斐閣，1984年）19頁以下参照。高木光『技術基準と行政手続』（弘文堂，1995年）は行政手続法制定の際に行われたドイツ法調査の報告書を収録している。

ドイツでは，日本流の制定法準拠主義という発想はなく，判例は，むしろ不備な実定法を憲法の柔軟な解釈により補ってきたのである。それが後から法律の形で整理されるのである。制定法の国と言われるドイツでも，判例法の国である英米法に似ているのである。

理由附記としては，ドイツ行政手続法39条は，「書面による行政行為又は書面により確認された行政行為には，書面により理由を附記しなければならない。理由付けにおいては，行政庁がその決定をするに当たって考慮した重要な

事実上及び法律上の根拠を示さなければならない。裁量決定の理由付けにおいてはさらに，行政庁がその裁量の行使に当たって基礎とした観点をも明らかにするものとする」としている。もちろん例外はあるが，これが原則である（このテーマについては，上原克之「裁量決定における理由付記の意義」兼子仁＝磯部力編著『手続的行政法学の理論』（勁草書房，1995年）207頁以下参照）。

　われわれから見て驚くべき例としては，司法試験（Staatsexamen）の受験者が自分の答案に対する採点書類を閲覧して，その成績の理由を知ることができるという制度になっていることである（高木光『前掲書』132頁以下）。これは権利救済の実効性を保障する法治国家の原理によるものである。さもなければ，不合格者は国家試験の採点を実効的に争うことはできず，救済手段を失うからである。

　ドイツでは，正式の行政手続，計画確定手続のほかに，通常の手続としては，略式行政手続の制度をおく。計画確定手続（原発，長距離道路，鉄道などに適用）においては，公開の聴聞を経て，すべての許認可を統合する計画確定決定がなされる（計画確定手続については，成田頼明『行政手続の比較研究』（第一法規，1981年），山田洋『大規模施設設置手続の法構造』（信山社，1995年））。正式行政手続（連邦鉱業法など。他に例は少ない）においても，すべての関係人に意見を述べる機会を与え，口頭審理を行った後に初めて行政行為を発布する。これに対して，通常の略式行政手続では，手続の方式は決まっておらず（無方式），口頭審理は不要で，書面による意見聴取で十分であり，また，聴聞や理由の附記が不服審査の段階で追完されれば瑕疵は治癒されるので，手続の要請は不服審査の段階を含めて初めて保障されることになっている（高木光『前掲書』116頁以下）。手続保障の点では必ずしも十分ではない。

　ハイデルベルク大学名誉教授・シュミット・アスマンの2007年3月2日・東大における講演（「ヨーロッパ行政法：ドイツ行政法秩序によっての革新か攪乱か？」）によれば，ドイツ法では，これまで行政手続法に「従属的機能」しか割り当てていないが，ヨーロッパ法の影響により行政手続法により大きな価値を与えることが求められている。

　このほか，ドイツ法制に関しては次のものがある。

早い段階で，金子宏「ドイツにおける行政手続の過去と現在」ジュリスト212号（1960年）がある。

法律が成立した段階で，前掲バッホフ（阿部泰隆訳）のほか，植村栄治「西ドイツにおける行政手続法の制定とその内容」ジュリスト632号（1977年）85頁以下がある。

日本の行政手続法制定直前に，小山正善「ドイツの行政手続法の概要と特色（行政手続法の立法課題〈特集〉）」法時65巻6号71頁以下（1993年）がある。

3）　フランス・ラテン系諸国

フランスではコンセイユ・デタ（行政裁判所）による事後的統制が中心で（これについては，阿部泰隆『フランス行政訴訟論』（有斐閣，1971年）），事前手続は軽視されてきたと言われる。今日でも統一的な行政手続法典は存在しないが，行政裁判所の判例と補完的に個別法令が行政の手続的統制の問題を処理している。判例では，通りにキオスクを設置する免許の更新の拒否について，事前の理由の開示が必要とされた。防御権（droits de la défense）の法理が判例で承認されているのである。法律としては，行政と公衆の関係の改善のために一連の立法が行われ，1979年の理由附記法は一定の不利益処分について理由附記義務を定め，1983年11月28日のデクレ（政令の一種）は，行政文書の公開，事前の通知，制裁事由の開示，理由附記，対審手続等を定めている。意見書提出ないし聴聞を要するのは，理由附記法で理由附記を義務付けられる行政処分である（平田和一「フランス行政手続法制の概要と特色」法時66巻5号78頁，1993年）。

さらに，主要な関係文献として，次のものがある。

1．磯部力・フランス判例百選80頁［26］（1969年）
2．皆川治廣「フランスにおける行政の手続的統制」自治研究59巻11号125頁以下，60巻7号108頁以下（1983，1984年），皆川＝小早川光郎「フランスにおける行政の手続的規制」『現代行政の統制—フランス行政法研究』（成文堂，1990年）273頁以下
3．久保茂樹「フランスにおける行政行為の理由附記」民商87巻5号703頁以下，6号855頁以下（1983年）
4．交告尚史「フランスにおける行政と公衆の関係改善」六甲台論集31巻4号・32巻1号（1985年）＝『処分の理由と取消訴訟』（成文堂，2000年）25-28

頁

5．多賀谷一照「フランス行政手続法（1－3完）（第2次行政手続法研究会報告より）」自治研究64巻5号97頁以下，64巻6号103頁以下，64巻7号105頁以下（1988年）

　最近では，「行政機関との関係における市民の権利に関する2000年4月12日の法律第2000－321号」24条が，理由附記を要する個別の決定における対審手続を国の行政機関（それは1983年のデクレで定められていた）からすべての行政主体に義務付けた。
　これについては，岡村美保子「フランスの行政改革―行政機関との関係における市民の権利に関する法律（フランスの行政改革―行政機関との関係における市民の権利に関する法律）」外国の立法218号18頁，27頁（2003年）。

　さらに，ラテン系の行政手続法に関しては，次のものがある。
1．中村弥三次「イタリア・スペイン系行政手続法」ジュリスト212号（1960年）
2．多賀谷一照「ラテン諸国の行政手続法」『行政法大系 3巻』（有斐閣，1983年）
　この意味では，大陸法が事前手続を知らないという見方は誤解である。ただ，国によりその制度の作り方は一様ではない。

（4）韓　　国
　隣国の韓国でも，日本よりちょっと遅れて，1996年に行政手続法が制定された。「行政の公正性，透明性及び信頼性を確保」することが目的である。ドイツ法の影響もあるが，日本法に似ている点がたくさんある。処分の事前通知，聴聞の制度があることももちろんである。
　その翻訳として，尹龍澤「韓国の行政手続法」ジュリスト1114号95頁（1997年）がある。
　その他，韓国行政手続法に関する文献を挙げておく。

1．金　伊烈　著：尹　龍澤訳「韓国における行政手続の実証的研究」創価法学14巻2号（1984年）
2．上杉信敬訳「1996年韓国行政手続法」東亜経済研究57巻3号（1988年）
3．西尾　昭訳「韓国の行政手続法案（資料）」同志社法学40巻5号（1989年）
4．南　博方訳：尹　龍澤訳「韓国の行政手続法案」ジュリスト950号（1990年）
5．趙　元済「韓国の行政手続法草案の概要と特色（行政手続法の立法課題〈特集〉）」法時65巻6号82頁以下（1993年）
6．梁　承斗「韓国行政手続法制（（韓国の行政法の現状と課題―2完―）」自治研究71巻5号（1995年）（なお，この「韓国の行政法の現状と課題1」はこの著者とは別人の別論文である）
7．金　忠一「日本と韓国における行政手続法に関する小考」中央大学大学院研究年報28号（1998年）
8．尹　龍澤「韓国行政手続法の主要内容と特色について―韓国1987年法案及び日本の行政手続法との比較の視点から」『行政法学の発展と変革　上』（有斐閣，2001年）637頁以下

(5)　台　　湾

　台湾では，1987年に戒厳令が解除され，民主化が進んで，行政法制も大きく改革されている。行政手続法（1999年公布，2001年施行），地方制度法（1999年公布・施行），訴願法，行政訴訟法（1998年公布，2000年施行）及び行政執行法（1998年公布，2000年施行）の大幅修正がそれである。
　特に，行政手続法の制定により行政法学の性格が変化したと指摘される。「行政の優越性・固有性を基礎とする行政法学は，行政官僚制が国家政策のために国民をいかに管理するかの技術体系法学と位置づけられていた。しかし，……今までの官僚法学は，ようやく基本的人権保障を基軸とする行政法学へと展開し，個人的権利保護を基礎とするいわゆる近代国家型行政手続法の制定につながるようになる」ということである（蔡秀卿「転換期の台湾と行政手続法」神長勲＝紙野健二＝市橋克哉（編）『公共性の法構造―室井力先生古稀記念論文集』（勁草

書房,2004年)267頁以下)。
　この蔡秀卿論文のほか,台湾の行政手続法に関する文献として次のものがある。
　　1.劉宗徳「中華民国の行政手続法草案の概要と特色」法律時報65巻6号（1993年）
　　2.王萱琳「中華民国における行政手続法制定及び行政争訟 二 法改正（一,二・完)」六甲台論集46巻3号（2000年),47巻1号（2000年）

(6) まとめ

　以上のように,法律による行政の原理を実現するには,実体的判断代置方式は不十分な審理方式である。違法な処分は事前に可及的に排除されるべきであるとして,大陸流の国でも,事前の聴聞段階での救済が必要とされている。法治国家を本当に実現するには,実体法と手続法の両面から行政をコントロールし,権利を守ることが必要であることが国際的な標準装備となっているのである。
　なお,各国の行政手続法の発展に関しては,南博方＝高橋滋編著『注釈行政手続法』（第一法規,2000年)32頁以下（山田洋)も要領よくまとめている。

3　行政手続法制定前の実定法の状況

(1) 告知・聴聞

　こうした諸外国の趨勢に反して,日本では従来統一的な行政手続法がなく,事前手続は個別法で要求されているにすぎず,不備・不統一であった。
　告知・聴聞,弁明の機会の供与などの制度についてみると,免許の取消しや停止その他の侵益的行政行為（不利益処分)には例が多かった。
　より広く,新規に免許を与え,拒否する場合についても告知・聴聞が認められている例はないことはなかったが,少なかった。告知・聴聞の規定をおかない法律も多かった。
　これらの中には,不均衡なものが多かった。例えば,同じ公物管理における監督処分でも,道路法や都市公園法には聴聞の規定があるのに,河川法,海岸法には規定がなかった。

告知・聴聞などを要求する規定でも，その手続は精粗さまざまであった。書面で済ませるものから，口頭審理を行わせるもの，代理人，公開の有無を規定するものなどと，そうしないものなど，いろいろで，不透明であった（以上の状況については，阿部泰隆『行政の法システム（初版）』（有斐閣，1992年）531-2頁。この部分は，新版には収録していない）。

丁寧な手続（準司法的手続）を定めているのは，独禁法の審判手続である。これはアメリカ流の正式の裁決手続に近い。

（2）理由附記

行政の決定には理由が必要である。これは法治行政の必要に基づく。つまり，私人の行為には私的自治の原則が支配し，各人はなすとなさざるとの完全な自由を有するから，その行動，例えば契約，縁組みの拒否について理由を付ける必要はない。これに反し，行政の活動，少なくとも国民の権利や自由を制限する活動は法律に基づく必要があり，そのためにはそれなりの理由が必要である。いわゆる自由裁量が認められる場合でも，行政は恣意的な権力発動を許されているわけではないから，それなりには理由の付く行動をする必要がある。

問題は，この理由をあらかじめ明示する必要があるかどうかにある。この点，日本では従来一般法はなく，個別法で規定していたために，規定は不備不統一であった。

4 判例の発展と評価

（1）告知・聴聞の判例

1）濱秀和論文と白石判決

昭和40年代前半までの判例分析としては，濱秀和「行政手続の規制」（ジュリスト500号，1972年）がある。これは次のような指摘をしている。

行政手続の規制に関する判例，ことに手続の保障を問題とした判例はごくわずかに散見されるだけである。この原因は，大陸型の法治主義になじみ，行政作用に対する国民の権利・利益の救済をもっぱら実体的側面から法の解釈・適用によってすることに慣れた法律実務家の資質にその一因がある。

実定法に行政が行政処分をするについて履践すべき手続を規定してある場合においても，当該規定のおかれた実質的意味を検討し，そこから当該手続違背が処分の瑕疵となる具体的な理由を示しているものはめずらしい。

　実定法が被処分者に対する弁明の機会の付与，聴聞等の規定をおいていない限り，当該処分が被処分者の権利・利益を侵害する不利益処分である場合においても，聴聞等の手続をとるかどうかは全く処分庁の自由であり，この欠缺が処分手続に何らの影響も及ぼさないとしているのではないかと思われる。いわば，右のような聴聞手続の履践の必要は，形式的に実定法にそれを認めた規定があるかどうかによって定まるものであり，実定法規を離れて処分の性質により，条理上，あるいは憲法上の手続保障の規定から右のような手続の必要性を肯定するものではないということである。

　例外は，宇都宮地裁昭和34年12月23日判決（行集10巻12号2597頁）である。これは，教育委員会が教育公務員である原告に対し懲戒免職処分をするに当たって，ほとんど事実調査，資料の収集も行わず，被処分者である原告に釈明の機会も与えなかった旨の原告の主張に対し，「原告の教育公務員たる身分を奪うような重大な処分をするについては，何等かの方法によってその弁解をきくべきことは条理上当然に要請される……［のに，］弁解もきかず……早急に懲戒免職処分にしたことは……著しく妥当性を欠き……その取扱は公正を欠くというべきである。」とし，これが，「すべて職員の分限及び懲戒については，公正でなければならない。」と規定している地方公務員法27条1項に違反する処分で取消しの原因となる旨判示した。右の地方公務員法の規定から事実認定の公正のための，手続的要件を導き出している点で，極めて斬新な判決であると考えられるが，この時点でこれに続く判例は現れなかった（その後のものは後述）。

　しかし，いわゆる個人タクシー事件と群馬中央バス事件の東京地裁判決（裁判長白石健三の名をとり，白石判決とも呼ばれる）が，画期的であり，判例の発展の契機となった。それは，濱によれば，従来の判例と全くおもむきを異にし，一応行政手続のあり方に関する問題点のすべてをその中に包含しているものということができるとする。そして，この判決は，最高裁においてもかなりの部分において維持された。

以下，重要な判決を紹介検討する（判例は無限であり，これらの判例に反して，告知・聴聞の要請に消極的なものもあるが，ここでは，判例の総合的分析を目的とするものではないので，丁寧にふれる余裕はない。『行政手続法関係執務資料』（法曹会，1997年）は，昭和46年から平成6年までの行政手続に関する判例を整理している）。

なお，ここで濱秀和が多数の論文で行政裁量の司法統制のあり方について貢献してきたことを示す。

1．「行政裁量の司法統制─判例を検討して」北海道駒沢大学研究紀要2号143頁以下（1967年）
2．「行政訴訟の審理方式についての若干の感想」判時479号5頁以下（1967年）
3．「行政事件訴訟法施行後における行政裁判例の傾向（1－5完）」判時516，519，522，528，538号（1968－69年）
4．「行政訴訟に対する仮処分の排除」『実務民事訴訟講座 第8』（日本評論社，1970年）
5．「行政事件訴訟の方向（判例について）」判時632号12頁以下（1971年）
6．「行政手続の規制（特集・判例展望）」ジュリスト500号84頁以下（1972年）
7．「訴訟手続上の若干の問題点 行政事件訴訟法の10年（特集）」ジュリスト527号（1973年）60頁以下
8．「行政処分の取消訴訟と無効確認訴訟の関係」『公法の理論 中：田中二郎先生古稀記念』（有斐閣，1976年）
9．「行政裁量論」遠藤博也・阿部泰隆編『講義行政法Ⅰ（総論）』（青林書院新社，1984年）
10．「無名抗告（法定外抗告）訴訟（行政事件訴訟法判例展望〈特集〉）─（行政事件訴訟法判例展望）」ジュリスト925号114頁以下（1989年）
11．「実務を通じてみた行政訴訟制度の問題点（研究報告）（現代型争訟─争訟制度の改革にむけて）」公法研究52号165頁以下（1990年）
12．「差止訴訟（一号請求）」園部逸夫編著『住民訴訟』（ぎょうせい，1991年）
13．「行政手続法の活用方法と行政訴訟への影響（市民の立場に立った行政争訟

法の改革〈特集〉」自由と正義45巻6号28頁以下（1994年）
14.「シリーズ・行政訴訟制度改革を考える　制度を支える法曹，とくに裁判官・弁護士の質の向上へ」ジュリスト1217号71頁以下（2002年）
15.「改正行政事件訴訟法とその運用等（特集　行政事件訴訟法改正）──（各界から見た評価・課題）」ジュリスト1277号（2004年）

2)　個人タクシー事件

　これは個人タクシーの免許申請を，免許基準（当時の道路運送法6条）を具体化した，転業の容易さと一定年限（7年）以上の運転歴という内部基準を満たさないとして却下した処分にかかるものである。

　ただし，当時の道路運送法では事業の免許に関して聴聞が必要とされていた（当時の122条の2。現行法では，同法89条，90条ではなく，行政手続法の申請に対する処分のルールにより聴聞も弁明の機会も不要である）ので，これらの事件では聴聞が必要であるのにしなかったというのではなく，聴聞は行われたが，それが十分かどうか（釈明義務の規定がないのに，釈明する義務があるか），審査基準を事前に設定して公表する必要があるかどうかが問題になったのである。

　1審判決（東京地判昭和38・9・18行集14巻9号1666頁）は，当該処分に先行した聴聞における聴き方の不十分さを指摘した。具体的には，申請人が現在洋品店を経営しているというだけで個人タクシーに転業困難と決めつけてはならず，本当に転業するかどうかを聴くべきであり，申請人の国内での運転歴は基準に不足するが，軍隊での運転歴も入ることを教えなければならないというのである。

　最高裁（昭和46・10・28民集25巻7号1037頁，行政判例百選『第5版』246頁）もこの判断を維持し，多数の者から少数の者を具体的事実関係に基づき選択する場合には，「明文の規定がなくとも」「事実の認定につき行政庁の不公正を疑うことが客観的にもっとも認められるような不公正な手続をとってはならない」し，内部的にも審査基準を設定する必要があるとした。

　前記濱論文は，1審判決について次のようにコメントしている。

　本件において，審査手続開始前に具体的基準が確立しておらず，それは聴聞手続開始後に係長級以上の少数の者の間で口頭による申合せ事項として了解されていたにすぎず，聴聞担当官自身も基準の存在，内容を知らされていなかっ

たという事実を認定の上，免許・申請拒否処分を違法であるとした。

この判決は，それまでに見られないいくつかの重要な問題点についてふれている。まず，国民は適正な手続，すなわち，公正な事実の認定について行政庁の独断を疑うことがいわれがないと認められるような手続によって行政処分を受くべき権利ないし法的利益を有すること，憲法31条，13条は右のような国民に対する手続保障を要請する趣旨を含むものであること，どのような手続が適正手続に当たるかは当該処分の目的，性質，これにより規制を受くべき権利自由の性質，その他一切の具体的事情をしんしゃくして各個に決すべきこと等である。

最高裁判決はほとんど控訴審判決のそれと同一であるが，実体法の解釈から導き出したとはいえ最高裁が公正な手続により処分を受けることのできる法的利益を行政客体の側に認めたことは画期的であって，今後のこの種の処分について実務上大きな影響を与えずにはおかないと思われると。

筆者の評価でも，この一般理論は判例法による行政手続の創造として，欧米並みになったものとして歓迎されるし，学説でも一般には肯定的に受け入れられている。

3) 群馬中央バス（群中バス）事件

（ア）事案の成り行き

これは運輸審議会が，公聴会を経て，新規のバス路線の免許申請について，既設路線の乗継と比べて，時間がかかり，運賃も高くなると認定したので，運輸大臣がこれに基づき，「事業開始が輸送需要に対し適切なもの」（当時の道運6条1項1号）に当たらないとして却下した事件である。白石判決（東京地判昭和38・12・25行集14巻12号2255頁，該当箇所は2317頁以下）は手続重視の審査方法によりこれを取り消し，高裁（東京高判昭和42・7・25行集18巻7号1014頁）は伝統的な実体的判断代置主義により，申請路線は時間も金もかかると自分で認定して処分を適法とし，最高裁（昭和50・5・29民集29巻5号662頁，行政判例百選『第五版』248頁）は，公聴会で運賃，輸送時間について釈明しなかったことを不十分としつつ，釈明しても結果は同じとして，結局処分を適法とした。結果に影響があれば，この釈明不十分は，明文の規定がなくても，取消事由になるということである。

実体判断は，高裁では可能ということであったが，最高裁は手続を重視したのである。

ここでは陸運局長の段階での聴聞と，運輸審議会の公聴会手続が問題となっているが，行政手続の判例として重要なのは後者の部分である。重要な判例なので，引用する。

(イ) 聴聞手続の意義

まず，公聴会における聴聞手続の意義と方法について次のように述べる。

「運輸大臣は，自動車運送事業の免許の許否を決する場合には，原則として運輸審議会にはかり，その決定を尊重して，これをしなければならないとされている。法は，運輸大臣が運輸審議会の決定を尊重すべきことを要求するにとどまり，その決定が運輸大臣を拘束するものとはしていないから，運輸審議会は，ひつきよう，運輸大臣の諮問機関としての地位と権限を有するにすぎないものというべきであるが，しかしこのことは，運輸審議会の決定が全体としての免許の許否の決定過程において有する意義と重要性，したがつてまた，運輸審議会の審理手続のもつ意義と重要性を軽視すべき理由となるものではない。一般に，行政庁が行政処分をするにあたつて，諮問機関に諮問し，その決定を尊重して処分をしなければならない旨を法が定めているのは，処分行政庁が，諮問機関の決定（答申）を慎重に検討し，これに十分な考慮を払い，特段の合理的な理由のないかぎりこれに反する処分をしないように要求することにより，当該行政処分の客観的な適正妥当と公正を担保することを法が所期しているためであると考えられるから，かかる場合における諮問機関に対する諮問の経由は，極めて重大な意義を有するものというべく，したがつて，行政処分が諮問を経ないでなされた場合はもちろん，これを経た場合においても，当該諮問機関の審理，決定（答申）の過程に重大な法規違反があることなどにより，その決定（答申）自体に法が右諮問機関に対する諮問を経ることを要求した趣旨に反すると認められるような瑕疵があるときは，これを経てなされた処分も違法として取消をまぬがれないこととなるものと解するのが相当である。そして，この理は，運輸大臣による一般乗合旅客自動車運送事業の免許の許否についての運輸審議会への諮問の場合にも，当然に妥当するものといわなければならない。」

これは,「決定（答申）自体に法が右諮問機関に対する諮問を経ることを要求した趣旨に反すると認められるような瑕疵があるときは」,実体判断の適法性を論ずることなく,その手続違反だけで,処分を取り消すとの趣旨である。

（ウ）　要求される手続の内容

　次に,要求される手続の内容について判決は次のように述べる。

　「公聴会の審理を要求する趣旨が,前記のとおり免許の許否に関する運輸審議会の客観性のある適正かつ公正な決定（答申）を保障するにあることにかんがみると,法は,運輸審議会の公聴会における審理を単なる資料の収集及び調査の一形式として定めたにとどまり,右規定に定められた形式を踏みさえすれば,その審理の具体的方法及び内容のいかんを問わず,これに基づく決定（答申）を適法なものとする趣旨であるとすることはできないのであつて,これらの手続規定のもとにおける公聴会審理の方法及び内容自体が,実質的に前記のような要請を満たすようなものでなければならず,かつ,決定（答申）が,このような審理の結果に基づいてなされなければならないと解するのが相当である。すなわち,道路運送法6条1項の定めるところによれば,一般自動車運送事業の免許基準は,当該事業の開始の輸送需要に対する適切性,当該事業の開始による当該路線又は事業区域に係る供給輸送力と輸送需要量との均衡,当該事業遂行計画の適切性,適確な事業遂行能力の有無,当該事業の開始の公益上の必要性及び適切性等広い範囲において相互に関連する幾多の考慮事項を含み,かつ,その判断基準自体が著しく抽象的,概括的であるため,これについて客観的に適正かつ公正な判断を可能とするためには,その基礎となるべき関連諸事項に関する具体的事実について,多面的で,かつ,できるだけ正確な客観的資料をあまねく収集し,その分析,究明に基づく事実の適切な認定のうえに立つて,輸送に関する技術上及び公益上の適正な評価と比較考量を施さなければならないのであり,しかもこの判断たるや,事柄の性質上,ある程度の見解の相違をまぬがれないものであるため,政策遂行上の責任者である決定権者に対して,この点につき,ある程度の裁量の余地を認めざるをえないのである。しかもこれに加えて,免許の許否が,ひとり免許申請者のみならず,これと競争関係に立つ他の輸送業者や,一般利用者,地域住民等の第三者にも重大

な影響を及ぼすものであることにかんがみると、許否の決定過程における申請者やその他の利害関係人の関与が決定の適正と公正の担保のうえにおいて有する意義は格別のものがあるというべく、この要請にこたえて法が定めた運輸審議会の公聴会における審理手続もまた、右の趣旨に沿い、その内容において、これらの関係者に対し、決定の基礎となる諸事項に関する諸般の証拠その他の資料と意見を十分に提出してこれを審議会の決定（答申）に反映させることを実質的に可能ならしめるようなものでなければならないと解すべきである。特に免許申請者に対する関係においては、免許の許否が直ちにその者の職業選択の自由に影響するものである関係上、免許の許否の決定過程におけるその関与の方法につき特段の配慮を必要とするのであつて、前記のような免許基準の抽象性と基準該当の有無の不明確性のために、行政庁側からみてその申請計画に問題点があると思われる場合であつても、必ずしもその点が申請者には認識されず、そのために、これについて提出しうべき追加資料や意見の提出の機会を失なわせるおそれが多分にあることにかんがみるときは、これらの点について申請者の注意が喚起され、あるいはまた、他の利害関係人の反対意見や資料の提出に対しても反駁の機会が与えられるようにする等、申請者に意見と証拠を十分に提出させることを可能ならしめるような形で手続を実施することが、公聴会審理を要求する法の趣旨とするところであると解さなければならない。」

　ここでは、裁量の余地を認めざるを得ない処分の場合、行政手続が特に重要であることが指摘されている。そして、聴聞手続がおかれているときは、その手続において「関係者に対し、決定の基礎となる諸事項に関する諸般の証拠その他の資料と意見を十分に提出してこれを審議会の決定（答申）に反映させることを実質的に可能ならしめるよう」に、「他の利害関係人の反対意見や資料の提出に対しても反駁の機会が与えられるようにする等、申請者に意見と証拠を十分に提出させることを可能ならしめるような形で手続を実施」しなければ違法なのである。

　（エ）　手続の瑕疵と実体判断の関係
　では、手続の瑕疵と実体判断の関係はどうなっているか。
　「運輸審議会は「草津町と高崎、伊勢崎、太田の諸都市とを結ぶ交通機関と

しては，長野原，渋川経由の経路により既設の交通機関の乗り継ぎによる方が，申請路線によるよりも運転時間，運賃等の面において便利であると考えられるので，上告人による申請区間におけるバス運行の開始は，現状においては，その緊要性に乏しく，上告人の申請は，道路運送法5条1項1号及び5号に適合しない。」との理由で，本件免許申請は却下することが適当である旨の答申をしたものであつて，要するに，申請計画による申請者の事業内容が既設輸送機関のそれに比して運転時間，運賃等の面において便利性に劣ることを決定的要因として，輸送需要と供給能力との関係において適切性と公益上の必要性を欠くとされたのである。ところで，原審の認定したところによれば，上告人の本件申請計画における右の諸難点については，すでに，右公聴会において，一応，他の利害関係人からの指摘がなされており，また，運輸審議会の委員からも，上告人の申請計画に関して乗車回数の推定根拠，乗車密度，平均乗車粁，道路舗装状況等について質問がなされたというのであるから，上告人においても，右申請の問題点が何であるかについては，おおよそ推知することができたものと考えられるのであるが，さらに進んで問題をより具体化し，上告人の事業計画並びにその根拠資料における上記運賃，輸送時間の比較及びこれとの関係における輸送需要（見込）量と供給力との均衡等に関する問題点ないしは難点を具体的に明らかにし，上告人をして進んでこれらの点についての補充資料や釈明ないしは反駁を提出させるための特段の措置はとられておらず，この点において，本件公聴会審理が上告人に主張立証の機会を与えるにつき必ずしも十分でないところがあつたことは，これを否定することができない。しかしながら原審が当事者双方の完全な主張・立証のうえに立つて認定したところによれば，運輸審議会が重視した上記のごとき既設輸送機関との運賃及び輸送時間の比較については，本件処分当時においても，申請路線によるそれが，所要時間において相当に劣り，また運賃も太田，草津間を除いては計画自体においてもすでに他の輸送機関のそれよりも高額であるのみならず，上告人が申請路線について旅客に対し適切な役務を提供するに足りる企業の採算性を維持しようとするためには，遠距離逓減率を考慮しても申請にかかる運賃を根本的に修正しなければならないこととなり，既設交通機関を選択した場合の運賃と比較すればその差異は，太田，草津間においても，またその他の区間において

も相当の懸隔を生ずることが明らかであるというのであり，原審が右認定の理由として説くところから見ても，仮に運輸審議会が，公聴会審理においてより具体的に上告人の申請計画の問題点を指摘しこの点に関する意見及び資料の提出を促したとしても，上告人において，運輸審議会の認定判断を左右するに足る意見及び資料を追加提出しうる可能性があつたとは認め難いのである。してみると，右のような事情のもとにおいて，本件免許申請についての運輸審議会の審理手続における上記のごとき不備は，結局において，前記公聴会審理を要求する法の趣旨に違背する重大な違法とするには足りず，右審理の結果に基づく運輸審議会の決定（答申）自体に瑕疵があるということはできないから，右諮問を経てなされた運輸大臣の本件処分を違法として取り消す理由とはならない。」

これによれば，聴聞においては，「問題をより具体化し，上告人の事業計画並びにその根拠資料における上記運賃，輸送時間の比較及びこれとの関係における輸送需要（見込）量と供給力との均衡等に関する問題点ないしは難点を具体的に明らかにし，上告人をして進んでこれらの点についての補充資料や釈明ないしは反駁を提出させるための特段の措置」を取るべきことになる。聴聞手続に瑕疵があるかどうかの司法審査においては，このように，聴聞当事者に十分な反駁の機会を与えたかどうかが審理されるべきである。

この事件では結論としては手続の瑕疵は処分の取消事由にならないとされている。

その理由として，第1に，「上告人においても，右申請の問題点が何であるかについては，おおよそ推知することができた」ことが考慮されている。それは事前にそれを予測して，準備する余裕があったかどうかが争点になるだろう。

そして，次に，決め手とされているのは，「仮に運輸審議会が，公聴会審理においてより具体的に上告人の申請計画の問題点を指摘しこの点に関する意見及び資料の提出を促したとしても，上告人において，運輸審議会の認定判断を左右するに足る意見及び資料を追加提出しうる可能性があつたとは認め難い」ということである。

これだけの判示では，どれだけの意見と資料を提出する用意があったか，それができたら結論にどれだけの影響があったのか，第三者にはわからないが，聴聞の場合にはその「認定判断を左右するに足る意見及び資料を追加提出しうる可能性があつた」かどうかは審理されなければならない。

このように，個人タクシー判決も群中バス判決も，条文に規定のない釈明義務を創造して，丁寧な審理を求めている。

(オ) 濱論文コメント

前記濱論文は次の指摘をする。群馬中央バス事件について，前記個人タクシー事件と基本的には同じ判示をし，国民が適正手続，すなわち，行政庁の判断について恣意，独断ないし他事考慮を疑うことがいわれがないと認められる手続により行政処分を受くべき権利ないし利益を有することを前提とした。

この東京地裁の2つの判決は，行政手続の規制が行政過程における手続的保障として把握できるとした最初の判例であり，その在るべき方向について一応もれなくふれているものと言えるであろう。ただここで，これらの判決のいう適正手続というのは，英米でいう告知と聴聞を要件とするような狭いものではなく，手続全体が公正でなければならないという広い内容のものである点が注目されるべきであり（英米でいう bias についてはもちろん, Extraneous Considerations〈他事考慮〉までをも内容としている），かつ，国民の側からこのような適正手続をみた場合，それが権利ないし法の利益，いわば手続的権利として構成されているところに大きな特色があるということができる。

(カ) 最高裁越山調査官解説

この事件の最高裁調査官解説（越山安久『最高裁判例解説民事篇昭和50年度』256頁）は，次のようなコメントをしている。「本件一審判決は，……個人タクシー事件の一審判決とともに，行政処分に公正手続の保障を認めた画期的判決とされる。右各判決に示された理論はある程度最高裁判決によって認知されたとはいえ，その後におけるこの理論の裁判例において占める地位は，必ずしも着実なものではないように思われる。その理由としては，一面において，伝統的な大陸法的思考，すなわち行政処分の内容が法令に適合しているかどうかを中心とする実体法的思考が，依然として強いことによるものといえようが，他面において，行政処分における適正手続の保障の理論が，英米法の理論の直訳

的な総論形成の段階にとどまり，各種の処分についていかなる手続が適正な手続といえるかという各論的な部分が成熟した理論として形成されていないため，具体的な事案について裁判官として納得しうる結論を出しにくいことにもよるのではないかと思われる。この面での一層の理論の展開が望まれる」と。

　この当時は，行政手続法の制定という立法的解決が期待できなかったため理論の充実が望まれていたが，今日では行政手続法が制定されたので，この調査官解説の要望は実現したと言うべきである。このような状況においては，この調査官解説の立場によれば，手続審査の要請を後退させるべきではなく，聴聞を経た処分については，実体的な判断代置主義によるべきではなく，手続重点主義的な審理を行うべきことになる。

（キ）　白石健三判事のコメント

　個人タクシー事件，群馬中央バス事件の第一審裁判長として，行政手続法理の創造に貢献した白石健三裁判官は，行政訴訟は，現状では，横綱と幕下の相撲，訴訟の当事者は車の両輪というが，原告の車輪が小さすぎることを指摘している。そこで，当事者双方ができるだけ4つに組み，良い相撲を取れるように裁判所はお手伝いをしなければならないとして，そのためには行政事件訴訟をどのような形で追行し，どのような審理方式で審判するのが適切かという問題であるが，として手続的な審理を提唱する。英米の法律家は，行政権の恣意専断に対し，適正手続の原則を行政の手続……の上に発展させ拡充することによって国民の権利を守ってきた。それは簡単に言えば，告知と聴聞の機会である。これは見方によっては，司法権の行政権に対する譲歩であるが，他の見方からすれば，司法権がその本来の使命を自覚した姿だと言えるということである。実際，社会生活はますます複雑化し，行政庁は裁量権ごとに専門的，技術的裁量権を行使して行政作用を行わざるを得ない。素人の裁判官では，行政庁の専門的技術的裁量の中身に立ち入って，その是非を批判することは行いがたい。このような事情の下では，裁判所は，裁量権行使の手続が適正に行われるべきことを要求することにより，それを司法審査を通じて保障するわけで，また，適正手続の保障という見地からならば，裁判所としても，真にその能力を発揮しうるわけである（「行政事件訴訟のありかた」判時428号3頁，1966年）。

　行政と被処分者などとの間は，およそ対等の関係ではなく，「ネズミがライ

オンに挑むよう，蟻が象に挑むよう」なものというのが私見である。被告は，当該法律の所管官庁であり，かつ執行官庁として，関係情報を豊富に有し，しかも，税金で，組織を挙げて，最高裁まで争うのに対し，原告側は，情報も限られ，資力も乏しく，初めから，勝負ができるような体力がないのである。白石判事はこのことをすでに40年以上も前に，幕下が横綱に挑むよう，と理解されていたのである。誠に慧眼と言うべきである。

　白石判事は，豊富な比較法的知識を背景に，行政訴訟のあり方について将来を洞察する学術的な論文も多数書かれているので，ここに紹介しておく。

1. 「公法上の義務確認訴訟について」公法研究11号（1954年）
2. 「公法関係の特質と抗告訴訟の対象」『岩松裁判官還暦記念　訴訟と裁判』（有斐閣，1955年）
3. 「ドイツの行政裁判について」法曹時報9巻11号（1957年）
4. 「公務員の退職願の撤回の時期」ジュリスト184号（1959年）
5. 「砂川事件の最高裁判決について」法律のひろば13巻2号（1960年）
6. 「抗告訴訟」比較法15号（1978年）
7. 「株主相互金融会社における株主優待金は所得税法上の利益配当か」ジュリスト214号（1960年）
8. 「地方自治法第146条の規定による職務執行命令訴訟における最高裁判決」法律のひろば13巻8号（1960年）
9. 「経営補助者たる非組合員の解雇の撤回を目的とする争議行為は適法か」ジュリスト204号（1960年）
10. 「行政処分無効確認訴訟について　1－2（完）」法曹時報13巻2－3号（1961年）
11. 「行政事件訴訟―昭和36年度判例回顧」判タ14巻12号（1963年）
12. 「行政事件訴訟の審理をめぐる実務上の諸問題（研究会）」判タ16巻6号（1965年）
13. 「行政事件訴訟のあり方」判時428号（1966年）
14. 「農地移転許可無効確認の訴と闇小作人の原告適格」民商法雑誌57巻1号（1967年）
15. 「行政救済制度は生きているか（国民と行政救済（特集））／座談会」自由

と正義23巻10号（1972年）

(ク)　綿貫芳源

英米法に詳しい綿貫芳源は「告知・聴聞を中心とする公正手続の内容と限界—行政機関の行為に対する司法審査の範囲」『公法の理論 中』（有斐閣，1976年）995-1062頁という長い論文において，上記の判例を含めて，判例を総合的に分析した後，公正手続の根拠を憲法31条に求め，制定法の根拠の有無を問わず行政機関の行為にこれが要求されていると解するが，他方憲法の要求を最小限にとどめて，行政の能率を害さないようにするとの観点から種々の検討をしている。

これは行政手続法制定前の解釈論として最小限の主張であると思われるので，同法が立法化された今日でも，憲法31条の趣旨を害さないことは最小限必要であるということになる。

(ケ)　手続的瑕疵の効果

群中バス最高裁判決は，「手続的瑕疵の効果」の問題を扱っている。手続的瑕疵が実体法上の結論に影響を与える可能性があれば取り消すべきであるとするこの結論は一般的にいって基本的に支持されている（山田洋「手続的瑕疵の効果」行政法の争点（新版）92頁）。そこでも紹介されているが，西ドイツ行政手続法46条においては，手続の瑕疵が処分の取消原因にならないのは，異なった内容の決定がなしえなかった場合に限っている。

この点は，詳しくは次の論文がある。

1．小山正善「手続瑕疵ある行政行為の法的効果について—西ドイツ行政手続法46条を中心として　1－3完」山口経済学雑誌　36巻3＝4号，5＝6号，37巻1＝2号（1987年）

2．海老沢俊郎『行政手続法の研究』（成文堂，1992年）306頁以下，341頁以下

3．池村好道「ドイツにおける行政手続の瑕疵・再論」『自治行政と争訟』（ぎょうせい，平成15年）449頁以下

4）　運転免許取消処分における聴聞の瑕疵—浦和地判昭和49年12月11日—

運転免許の取消処分に当たって必要な聴聞（現在は意見の聴取という制度になっている）において，被処分者の反論権を十分に保障しないことを違法とし

て取り消した判例（浦和地判昭和49・12・11行集25巻12号1546頁，判時774号48頁）がある。

「運転免許の取消処分をするにあたつて，道路交通法が公開による聴聞を経ることを要件とし，かつ，その聴聞において被処分者に意見を述べ，有利な証拠を提出する機会を保障したのは，公開による聴聞を行うことにより取消処分の基礎となる事実やこれを前提とした法律適用について，被処分者に十分意見を述べさせ，立証を尽くさせることによつて，公安委員会の事実認定およびそれを前提とした法律適用に恣意，独断の疑いが入らないようにし，もつて，取消処分の適正さを確保するためである……。

当該取消処分の結果に影響を与える可能性のある事項のなかに，事実認定上微妙なものが含まれているため，あるいは，法律適用上見解の対立の予想されるものがあるため，被処分者に十分な主張，立証を尽くさせることが事実認定やそれを前提とする法律適用に適正さを期するうえで重要であると認められる場合に，被処分者において当該取消処分を争う意思を有しているにもかかわらず，有効適切に意見を述べ，有利な証拠を提出することができないとするならば，法がこれを保障した趣旨は，甚だしく損なわれるといわなければならない。法が聴聞の実施に先立つてその期日および場所とともに，処分しようとする理由を通知することを要する旨規定しているのも，被処分者に可能な限り右に述べた権利を有効適切に行使させるためであるにほかならない。

それゆえ，運転免許の取消しの場合の聴聞につき規定する道路交通法，同施行令および一般の聴聞の手続につき規定する「聴聞および弁明の機会の供与に関する規則」（埼玉県公安委員会規則昭和42年第8号）のいずれにも明文の規定はないが，当該取消処分の結果に影響を与える可能性のある事項のなかに，前述した事実認定上微妙なものが含まれているとき，あるいは，法律適用上見解の対立の予想されるものがあるときは，被処分者において争う意思を有している以上，被処分者に対し当該事案全体につき包括的に答弁を求め，主張立証の有無を確認するといつた聴聞にとどまるのでは足りず，進んでその事項を具体的に摘示し，被処分者に主張立証を促す方法をとることによつて聴聞を実施することまで要し，かつ，事実認定上微妙なものを含んでいるがゆえに被処分者に当該事項を摘示すべきであると認められる場合にあつては，証拠を開示するこ

とによつて第三者の名誉が害され，あるいは，刑事事件の捜査裁判に支障を来たすといつた事情が認められない限り，あわせて当該事項に関連する主要な証拠を具体的に開示したうえ，被処分者にこれに対する反論立証の機会を与えることを要するものと解するのが相当である。そして，このような見地からすると，公安委員会が，被処分者に前述した問題事項を具体的に摘示することを要する場合であるのに，これを行わないまま漫然と聴聞を実施し，その結果，被処分者において十分主張立証を尽すことができなかつたと認められる事情が存するときは，そのようにして実施された聴聞は，法の要求する聴聞としての実質を欠くものと評しうるから，これを前提としてなされた取消処分も，違法である……。」

……

「そして，本件事案の性質内容に照らせば，会田公安委員において前記事項に対する反論立証を促し，かつ，関連する証拠を具体的に開示していたならば，当然に原告より事故の際の状況の説明がなされるなどの主張立証がなされたものと推認されるのであり，原告は，十分な主張立証を妨げられたといつてよい。

してみると，本件聴聞手続は，この点において違法である。」

これは聴聞手続を形だけすれば適法となるものではなく，その趣旨に即して的確に行うことを求めているのである。

5) 埋立免許における告知聴聞——松山地判昭和43年7月23日——

公有水面埋立免許の際埋立て海域に漁業権を有する漁民の意見を聴取しなかった場合，憲法31条違反との疑いを持って，執行停止を認めた例がある。憲法31条から，解釈論的に行政手続の要請を創造したのである。

公有水面埋立法は，「法令ニ依リ土地ヲ収用又ハ使用スルコトヲ得ル事業」に該当するときは地方長官は埋立を免許することができる（当時の公有水面埋立法4条3号）と定めていた。同法は，「右免許にあたり，これによって不利益を受ける利害関係人の権利を保障するための手続規定を全くもうけておらず，他の法令中にも右の手続を定めたものが見当らない……。しかしながら当裁判所は，同条にいう免許処分……をするにあたつては，少くともその公有水面に関し権利を有する者に右免許に関し意見を述べる機会を与えることが，適正手続

を保障した憲法第31条の要求するところであると考える。」

「憲法第31条は行政手続や財産的利益の剥奪に関しても適用があると解すべきかという点については，……当裁判所は右のいずれの場合についても同条の適用を肯定するのが相当であると考える。もとより行政手続と刑事手続の両者に同条の適用があるといつても，一般に刑罰の方が行政処分よりも，これを受ける者に対しより強度の苦痛を与えるものであること，行政事務の合目的的な迅速処理の必要性などを考えれば，同条の要求する適正手続の具体的内容は，右両手続において自ら異つてくることになるであろう。換言すれば，通常，行政処分を行なうにあたつて遵守を要求される適正手続は，刑罰を科する場合のそれよりも，より緩和されたものでたりるといつてよい。さらに，財産的利益の剥奪についての適正手続の保障も剥奪される利益の程度，行政処分の要緊急性などに応じ，その具体的内容に合理的差異が生ずることもまた当然であろう。したがつて緊急の必要に応じて一時的になされる，軽微な財産的利益の剥奪については場合により適正手続の保障が不要とされることもありえよう。

さて，適正手続の内容についても，多くの見解が見られるところであるが，当裁判所は，何人かに対し不利益処分をする場合にはその者に対し右処分に関し告知，聴聞の機会を与えるということが，そのもつとも基本的要請であると考える（聴問の内容としてどの程度のものを要求するかは問題であるが，文書又は口頭で意見を陳述することができるということが，最少限必要な内容であることは疑いがない）。けだし，これによつて国民に自らの権利を守る機会を与え，行政当局の判断の適正を期待することが可能であるからである。それだからこそ，最高裁判所も，刑事制裁的色彩があり，かつ司法手続のなかで行われる第三者の所有物の没収処分についてではあるけれども，『その没収に関して当該所有者に対し，何ら告知，弁解，防禦の機会を与えることなく，その所有権を奪うことは，著しく不合理であつて，憲法の容認しないところであるといわなければならない。』（最高裁判所昭和37年11月28日判決，刑集16巻11号1593頁）と判示していると思われる。」

「本件処分が……公有水面埋立法第4条第3号によつてなされたとすると，右処分は……利害関係人の権利保障のための手続規定を全く欠く法規に基づく行政処分，すなわち，右処分により財産上の不利益を受ける漁業権者たる申立

人に右処分に関し，告知，聴問の機会を与えるべき旨を定めた規定すらない状態においてなされた行政処分であるから，適正手続の保障との関係で問題がある。公有水面埋立法の規定がこの点でいかに不備なものであるかは，たとえば，土地収用法において利害関係人の権利保障のための周到な規定があること，公有水面埋立法第4条第3号による免許処分の場合に酷似する河川法第40条第1項第1号の許可処分をなすに際しても……，あるいは公益上の必要により漁業権の変更，取消，停止をなしうることを規定した漁業法第39条第1項による処分をなすに際しても，いずれも右処分前にあらかじめ利害関係人に告知をし，かつ意見陳述の機会を与えることが法律上要求されている（河川法第38条，第39条。漁業法第39条，第34条）ことなどを考えれば，容易に理解しうるところである。」（松山地判昭和43・7・23・行集19巻7号1295頁，判時548号63頁）。

6) 公務員の免職における告知・聴聞の要請

公務員の免職処分については，告知・聴聞を求める明文の規定はない。行政手続法でもその適用が排除されている。しかし，憲法31条などを根拠に，これを要するとする判例が若干ある。先に濱論文で紹介した宇都宮地判昭和34・12・23行集10巻12号2597頁のほか，2つの判例を紹介しておく。

「被告教育委員会がその所管に属する学校等の職員に対し地方公務員法第29条に基づいて懲戒処分をする際どのような事前手続を履むべきかを明示した規定はない。したがつて，どのような方法と手続で事実を認定し，懲戒権を行使するかは被告教育委員会の裁量に委ねられていると解するほかない。しかしながら，『すべて職員の分限および懲戒については公正でなければならない』と定めた地方公務員法第27条第1項の趣旨に鑑みると，被告教育委員会としては事実認定と処分の種類の選択について慎重な手続を経べきことは当然である。そうだからこそ，被告委員会としても自ら……分限，懲戒，諮問委員会規程……を設け，懲戒事案を同規程の定める職員分限懲戒諮問委員会に諮問することとしていると考えられる。

懲戒処分の不利益処分としての性質に鑑みると，被告委員会が地方公務員法第29条に基づく懲戒処分，とくに公務員にとつて極刑ともいうべき懲戒免職処分をするに当つては，事前に処分さるべき当該職員に問題とされている事件の内容を具体的に告知し，当局が嫌疑の根拠としている資料の実質的内容を知ら

せ，弁明と防禦の機会を与えること（以下右の手続を「公正な告知と聴問の手続」という。）は，イギリス法にいわゆる「自然的正義」(Natural Justice) の要請するところといえよう。そうだとすると，被告委員会としては，かりに当該職員に対し告知と聴問の手続を履践しても，実体的判断を左右するような弁明と資料が提出される可能性が全くないような特別の事情がない限り，公正な告知と聴問の手続を履践しないまま懲戒権を行使することは裁量権を逸脱するものといわなければならない。

そして，右のような特別の事情がないのに，公正な告知と聴問の手続を履まないまま懲戒処分がなされた場合には，懲戒処分の違法を招来すると考えるのが相当である。」（甲府地判昭和52・3・31判タ355号222頁）。

「法令の規定上は告知・聴聞の手続を被処分者の権利として保障したものと解することはできず，告知・聴聞の手続をとるか否かは処分をする行政庁の裁量に委ねられているものと解することができる。ただ，懲戒処分の中でも懲戒免職処分は被処分者の実体上の権利に重大な不利益を及ぼすものであるから，処分の基礎となる事実の認定について被処分者の実体上の権利の保護に欠けることのないよう，適正・公正な手続を履践することが要求されるというべきである。このような観点から考えると，告知・聴聞の手続を経ることは，手続上不可欠のものではないが，右の機会を与えることにより，処分の基礎となる事実の認定に影響を及ぼし，ひいては処分の内容に影響を及ぼす可能性がある場合であるにもかかわらず，右の機会を与えなかつたときには，その手続は，適正・公正な手続ではなく，これによつた処分は違法となるが，そうでない場合には，右の機会を与えなかつたとしても処分は違法とはならないものと解するのが相当である。」（東京地判昭和59・3・29判時1109号132頁，判例自治5号44頁，公務員百選64頁）。

7) 成田特別法最高裁平成4年7月1日判決

いわゆる成田特別法に関する最大判平成4年7月1日（民集46巻5号437頁，判時1425号45頁）は，行政処分の際に事前手続の機会を与えるかどうかは，行政処分により制限を受ける権利利益の内容などと処分により達成される公益の内容，緊急性などを総合的に比較して決すべきであり，空港の安全確保は公益的，人道的見地から極めて強く要請され，高度かつ緊急を要するのに対し，制

限される権利は破壊活動のための集合などに限定されているので，同法上の工作物使用禁止命令について事前に告知，弁解，防御の機会を与える旨の規定がなくとも，憲法31条には違反しないとした。その園部逸夫意見は，不利益処分には原則として事前手続を要するが，緊急の場合は例外としている。

この判決が行ったのは行政手続法制定前の憲法解釈論であるが，行政手続法も，緊急の処分には適用を除外し（同13条2項1号），成田特別法8条の2は行政手続法の適用を除外している。

8）ニコニコタクシー事件大阪地判昭和55年3月19日

聴聞の際には先に処分事由を告知すべきであるが，違反法条のみを示せばよいか，具体的な違反事実を示す必要があるかという問題が生じた。

聴聞に際しては，いちいち明文の規定がなくても，被聴聞者がその機会を活用して自己の主張を立証するためには，何について違反したかが示される必要がある（ニコニコタクシー事件，大阪地判昭和55・3・19判時969号24頁）。単に違反法条を示しただけではたりない。さもないと，被処分者はあらゆる違反を想定して防御活動をしなければならなくなり，不可能を要求されることになるからである。現行行政手続法（15条1項2号，30条2号）ではこの趣旨が明示されている。

（2）　理由附記の判例

1）　理由附記が義務付けられていない場合

理由附記が法律上義務付けられていない場合には理由附記は必要ない，というのが普通の場合であろう（白色申告の場合について，最判昭和42・9・12訟月13巻11号1418頁，同昭和43・9・17訟月15巻6号714頁。公害防止事業費事業者負担法による負担金の通知について，名古屋地判昭和61・9・29行集37巻9号1173頁。農地法20条4項の農地賃貸借解約許可に関し東京地判平成元・12・22判例自治76号70頁。農地売渡処分の職権取消について大阪地判平成3・11・27判例自治96号79頁）。

行政手続条例が制定されるまでは，自治体独自の条例による処分にも理由を付す必要はない（山梨県ゴルフ場等造成事業の適正化に関する条例に基づく知事の不同意について，甲府地判平成5年(行ウ)第4号平成9・3・5判決，東京高判平成13・9・12判例自治240号44頁）。

しかし、例外的には明文の規定がなくとも、理由附記を要求する判例があった（阿部泰隆『行政の法システム（初版）』（有斐閣、1992年）538-539頁。この点は新版には掲載していない）。

2) 理由附記が義務付けられている場合

これに対し、法律上理由附記が義務付けられているにもかかわらず理由を附記しなかった場合には、その瑕疵が行政処分の効力にどのように結びつくかという問題がある。理由の附記は形式的なものとすれば、それは処分の効力には関係のない訓示規定にすぎないことになるが、普通は、理由附記を欠く処分は違法であると解されている。

次に、附記すべき理由としてはどの程度のものが要求されるかが問題となった。これは、理由附記の機能として何を考えるかによって決まる問題である。

判例はこれを、①「処分庁の判断の慎重・合理性を担保してその恣意を抑制する」（恣意抑制機能）とともに、②「処分の理由を相手方に知らせて不服申立てに便宜を与える」（不服申立て便宜機能）という点に求める（最判昭和38・5・31民集17巻4号617頁、行政判例百選『第五版』250頁）。すなわち、行政処分に際して理由を付けるなら処分庁は慎重に対応し、いい加減にする割合が減るし、また、被処分者には不服申立てをすべきか、するとしたらいかなる主張をすべきかを事前に知らせる必要があるというものである。

そこで、一般理論としてどの程度の理由を附記すべきかは、処分の性質と理由附記を命じた各法律の規定の趣旨・目的に照らしてこれを決定すべきであり、処分理由は附記理由の記載自体から明らかにならなければならないとされている。いくつかの例を紹介しよう（行政手続法制定後もこの判例は生きている）。

例——青色申告に対する更正処分　青色申告に対する更正処分の理由として、「売買差益率検討の結果、記帳額低調につき、調査差益率により基本金額修正、所得金額更正す」と記載されている場合、又は、単に「売上げ計上洩れ190,500円」とのみ記載されている場合、理由附記は不備である。青色申告の制度は、申告に係る所得の計算が法定の帳簿組織による正当な記載に基づくものである以上、その帳簿の記載を無視して更正されることがない旨を納税者に保障したものであるから、更正通知書の理由附記としては、特に帳簿書類の記

載以上に信憑力のある資料を摘示して，処分の具体的根拠を明らかにする必要
がある（前掲最判昭和38・5・31，最判昭和38・12・27民集17巻12号1871頁）。

例――旅券発給の拒否　　旅券法13条1項5号は「著しく且つ直接に日本国
の利益又は公安を害する行為を行う虞があると認めるに足りる相当の理由があ
る者」に対しては旅券の発給を拒否でき，その際は「理由を付した書面をもっ
て」通知する（同14条）としている。同号に該当するとだけ記載されて，その
適用の基礎となった事実関係が具体的に示されていなかった場合には，その記
載自体からは旅券発給拒否の基因となった事実関係を知ることができないとし
て，理由不備とされた（最判昭和60・1・22民集39巻1号1頁，判時1145号28頁，百
選〔第5版〕252頁，重判昭和60年度40頁）。

例――情報公開　　東京都総務局が警視庁から入手した「個人情報保護対策
の検討について」と題する文書の情報公開請求に対してなされた，「本条例9
条8号に該当」との理由を記載した非開示決定について，1審（東京地判平成
3・3・1判タ756号120頁）は，同号該当（関係者間の信頼関係が損なわれると認めら
れるものは非開示という趣旨）というだけで理由に不備はないとした。しかし，
高裁（東京高判平成3・11・27判時1408号17頁）は，これだけではいかなる理由で
どのような障害があるか全く不明で，理由として不備とした（最判平成4・12・
10判時1453号116頁，判タ813号184頁も同旨）。

以上の判例を見ると，日本の判例は，一般に制定法準拠主義と言われなが
ら，英米，ドイツ，フランスのように，創造的な活動をしていたのである。た
だ，それが必ずしも十分ではなかったのである。

5　行政手続法制定の動向

（1）　学会の精力的な活動

1959年の公法学会で，田中二郎は「行政手続法の諸問題」と題し，中村弥三
次は「聴聞制度の比較法的考察」と題し，ともに主報告を行った。さらに，外
間寛，尾上実も続いて報告し，白熱した議論が行われた（公法研究23号，1960
年）。

田中二郎の学会報告を簡単にまとめるのは難しいが，大要，わが国の行政法
の基本原理である「法律による行政の原理」の要請は，独仏流に，処分に対し

て事後の救済制度があれば満たされるとして、手続的な規制には余り注意がなされなかったが、そうしたドイツ法的な思考方法は反省されるべきで、行政の公正を確保するためには、実体法のほかに、英米流の手続的規制が重視されるべきだとして、事後手続とともに事前手続を考察し、行政手続の整備を強く主張している。

　中村弥三次報告は、「何人も、聴聞をうけないで処罰されてはならない」という責任帰属の根拠は、あらゆる文明諸国に通用する普遍的原理の一つとなっているとして、聴聞制度の歴史的源流に遡って、諸外国の法制度を探求する。マグナカルタ（1215年）から、その後の発展、イギリスの「自然的正義」の原則、アメリカ法への移植、大陸法への影響、わが国の戦後立法と聴聞制度の受継を説明して、最後に聴聞制度の基本的構造を解明する。当時としては、これらの報告はまさに画期的であり、日本の行政手続法制定史を飾るものであったと言って良い。

　この中村弥三次の書物『行政手続法概説』（自治日報社、1971年）は、行政手続を「法治国家の最後の課題」（はしがき）と認識し、比較法的考察をふまえ、行政手続法の基本的な点と個別の制度を丁寧に考察している。

　この間、学会では行政手続法の制定を求め、その内容を検討する無数の論考が公にされた。試みに、公法学会の機関誌である『公法研究』において行政手続が議論されたものを国会図書館の電子検索システムで検索すると、下記のように多数に上る。学会で取り上げるテーマの最重要課題として扱われてきたのである。

　学会で特集したのは、56号（1994年）、47号（1985年）、23号（1962年）であるが、統一テーマは無数のテーマの中から選択されることを考慮すると、行政手続は公法学会における第一次的な関心事であったことがわかる。

1．「行政手続法」公法研究23号（1962年）　収録論文は、
　　田中二郎「行政手続法の諸問題」
　　山本正太郎「行政手続と行政監察の機能」
　　市原昌三郎「行政手続と行政訴訟との関係―西独学会におけるウレとバッホフの論争」

橋本公亘「行政手続法の諸問題―シンポジウム・第2部会」
　　　尾上実「オーストリア行政手続法の問題点」
2．「ウーレ〔C. H. Ule〕教授『行政手続と行政訴訟』について（シンポジウム）」公法研究31号（1969年）
3．熊本信夫「行政手続（戦後30年間の日本公法学界の潮流）―（行政法）」公法研究40号（1978年）
4．小高剛「情報公開と行政手続法（八十年代における公法学の課題）―（情報公開と行政の改革）」公法研究43号（1981年）
5．植村栄治「日本における行政手続法典の制定（現代の行政）」公法研究46号（1984年）
6．外間寛「規制行政―自動車運送事業規制法を中心として（現代の行政）」公法研究46号（1984年）
7．「行政手続法」〔第49回日本公法学会〕公法研究47号（1985年）
　　　収録論文は，
　　　雄川一郎「一般行政手続法の立法問題」
　　　手島孝「『現代の立法』としての『行政手続法』」
　　　塩野宏「行政手続法典における総則規定について」
　　　西村康雄「運輸法制における行政手続の傾向と課題」
　　　平岡久「行政立法手続」
　　　真砂泰輔「土地利用計画策定手続の問題点―いわゆるBig Inquiryを中心として」
　　　兼子仁「処分手続・規制的行政指導手続の問題点」
8．小早川光郎「行政組織法と行政手続法　行政組織法の課題（研究報告）」公法研究50号（1988年）
9．杉村敏正「行政手続法に関する若干の考察―なぜ一般行政手続法の制定が必要か（日本公法学会創立40年記念講演）」公法研究51号（1989年）
10．山田洋「大規模施設設置と行政手続―ドイツ行政手続法の課題（研究報告）（大規模施設と公法）」公法研究53号（1991年）
11．「行政手続の諸問題〈特集〉」公法研究56号（1994年）
　　　収録論文は，

兼子仁「行政手続法の意義」
芝池義一「『行政手続法』の検討」
増島俊之「行政手続法立案実務担当者の制度立法化をめぐる判断」
松井茂記「憲法と行政手続」
宇賀克也「行政手続法の検討―アメリカ法との比較を中心として」
海老沢俊郎「行政手続法の諸問題」
紙野健二「行政指導と行政手続」

さらに，学界の総力を結集して編集された有斐閣の『行政法大系』第3巻は，行政手続を中心とする。園部逸夫の総論，及び，海老沢俊郎，多賀谷一照，熊本信夫諸氏の比較法的論考を掲載している。

行政手続法制定の直前1993年には，法律時報65巻5号が「行政手続法の立法課題〈特集〉」を組んだ。その内容は次のようなものである。

室井力「行政手続法制定の意義―特集にあたって」
奥平康弘「手続的デュー・プロセス保障のもつ意味―ある，法の発展の軌跡」
神長勲「行政手続の理念と法」
関有一「行政手続立法の経緯と背景」
本多滝夫「アメリカの行政手続法の概要とその特色」
榊原秀訓「イギリスの行政手続の概要と特色」
小山正善「ドイツの行政手続法の概要と特色」
平田和一「フランスの行政手続法制の概要と特色―行政の透明性確保の動向」
趙元済「韓国の行政手続法案の概要と特色」
劉宗徳「中華民国の行政手続法草案の概要と特色」
市橋克哉「社会主義国の行政手続法の概要と特色」
芝池義一他「行政手続法要綱案の検討―行政手続法対案研究会『対案』との比較を中心として（シンポジウム）（含　資料）」
福家俊朗「行政改革と行政手続法―政治過程としての位置づけと今後の課題」

磯野弥生「環境行政」

田村和之「福祉行政」

　また，行財政研究13号（1992年）も「特集 行政手続法要綱案に対する対案」を作成し，阿部泰隆グループも，要綱案の検討を試みた（「行政手続法諸案の比較検討1－7完」民商法雑誌108巻4・5号，109巻1号，3号，4・5号，110巻1号，3号，111巻1号，1993－1994年）。

（2）　行政手続法立法化の動き

　公的機関が統一的な行政手続法制定の必要性を具体的に指摘した最初のものは，第一次臨時行政調査会（1964年）の改革意見である。これは，「行政の公正確保のための手続の改革に関する意見」の中で，「現行法の不備不統一を是正し，公正手続を確保し，行政の適正かつ円滑な運営を確立するためには，統一的な行政手続法を制定することが必要である」と指摘して，試案として，行政手続法草案を作成した（橋本公亘『行政手続法草案』（有斐閣，1974年））。

　しかし，これは，店晒しのままであった。その政治的理由は，こうした国内の総論立法については利益団体がなく，族議員もおらず，外圧（組織外の圧力，外国からの圧力）もかからないので，立法化への政治的圧力がなく，関係省庁は拘束されることが増えるのはいやだと反対し，担当官庁（当時の総務庁）には力がないためであった。立法が役人主導型の「司つかさは司に任せる」（竹下登元首相の流儀）国では，「泥棒に刑法を作らせる」のにも似て，立法化されても骨抜きになりやすい。諸外国で立法化されたのは，判例が先行し，立法が不統一で，それらの整理・体系化による法の透明化・行政簡素化の要請が行政庁側にもあったためである。しかし，わが国では，判例は，前に述べたように昭和30－40年代には発展の動きを示したが，特に昭和50年代に入り，いわゆる制定法準拠主義（憲法より下位の法令の文言通りに行動する主義）に堕し，憲法から事前手続を導くという発想に乏しくなったために十分発展せず，立法者は判例待ちで，お互いにキャッチ・ボールしており，行政手続法立法の地盤が弱かったのである。

　行政手続法の制定作業は，前記の第一次臨時調査会（1964年）以降，このように，しばらく頓挫していたが，1979年に，いわゆるダグラス・グラマン事件

を契機に設置された「航空機疑惑問題等防止対策に関する協議会」の提言において一般的行政手続法の制定の必要性が指摘されたことを受けて,「(第一次)行政手続法研究会」(座長雄川一郎)が設置され,1983年に報告書が提出された(塩野宏「行政手続法研究会報告の公表にあたって　行政手続法制定への提案―法律案要綱(案)」ジュリスト810号42頁 (1984年),「行政手続法研究会報告案」ジュリスト810号69頁以下に条文がある)。公法研究47号 (1985年) で取り上げたのもこの段階のものである。

　一方,1981年に設置された「(第二次) 臨時行政調査会」においても行政手続法の制定の必要性が取り上げられ (塩野宏「行政手続の整備と行政改革 (行政改革―第二次臨調第一次答申〈特集〉)」ジュリスト750号69頁以下 (1981年)),総務庁に設置された「(第二次) 行政手続法研究会」(座長塩野宏) は,1989年「行政手続法研究会 (第二次) 中間報告」をまとめた (ジュリスト949号100頁以下,条文案あり。1990年)。

　そして,近時の国際化の進展により,わが国の行政の不透明なスタイルを国際的に通用するように変えることが必要であると認識される時代になってきた。それは,官から独立しようとする産業界の要請でもあった。その方法として,個別の不統一な制度に代えて,共通的・横断的な法律を制定することにより「公正・透明な」行政手続を確立し,わが国の行政に対する信頼を確保すべきものと考えられるようになったのである。

　そこで,1990年に,内閣総理大臣から,第三次臨時行政改革審議会に対し行政手続法整備の諮問がなされた。同審議会は,「公正・透明な行政手続部会」を設置して審議し (第一次部会案は,「行政手続法要綱案 (第一次部会案)」ジュリスト985号73頁,1991年に掲載),報告を得て,1991年,「公正・透明な行政手続の整備に関する答申」を内閣総理大臣に提出した (ジュリスト994号61頁に掲載)。これを受けて,1993年に行政手続法が国会に提出され,成立し,1994年から施行された。これでやっと,遅ればせながら,国際標準の法システムが成立したのである。

　以上の経緯については,行政管理研究センター『逐条解説　行政手続法　18年改訂版』(ぎょうせい,2006年) 2-3頁,439頁,仲正『行政手続法のすべて』(良書普及会,1995年),関有一「行政手続法立法の経緯と背景」法時65巻6

号55頁以下，宇賀克也『行政手続法の解説』（学陽書房，1995年），現在は第5版28頁以下，同『行政手続法の理論』（東京大学出版会，1995年），小早川光郎編『研究会・逐条研究　行政手続法』（有斐閣，1996年），高橋滋『行政手続法』（ぎょうせい，1996年）25頁以下，南博方＝高橋滋編著『注釈行政手続法』（第一法規，2000年）12頁以下（山田洋）など参照。

　橋本公亘は，「1960年代　法の将来と課題」という特集（ジュリスト193号29頁，1960年）で，「行政法の将来と課題」を扱い，特に行政手続法の制定を強調している。そして，『行政手続法草案』（有斐閣，1974年）により行政手続法制定作業の先鞭を付けた大業績を有する。そこで，ここでその行政手続関係の論文をまとめて整理する。

1．「行政手続法の諸問題—シンポジウム」公法研究23号（1962年）
2．「行政手続法に関する文献目録」ジュリスト279号（1963年）
3．「行政手続法の構想—臨調第三専門部会第二分科会の報告について 1－2（完）」法律時報．36巻6，7号（1964年）
4．「法定手続の保障（憲法（続判例展望—判例理論の再検討））」別冊ジュリスト9号（1973年）
5．「法理念の行政法への投影（戦後30年間の日本公法学界の潮流）—（行政法）」公法研究40号（1978年）
6．「行政手続法要綱案（第1次部会案）を読んで（行政手続法要綱案（第一次部会案）〈特集〉）」ジュリスト．1985号（1991年）

さらに，外間寛最終講義「橋本公亘先生と行政手続法」白門55巻3号（中央大学通信教育部）（2003年）＝『外間寛先生古稀記念論文集』法学新報112巻11・12号（2006年）809頁以下が，橋本公亘の行政手続法に関する業績を説明している。

　行政手続法が施行されたことに伴い，1994年に，総務事務次官から，「行政手続法の施行に当たって」，総務庁行政管理局長から，「聴聞の運用のための具体的措置について」との通知が発せられている（行政管理研究センター『逐条解説　行政手続法　18年改訂版』（ぎょうせい，2006年）369頁以下，383頁以下）。行政手続法の運用に際しての注意事項が詳しく述べられている。

（3） 行政手続法成立後の学界の対応

そして，最近の教科書はいずれも，行政手続なり事前手続に1章をあて，詳しく説明している。例えば次のものがそうである。

兼子仁『行政法学』(岩波書店, 1997年)

小早川光郎『行政法講義 下1』(弘文堂, 2002年)

大橋洋一『行政法 第2版』(有斐閣, 2004年)

藤田宙靖『第4版 行政法 I（総論）【改訂版】』(青林書院, 2005年) 137頁以下。

原田尚彦『行政法全訂 第6版』(学陽書房, 2005年) 103, 153頁以下。

塩野宏『行政法 I［第4版］』(有斐閣, 2005年) 第2部第4章。

兼子仁『自治体行政法入門』(北樹出版, 2006年)

宇賀克也『行政法概説 I 第2版』(有斐閣, 2006年)

櫻井敬子＝橋本博之『現代行政法［第2版］』(有斐閣, 2006年) 154頁以下。

芝池義一『行政法総論講義 第4版補訂版』(有斐閣, 2006年)

芝池義一＝高木光『条文から学ぶ行政救済法』(有斐閣, 2006年) 53頁以下

田村泰俊『最新・ハイブリッド行政法［改訂版］』(八千代出版, 2006年)

宮田三郎『行政手続法』(信山社, 1999年)は，行政手続法の詳しい文献の一つであり，各章ごとに参照すべき文献を載せている。

これに対し，田中二郎『行政法 上巻 全訂第二版』(弘文堂, 1976年)，同『行政法 中巻 全訂第二版』(弘文堂, 1976年)，同『行政法 下巻 全訂第二版』(弘文堂, 1983年)には，行政手続の章はない。

法律が制定された時点で，法律のひろば(1994年9月)，ジュリスト1039号のほか，法セミ479号「行政手続法は期待に応えるか」(1994年)，法学教室180号「行政手続法の施行と行政法」(1995年)，あまがさき未来協会tomorrow12巻3号「行政手続法制の展開」(1997年)という特集があった。

このうち，もっとも詳しいジュリスト1039号には，座談会「行政手続法の制定と今後の課題」，各界からの意見，韓国，台湾からの論考のほか，次のもの

がある。
　室井力「行政手続法とその課題」
　棟居快行「憲法と行政手続法」
　大森　弥「行政学と行政手続法」
　仲正「行政手続法―制定の経緯と概要」

　また，ジュリスト誌は1994年に14回もの研究会を開催し，『行政手続法逐条研究』(1996年) としてまとめた。不利益処分手続のあり方については，同書119頁以下に詳しい検討がある。

　以上の膨大な文献は，本法の制定がいかに待たれていたか，いかに重要視されていたかを示すものである。
　さらに，行政手続法というタイトルに付ける書物も，国会図書館の検索システムで検索すると多数であるが，そのうち，簡単なものではなく，専門的な色彩があるものだけでも，年代順として，次のようなものがある(同一書物の改訂版は最新のものだけとした)。なお，平成6年頃までの行政手続法に関する主要文献は，『行政手続法関係執務資料』(法曹会, 1997年) 273頁以下にも掲載されている。
　雑誌文献は無限である(561件を検索)ので，省略する(さしあたり，宮田三郎『前掲 行政手続法』を参照されたい)。また，地方公共団体の行政手続条例関係の書物は省略する。

1．ランディス［他］『行政手続』(法務府法制意見第四局資料課, 1950年, 法務資料；第309号)
2．連邦司法省［他］『米国行政手続法解説』(法務府法制意見第四局, 1952年, 法務資料；第319号)
3．鵜飼信成『行政手続の研究』(有信堂, 1961年)
4．園部逸夫『行政手続の法理』(有斐閣, 1969年)
5．中村弥三次『行政手続法資料』(自治日報社, 1971年)
6．中村弥三次『行政手続法概説』(自治日報社, 1971年)
7．橋本公亘『行政手続法草案』(有斐閣, 1974年)

8. 熊本信夫『行政手続の課題』(北海道大学図書刊行会, 1975年)
9. 運輸経済研究センター『外国運輸法制における行政手続の研究調査報告書(運輸経済研究資料；520378)』(1978年)
10. 南博方『行政手続と行政処分』(弘文堂, 1980年)
11. 成田頼明『行政手続の比較研究』(第一法規出版, 1981年)
12. 〔総理府臨時行政調査会〕『臨時行政調査会第2部会報告.〔4〕』(1983年)
13. 小山正善『行政手続の瑕疵の法的意義について』(山口大学, 1986年)
14. 総務庁行政管理局『行政手続法の制定にむけて』(ぎょうせい, 1990年)
15. 海老沢俊郎『行政手続法の研究』(成文堂, 1992年)
16. 南博方＝関有一『わかりやすい行政手続法』(有斐閣, 1994年)
17. 佐藤英善『行政手続法』(三省堂, 1994年)
18. 地方自治総合研究所『公正で透明度の高い自治体行政の創造をめざして』(1994年)
19. 自治労・地方自治総合研究所『自治体行政手続研究会最終報告書』(1994年)
20. 国際シンポジウム組織委員会『オンブズマン・行政相談・行政手続』(1994年)
21. 小山正善『行政手続法の制定と行政不服申立制度への影響』(山口大学, 1994年)
22. 高木光『技術基準と行政手続』(弘文堂, 1995年)
23. 仲正『行政手続法のすべて』(良書普及会, 1995年)
24. 宇賀克也『行政手続法の理論』(東京大学出版会, 1995年)
25. 山田洋『大規模施設設置手続の法構造』(信山社, 1995年)
26. 行政手続法自治体実務研究会『行政手続法実務の手引』(第一法規, 1995年)
27. 田中館照橘『行政手続法』(公人の友社, 1995年)
28. 総務庁行政管理局『行政手続法の施行状況に関する調査結果』(1995年)
29. ハンス・ラーグネマルム［他］『スウェーデン行政手続・訴訟法概説』(信山社, 1995年)

30. 磯辺力＝小早川光郎『自治体行政手続法　改訂版』(学陽書房, 1995年)
31. 宇賀克也『自治体行政手続の改革』(ぎょうせい, 1996年)
32. 出口裕明『行政手続条例運用の実務』(学陽書房, 1996年)
33. 総務庁行政管理局『データブック行政手続法 1996年版』(第一法規, 1996年)
34. 滝口弘光『行政手続法の解説　新訂版』(一橋出版, 1996年)
35. 日本地方自治学会『行政手続法と地方自治』(敬文堂, 1996年)
36. 東京地方税理士会『税務行政手続改革の課題』(第一法規, 1996年)
37. 総務庁行政管理局『行政手続法の施行状況に関する調査結果』(1996年)
38. 室井力＝紙野健二『地方自治体と行政手続』(新日本法規出版, 1996年)
39. 成田頼明『行政手続の実務』(第一法規, 1996年)
40. 総務庁行政管理局『行政手続法の施行状況に関する調査結果』(1997年)
41. 黒沼稔『行政手続法と地方自治』(多賀出版, 1997年)
42. 室井力＝芝池義一＝浜川清『行政手続法・行政不服審査法』(日本評論社, 1997年)
43. 総務庁行政監察局行政相談課［他］『行政手続法の現場』(ぎょうせい, 1998年)
44. 総務庁行政監察局『行政手続の公正及び透明性の確保に関する調査結果報告書』(1999年)
45. 宇賀克也『行政手続・情報公開』(弘文堂, 1999年)
46. 椎名慎太郎『行政手続法と住民参加』(成文堂, 1999年)
47. 宮田三郎『行政手続法』(信山社, 1999年)
48. 総務庁『行政手続の公正及び透明性の確保に関する調査結果に基づく勧告』(1999年)
49. 岡田正則『社会保障を受ける権利からみた行政手続・情報法制の整備に関する研究』(南山大学, 1999年)
50. 南博方＝高橋滋『注釈行政手続法』(第一法規, 2000年)
51. 中川丈久『行政手続と行政指導』(有斐閣, 2000年)
52. 塩野宏＝高木光『条解行政手続法』(弘文堂, 2000年)
53. 宇賀克也『行政手続オンライン化3法』(第一法規, 2003年)

54. 総務省行政管理局＝総務省自治行政局『解説行政手続オンライン化法』（第一法規，2003年）
55. 総務省行政評価局『行政手続法の施行及び運用に関する行政評価・監視結果報告書』(2004年)
56. 総務省『行政手続法の施行及び運用に関する行政評価・監視結果に基づく勧告』(2004年)
57. 青木康『新・行政手続法』(ぎょうせい，2005年)
58. 宇賀克也『行政手続法の解説 第５次改訂版』(学陽書房，2005年)
59. 宇賀克也『改正行政手続法とパブリック・コメント』(第一法規，2006年)
60. 行政管理研究センター『逐条解説 行政手続法 平成18年改訂版』(ぎょうせい，2006年)

（４） 諸論者に見る行政手続法成立の意義
1） 塩 野 　 宏
　この行政手続法制定作業において重要な役割を果たした塩野宏は「行政手続整備の重要性」として次のように指摘している（「行政手続法の制定について」地方自治1992年３月号４頁所収）。「行政作用は日本もそうである法治国の下では，法に従ってなされなければならない。しかし，問題はそのありかたである。この点について，かつて，日本では，行政官が法律を遵守することを予定し，もしこれに間違いが起これば，行政上の不服審査なり，行政事件訴訟なりで，あとで是正すればよい，という考え方で法律制度が仕組まれていた。……しかし，資格の剥奪とか，建築物の除去とか，行政目的の遂行のために相手方に行政庁が不利益を加えるのに，前もってその者の言い分を聞かないで処分をして，間違っていたら後で文句を言わせればよいということで済むものであろうか。……相手方にもそれなりの事情があることがあろうし，また，実は，違法行為をしたかどうかは，相手方の言い分を聞かなければ分からないのではないか。制裁を課す前に被告人の言い分を聞くと言うことは，刑事手続においては立憲主義国家の基本的ルールとして普遍的に定着しているが，それは，不利益な行政処分についても，その手続の丁寧さに違いがあるにせよ，基本的に妥当

するところである。これが，不利益処分における告知と聴聞の原理であり，イギリス，アメリカでは古くから存在した法理である。また，時期的にはおくれるが，ヨーロッパ大陸諸国でも，聴聞を中心とする手続整備の重要性が強く認識されるようになった。」

そして，塩野宏は，行政手続の憲法上の根拠について憲法13条説と比較して，手続的法治国説が妥当としている。それはともかく，いずれにせよ「行政活動の手続的理解という立場から，行政手続の整備が憲法上の要請であることを導き出すことができる」とする（塩野宏『行政法Ⅰ［第4版］』（有斐閣，2005年）第2部第4章，248頁以下，252頁）。これによれば侵害行為に関しては原則として告知と聴聞が憲法上要求されることになろう。

手続的瑕疵と処分の効力の関係について，塩野宏は，「私人の側に適正手続によってのみ処分を受けるという意味での手続的権利があるとすると，手続違反は当然に私人の権利侵害としての処分の取消事由，あるいは無効事由となると解される。これに対して，手続は，処分の内容の正しさを担保するものであり，それ自体，独立した手続的権利が私人の側に生じているのではないとすると，手続違反は当然には処分の効力に影響を及ぼさないことになる。……基本的には正しい手続によってのみ正しい決定が生み出されるという前提に立つべきであろう。また，手続をやりなおしたときに行政庁が同じ処分をするかどうかも，当然には前提とすることができないであろう。さらに，実体さえ誤っていなければよいということであると，手続上の規制の担保手段は存在しないことになる」（前掲291頁）と指摘している。

このほか，塩野宏はその時々の段階で「現代行政手続法の諸問題」（1985年），「行政手続法制定への途［最終講義］」（1992年），「審査基準について」（1999年）を公表している（『法治主義の諸相』（有斐閣，2001年）所収）。

2) 兼子　仁

さらに，兼子仁＝磯部力編著『手続的行政法学の理論』（勁草書房，1995年）は，元々兼子仁教授の還暦祝賀論集として編集されたものであるが，「日本の行政法が『行政手続法』という一般手続法をようやく手にして，国・自治体の行政全体に，行政処分等の手続法制を主にした"手続法"的体系をもたらした現段階において，行政法学における"手続法"の意義とその関連理論課題と

を，有志が共同で追究しようとした諸論文の修正である」(はしがき) というものであり，学界の興奮と熱意が伝わってくるものである。

兼子仁は早速，岩波新書から『行政手続法』(1994年) というわかりやすい本を出版した。そこで，兼子仁は，はしがきで，日本の行政は，外からよく見えない不透明なしくみで，公正でないのではないかと諸外国から強く批判されてきたが，今はそのようなことは許されなくなった，行政のプロセスに，透明なることによる公正さの担保をもたらした。本当の正義は，それが行われていると明らかに見えるのでなければならないという"手続的正義 (procedural justice)"観は元来はイギリスやアメリカの伝統的考え方だったが，今や世界的に，国家・社会活動の「透明性」こそが社会正義の原則だと意識されるようになっている，と指摘している。その教科書『行政法学』(岩波書店，1997年) は手続的行政法学を重視している。

3) 原田尚彦

原田尚彦の教科書『行政法全訂 第6版』(学陽書房，2005年) 103-4頁は，英米法では，行政が判断を形成するプロセスが公正でなければならないとし，行政権の発動に当たって，デュー・プロセス (適正手続) の履踏を強く要請する。「不公正なプロセスからは公正な結果は生まれてこないとみるのである。現代の法治主義は，こうした英米法の理念を受け入れ，実体法上の権利とは別に，国民に行政上の意思形成に参与する各種の手続き上の権利を認めている」とする。そして，「聴聞権が保障される理由は，処分によって不利益を受ける者に弁明の機会をあたえて十分その主張と立証をつくさせ，行政庁が事実誤認や独断・偏見によって不公正な処分をし相手方の自由と財産を違法に侵害することがないようにするためである。相手方を取り調べるためではない。聴聞は相手方の防御，弁明に支障がないよう，適正なやり方で実施されなければならない。聴聞に際しては最低限，相手方に対し聴聞において問題とされる主題，論点 (どのような嫌疑によって，どのような不利益処分がなされようとしているのか)，さらに審査での判定基準などが的確に告知されている必要がある (行政手続法，15条，30条)。また，聴聞の期日には，聴聞官は偏見のない立場ですべての論点について，もれなく被聴聞者に弁明をつくさせなければならない。被聴聞者が自己の弁明と証拠提出を存分に行い，権利防御を確実になしえないよう

なやり方で実施された聴聞は，手続的に瑕疵あるものといわねばならず，それに基づく処分は違法とされる。」と適切に指摘している。

そしてまた，「告知・聴聞の手続は，自由主義的法治国におけるもっとも重要な手続であり，憲法31条ないし法治主義の要請である。」ことを指摘している（前掲書157-8頁）。

原田尚彦は，元々「行政過程と司法審査——行政訴訟における実体審査のあり方」（判タ276号，1972年）において，裁量の統制において全面審査方式にはデメリットが多いことを指摘し，実体審査方式よりも手続審査方式を取るべきことを説いていた（『訴えの利益』（弘文堂，1973年）166頁以下所収）。注目すべき叙述を引用すると，「戦後の行政法理論は，行政判断の形成過程における行政手続を重視して，公正な行政決定は適正な行政手続によってのみ担保されるとの観念を取り入れている。したがって，行政手続に即して発動された行政処分の司法審査においては，裁判所は，処分の成立過程において適正な手続が踏まれたかどうかをまず審査し，手続に瑕疵がある場合には，処分の公正が疑われるものとして，ひとまず処分を取り消すべきものと解されている。ところが，裁判所が，かかる処分についても，完全な判断代置方式による実体法的審理を先行させ，その結果，積極的に処分が内容的に見て適法であるとの判断を明示するならば，もはや手続的瑕疵の問題を論ずる実益はほとんどなくなってしまう。なぜなら，……（その場合には）事後の手続は無駄な手続の繰り返しに帰してしまうからである。」

4) 南　博　方

南博方は，この法律が制定された段階で，申請に対する処分について聴聞，弁明の機会がないことを評価できないとしつつ，聴聞については，運営の仕方を詳しく定め，当事者の手続上の権利を明確にしたこと，聴聞主催者の除斥を認めたこと，行政庁の職員の対席とこれに対する質問を認めたこと，文書の閲覧を聴聞の開始後ではなく，聴聞の通知があったときから認め，かつ，聴聞終結後でも，聴聞調書・報告書の閲覧を認めたことなどは非常に高く評価できるとしている（「行政手続法の評価と課題」判タ872号6頁）。

南博方の行政手続関係文献としてはこのほかに次のものがある。

1．南博方「行政手続法の制定を待望する」『行政紛争処理の法理と課題

市原昌三郎先生古稀記念論集』(法学書院, 1993年)
2．南博方＝関有一『わかりやすい行政手続法』(有斐閣, 1994年)
3．「行政手続法の制定とその課題 (行政手続法施行と今後の課題〈特集〉)」法律のひろば47巻9号 (1994年)
4．「租税手続の公正・透明化へ向けて (租税手続改革の方向)」租税法研究22号 (1994年)

5) 松井茂記

松井茂記＝高橋滋「行政手続　憲法との対話」『対話で学ぶ行政法』(有斐閣, 2003年) 112頁以下はテーマ通り, 行政手続をめぐる憲法学と行政法学の対話であるが, 行政手続の適正さを要求する根拠としてドイツ, アメリカでは憲法上の法治国とかデュー・プロセス条項に求められているが, 日本法では手続的法治国, 憲法13条, 31条など種々学説はあるものの, 憲法上の位置付けをすべきことには意見が一致している。松井は, この書物にも引用されているようにアメリカ法に詳しい研究者である。なお, 今は阪大を辞して, カナダ, ブリテッシュ・コロンビア大学の教授をしている。

いずれの書物でも, 本法1条の目的規定に定める, 行政運営における「公正性の確保」,「透明性の向上」が高く評価されている。

(5) 行政手続法の構造

こうしてできあがった行政手続法は, 行政指導のほか, 処分については, 申請に対する処分と, 不利益処分に分け, また, 不利益処分の場合も弁明手続と聴聞手続を分けて制度化している。立法手続の規制は2005年に制度化された。申請に対する処分でも, 審査基準, 理由附記が必要である。不利益処分の場合には, 処分基準の設定が努力義務であり, 理由附記は同様に必要である。ここでは特に, 聴聞手続について述べる。

このしくみの基本は, 処分を受ける当事者に対する処分事由の事前通知, 文書閲覧請求権, 聴聞, 聴聞調書, 報告書の作成, 聴聞に基づく処分, 異議申立の禁止, 審査請求ないし取消訴訟という順序による。

聴聞手続は, 許認可などを取り消す処分, その他処分の名あて人の資格又は

地位を直接にはく奪する処分などにおいて実施しなければならない（行政手続法13条1項1号）。こうした特に重大な不利益処分については、弁明手続よりも丁寧な事前手続がおかれる。すなわち、行政庁による処分理由の事前通知（特に、予定される不利益処分の内容及び根拠となる法令の条項、不利益処分の原因となる事実、15条）と、相手方に口頭での反論の場を提供することを目的とするもので、行政庁と当事者とのやりとりを通じて争点が明確になり、一層公正な判断が期待できる制度である。「聴聞が終結する時までの間、当該不利益処分の原因となる事実を証する資料の閲覧を求めることができること。」（15条2項2号）、「聴聞の通知があった時から聴聞が終結する時までの間、行政庁に対し、当該事案についてした調査の結果に係る調書その他の当該不利益処分の原因となる事実を証する資料の閲覧を求めることができる。」（文書閲覧請求権、18条）。「当事者又は参加人は、聴聞の期日に出頭して、意見を述べ、及び証拠書類等を提出し、並びに主宰者の許可を得て行政庁の職員に対し質問を発することができる。主宰者は、聴聞の期日において必要があると認めるときは、当事者若しくは参加人に対し質問を発し、意見の陳述若しくは証拠書類等の提出を促し、又は行政庁の職員に対し説明を求めることができる。」（20条）。つまりは、処分を受ける者は、聴聞において、十分意見を述べ、立証を尽くす機会が与えられる。

そして、聴聞の主催者は、「聴聞の審理の経過を記載した調書を作成し、当該調書において、不利益処分の原因となる事実に対する当事者及び参加人の陳述の要旨を明らかにしておかなければならない。」（24条1項）。「主宰者は、聴聞の終結後速やかに、不利益処分の原因となる事実に対する当事者等の主張に理由があるかどうかについての意見を記載した報告書を作成し、第1項の調書とともに行政庁に提出しなければならない。」（24条3項）。

そこで、行政庁は不利益処分をするときは、聴聞主宰者の作成した聴聞調書と報告書を十分に参酌しなければならない（26条）。これは、聴聞の全過程を考慮して処分を行うものとし、聴聞において審理の対象となった事実以外の事実に基づいて処分を行うことは許されない、という趣旨と解される。

そこで、聴聞や弁明の機会の付与の通知に示された理由以外の理由への差替えが許されない（宇賀克也『行政手続法の解説・第5次改訂版』（有斐閣、2006年）

120頁)。

そして，聴聞を経てなされた不利益処分は，同じ処分庁に異議申立をしても結果に変わりはないだろうと考えられるので，行政不服審査法による異議申立てをすることはできないとされている (27条)。

(6) ま と め

このように，行政手続法の制定は，公法学界＝学会，法治国の理念をよく理解した実務家が，実体的判断代置主義の欠陥を補い，日本の行政過程を透明かつ公正にするものであり，法治国家を実現するものとして，長年地道かつ精力的にその制定に努力してきた結果，ようやく実現したものである。この段階で，聴聞の規定がありながら，実体的判断代置主義に戻るのであれば，この長年の血もにじむような努力はすべて無為に帰す。

6 最近の判例

行政手続法施行後，注目すべき判例はあまり存在しない（本多滝夫「裁判例の分析からみた行政手続法の課題（特集　行政手続の法整備）」ジュリスト1304号41頁以下）が，そのいくつかを紹介する。いまだ行政手続法の趣旨に沿った運用がなされていない行政の現場が少なくなく，裁判所でも行政手続法にふさわしい審理方式が定着していないという感想を持つ。

(1)　審査基準の不設定

申請に対する処分については審査基準をあらかじめ作っておくことが必要であるが，意外と忘れられている。

まず，中国人医師による医師国家試験受験資格の認定に関して，審査基準が示されていなかったことを理由として原処分を違法として取り消した判例（東京高判平成13・6・14判時1757号51頁）がある。これは，既に東京高裁で弁論終結して，原告敗訴判決が確実となってから，原告弁護団が著者に検討依頼をしてきたもので，著者が審査基準設定義務違反を発見して主張した結果，弁論が再開され，取消判決を得たものである（阿部泰隆『行政法の解釈（2）』（信山社，2005年）第9章）。

保育所入所拒否処分において，審査基準，理由附記に不備があるとして国家賠償請求を認容した判例（慰謝料90万円の支払いを命令。大阪地判平成14年6月28日，原野早知子・賃金と社会保障1327号49頁，2002年，小島晴洋・季刊社会保障研究38巻4号324頁，2003年）がある。

保育所は，民間でも設置できるが，地方公共団体の公の施設（自治244条の2）であれば，その使用関係は使用許可という申請に対する行政処分により作られるので，行政手続法の適用がある。これは民事の契約自由の原則に対する行政法の優勝性を示すものである。保育所が民営化されると，その入所拒否は処分ではなくなるので，行政手続法の適用がなくなり，入所希望者の権利保護が図られなくなる。由々しきことである。

(2) 理由附記（理由の提示）の不備は聴聞手続で適法化されるか
1) 指定医療機関の指定取消処分

生活保護法に基づく指定医療機関の指定取消処分を行うに際して，処分理由として提示された理由は，「診療報酬の請求について不正事実が存在したこと（生活保護法第50条第1項違反）」というだけであった事案で，高松地判平成12年1月11日（判例自治212号81頁）は，生活保護法第50条第1項は，指定医療機関は厚生大臣の定めるところにより，懇切丁寧に被保護者の医療を担当しなければならないと規定しているにすぎず，右条項に違反することがいかなる事実に関する違反となるのか，全く不明である。「診療報酬の請求について不正事実が存在したこと」との記載についても，ある程度具体的であると言えるが，診療報酬の内訳は多種多様であり，そのうちいかなる不正があったのか，やはり明確ではなく，この理由提示は違法であるとしている。

ただし，同判決は，聴聞手続で明らかにされた事案の程度や聴聞期日におけるやりとりの状況，聴聞で示された事案と処分理由上の事実との対比などを総合すれば，これは理由提示の制度趣旨を没却するとまでは言えないから，右聴聞手続に基づく処分を取り消すほどの違法があるとは言えないとした。

しかし，これは，処分理由通知の瑕疵が，それに先行する聴聞手続の審理などで除去されるというもので，処分理由通知の趣旨を軽視している。判例は，理由附記が求められる趣旨を，①「処分庁の判断の慎重・合理性を担保してそ

の恣意を抑制する」(恣意抑制機能)とともに、②「処分の理由を相手方に知らせて不服申立てに便宜を与える」(不服申立て便宜機能)に求めている(最判昭和38・5・31民集17巻4号617頁、行政判例百選『第五版』250頁)のであるから、聴聞におけるやりとりを理由に、①、②の要請が充たされたというわけにはいかないだろう。処分庁は、聴聞手続を踏まえて処分をすべきかを再考するべきであるから、聴聞を経ない処分の場合よりも、理由をもっときちんと付けるべきであり、聴聞での被処分者の反論に答えるものでなければならず、それは可能である。聴聞の経過で理由がわかっているから、理由附記は不備でも良いというのでは、聴聞手続の保障を逆用するものであって、不当である。このやり方では、①処分庁の判断の慎重・合理性を担保してその恣意を抑制することはできない。また、被処分者としては、聴聞における主張にもかかわらずなぜ当初予定通り処分されるのか、その理由を示されないと不服申立ての理由を十分に付けることができないので、②にも反するのである。これは行政手続法に対する理解不足を示すものである(本多滝夫「判例の分析からみた行政手続法の課題(特集 行政手続の法整備)」ジュリスト1304号45頁、柘植一郎＝新井幹久「解説」判例自治218号7頁は批判的)。

2) 馬主登録の拒否処分

馬主登録の申請に対し日本中央競馬会が行った拒否処分の理由につき、「いかなる根拠に基づきいかなる法規を適用して当該申請が拒否されたのかということを、申請者においてその記載自体から了知し得るものでなければならず、単に、当該拒否処分の根拠規定を示すだけでは、それによって当該規定の適用の基礎となった根拠をも当然知り得るような場合は格別、……理由提示として、不十分というべきである。」「申請者が当該拒否処分理由を推知できると否とにかかわらず、当該拒否処分がなされた時点において、右に述べた程度の理由が示されていなければ、理由提示義務違反として、当該拒否処分は違法なもの」として、取り消した判例(東京地判平成10・2・27判時1660号44頁、判タ1015号113頁)がある。この処分理由は、根拠規程(日本中央競馬会競馬施行規程をいう)の条文とその条文の文言のみであり、原告はそれに該当しないか、その要件自体が抽象的であり、具体的事実のうち、いかなる点が競馬の公正を害する

かは，規程の条文の文言のみでは判明しないのであって，結局，右各規程の条文をもって，これらが適用される基礎となった根拠，事実関係を当然知り得るような場合には該当しないことは明らかというべきであり，本件拒否処分は，理由の提示を欠くものとして，違法であるとした。

　この点につき，被告は，本件拒否処分前の原告との折衝の過程における被告側の説明等により，原告は，本件拒否処分がいかなる理由によりなされたかということを，本件通知書に記載された各規程の条文を見ただけで十分知り得る状態にあったと主張するが，申請者が当該拒否処分理由を推知できると否とにかかわらず，当該拒否処分がなされた時点において，いかなる根拠に基づきいかなる法規を適用して当該申請が拒否されたのかということを，申請者においてその記載自体から了知し得るものでなければならないとした。

3) パチンコ店の営業許可取消し

　盛岡地判平成18年2月24日（平成16年(行ウ)第6号　営業許可取消処分取消請求事件，判例集未登載）は，理由附記の要請に反する処分を取り消し，しかも，聴聞手続を経ても，理由附記の不備は緩和されないことを明らかにした。

　原告会社は，パチンコ店と焼肉店を経営しているが，在留期間を徒過した不法滞在の外国人を後者で雇用していたので，入管法違反で罰金刑に処せられて，風営法8条2号のパチンコ店営業許可取消事由に該当することとなった。ただし，「許可を取り消すことができる」のであって，取り消さなければならないものではない。聴聞では，原告代表者は，入管法違反を認め，寛大な処分を求めた。ここでは，本件聴聞の結果，被告がいかなる裁量判断をするかが唯一の争点であった。しかし，公安委員会は，「許可を取り消すことができる」との規定にもかかわらず，このような違反をした者はパチンコ店の営業許可を得られないこととの均衡上，許可を取り消すべきものと判断した。そして，その許可取消処分通知書には，根拠となる法令の条項として，風営法8条2号と記載されているだけであった。

　裁判所は，「不利益処分の根拠となる規定につき行政庁の裁量性が認められている場合であって，聴聞において裁量性に関する判断が重要な争点であることが明らかとなり，名あて人もその点の判断について強い関心を有しているときには，少なくとも同判断に当たって依拠した処分基準のほか，その判断を支

える主要な根拠事実を示さなければならない」と判示し，本件取消処分には行政手続法の要求する理由の提示を欠くとした。

さらに，聴聞を経てなされる不利益処分の場合には，処分理由は，聴聞と相まって，相手方との相対的関係において判然としていれば十分であるとの被告主張に対しては，処分庁の裁量権の行使が重要な争点になっているこの事件では，根拠法条だけでは行政手続法14条違反になるし，「聴聞を経た場合に，一般に理由提示の程度が緩和されるとすれば，多くの不利益処分について，いかなる事実関係に基づきいかなる法規を適用して当該処分を行ったかを示さなくてもいいことになりかねず，行政手続法14条の存在意義を大きく失わせることになる」と指摘して，前記の高松地裁とは異なった見解を示している。これが妥当な判断である。

（3） 憲法31条に基づく聴聞の要請

前橋地判平成5年7月20日（行集44巻6・7号637頁，判時1480号58頁，判夕858号132頁）は，道路運送法(当時)18条の定める事業計画変更の認可の審査については，同法で聴聞を定める122条の2(当時)の適用がなく，ほかに聴聞の明文規定がないことを前提に，しかし，「行政処分について事前の聴聞手続の保障が及ぶか否かは，当該処分の根拠となった行政手続法規の解釈によって判断されるべきものであるから，右明文の規定の存在しないことをもって，直ちに認可の審査に事前の聴聞手続の保障が及ばないものと解することは，憲法31条の趣旨に照らして正当ではない。そこで，運送法の解釈上，本件申請に事前の聴聞手続の保障が及ぶものであるか否かを検討する。」とする。久方ぶりに，白石判決的な格調の高い創造的な判断である。

「まず，道路運送法122条の2の明文で事前の聴聞手続が規定されている事業免許の審査についてみるに，事業免許の審査は，同法6条の定める審査基準に則ってされるものであるが，右基準の内容は，著しく抽象的かつ概括的なものであるため，客観性のある適正かつ公正な決定を保障するべく，同法の趣旨に沿う具体的な基準を設定して，客観的で公正かつ合理的な免許審査手続の運営がなされることが要請されるのであって，同法122条の2は，このような公正かつ合理的な手続の運営を免許の申請者に対して保障するため，事前の聴聞手

続が実施されるべきことを予定しているものと解することができる。そして，右保障にかかる事前の聴聞手続は，これが設けられている右法の趣旨にかんがみると，単に決定の基礎となる具体的事実についての多面的，客観的な資料の収集が可能であるというだけでなく，申請者において，右具体的事実に関する諸般の証拠その他の資料と意見を提出し，これらを決定に反映させることを実質的に可能ならしめるものである必要があり，また，聴聞手続に際しては，行政庁からみて申請内容に問題があるとしても，申請者においてそのように考えていない場合もあるから，その注意を喚起させ，弁解の機会を十分に与える必要があるものと解するのが相当である。

そして，事業免許及び事業計画変更の認可のいずれもが，憲法22条1項に保障された職業選択の自由の制約をなすものであることに変わりがないうえに，認可の審査手続についても，運送法18条2項により同法6条の抽象的かつ概括的な審査基準が準用されていることに照らすと，同条の免許審査に関する法の趣旨は可能な限り同法18条の認可審査についても及ぼされるべきものと解するのが相当であるところ，ことに，本件申請のように，事業用自動車の総数23台を更に37台増車し，その事業規模ないし経営状況等の業態を大きく変えることが予定されている場合については，新規免許との比較において，職業選択の自由との関係で，いずれがより制約的であるのか優劣をつけがたいところであるから，少なくとも本件申請には，同法122条の2の趣旨が類推され，事前の聴聞手続が保障されるものと解するのが相当である。」

このように，この判断は，事業免許に関する聴聞の制度を事業計画変更の認可にも拡張したのである。

ただし，この判決は，「しかしながら，右のとおり本件申請についての事前の聴聞手続が保障されるものとしても，その手続が実施されなかったことが，直ちに本件処分に影響を及ぼす可能性が全くないような場合，あるいは，事前の聴聞手続が実施されたと同視しうる程度に，実質的な主張立証の機会が与えられていた場合（ただし，単なる事情聴取では足りず，認可審査において問題となる事項についての聴取であることが，被処分者である申請者に認識されたうえでの聴取であることを要する。）には，たとえ事前の聴聞手続が実施されなかったとして

も，右法122条の2の趣旨に抵触しないものと評価できるところであるから，本件処分の取消事由とはならないものと解するのが相当である。」として，群中バス最判と同様に，「本件については，仮に事前の聴聞手続を実施したとしても，決定に影響を及ぼす可能性がなく，加えるに同基準の対象事項の一部とはいえ，事前の聴聞手続が実施されたと同視し得る程度に，実質的な主張立証の機会が与えられていた場合であると認められるのであって，結局，本件申請について事前の聴聞手続を実施しなかったことは，本件処分の取消事由となる瑕疵とはならない。」としてしまった。

7 聴聞を経た行政処分の司法審査のあり方
――特に，手続違反と実体違反の関係――

(1) 審理の仕方

そうすると，聴聞を要する行政処分をする際には，処分通知書に沿って審理し，反論をふまえて，事実に基づいて審理して，聴聞の結果を記録する。それは処分理由に反映しなければならない。

そして，聴聞を経た不利益処分に対する司法審査においては，聴聞の段階で，処分事由が十分に示され，それに対する当事者の防御権が保障され，要するに，当事者が聴聞の段階で十分に争う機会を与えられたかどうか，その結果，事実が的確に認定されたかどうかを争点とすべきことになる。裁量性が高い，不明確な条文に基づく処分であればあるほど，裁判は機能しにくいから，聴聞段階での事実の解明が必要なのである。

当事者に十分な防御の機会が与えられたかどうかについては，処分の根拠となる文書を十分に，適時に閲覧して，それを分析して反論することが可能であったかどうかによって判断される。文書の謄写までは条文上は保障されていないが，それは，「行政庁の事務負担等を考慮して謄写まで義務付けることが適当ではないと考えられたため」という（仲正『行政手続法のすべて』（良書普及会，1995年）57頁）。総務事務次官から発せられた通達「行政手続法の施行に当たって」（前掲）も，「複写の申出があれば，その保全状態やその閲覧に係る申請者の便宜又は設備の設置状況を斟酌し，行政庁の裁量により適切に対処すること」としている。条文上謄写を求める権利が規定されていないから，謄写さ

せないことは適法であると文理解釈すべきものではなく，当事者の防御権を侵害しないかどうかを考慮して判断すべきものである。

　判例では，法律の文言を基準とするいわゆる制定法準拠主義に頼っているものが少なくないが，しかし，それは必ずしも判例の一貫した方針ではなく，前記の群中バス，個人タクシー事件の判例は，白石判決だけではなく，最高裁でも，創造的な判例であるし，2005年施行の行訴法9条2項は，「根拠となる法令の規定の文言のみによることなく」として，法律の文言重視解釈を放棄するようにと，裁判所にメッセージを送っているのである。そこで，行政手続法の個々の制度についても，事前手続が適切に行われるように配慮した解釈が必要である。

　学説上は，書類の謄写は原則として認めるべきであると解される（塩野宏＝高木光『条解　行政手続法』（弘文堂，2000年）248頁，高橋滋『行政手続法』（ぎょうせい，1996年）300頁）。したがって，その場で筆写することが可能な程度であればともかく，特段の行政上の負担がなく，要求があったにもかかわらずコピーの機会を与えなかった場合には，聴聞において，証拠に基づいて主張する機会を奪ったことになるので，違法である。少なくとも，行政上の負担の全くないデジカメでの撮影を拒否することは明らかに違法であると解すべきである。文書閲覧請求権の侵害は聴聞を経た不利益処分の取消事由になる（塩野宏＝高木光『前掲書』254頁）。

　聴聞によって事実を確定して処分することになるから，聴聞調書，報告書が事実を正確に記載しているかどうかが，司法審査の対象でなければならない。これは通知された処分事由と異なってはならない。その点も司法審査で吟味されるべきである。

　不利益処分をする場合には，聴聞における当事者の主張が誤りであることがわかるように十分に説明した処分理由書が必要である。処分理由書の記載の程度は，当初の処分通知書と同じであってはならない。それでは聴聞をした意味がないからである。

　当事者に口頭審理で十分な主張をさせることなく，当事者の主張に対して，処分庁として，その場で反論することなく，しかし，報告書で，反論を書くことは，当事者に主張の機会を与えなかったことになるので，違法である。

裁判所が，聴聞手続で行政庁が提示しなかった証拠を認定して，処分は，実体上要件を満たしたと判断することは許されないことは明らかであるが，聴聞手続に提出された証拠に関しても，聴聞手続での審理の仕方を無視して，裁判段階で事実をゼロから明らかにして，法令を適用して処分を正当化することは，聴聞段階での当事者の手続的な権利を侵害し，かつ裁判所が自ら処分を行った結果になるので違法である。実体的判断代置主義では，処分庁に裁量があるとされると，どうしても審理が不十分になるので，裁量性が高いからこそ，手続重視審理により裁量濫用を抑止することが必要である。

したがって，裁判所が先に実体審理をして，適法との判断を行い，聴聞の違法性の審理を後回しにすることはそれ自体違法である。

（2） 手続の瑕疵と処分の効力

こうして手続を審理すると，ここには違法が散見されるのが普通である。ここに，手続の瑕疵と処分の効力という問題が提起される。これについては群中バス事件，ドイツ行政手続法46条をめぐって，論じられていることは，前述した（4(1)3）(ケ)）。

それについてどんな細かい違法でも，1つでもあれば処分が違法となるとすれば，実際的ではない。しかし，手続違反は，それぞれは処分を違法ならしめるというほどではなくても，全体として粗雑であれば，処分の違法原因になるということになる。

ジュリスト増刊『行政手続法逐条研究』（1996年）229頁以下は，「手続違反の帰結」として，聴聞・弁明に関する手続違反，理由提示の瑕疵，審査基準に関する瑕疵の3つを取り上げている。種々議論が錯綜する研究会発言を整理するのは至難であるが，このうち，聴聞・弁明に係る手続違反については，聴聞の機会を保障した法の趣旨を否定する場合には取消事由になるが，その場合，趣旨というのが結果だけ見て判断するわけではなく，聴聞制度がきちんと動いたかどうかであるし（浜川清，塩野宏），どうせたいした意見や資料は提出できなかっただろうという群中バス最高裁判決の処理は，後からの結果論という感じがするところがある，そうではなく，その手続行為が問題になったその時点での当事者にとってどういう意味を持っていたか，そこを見るべきである（小早

川光郎)といった発言がある。

裁判官の会同(平成7年)の模様を掲載した『行政手続法関係執務資料』(法曹会,1997年)は冒頭7頁からこの問題を扱う。これは,「一般に,行政手続の違法は,行政処分の効力にいかなる影響を与えると考えるべきか。」という問題を提起し,3つの説があるとして,説明する。

第1説は,手続の瑕疵が訓示規定あるいは軽微な瑕疵にとどまるものは,取消原因にならないとする。

第2説は,行政手続法の定める主要4原則(告知・聴聞,文書閲覧,理由附記,処分基準又は審査基準の設定・公表)のいずれかに違反がある場合には,それが処分の結果に影響を及ぼしたかどうかにかかわらず,処分の取消事由になる考えとして,塩野宏説を引用する。

第3説は,「手続法規が,処分の内容的な適正を図ることのみを目的として手続を定めている場合……には,手続はいわば実体に奉仕ないし従属する地位におかれているのであるから」,手続違反だけで取消事由にはならないが,「手続法規が処分の内容的な適正のみならず,手続自体の公正をも図る趣旨である場合や,内容的な適正とは無関係に手続の公正のみを図ることを目的とする場合には,当該法規が手続に実体とは別個独立の価値を付与していると考えられるから,手続違反があって,それが当該法規の目的である手続の公正を害する程度に至っているときには,処分内容の適否とは無関係に取消事由になると考えられる。中略。このように考えることによって,行政手続法制定の趣旨を尊重しつつ,処分内容への影響を考慮する余地も残すことができ,穏当な結論を導くことが可能になると思われる。」としている。

以上,いずれの説によっても,手続の根幹に瑕疵のある処分はそれだけで違法になることは明らかである。

他方,裁判所が先に手続審理を行って,違法との心証を得たが,実体審理では,適法との心証を得た場合,処分を維持すべきかという問題が存在する。そのような順序による審理は,先に実体審理を行うのと異なって,それ自体は違法ではない。

これが「手続的瑕疵の効果」という問題である。それは,群中バス事件最高裁判決では,結果に影響を与える可能性があれば取り消されるということであ

る。

[追記１]
東京高裁平成19年４月17日判決
　藤井総裁事件の東京高裁平成18年(行コ)第250号解任処分取消請求控訴事件平成19年４月17日判決は,「行政手続法及び国土交通省聴聞手続規則上, 聴聞手続が実施された場合, その後の行政訴訟において提出できる証拠を聴聞手続において取り調べられた証拠に制限するとの規定はないから, 訴訟当事者は, 聴聞手続における証拠のほかにも, 行政訴訟において新たに提出された証拠を提出することができ, 裁判所は, その取り調べ結果に基づいて事実を認定し, 判断することができるものであるから, 控訴人の主張は採用することはできない」と判断した。
　これは, 法制度全体を見るというまっとうな法解釈をせず, たまたま直接の規定があるかどうかで決めるという制定法準拠主義の悪弊が出たものである。長年の学界と裁判所, 立法者の努力は無に帰したのである。藤井元総裁はもちろん研究者としても, 無念やるかたない。

[追記２]
　手続上の瑕疵と実体上の瑕疵の両方が主張されている場合における裁判所の審理の仕方
　私の教科書『行政法解釈学Ⅱ』に次の説明を入れておいた。
　いずれかの瑕疵だけ主張されていれば, 裁判所はそれだけに応答すればよいが, 両方主張されている場合において, 請求を棄却するには, 手続の瑕疵と実体法上の瑕疵をともに否定しなければならないことは明らかである。これに対して, 認容するのに, どの順番で審理するか, 一方が違法と判断されれば他方は審理しなくて良いのか, 全部審理するべきか, 裁判所は当事者が付けた審理の順位に拘束されないのかという問題がある。
　民事訴訟では, 例えば, 貸金返還請求訴訟において, 原告が, 弁済, 時効, 相殺の順に判断してほしいと申し立てた場合も, 一般には, 相殺だけは反対債権を失うので, 原告の付けた順位で判断し, これについては上訴の利益がある（民訴114条２項）が, それ以外は結果に変わりがないとして, 原告の付けた順位に左右されないとされているようである（新堂幸司『新民事訴訟法』（第四版）（弘文堂, 2008年）841頁参照）。たしかに, それは理由中の判断であり, 訴訟物の問題ではないので, そのような点を基準とすれば正しい考え方である。ただ, 私見では, いずれの主張で請求を棄却するかで効果が異なる（時効の場合には一時所得になる可能性が

ある）ので，原告の付けた順位に従って判断すべきであると考える（順序が違えば上訴の利益があるとすべきである）。事柄は訴訟物だけの問題ではないのである。

　行政処分取消訴訟の場合も，請求の趣旨は，単に取り消せというだけで，手続上の理由と実体上の理由で訴訟物が異なるとはされていないので，原告が，手続審理と実体審理の両方を求めていても，裁判所は，いずれであれ判決に熟したところで判断して良いという考え方がある（小早川光郎『行政法講義下Ⅱ』（弘文堂，2005年）205-6頁）。これも民事訴訟法学の主流的な考え方をそのまま導入したものであろう。

　民事訴訟に関するこの私見は新説であって，簡単に採用されないかもしれないが，しかし，行政訴訟では，特に，民事訴訟とは異なる事情がある点に留意すべきである。行政訴訟の訴訟物は違法性一般であるとするのが通説であるが，それは再訴禁止の側面で妥当する議論であり，行政訴訟では，それに特有の取消判決の拘束力を基準に考えるべきである。手続違法だけで取り消されると，単にやり直されるだけで結局は同じ不利益処分なり拒否処分がなされることが普通であろう（それは取消判決の拘束力に反しない）から，高裁においてはもちろん，一審においても，原告は，最初から再訴しなければならず，重大な不利益を被る。原告が手続違反だけではなく，実体法上の違法を主張している事案では，原告は，実体についても拘束力を及ぼさせる利益があるはずである。要するに，同じ取消しでも，手続違法による取消しと，実体違法を理由とする取消しは，判決の拘束力の点で意味が異なるのである（訴訟物論は難しいが，フランス法では，手続違法と実体違法では訴訟物を異にするとされている）。そのような事情は民事訴訟にはないから，民事訴訟をモデルに単純に思考してはならない。裁判所は，原告の主張全部について判断をしなければならず，実体の判断をしないで手続違法だけで原処分を取り消した判決に対しては，控訴，上告の利益があると考えるべきである（阿部「処分取消訴訟を審理する裁判所の審理を尽くす義務―手続上の理由による取消判決に対する上告，あわせて国家賠償の判断回避の違法性―」『法治国家の展開と現代的構成：高田敏先生古稀記念論集』416頁以下）。

　次に，先に手続で違法と判断したが，実体で適法と判断したときは，手続違法で取り消すのは無駄だからとして，請求を棄却すべきか。完全に覊束されている場合には，手続をやり直しても，同じ処分をするしかないので，請求を棄却すべきであろうが，普通は，行政側に裁量があるので，手続をやり直せば，別の処分がなされる可能性があるから，裁判所は，実体で適法と判断した場合でも，その旨言及するだけで，手続違法で取り消すべきである（群馬中央バス事件最判昭和50・5・29民集29巻5号662頁，百選248頁では，結果に影響を与える可能性があれば取り消され

る。これが「手続的瑕疵の効果」という問題である)。手続で適法と判断したとき、実体の審理をしなければならないことはいうまでもない。

先に実体審理を行って、違法と判断したときは、不利益処分なら、それを取り消せば、同じ処分をすることは禁止されるから、手続違法の審理をする必要はない。給付の拒否なら、実体で、拒否事由をすべて審理して、拒否できないという趣旨で取り消すのであれば、手続の審理の必要はないが、拒否事由の一部だけ違法としたので、処分をやり直せというだけであれば、手続違法の審理をしなければ原告の利益を害する。旅券発給拒否処分を実体法上違法として、理由附記の不備の違法を審理する必要はないとした判例がある(大阪地判昭和55・9・9判時1052号58頁)が、私見では、その拒否事由以外の理由により再び拒否される可能性を考えると、理由附記の不備も審理すべきである(なお、以上の問題に関する解説として、交告尚史・法教303号114頁)。

これは手続の制度が未整備の時代の議論で、手続の制度が整備されている今日では、まずは手続違法を審理すべきである。行政手続法は、手続的法治国の制度といわれるように、実体法上の法治国家のルールと並ぶ、法治国家の核心であるから、実体がどうであれ、行政手続法などの定めるとおり手続ルールが遵守されていたかどうかを先に審理すべきである。特に聴聞手続をふむべき事件では、被処分者には、適法な聴聞手続を経た処分を受ける利益があり、裁判所は、聴聞手続がきちんと行われたかどうか、聴聞手続によって事実認定が的確に行われたのかどうかを審理すべきである。聴聞手続を抜きにして、実体について自らの目で見て、実体的判断代置方式を採ることは、行政手続法を空文化して、同法に違反すると考える。もちろん、当事者が、このほかに実体審理を求めているのに、これを無視することが許されないのは前述の通りである。

義務付け訴訟では、一定の処分をなすべきことが訴訟上確定されないと、義務付け判決を下すことができず、単に取消判決にとどまる。聴聞手続を経て給付を拒否した場合には、裁判所は実体判断をすることができず、手続の瑕疵を理由に取り消すにとどまるべきことが多いであろう。しかし、実体審理の結果、義務付けに熟する場合には、手続をやり直させる必要はない(行訴37条の3第6項)。

[追記3]

濱秀和「行政事件訴訟の過去と現在」自由と正義 2009年10月号10頁以下は、行政訴訟は、白石コート及びそれまではしっかり勉強して活発だったこと、杉原コートで、行政手続法が無視されたことを、それこそ怒り心頭に発する思いで、講演(行政関連事件専門弁護士ネットワーク)された記録である。合わせてお読み頂き

たい。

第2節　誤解の多い対物処分と一般処分

はじめに

　行政法学上，対物処分，一般処分という概念があるが，その意義が整理されていないため，解釈論でも立法論でも，種々誤り及び混乱を生じている。
　論点になっているのは，対物処分なら，名あて人がいるか，物が譲渡されたとき，滅失したとき，処分の効力は残るのか，相続できるのか，処分をする場合に，誤記などがあっても，それが対物処分であれば重要性はないのではないか，行政訴訟の処分性があるのか，行政手続法上の不利益処分，すなわち，「行政庁が，法令に基づき，特定の者を名あて人として，直接に，これに義務を課し，又はその権利を制限する処分をいう。」という定義（行政手続法2条4号）（行政手続条例の場合，ここの「法令」は「条例等」になる）にあたり，聴聞・弁明の手続の対象になるのか。さらに，行政不服審査法57条の教示を必要とするのか，今般の行政事件訴訟法の改正によって導入された出訴のための教示（46条）の適用があるのか，出訴期間については一般処分の告示が行われた日から起算するのか，一般処分があったことを知った日の翌日から起算するのか，といったことである。
　そして，対物処分とは物に対する処分であり，名あて人はいないなどと往々にして考えられている。しかし，対物処分といえども，物が処分を受領するわけはなく，その所有者等の権利者である人に対する処分であるから，それは明らかに誤っている。その結果，上記の多くの点で，判例上誤った解釈が行われている。
　一般処分についても，同様に，概念が曖昧なため，行政不服申立てや，行政訴訟の処分性があるかどうかについて問題が起きる。また，一般処分と対物処分との関係が曖昧であるため，混乱が生じている。ここでは，これを整理したい。
　そこで，まず，対物，対人という概念と，一般，個別という基準で，4つの

枠を作ってみると，個別の対物処分，個別の対人処分，一般の対物処分，及び一般の対人処分というものがありうる。

	対　　物	対　　人
一　　般	一般の対物処分	一般の対人処分
個　　別	個別の対物処分	個別の対人処分

このうち，個別の対人処分はごく普通の行政処分であるから，ここでは取り上げない。

1　個別の対物処分

（1）対物処分，対人処分は処分要件の問題

対物処分というのは，処分をするかどうかの要件に物的な要素しか規定されておらず，人的要素を斟酌しない処分であって，いずれにしろ，物に対してではなくて人に対して行われるのである。

対人処分について，私の教科書の記述を使って説明する[1]。行政上の監督項目（審査事項，チェック・ポイント）に着目すると，人的要素に着目してなされる対人処分と，物的要素に着目してなされる対物処分，及びこの両方に着目してなされる対人対物混合処分がある。この処分が許可の場合，対人許可，対物許可と呼ばれる。

対人処分の例は，医師免許（医師法6条），弁護士の登録（弁護士法8条），自動車の運転免許（道交法84条）などであり，対物処分の例は，建築確認（建基法6条），車検（道路運送車両法58条），食品検査（食品衛生法14条，現行28条），病院等開設許可（施設の構造設備と人員のみの審査，医療法7条3項，現行7条4項），公衆浴場（公衆浴場法2条2項）などである。

営業許可は一般に対人対物処分である。例えば，旅館業法3条は，申請者の資格及び施設の構造設備・設置場所を許可基準とし，風営法4条も，営業する者の資格，行為，営業所の設置場所，構造設備等を規制する。

これらの区別は処分を構成する諸要素（権限の主体，要件，相手方，手続，目的，内容，処分の選択，作為不作為など）のうち，要件にのみ着目している。つまり，その区別は，処分の要件が人的要素か，物的要素によって行われているだけであって，その名あて人が物か人かということによるものではない。

そもそも物は処分を受領することも，不服申立てをすることも事前手続を受けることもできないのであるから，名あて人が物ということはありえないのである。

例えば，建築確認は，典型的な対物処分であり，どんな極悪人であろうと，それを申請することができ，そして，その建築計画が建築関係法令に適合すれば，認められる性質のものであるが，それを拒否された場合には，建築主は取消訴訟を提起することができるし，その拒否処分には理由を付することが必要である（建基法6条5項）。違反建築物に対する除去その他の命令も，典型的な対物処分であるが，その建築主や所有者等には公開による意見の聴取の機会が与えられている（建基法9条1～5項）。対物性は処分の一要素にとどまっているにすぎず，対物処分でも，人間を名あて人として処分がなされるのである。

このように，対物処分といえども，処分を受けた名あて人がいて，これが取消訴訟を起こすことはできるし，さらには不服申立て，行政手続法上の聴聞などを受けることができるとなっている。

（2） 学説を参照して

私の書物だけでは信用されない可能性があるので，他の文献を参照しなければならない。学説は一般に簡単であり，これを説明する文献は限られているが，小谷宏三の説明[2]によると，「警察許可の効果が及ぶ人的範囲は許可の性格により異なる。許可の申請に対して許可すべきか否かの判断がもっぱら申請者の知識，技能等の主観的事情に係っているもの（いわゆる対人許可）の許可の効果は，一身専属的である。自動車の運転免許がその適例である。これに反し，許可すべきか否かの判断がもっぱら申請に係る物又は施設等の客観的事情に係っているもの（いわゆる対物許可）の許可の効力は，その物又は施設の承継人にも及ぶ。建築物の使用許可がその適例である。対物許可にあっては，その許可に係る物又は施設を承継した者は，当然に許可の効果をも承継する。対人

許可にあっては当該許可を受けた者が死亡すれば許可も消滅するし，対物許可にあっては当該許可に係る物又は施設が滅失すれば許可も消滅する。」

遠藤博也も，対人処分と対物処分の区別が，許認可の相手方死亡の際の相続人などによる地位の承継，対象物の滅失の際の処分の失効のいかんなどの問題と関連して論じられているとしているにとどまる[3]。

この文献でも，私見と同様に，対物許可，対人許可は処分の要件の問題とされている。

（3） 対物処分を取り上げた判例を参照して

判例を分析してみると，対物処分の意義は種々の場合に論じられるが，私見では問題があるものが多い。

物が滅失すると対物処分は失効するか。公衆浴場が機能を喪失する程度に焼失すれば，その対物処分性を根拠に，営業許可は失効するとする判例（大阪高判1962＝昭和37・4・17行集13巻4号787頁）がある。

なるほど，建築基準法に基づく建物除却命令であれば，建物の焼失によってその対象を失うことは当然であるが，公衆浴場法の許可の場合には，建物が焼けても，建物を再建することが可能であり，再建する前に新規参入者が火事場泥棒的に公衆浴場の許可を取得すると，既存の業者が距離制限の関係で再建できなくなるというのは不合理であり，公衆浴場の許可が対物処分であろうと，建物が焼失してから相当の期間内は再申請権が残るという意味で，やはりその許可は生きていると考えるべきではないかと考える。

対物処分は譲受人にも及ぶか。建物除却命令の効力はその譲受人に及ぶとする判例（東京高判1967＝昭和42・12・25行集18巻12号1810頁，大阪地判1989＝平成1・11・1判時1353号55頁はこれを引用）がある。

私見では，対物処分であるとはいえ，譲受人保護の見地からして，建物除却命令は無条件に譲受人に及ぶ（命令が違法でもすでに出訴期間を徒過すれば譲受人はこれを争えない）ものではなく，当該命令が違法の場合には，譲受人は改めて命令を受けて，その取消訴訟を起こすという地位を保障されるべきではないかと思われる。

対人許可は相続できないか。公衆浴場の許可の相続性を否定した判例（名古

屋地判1978＝昭和53・1・30行集29巻1号49頁，判時894号57頁，判タ366号294頁）がある。

しかし，公衆浴場の許可は法律上対物処分であるから，相続性が認められるべきであろう[4]。

このほか，対物処分に関する判例を紹介しておこう。土地区画整理，農地買収関係が多い[5]。これをみると，誤記とか相手方の誤認，死者に対する処分などを対物処分を理由に救済しているものが多いが，それでも，対物処分とは，処分要件が物的なものであるというだけで，人を名あて人とするものであるという前記の考えを変更する必要はない。

2 一般の対人処分

一般の対人処分とは，一般抽象的に画一的な基準で人に対して行う処分ということになるが，対人処分とは，被処分者の個別の事情を審査して行うのが普通であるから，こうした一般の対人処分という概念は普通は考えられない。

しかし，例外的には存在するであろう。災害対策基本法によれば，市町村長は，災害が発生し又は発生しようとしている場合において，人の生命又は身体に対する危険を防止するため必要があると認めるとき，警戒区域を指定して，立入りを禁止することができる（63条）。これに違反すると10万円以下の罰金または拘留（116条2号）に処せられる。ただし，警戒区域の設定なしで行われる市町村長又は警察官の避難の指示（60条1項，61条1項）には罰則規定はない。

それは個人に対する命令・処分ではあるが，個々人の個別の要素を考慮しないし，相手方を特定しないので，行政手続法上の不利益処分にはならないというべきである。

また，現行法にはないが，満20歳に達した男子は全て徴兵する，出頭せよというような命令は一般処分であろうか。

3 一般の対物処分

一般的に，一般処分といわれるものは，物を基準とするものである。これにも種々のものがあり，混乱が生じるところである。

（1） 処分と立法行為の区別

　いわゆる一般処分といわれるものは，そもそも行政訴訟の処分性がないものと，あるものに分けられる。これは行政訴訟の対象（処分性）の解釈の問題で，一般的に決まっているものではない。例えば，建築制限を伴う都市計画決定は一般処分であるともいわれるが，今の判例（最判1987＝昭和62・9・22判時1285号25頁）はその処分性を否定している。そうすると，それは一般「処分」でもないことになる。

　しかし，私見では，これは名あて人が多数ではあるが，無数でもなく，特定されるので，「一般」処分というべきではない。また，これを抗告訴訟の対象とする解釈も十分にありうるところである。

　厚生大臣がした食品衛生法7条1項に基づく食品の成分規格を定める告示及び同法6条に基づく食品添加物を定める同法施行規則改正について，いずれも法の委任を受けて食品の成分規格を定め，あるいは食品添加物の指定をしたもので，いわば法の規定の内容を補充するものであり，全ての食品の販売等について一般的・抽象的に適用されるものであるから，その性質は，法の委任に基づいて行われた法規範の定立行為であり，法の執行行為としての行政処分とはその性質を異にするということができる。このような行政庁による法規範の定立行為（いわゆる行政立法行為）は，立法府の行う法律の制定行為と同様に，その後の行政庁の具体的な法適用行為を待たなければ，特定個人の個別具体的な権利ないし利益に直接変動を与えることにならないのであって，取消訴訟の対象となる行政処分には当たらないというべきであるとの判例（東京地判1997＝平成9・4・23判時1651号39頁，判タ983号193頁）がある。この告示は一般抽象的な基準を定めるものであるから，法規範である。

　刑務所における外部の者との通信の制限も一般「処分」であるとしつつ，行政訴訟の対象となることを否定した判例がある。すなわち，

　被告大阪拘置所長がその被収容者の信書の発信について，原則として1日2通以内とし，特に必要あるときは，予め願い出れば，事情により，特別発信として許す旨の制限（本件制限）を定めた場合，右制限は，「大阪拘置所に現在及び将来収容される不特定多数の被収容者を対象とするいわゆる一般処分と解す

べきところ，このような行政庁の行なう一般処分は，法令の定立行為と同様に，抽象的，一般的な規範を定立するものに過ぎないのであつて，それ自体は，個々の被収容者の具体的な権利を直接制限するものではないから，右一般処分は，いわゆる抗告訴訟の対象となる行政処分ではないと解すべきである。もつとも，被告所長の行なつた右一般処分に基づき，被収容者が発信信書を特定して1日に2通を超える発信の許しを具体的に求めたのに対し，被告所長がこれを許さないとしてその発信を個別的具体的に制限した場合には，当該具体的な発信の許可申請に対してこれを許さない処分が，被収容者の具体的な権利を制限するものとして，抗告訴訟の対象となる行政処分と解し得る余地があるに過ぎないものというべきである」（大阪地判1983＝昭和58・11・10行集34巻11号1895頁，判タ534号177頁）。

しかし，抗告訴訟の対象にならないものを一般「処分」と称することは言葉の濫用である。

一定の基準に該当する有害図書を自販機に収納すればそれだけで処罰する包括指定制度がある（最判1989＝平成元・9・19判時1327号9頁）。これは対象となる雑誌も人も特定しないから，処分ではなく，立法行為と言うべきであろう。

（2）　一般処分の概念

そこで，一般処分について考察すると，一般処分とは，相手方が不特定かつ多数の処分をいうものである。例えば，「行政機関が具体的事実に関する定めをした場合に，その相手方が性質上不特定多数であることがありうる。これは公示の必要があることから，告示の形式を取ることが少なくない。そして，さらに法的な適用行為をまたずに関係人の具体的な権利義務を規制しているかぎりにおいて，それはもはや行政立法ではなく，執行作用の一種にほかならないがゆえに『一般処分』とよばれている」という説明があり，これに賛成できる[6]。相手方が多数というだけでは，一般処分ではない。

（3）　道路の廃止

例えば，「道路の供用の廃止とは，当該道路を一般交通の用に供する必要がなくなった場合に，当該道路を一般交通の用に供することをやめる意思的行為

であり，公物である道路を消滅せしめる行政処分である。」として，取消訴訟の対象とした判例（福岡高裁那覇支判1990＝平成2・5・29判時1376号55頁判タ751号78頁）がある。道路の廃止は駐車禁止と同様に，具体的な事実に関して法的規制を行う（通行権を制限する）ものであるから抗告訴訟の対象となる行政処分であり，名あて人は人間であって，物＝道路であるはずはないが，相手方が不特定，無数であるから，一般処分ということになる。そして，名あて人が無数の公衆であるから，行政手続法の適用はない。

　次に出訴期間の点について，この判決は，「道路の供用廃止の意思表示は，それが一般公衆に対してなされる性質上，公示によって行われるものであり，その効力発生の時期は，右公示のなされた時と解される。このようにして，本件処分は，本件市道を対象として行われたいわゆる対物的行政処分であり，特定の個人又は団体を名あて人として行うものではないから，適法に公示されることによってその効力は発生するものである。したがって，原告は本件処分が適法に公示された昭和61年9月29日に本件処分がなされたことを知ったものとみなされ，行訴法14条1項の出訴期間の起算日は，右公示のなされた日の翌日と解すべきである。」とする。

　この点で，原告は，本件処分は実質的には原告の権利を規制するのと何ら変りはないから，いわゆる対人的行政処分であって，原告が本件処分の相手方であり，また，行訴法14条1項の法形式からみても，原告に本件処分の通知があった昭和61年12月15日から出訴期間を計算すべきである旨主張したが，この判決は，「本件処分は，いわゆる対物的行政処分であり，道路の供用の廃止の意思表示は一般公衆に対してなされるものであって，特定の原告のみを相手方として行われるものではないから，原告の右主張は採用することができない。また，原告は，本件処分に至る経緯及び被告から原告に対し本件処分を知らせる通知書が送付されたのは，出訴期間が経過する直前であったことなどの諸事情を考慮すれば，右通知のあった日から出訴期間を計算すべきであると主張する。しかし，原告主張のような事情が存在したとしても，本件処分が対物的行政処分であることの法律的性質には何ら影響を及ぼすものではないから，原告の右主張は採用することができない。」とした。

　要するに，出訴期間は市道廃止処分が公示された日から起算するとされ，知

不知を問わないということである。その理由は，① 対物処分であることと，② 道路の供用の廃止の意思表示は特定の個人又は団体を名あて人として行うものではなく，一般公衆に対してなされるものであることにある。しかし，この判決がこの２つの関係をどう理解しているのか，明確ではない。あるいは，①と②はイコールと理解しているのかもしれない。しかし，対物処分でも，普通は，名あて人がいることは，建物除却命令などの例で明らかである。そこで，少なくとも理論的には，この①と②は別物である。そして，建物除却命令を受けた者の出訴期間は，処分を知った日から３ヶ月（行訴法改正後は６ヶ月）であることに争いはないから，この判決が出訴期間の起算日を告示の日としたことの根拠は，①ではなく，②であるというべきである。

　１人１人が知った日から出訴期間を算定するということにすると，確かに，出訴期間や処分の形式的確定が人によって異なってきて，不公平ではないか，あるいは不合理ではないかといった問題が起きうることがこの判決の理由であろう。しかし，いずれにせよ，客観的出訴期間により処分は安定するので，あえて解釈論で，処分がなされた時から出訴期間を計算し，主観的出訴期間を廃止しなければならない必要性が果たしてあるのだろうか。この点について仮に立法論を行うなら，個別の規定をおくべきであろうと思われる。なお，立法論として，一般処分についての出訴期間は，処分がなされた日から起算して３ヶ月とするという規定をおくということは，一般処分とは何かが明確になっていない以上，混乱を生じるだけと思われる。

（４）　２項道路の指定
　建築基準法上「道路」は幅員４メートルを必要とする（この道路に接しない建物は違法となる代わりに，道路内は建築制限がかかる）が，これに該当しない「道」について同法42条２項により道路とみなすいわゆる２項道路の指定については，個別に指定されればそれは当然行政処分であるが，いわゆる包括指定，すなわち一定の基準（たとえば，幅員４m未満1.8m以上の道）を満たす道を全て包括的に一括していわゆる２項道路（建築基準法42条２項）とするという告示のもとで，道路部分に含まれる土地を所有する者が，自己の土地については，道路に指定する旨の行政庁の処分が存在しないことの確認を求める訴えを

提起した事案がある。

原審は，この告示は本件通路部分等特定の土地について個別具体的にこれを指定するものではなく，不特定多数の者に対して一般的抽象的な基準を定立するものにすぎないから，これによって直ちに建築制限等の私権制限が生じるものではなく，抗告訴訟の対象となる行政処分に当たらないとして，本件訴えを却下した（大阪高判1998＝平成10・6・17判タ994号143頁，判例自治189号103頁）。

しかし，最高裁（2002＝平成14・1・17民集56巻1号1頁，判時1777号40頁，判タ1085号173頁，判例自治233号88頁）は，これは個別の土地について具体的な私権制限を発生させるものであるとして，当該指定も抗告訴訟の対象となる行政処分として，この訴えを許容した。

すなわち，建築基準法（以下，「法」という）「42条2項は，同条1項各号の道路に該当しない道であっても，法第3章の規定が適用されるに至った時点において，現に建築物が立ち並んでいる幅員4ｍ未満の道で，特定行政庁の指定したものは，同項の道路とみなし，その中心線から水平距離2ｍの線を道路の境界とみなすものとしている。

同条2項の特定行政庁の指定は，同項の要件を満たしている道について，個別具体的に対象となる道を2項道路に指定するいわゆる個別指定の方法でされることがある一方で，本件告示のように，一定の条件に合致する道について一律に2項道路に指定するいわゆる一括指定の方法でされることがある。同項の文言のみからは，一括指定の方法をも予定しているか否かは必ずしも明らかではないが，法の前身というべき市街地建築物法の建築線制度における行政官庁による指定建築線については行政官庁の制定する細則による一括指定もされていたこと，同項の規定は法の適用時点において多数存在していた幅員4ｍ未満の道に面する敷地上の既存建築物を救済する目的を有すること，現に法施行直後から多数の特定行政庁において一括指定の方法による2項道路の指定がされたが，このような指定方法自体が法の運用上問題とされることもなかったことなどを勘案すれば，同項はこのような一括指定の方法による特定行政庁の指定も許容しているものと解することができる。

本件告示は，幅員4ｍ未満1.8ｍ以上の道を一括して2項道路として指定するものであるが，これによって，法第3章の規定が適用されるに至った時点に

おいて現に建築物が立ち並んでいる幅員4m未満の道のうち，本件告示の定める幅員1.8m以上の条件に合致するものすべてについて2項道路としての指定がされたこととなり，当該道につき指定の効果が生じるものと解される。原判決は，特定の土地について個別具体的に2項道路の指定をするものではない本件告示自体によって直ちに私権制限が生じるものではない旨をいう。しかしながら，それが，本件告示がされた時点では2項道路の指定の効果が生じていないとする趣旨であれば，結局，本件告示の定める条件に合致する道であっても，個別指定の方法による指定がない限り，特定行政庁による2項道路の指定がないことに帰することとなり，そのような見解は相当とはいえない。

そして，本件告示によって2項道路の指定の効果が生じるものと解する以上，このような指定の効果が及ぶ個々の道は2項道路とされ，その敷地所有者は当該道路につき道路内の建築等が制限され（法44条），私道の変更又は廃止が制限される（法45条）等の具体的な私権の制限を受けることになるのである。そうすると，特定行政庁による2項道路の指定は，それが一括指定の方法でされた場合であっても，個別の土地についてその本来的な効果として具体的な私権制限を発生させるものであり，個人の権利義務に対して直接影響を与えるものということができる。

したがって，本件告示のような一括指定の方法による2項道路の指定も，抗告訴訟の対象となる行政処分に当たると解すべきである。

そして，本件訴えは，本件通路部分について，本件告示による2項道路の指定の不存在確認を求めるもので，行政事件訴訟法3条4項にいう処分の存否の確認を求める抗告訴訟であり，同法36条の要件を満たすものということができる。」

この告示は，対物的なものであり，その所有者も無数である上，特定できないが，それでも，処分とされるのである[7]。

2項道路の指定があるかどうかは，建築が制限されるか許容されるかを左右する。この指定を争わせなければ，建築確認の段階，私道の廃止の段階で争いうることになるので，救済手段がないではないが，建築主の負担が重い。指定を争わせれば，以後の法律関係は明確であり，建築主のリスクはゼロになる。

これまでの最高裁判例では，都市計画決定（最判1987・9・22判時1285号25

頁），土地区画整理事業計画などについて（最大判1966・2・23民集20巻2号271頁，最判1992・10・6判時1439号116頁もこれを踏襲）処分性（抗告訴訟の対象性）を否定し，河川区域該当性について具体的な除去命令などの前に差止訴訟なり当事者訴訟の提起を不適法視していた（最判1989・7・4判時1336号86頁）[8]ところから，2項道路の指定も，後続処分の段階で争わせることとするのが一貫していたと思われる。この判例が，2項道路の指定だけで，権利制限があるとして処分性を肯定したのは，判例の柔軟化への期待を抱かせる。この意味で，著者はこの判例を歓迎する（周知のように最大判2008（平成20）・9・10民集62巻8号2029頁，判時2020号19頁，判タ1280号60頁，判例自治310号67頁）は土地区画整理事業計画の処分性を肯定した）。

(5) 壁面線の指定

建築基準法46条1項に基づく壁面線の指定について，審査請求の期間の起算日は，関係者の知不知を問わず，同条3項に基づく公告があった日の翌日と解するのが相当であるとする判例（最判1986（昭和61）・6・19判時1206号21頁）がある。この事件では，行政不服審査法57条の教示も行われていない。その理由として，この最判は，行政不服審査法57条1項は，同項所定の処分を書面でする場合に，その処分の相手方に対して不服申立てに関する教示をしなければならないとしているものであるから，特定の個人又は団体を名あて人とするものでない処分についてはその適用がないが，壁面線の指定は，特定の街区を対象として行ういわば対物的な処分であり，特定の個人又は団体を名あて人として行うものではないから，教示の適用はないというのである。

確かに，これまでは，一般処分の効力については，利害関係人に個別に通知するのではなく，告示によって画一的に発生することが予定されているから，行政不服審査法14条1項本文の「処分があったことを知った日」について，現実の知不知を問わず告示があった日をもって処分があったことを知ったとみなすという擬制説が多かった[9]。

しかし，この立法と解釈は対物処分・一般処分を誤解したものである上に，行審法の明文の規定を無視したものであって，根拠がない。

まず，一般処分とか対物処分といっても，それは，処分の相手方が多数だと

か，処分の要件が個々人の個別の事情にかかわらないというだけで，法令のように抽象的なものではなく，特定人の権利義務を具体的に左右するのである。

多数人に画一的に効力を発生させる必要性は，不服申立期間と関係なく，告示によって達成されるし，あとから思いがけずに争われることを防止する必要性は，1年間の客観的不服申立期間・出訴期間により達成される。

告示は単に知らせる形式であって，知らせる内容が行政処分か法令かを左右するものではない。法令の公布は個々人の知不知にかかわらず画一的に当該地域の官報販売所での最初の販売時点を基準とするとされている（最大判昭和33・10・15刑集12巻14号3313頁）が，それは法令の性質上個々人の知不知を基準とすることは不可能だからであって，逆に，告示の対象になるものは法令並みであるという根拠はない。

壁面線の指定は特定の街区を対象とするので，それによって実際に権利を制限されるのは，その街区内の土地所有者等の権利者である。換言すれば，壁面線の指定はその特定の所有者の財産権を制限をするという個別の処分である。

現に，建基法46条は，壁面線の指定をするときは，あらかじめ，その指定に利害関係のある者の出頭を求めて公開による意見の聴取を行わなければならないと定めているのであり，対物処分だからといって，事前手続を排除していないのである。

そうすると，「特定の個人又は団体を名あて人として行うものではない」というのは間違いである。特定人を名あて人としないはずはなく，その指定に利害関係のある者，実質はその権利者を相手方としているのである。

したがって，これに対する不服申立期間，出訴期間は，個々の被処分者が知ったときから起算すべきで，その知不知を問わずに告示のときからとする根拠はない。

その相手方が多数であるからということであれば，これもまた誤解である。壁面線の指定は特定の土地所有者を相手とするのであるから，無数とか一般的であるわけではなくて，単に特定の多数の者を相手とするにすぎないのである。

したがって，壁面線の指定は，多数ではあるが特定の権利者に対する処分であるから，不服申立ての教示の対象である。実質論をいえば，不服申立ての教

示は，壁面線の指定の告示文書の中で行えばよいのであって，処分庁にとってはほとんど手間がかからないから，行政不服審査法の教示を排除する理由はない。行政手続法上の弁明の機会は，建基法自身で利害関係者に公開による聴聞の機会を与えているので，不要になるにすぎない。結局，この最高裁判決には賛成できない。

（6） 土地収用法の事業認定

土地収用法20条の事業認定が土地所有者に対する処分であることはこれまで異論がなく，これに対する不服申立てや抗告訴訟は認められてきた。しかし，これはこれまで一般処分扱いされてきたため，不服申立期間・出訴期間の起算日，行政手続法の扱い，行政不服審査法上の教示などの扱いは不透明である。

事業の認定は告示され，周知措置が講じられる（26条）が，土地所有者等への個別の通知はない。2001年の同法改正でも，「事業の認定をした理由」を告示するにとどまる（同法26条1項）。土地の管理者からの意見の聴取（21条），公聴会の開催（23条）が行われるので，行政手続法の弁明の手続の適用はないつもりであろう（なお，128条の2参照）。

事業認定の場合，対象となる土地の権利者が誰であろうとその内容は同じであり，その告示により禁止されるのは，起業地について明らかに事業に支障を及ぼすような形質の変更だけであって（28条の3），土地の譲渡は禁止されておらず，土地を譲受した者も同様の制限を受ける（「何人」にもこの28条の3が適用される）から，対物処分であって対人処分ではなく，「特定の者を名あてとして」には該当しないというのがその理由らしい。

「事業の認定についての異議申立て又は審査請求に関する行政不服審査法第45条又は第14条第1項本文の期間は，事業の認定の告示があつた日の翌日から起算して30日以内とする。」（130条1項）とされ，行政不服審査法の原則である60日が30日に短縮されているだけではなく，現実に知った日は無視される。

これは対物処分の理論に基づく[10]。

しかし，そもそも，対物処分とは，物を基準とするだけで，人に対するものであることは前述したところであり，この立案関係者の見解は誤解に基づくものである。

そして，それは土地所有者等の土地などを収用するために起業者に収用権を設定する制度である（さらに，合わせて，権利制限効果が生ずる。土地収用法28条の3）から，一般的抽象的ではなく，個別具体的に国民の権利義務を左右する行為である。

被収用者との関係で検討すると，事業認定は土地利用の制限と，収用委員会の行う収用裁決処分の中の公益性の判断部分を担う。土地収用は，その公益性の部分は事業認定によって，収用すべき土地の範囲と補償額は収用裁決によって判断される（48条，47条の3）という，特殊なシステムである。換言すれば，収用裁決は，事業認定によって判断された公益性を前提に収用すべき土地の範囲と補償額を決定する行政処分である。収用裁決の段階では，事業の公益性は判断されない。したがって，事業認定は，土地所有権などを剥奪する行政処分のうちの公益性の判断を行う，いわば部分行政処分とでもいうようなものである。換言すれば，事業認定と収用裁決が合わさって，1つの完全な行政処分となるのであり，事業認定においても，土地所有者などの権利者を相手としている以上は，「特定の者を名あて人として」いることになる。

宇賀克也も，「事業認定は，土地所有者等の権利を剥奪したり制限したりする収用裁決の前段階の処分であるが，事業認定に無効の瑕疵がない限り，収用委員会は事業の公共性について判断しえないため，実質的に事業認定の段階で，土地の収用等が運命づけられていると言える。また，事業認定は，関係人に一定の行為制限を課す法効果を伴っている。したがって，実質的にみれば，事業認定は，起業地内の関係人に対する不利益処分としての性格を持っていると言える」と述べている[11]。

さらに，法令なら，抽象的なものであって，次の具体的な処分や起訴の段階で争えるが，これを処分として扱う以上は，これを法令並みに扱うのは不合理であって，被処分者に争う機会を十分に与えなければならない。

また，告示で知らせるものは一般的なものという前提もあろうが，告示で知らせることとしているのは行政側の便宜にすぎず，相手方は特定されているのであるから，多数であるとはいえ，原則的には個別に通知すべきものである。一般的なものは告示でしか知らせることはできないが，逆に告示の形式を取ったからといって一般的なものだという逆論法はできないのである。しかも，現

実には，事業認定は，任意買収が進んで，最後に応じない1軒だけを対象とすることもあって，決して一般的ではない。

土地収用法130条により不服申立期間を短縮する（主観的出訴期間を廃止する）のは，事業認定の早期確定の要請にでるものである[12]が，行政訴訟の出訴期間の方には「知った日から」を排除する特例はおかれていないし，不服申立前置主義ではないので，権利者は事業認定を知った日から3ヶ月（行訴法改正後は6ヶ月）以内は出訴できる。しかも，収用裁決に対する取消訴訟において事業認定の違法を主張できる（違法性の承継がある）とするのが一般的である[13]。そうすると，不服申立権だけ制限しても，事業認定が早期に確定するわけではない。むしろ，簡易迅速な救済手段である不服申立てを制限して，権利者の権利保護の要請を軽視する嫌いがある。

さらに，この土地収用法130条1項は，処分があったことを知らなくても，1年間は不服申立てできる行審法14条3項の適用を排除していない。そこで，不服申立期間は，処分を知らなかった場合，処分の翌日から起算して，この土地収用法130条によれば30日になるが，行審法上は1年となり，この両者の関係はわかりにくい。普通に考えると，これは矛盾する。これを整合的に理解しようとする1つの解釈としては，土地収用法130条では，行審法の14条1項本文の期間だけ変更しているので，同1項ただし書きの適用がある場合，つまり，「天災その他審査請求をしなかったことについてやむをえない理由があるときは」にはその事由のやんだ日の翌日から起算して1週間以内に審査請求できるという意味で，告示の翌日から30日をすぎても不服申立てができるが，それがどんなに長引いても1年だという意味で行審法14条3項の適用は排除されていないという[14]。

しかし，それは天災その他が少なくとも11ヶ月から1週間を引いた期間は続くという異常な事態を念頭におく，信じがたい解釈である。

このように，土地収用法の立法は，誤った対物処分の理論の上に築かれており，立法論としては不適切である。すなわち，事業認定は，土地の権利制限という点だけではなく，土地所有権の剝奪の点でも，不特定多数人に対する処分ではなく，現に事業の対象地の所有者等の特定の権利者に対する処分であるから，その数がいかに多くても，特定人に対する処分という観点から立法すべき

である。

しかし，不服審査は裁判を受ける権利（憲法32条）の保障の対象外であるし，行政訴訟の方は制限されていないから，土地収用法130条が違憲とも言えない。行政不服審査法の教示や行政手続法上の弁明の機会については，土地収用法の意見の聴取，公聴会の制度でカバーするというのが立法趣旨であろうし，これを解釈論として排除するのも容易ではない。

（7） 都市計画事業の認可

都市計画事業の認可は，土地収用法上の事業認定とみなされ，収用権を発生させる。そして，その告示は土地収用法26条1項の事業認定の告示とみなされている（都市計画法70条）。しかし，前記の土地収用法130条は準用されていないので，この認可に対する不服申立期間については，行政不服審査法14条が適用され，「知った日」の翌日から起算して60日以内，知らなかったら1年以内となるはずである。

しかし，これについても，一般処分理論により，明文の規定がないのに，土地収用法130条と同じく解釈されている。

すなわち，最高裁は，行政処分が通知ではなく告示をもって画一的に告知される場合には，これに対する行政不服審査法14条1項上の審査請求期間は，処分の相手方が処分を知った日からではなくて，「処分が行われた日から起算」する（最判平成14・10・24民集56巻8号1903頁）と判示した。

すなわち，「都市計画事業の認可は，事業地内の土地につき所有権等を有する者に効力の及ぶ処分であるが，都市計画法は，これらの関係権利者に個別に同認可の通知をするものとはせず，同認可の告示を行うものとするにとどめている。これは，都市計画事業を円滑に進めるためには，その認可の効力を関係権利者の全員に同時に及ぼす必要がある一方で，一般に，その全員を確実に把握して同時期に個別の通知を到達させることが極めて困難であり，かつ，同認可が特定の事業地を対象として行ういわば対物的な処分の性質を有することから，これを特定の個人を名あて人として行わないものとした上，告示という方法により画一的に関係権利者等にこれを告知することとしたものと解される。

このような同法の趣旨からするならば，告示の時に関係権利者にその内容が

告知されたとみるべきであり，個々の関係権利者が告示の内容を現実に知るまでは告知があったものとはいえないとすると，その趣旨は全うされないこととなる。そして，このような告知の方法を採ることには，都市計画事業の認可の性質に照らして，相応の合理性がある上，同法は，告示に加えて，市町村の事務所において事業地を表示する図面等を縦覧に供させる（同法62条2項，同法施行規則49条）とともに，施行者において速やかに都市計画事業の概要について事業地及びその付近地の住民に説明するなどの措置を講じなければならないものとして（同法66条），同認可の周知を図ることとし，関係権利者の保護にも配慮しているものである。

行政不服審査法14条1項本文の規定する『処分があったことを知った日』というのは，処分がその名あて人に個別に通知される場合には，その者が処分のあったことを現実に知った日のことをいい，処分があったことを知り得たというだけでは足りない（最高裁昭和26年(オ)第392号同27年11月20日第一小法廷判決・民集6巻10号1038頁参照）。しかし，都市計画法における都市計画事業の認可のように，処分が個別の通知ではなく告示をもって多数の関係権利者等に画一的に告知される場合には，そのような告知方法が採られている趣旨にかんがみて，上記の『処分があったことを知った日』というのは，告示があった日をいうと解するのが相当である（原判決掲記の最高裁昭和60年(行ツ)第207号同61・6・19第一小法廷判決・裁判集民事148号239頁は，建築基準法46条に基づく壁面線の指定及びその公告につき，同旨をいうものである。）。」

原審が，都市計画事業の認可の効力を受ける者が現実に処分があったことを知った日の翌日から起算すると解すべきとした（東京高判2000（平成12）・3・23判時1718号27頁，同旨，名古屋地判1972（昭和47）・12・26訟月19巻5号26頁）のに対して，これは，前記の最判昭和61年6月19日に反することをわざわざ指摘して，この高裁判決を支持する評釈類が多かったことから改めて明確な理由を付して判断したという[15]。

しかし，この高裁判決は，これまでの通説判例の誤りを明らかにした画期的なものである[16]。著者は，この最高裁判決にもかかわらず，原審判決が正しいと思っている。

都市計画事業の認可とか土地収用法上の事業認定は，土地を対象とし，土地

所有者の主観的な事情を一切考慮しない，客観的な理由によって行われるものであるが，その対象となる土地は限定される。所有者もかなり多数ではあっても，特定されているものであるから，これは一般処分ではなくて，個別の多数の処分の束にすぎないと考えるべきである。

これは都市計画事業認可を告示で知らせることとする法の趣旨を重視している。いわゆる制定法準拠主義の延長線上にある。しかし，逆に，行政不服審査法の明文の規定を無視している。明文の規定のある土地収用法130条とは違うのである（その規定さえ，前記のように矛盾している）。明文の規定のない法の趣旨を重視し，明文の規定を無視するのは解釈論の限界を超えないか。

さらに，実質的な議論をすると，都市計画事業の対象は限定的であり特定されるから，個別の通知が困難なことはなく，告示で済ますのは行政側の便宜以外の何ものでもない。「全員を確実に把握して同時期に個別の通知を到達させることが極めて困難であり」とされるが，そんなはずはなく，土地収用裁決の段階では権利者に個別の通知をしている。過失なくして権利者を知ることができない場合はあろうが，それはこの限りではない（土地収用法48条4項但し書き参照）とする規定をおけば済むことである。したがって，都市計画事業の認可の段階でだけ，文理を無視した解釈をする必要があるのだろうか。

過失なくして権利者を知ることができないときはこの限りではないという規定がない段階でも，全員に同時期に通知を及ぼす必要があるにせよ，1年経てば，客観的審査請求期間が徒過して，不可争状態になる。それではそんなに不十分なのだろうか。現実の収用の実態を見れば，そんなに待てない事情は普通はないはずである。

対物処分であっても，所有者に対する処分であるから，所有者に通知すべきであることは本章で縷々説明した。土地収用法と異なって，明文の規定がない都市計画法で特殊な解釈をする実定法上の根拠はない。

周知措置があるとしても，周知されてから気がついて争おうとしたら，期間が徒過しているのでは，何のための周知措置かわからない。

そうすると，その不服申立期間はやはりその処分を「知った日」から60日とすべきである。

（8）　狂犬病予防法10条に基づく犬のけい留命令

　狂犬病予防法10条に基づく犬のけい留命令は，狂犬病の発生が認められるときに，犬はすべてけい留せよとする命令である。これは，犬の所有者や個々の犬等，人的な要素とは無関係に，狂犬病発生という事実と犬という物の所有に着目してなされるから，対物処分であり，無数の犬の所有者に対して同時に命令を発するものであるから，一般処分である。そして，これは全ての犬の所有者に直ちに義務を課すので，行政処分である。

　取消訴訟の出訴期間の計算においては，1人1人が知った日からそれぞれ起算するべきである。

　名あて人は不特定であるが，教示はけい留命令と一緒に行えばよいので，行うべきである。

　しかし，この命令を行政手続法上の不利益処分として事前手続を行うことは実際的にも無理である上，理論的にも，「一般的なメルクマールに該当する者に対して一律に向けられるものであり，個別処分の束とも観念できるものであるが，個々の相手方の属性を意識しないものである」から，行政手続法上の不利益処分には当たらないという解説[17]は妥当である。

（9）　いわゆる青少年保護条例による不健全図書の指定

　某誌発行に係る雑誌が，東京都知事により，東京都青少年の健全な育成に関する条例（以下，東京都青少年条例という）第8条1項により，青少年にとって不健全な図書類であると指定された。これを告示する東京都の公報は，指定番号，雑誌かビデオテープかどうかという種類，図書名，号刊及び発行所等のほか，「著しく性的感情を刺激し，はなはだしく残虐性を助長し，青少年の健全な成長を阻害するおそれがある」とする指定理由を明記している。さらに，「不健全図書類の指定について」（通知）という，都知事から某社への通知文では，これらのほか，「これらの図書類は，青少年（18歳未満の者）に販売し，頒布し，又は貸し付けてはなりません。これについて違反があった場合には，同条例第25条の規定により，30万円以下の罰金又は過料に処せられます。」との警告がなされた。

　また，この不健全図書類の指定のお知らせは，13,000を超える販売店にはが

きで通知されている。これには，指定された図書類の青少年（18歳未満の者）への販売や貸付けは警告，罰則の対象となりますという警告文が付されている。

東京都知事の指定が連続3回に及んだ場合，雑誌の取次業者の間においては，当該号だけではなく，当該雑誌を取り扱わないという取り決めがなされているので，当該雑誌の流通は不可能となる。そこで，この雑誌は連続3回の指定を受けたので，取次業者において取り扱われることがなく，事実上，廃刊となったということである。

本件では，原告は，実体法上の論点としては，本件指定処分は，雑誌の付録の一部分を取り上げて雑誌全体を不健全図書と指定したものであり，東京都青少年条例を拡大解釈したものである等の主張を行っているが，このほか，この指定は抗告訴訟の対象となる処分であるか，行政手続法上の論点として，本件指定処分は，都行政手続条例上の不利益処分として，弁明手続を必要とするかが争われている。

このいわゆる青少年保護条例による不健全図書の指定について，この処分性を肯定しつつ，対物的な処分であって，特定の個人又は団体を名あて人として行われるものではないことを理由に，都行政手続条例の適用はないとした判決（東京地裁平成12年(行ウ)第307号，345号，13年(行ウ)29号，2003年＝平成15・9・25判決）がある。この判決は，「知事が都条例8条1項の規定に基づいて行う不健全な図書類の指定は，当該図書類を発行，販売又は貸付けする者等の主観的な事情は斟酌されず，専ら対象となる図書類の内容が同項1号及び都認定基準の定めるものであるか否かの点に着目して認定判断がされるものであり，指定の方法も，『指定するものの名称，指定の理由その他必要な事項』を告示することによって行われることからすれば，その性格は，当該図書類を対象として行われるいわば対物的な処分であって，特定の個人又は団体を名あて人として行われるものではないと解するのが相当である。」

そして，弁明の手続の要否について，「本件各指定がいずれも原告を名あて人としてされたものであることを前提として，都行政手続条例13条違反をいう原告の主張は，その前提において誤りがある。」とする。

しかし，これには賛成できない。本件指定処分の名あて人は，発行者以外の

販売店を念頭におけば，多数（都がはがきで指定の通知を発した相手の数が13,000以上）であるが，販売店というメルクマールにより特定できるので，一般処分ではないといえるかもしれない。しかし，販売店は常時（指定後も）増減するものであるから不特定ともいえる。そして，これら無数の者を相手に図書の指定段階であらかじめ事前手続をとることは実際上無理である。また，販売店は，この図書の内容に関わりがなく，指定段階では主張すべきものをほとんど持たないから，事前手続を経させる必要性がない。もし販売したことを理由として行政処分を行うのであれば，事前手続が必要であるが，そのような法システムはとられていない。したがって，この指定は販売店との関係では一般処分といってよいと思われる。

しかし，発行者との関係では異なる。この不健全図書の指定の告示には発行者などの特定の名あて人が記載されている。そこで，この指定は，対物処分ではあるが，発行者との関係では，一般的なメルクマールに該当する者に対して一律に向けられるものではなく，雑誌ごとに個別の判定を行った上で，その発行者である「特定の者を名あて人として」いるものである。したがって，それは，前記の交通規制や犬のけい留命令と異なることも明らかで，一般処分には当たらない。

このように，この指定は，多数の販売店に対する一般処分の面と，発行者に対する個別処分の面を有する。これを区別せずに議論するために混乱を生じているのである。一般処分の面を有するからといって，告示でも名指ししている特定の発行者との関係では普通の個別の不利益処分であることを否定する効果が生ずるものではない。

したがって，本件の図書指定は，発行者に対しては，行政手続条例上不利益処分に該当し，弁明手続の対象になる。

(10) 固定資産課税台帳に登録された価格について不服

なお，土地価格等縦覧帳簿及び家屋価格等縦覧帳簿の縦覧は地方税法416条により個別の通知ではなく，縦覧に供するとされているだけである。

そして，固定資産税の納税者は，その納付すべき当該年度の固定資産税に係る固定資産について固定資産課税台帳に登録された価格について不服がある場

合においては，第411条第2項の規定による公示の日から納税通知書の交付を受けた日後60日まで若しくは第419条第3項の規定による公示の日から同日後60日までの間において，又は第417条第1項の通知を受けた日から60日以内に，文書をもつて，固定資産評価審査委員会に審査の申出をすることができる（432条）となっている。

ここでは，縦覧という手続により，告知したこととされているのであろう。そして，不服申立期間は交付を受けた日後60日となっているので，告示だけで期間を起算する事業認定とは異なる。

第3節　教科書検定の「裁量？」と司法審査
──「相応の根拠論」を中心として──

は じ め に

本節は，いわゆる家永教科書訴訟における行政裁量と司法審査の範囲なり司法審査方法を論ずることにする。これまで提訴された3つの訴訟の判決は，次の通りである[18]。

① 1次訴訟（国家賠償訴訟）：

 1審高津判決（昭和49・7・16判時751号47頁），一部認容

 控訴審鈴木判決（昭和61・3・19判時1188号1頁）原告全面敗訴，最高裁第三小法廷に係属中

② 2次訴訟（取消訴訟）：

 1審杉本判決（昭和45・7・17判時604号29頁，行集21巻7号別冊），原告全面勝訴，検定不合格処分取消，

 2審畔上判決（昭和50・12・20行集26巻12号20頁），裁量基準を必要とし，一部裁量濫用として，原告勝訴

 最判昭和57・4・8民集36巻4号594頁（破棄差戻し。差戻し後の控訴審＝東京高判平成元・6・27判時1317号36頁，判タ700号68頁，訴え却下）

③ 3次訴訟（国家賠償訴訟）：

 1審加藤判決（東京地判平成元・10・3判時臨増平成元年2月15日号3頁），一部

認容，東京高裁係属中

この訴訟には憲法，教育法，行政法の広範な領域にまたがる多数の論点があり，すでに，無数の論文により検討されているが，ここでは特に，いわゆる行政裁量と司法審査に焦点を絞って考察する。裁量の論点はいちおう教科書検定の合憲を前提にするが，ここでは合憲論をとるものではなく，合憲と仮定して，裁量論を扱うものである。教科書にも種々の科目があり，検定の問題点は歴史に限らないが，本節では家永訴訟で問題となった日本史に絞って検討する。

これまでの判例を見ると，杉本判決は国家の教育権を否定し，国民の教育権の立場から，教科書検定権限に限定を加えて，教育行政は教育の外的事項について条件整備の義務を負うが，教育の内的事項については，指導助言は別として教育課程の大綱を定めるなど，一定の限度を超えてこれに権力的に介入することは許されないとし，具体的な不合格処分は執筆者の思想内容を事前審査するもので検閲に該当し，記述内容に介入するものであるから教育基本法10条に違反するとしたのに対し，高津判決は国家の教育権の立場から，検定に教育内容への大幅な介入裁量を認め，自らもそれを再審査するいわゆる裁判所による再検定を行った。畔上判決は，検定に裁量を認めつつ，前後一貫しない検定基準によった部分だけ違法とした。加藤判決と鈴木判決は検定に大幅な裁量を認め，それに相応の根拠があれば裁量権の範囲内とする，いわゆる「相応の根拠論」をとった。

この「相応の根拠論」は，教科書検定は裁量によるという点を出発点にしている。もし，それが裁量によるものであれば，ドイツの判断余地説とか代替可能性説とかに見られるように，どちらの言い分にも理由があるときは行政庁の勝ちというのがルールである。したがって，この鈴木・加藤判決の論法では，検定の方に相応の根拠があれば，適法になってしまう。

しかし，相応の根拠のない検定などないので，これでは司法審査は実質的に空虚になり，同じく相応に根拠のある教科書が抹殺される。すなわち，これでは学問上の見解が対立しているときは，教科書調査官の説がまかり通るので，実質的には国定教科書になってしまい，不合理である。これに批判が多い[19]のは当然である。

そこで，こうした場合，教科書執筆者の勝ちという一般的なルールが必要である[20]。しかし，そのための理論構成をどのようにすべきかが問題になる。

この状況を見ると，行政裁量との関連では，今日の段階では，特に，この「相応の根拠論」が検討すべき素材になる。その他の判例は付随的に検討すれば，さしあたりは十分であろう。

論者も種々の理論構成を試みている。論点も意見も出尽した感があるが，しかし，私見では教科書検定が裁量処分だというのが誤解のもとであるし，仮に裁量としても，その限界に留意しなければならない。そこで，教科書検定を裁量とする論拠を列挙して検討してみることにした。結論的に教科書検定は学説上争いのあることに立ち入ってはならない限界があり，裁判所は，その遵守いかんを審査すべきことを述べようとするものである。

なお，判決名は右記のように裁判長の名をとった俗称で示すことにする。

また，関係文献は無数である。私見も先学の成果と変わらない点も多いが，引用は最小限にとどめ，教育権論争など周知のことと思われる点についてはいちいち注をつけるのを省略した。

1 無限定な法律の文言と憲法の制約

まず，鈴木判決が教科書検定を裁量とする理由は法文の文言である。すなわち，学校教育法21条1項（現34条）を文部大臣の教科書検定権限の根拠とし，「検定権限の行使がいかなる程度に法令によって覊束されるものであるかを明らかにした規定は存しない。そして，……高度の教育専門性……に徴し，検定……処分は，事柄の性質上，本来その裁量に任されている」（判時1188号54頁）。

しかし，裁量の有無は法令の文言だけでは判断できない。法令の文言が広い，抽象的だというのが裁量を認める根拠にされている（制定法準拠主義ともいうようである）が，それは明治憲法下の発想である。佐々木惣一説は法の文言を重視する法実証主義と称されているが，それは憲法が実定法の解釈を左右する規範性を持たない戦前の制度を前提とするものであって，今日では妥当しない。

今日では制限される権利の性質やその憲法上の保障の有無・程度が重視され

なければならない。これは美濃部達吉説以来一般に説かれてきたところであるが，裁判所が違憲立法審査権を有し，実定法が憲法の枠内で厳格に制約され，行政法は具体化された憲法（Konkretiziertes Verfassungsrecht, 元西ドイツ連邦行政裁判所長官 F. Werner, DVBl. 1959. 527）であるといわれる今日，当然のことである。

教科書検定は，教科書執筆者の執筆の自由，表現の自由，学問の自由を制約する。さらに，教科書は使用義務に裏付けられて，学校教育の主たる教材となっているのであるから，子どもにとっても，適切な教育を受ける権利にかかわるものである。したがって，教科書の合否の判断は行政の裁量ではありえないのである。

むしろ，教科書執筆の自由が学習指導要領などで枠づけられているということは，少なくともその枠の範囲内で教科書執筆の自由，表現の自由があるということである。教科書執筆者にこそ裁量があるわけである。

しかも，教科書検定の場合，法律では検定の基準を定めていないが，子どもの教育を受ける権利とか表現の自由などを持ち出さなくとも，法制的にも，教科書検定基準があるのである。この点では，鈴木判決も，「検定権限の行使は，その裁量に属するとはいえ，右の教科書検定関係法令の各規定の趣旨に則ってなされなければならない」（判時1188号55頁）と認めている。したがって，検定を授権する法律の文言を理由とする裁量説は成立しないと考えられる。

2 学テ判決から学ぶもの

ここで，最高裁の先例であるいわゆる学テ判決（最大判昭和51・5・21判時814号33頁）にふれよう。教育に対する国家介入の限界については国民の教育権と国家の教育権の論争があるが，学テ判決は，いずれの見解も，「極端かつ一方的」として排斥した。そして，「国は，……憲法上は，あるいは子ども自身の利益の擁護のため，あるいは子どもの成長に対する社会公共の利益と関心にこたえるため，必要かつ相当と認められる範囲において，教育内容についてもこれを決定する権能を有するものと解さざるをえず，……。もとより，政党政治の下で多数決原理によってされる国政上の意思決定は，さまざまな政治的要因

によって左右されるものであるから，本来人間の内面的価値に関する文化的な営みとして，党派的な政治的観念や利害によって支配されるべきでない教育にそのような政治的影響が深く入り込む危険があることを考えるときは，教育内容に対する右のごとき国家的介入についてはできるだけ抑制的であることが要請される……。」要するに，国家は教育内容に対し介入できるが，それは抑制的でなければならないというのである。

この判決は，学力テスト妨害にかかる公務執行妨害罪の刑事事件に関する判断であるためもあって，直接に教科書検定について判断しているわけではない。教育内容に対する国家の介入が「必要かつ相当と認められるときは許される」という部分は，教科書検定にそのまま適用されるとすれば，あまりにも無限定で，国家権力の行使を抑制的にする歯止めにはならない。判決も認める「抑制的」であるべきだという観点から，制約が必要であろう。

3 先例の誤用

（1） 鈴木判決は検定処分について裁量を認め，裁量の濫用・踰越の場合のみ違法とする。その根拠として，2つの最高裁判決を引用している。それは公務員の懲戒処分に関する神戸税関事件判決（最判昭和52・12・20民集31巻7号1101頁）と外国人の在留期間の更新にかかるいわゆるマクリーン事件判決（最大判昭和53・10・4民集32巻7号1223頁）である。しかし，教科書検定とこれらとは制度を異にし，参考にならないはずである。これらを比較しよう。

その前に，考察の便宜上，まず裁量権行使の構造を見ると，一般職公務員の懲戒処分の場合，全体の奉仕者にふさわしくない非行など，一定の懲戒事由があるかどうか（要件），ある場合に懲戒処分をするかどうか（処分の発動，作為・不作為），処分をするとして，どの処分を選ぶか（比例原則）に分けて考察することができる（このほかに，手続，目的，時の選択の裁量なども問題になるが，ここでは重要ではないので，省略する）。

（2） 神戸税関事件では，最高裁が，一般職公務員の懲戒処分に当たって任命権者の裁量を認めていることは明らかであるが，それは，「懲戒事由がある場合に，懲戒処分を行うかどうか，懲戒処分を行うときにいかなる処分を選ぶ

か」についてだけ認められている。すなわち,「懲戒事由の有無」つまりは事実の認定と評価（法規範への適合性）については裁量は認められていないことに注意すべきである。教科書検定の場合に言い替えれば,「教科書検定基準に適合するかどうか」は,ここでいう「懲戒事由の有無」に該当する問題で,この最高裁の判例では裁量は認められていないのである。しかも,これは元来特別権力関係として,そもそも司法審査が許されないか,限定的に解された領域について司法審査を認めた場合に関する判例であるから,司法審査の範囲が弱まり,行政に大幅な裁量を認めるのも,1つの考え方ではある（著者はそれでも問題と思う。『行政法解釈学Ⅰ』第4章第5節）。

しかし,教科書検定は,国定教科書の時代ならいざ知らず,学問の成果を教育に反映すべき民主国家で,国家の教育への介入が抑制的であることが要請されている（学テ判決）から,特別権力関係的発想で,司法審査の範囲を決めるべきものではない。さらに,神戸税関事件判決の考え方を適用するとしても,裁量が認められるのは,教科書検定基準に適合しない場合に,意見を述べるかどうか,意見を述べるとして,いかなる処置をとるか,つまりは,検定不合格の意見（合格のためには修正を要することになる意見）（A意見）にするか,何点減点するか（欠陥B意見）,単なる指導助言にとどめるか（ベターB）の比例関係を厳格に考えなくともよいという点に裁量が認められるにすぎない。検定基準に適合するかどうかは,公務員の懲戒事由に該当するかどうかと同じで,裁量が認められることにはならない。以上の点で,鈴木判決は基本的に誤っている。

もっとも,公務員の懲戒事由の認定は裁量ではないが,検定の場合,当該教科書が検定基準に適合するかどうかという要件の認定に裁量があるのではないかという問題は残る。裁量とする理由としては,検定基準の概念が抽象的であることが挙げられようが,公務員の懲戒事由も抽象的であるのに裁量概念とはされていないから,右記の理由だけで,教科書検定の基準適合性の判断が裁量に委ねられるとするのは無理である。

（3）　外国人の在留期間の更新（出入国管理及び難民認定法21条3項）の場合には,法務大臣が「適当と認める相当の理由があるときに限り」許可すること

が「できる」、とされている。この場合には、文理上は「適当と認める相当の理由がある」（要件）と認定しつつ、許可しない裁量がある（不発動の裁量）ようにも見えるが、それは矛盾なので、両者一体と考えて、「適当と認める相当の理由がある」かどうかの判断だけが問題になる。

　最高裁によれば、その判断は、国内の治安と善良の風俗の維持、保健・衛生の確保、労働市場の安定などの国益の保持の見地に立って、申請者の申請事由の当否のみならず、当該外国人の在留中の一切の行状、国内の政治・経済・社会等の諸事情、国際情勢、外交関係、国際礼譲など諸般の事情を斟酌し、時宜に応じた的確な判断を要するので、法務大臣の裁量に任され、上陸拒否事由または退去強制事由に準ずる事由に該当しない限り更新不許可を違法と解するべきものではない（最大判昭和53・10・4民集32巻7号1223頁）。

　この事件では確かに大幅な裁量が認められている。その理由は、最高裁判決のいうとおり、「憲法上、外国人は、わが国に入国する自由を保障されているものではないことはもちろん、……在留の権利ないし引き続き在留することを要求しうる権利を保障されているものではない」からである。この制度のもとでは、「適当と認める相当の理由がある」かどうかという抽象的な要件を憲法の人権規定に基づいて限定解釈することは困難であるから、これには学説上批判は多いが、私見では、最高裁判例に賛成すべきであろう。

　しかし、マクリーン判決自身、外国人の在留期間の更新を論じたものであって、「法が処分を行政庁の裁量に委せる趣旨、目的、範囲は各種の処分によって一様ではなく、……各種の処分毎にこれを検討しなければならない」としている。教科書検定の場合には学習指導要領という審査基準があるのに、外国人の在留期間の更新については、実定法上何の基準も示されていないから、その裁量が広くなるのも当然である。こうした違いを無視して、外国人の在留期間の更新に関する判例を一般理論として、教科書検定に応用するのは無理である。

　（4）　ところで、旅券法13条1項5号は「外務大臣において、著しく且つ直接に日本国の利益又は公安を害する行為を行う虞があると認めるに足りる相当の理由がある者」については旅券の発給を拒否できるとしている。この規定の

適用に関しては，条文は抽象的なので，条文の文理を見る限りは，マクリーン事件と同様に，行政に大幅な裁量を認めてもよさそうである。しかし，最高裁では，裁量濫用型審理ではなく，法規裁量型審理がなされている（最判昭和44・7・11民集23巻8号1470頁）。すなわち，

　裁判所はその処分当時の旅券発給申請者の地位，経歴，人がら，その旅行の目的，渡航先である国の情勢，及び外交方針，外務大臣の認定判断の過程，その他これに関するすべての事実を斟酌した上で，外務大臣がその権限を法規の目的に従って適法に行使したかどうかを判断すべきであって，単に外務大臣の恣意，明白な事実認識の誤り，結論に至る推理の著しい不合理に限定されるものではないと。これはいわゆる要件裁量を否定したものである。

　マクリーン事件と旅券法の判例との違いは，外国人には在留の権利がないのに反し，後者が憲法で保障された日本人の海外渡航の自由を制限していること，法文上もより具体的な規定がおかれていることによろう。

　教科書の執筆・出版は憲法上表現の自由，学問の自由，子どもの教育の自由，教育権などの権利に関わるものであるから，マクリーン事件とは異なるのであって，旅券法の判例の方が妥当するべきである。

　鈴木判決がマクリーン事件の方だけ引用して，こちらを引用しないのは不合理である[21]。

4　論理の飛躍

（1）　加藤判決は，鈴木判決と同様に，文部大臣の検定権限の行使は，その裁量に属するとはいえ，教科書検定関係法令の各規定の趣旨に則ってなされなければならないことを認める。検定「権限の行使が右の趣旨に合致する合理的な範囲にとどまるものである限りは，当不当の問題を生ずることはあっても，……違法の問題を生ずる余地はない」（判時平成2・2・15日号61頁）とする。このこと自体は言うまでもないことである。法令の趣旨に沿った権限行使が違法になるわけはないからである。

　では，加藤判決が続いて述べるところは，この判断と調和が取れているであろうか。すなわち，加藤判決は，「右権限の行使が，裁量権の範囲を超え又はその濫用があったときには，同法上違法となる」（同上）とする。これは行政

に大幅な裁量が認められている場合に違法とする判断基準である。たとえば，前記のように，懲戒事由に該当する公務員に対して，懲戒処分にするかどうか，どの処分を選ぶかという場合には，こうした考え方も成り立ちうる1つの選択肢であろう。しかし，教科書検定の場合には，検定が学習指導要領など，教科書の検定基準に適合しているかどうかが問題になっている。検定の基準適合性が問題になる場合には，その判断が基準に適合しているかどうかだけが問題で，こうした裁量濫用という基準はあまりにも広すぎる。

このことを示すのが，この判決のこれに続く裁量濫用の基準論である。すなわち，

「教科書検定が文部大臣の裁量に委ねられる前示の趣旨，目的にかんがみると，文部大臣の検定処分における判断が，その判断の基礎とされた学界の状況等に誤認があることなどにより事実の基礎を欠く場合，学界の一般的状況や原稿記述の有する根拠など当然考慮すべき事項を考慮せず，考慮すべきでない事項を考慮していること若しくは当該記述の検定基準違反の程度についての文部大臣の評価が明らかに合理性に欠くことなどにより，当該検定処分が社会通念上著しく妥当性を欠く場合，検定権限の行使が検定制度の目的と関係のない目的や動機に基づくものであるときなど裁量の認められた趣旨・目的に違反した場合又は検定権限が恣意的に平等原則に違反して行使された場合は，裁量権の範囲を超え又はその濫用があったものとして，当該検定処分は，違法となるものと解するのが相当である。」

これは行政に大幅な裁量がある場合の裁量濫用の基準である。ここで，目的・動機や平等原則に関係して裁量濫用になる場合はまったくの例外であろうと思われるので，ここでは省略する。問題は，教科書検定に示された文部大臣の評価が合理性を欠くが，それが明らかではないとか，検定処分が社会通念上妥当性を欠くが，それが著しくない場合に違法ではないとされる点である。権限の行使が法令の趣旨に適合しているかどうかが問題になる場合には旅券法の判例のようにそれに沿っているかどうかを問題にすべきであるのに，突然広範な裁量を認める立場を押し出すのはスリカエの議論に思われる。

加藤判決は，さらに続いて，「学界の状況や教育的配慮に照らして文部大臣の検定意見に合理的な根拠があると認められる限り，原則として，裁量権の範

囲の踰越ないし濫用による違法があったものとすることはできない」「検定意見と原稿記述とがそれぞれ相応の根拠を有する場合には，文部大臣が原稿記述に対し検定意見を付したことが，学界の状況，それぞれの学問的根拠，教育的配慮の合理性等に照らして，社会通念上著しく不当であると認められる場合に初めて，裁量権の濫用による違法があるというべきである。」とする。

　ここで，検定意見と教科書の記述が対等であるとき，検定意見が勝ちという結論が示されている。しかし，相応の根拠のない教科書検定など，あるとしたら，極めて恣意的な処分となるから，違法どころか，無効臭いものであろう。前記のように批判が多いのは当然である。以上の点で，加藤判決には論理の飛躍がみられる。

　（2）　もっとも，加藤判決はこれに対する批判を予想して，次のように，反論している。

　「もっとも，教育内容に対する国家的介入は，できるだけ抑制的であることが要請されること，教育基本法10条の規定は，教育の自主性尊重の見地から，これに対する不当な支配となることのないようにすべき旨の限定を付しており，国家の介入が許容される目的のために必要かつ相当と認められる範囲に限られることは，さきに……判示したとおりであり，また，教科書検定が教科書著作者の表現の自由及び学問の自由にかかわるものであること，更に，何をもって中立・公正とみるかを客観的に判定することが困難な場合があり，中立・公正の名のものに検定機関の価値観が検定意見に入り込む危険があることを考えると，文部大臣は，検定権限の行使について慎重であるべきであり，前記のように原稿記述も相応の根拠を有する場合に検定意見を付することには，その妥当性に批判の余地があるといえよう。しかしながら，かかる検定意見も，あくまで教科書内容の一定水準の維持，中立・公正の確保ないし教育的配慮を目的とし，教科書検定関係法令の各規定に従い，さきに述べた裁量審査の基準に反しない限りにおいては認められるというほかないのであり，また，教科書は，教育の主たる教材であるとはいえ，検定意見の付された原稿記述に係る歴史的事実ないし見解を教育現場から完全に排除するという効果まで持つものではないこと等を配慮すると，法的見地からは，右のような場合に検定意見

を付することをもって，教育に対する不当な支配に当たり，あるいは教育に対する権力的介入として必要かつ相当な範囲を超えるものとすることはできない。」(同上61-62頁)。

これに対しては，次のような疑問を感ずる。

この判旨の中で，「文部大臣は慎重であるべきであり」，というところまでの部分は妥当である。しかし，相応の根拠を有する原稿記述に対して検定意見を付することは，裁量審査の基準に反しない限り認められるという点が問題である。つまりは，裁量審査の基準と，文部大臣の検定権限の行使について慎重にあるべきだというという要請との関係が問題である。この判決は，裁量審査の基準を考えるときに，この「文部大臣は慎重であるべきであり」という要請を棚上げして，文部大臣に大幅な裁量を認めているが，これははじめに裁量ありきの議論である。これでは，右記の「文部大臣は慎重であるべきであり」という要請は，法的な意味を持たなくなってしまう。要するに，この解釈論は法律無視の議論なのである。本来，裁量の範囲は右のような「文部大臣は慎重であるべきであり」という要請を考慮して決められるべきである。そうとすれば，文部大臣の裁量といっても，慎重であるべきであるから，相応の根拠がある教科書に対しては，相応の根拠を考えただけでは検定意見を付することができないというべきである。

また，この判旨で，「法的見地からは」と述べている点も，理解しにくい。そのちょっと前の部分では，検定意見も検定意見の付された見解を完全に教育現場から排除するという効果を持つものではないことを考慮すると，とされているが，教科書として利用できなければ，例外的にはその見解が，教育現場で参考書として使用され，あるいは，先生が教えるなどによって伝えられることがあるとしても，その見解は教育現場ではほぼ完全に排除されたに等しいのであって，これは教育に対する極めて強力な介入である。これでは，「文部大臣は慎重であるべきであり」とか，国家の介入は「抑制的であるべきだ」(学テ判決) といった要請に反するのではないか。これを軽視するのは，およそ実際を知っての議論とも思えない。この点は検閲に該当するのではないかと，批判されているが，仮に検閲に該当しないとしても，行政裁量権の行使に当たり十

分に考慮されてしかるべきである。

5　専門裁量論

　加藤判決がこれを述べている。その裁量論を引用する（判時平成2・2・15日号61頁）。

　「検定の対象は，教科書の記述内容等であって，日々進歩する学界の状況を把握した上で当該記述の学問上の適切性，児童・生徒の心身の発達段階や学習の適時性を考慮した上での当該記述の教育上の適切性，教育内容の一定水準が確保されているとともに過不足ない記述となっているかとの観点からの当該教科書の適切性等相互に関連する幾多の考慮事項を含み，その判断は高度の学問的ないし教育的専門性・技術性を持つものであること，その検定基準自体が前述のとおり抽象的，概括的にならざるを得ないので，検定権限について客観的に適正かつ公正な行使をするために，判断の基礎となるべき学界の状況，適切な教育的配慮の在り方等関連諸事項について広く研究すべきものであり，その方策として文部大臣は，教育職員，学識経験者等から成る教科用図書検定調査審議会に諮問して検定処分の判断を行うこととされているものの，この判断については，事柄の性質上，ある程度の見解の相違を来すことも免れないものであることを考慮し，かつ，教科書検定の前記法的性格に徴すると，文部大臣が教科書検定に当たって付する検定意見ないし合否（条件付処分を含む。）の処分については，文部大臣に右のような理由に対応する裁量権があることを認めざるを得ないのである。」

　確かに，教科書検定は一応専門的判断ではある。そして，一般的には行政の専門性を理由として行政の裁量を認める判例は存在する（温泉掘削の許可に関する最判昭和33・7・1民集12巻11号1612頁など）。しかし，この判例を教科書検定にも適用すべきかどうかは，教科書検定における審査範囲の問題にかかわる。教科書の内容の適切性などの判断をするとすれば，高度に専門的な事柄であるので裁判所の判断しがたいことであろう。しかし，教科書検定は表現の自由，学問の自由という重要な基本的人権にかかわり，また，将来の世代に伝える学問の公定にもつながる問題であるから，行政の専門裁量は限定されなければならない。専門裁量は教科書執筆者にこそ認めなければならない。教科書検定権限

は審査の対象となる教科書が学習指導要領から逸脱しているかどうかに限定して与えられていると理解すべきであるから，それは専門的ではあっても，裁判所が介入しにくいほどの高度に専門的な話ではなくなる。むしろ，前記の旅券法の判例が妥当する。

6　検定手続の不適切性

さらに教科書検定の手続が公正な検定の要請に応えるようにはなっていないことを指摘したい。教科書執筆者は教科書出版の期限の関係で争うのが困難である。検定は教科用図書検定調査審議会があるとはいえ，最終的には教科書調査官の個人の判断，胸先三寸（法的には裁量ではないが，実際上は裁量のような自由がある）で合否決定がなされる面が強かった。公正な委員会で慎重に審議し，理由を公表するといった手続がなされていないし，聴聞手続があるわけではない[22]。これでは，初めから偏平のおそれのあるシステムである。

教科書執筆者は，不利な検定意見を付けられ，出版の時期に差しつかえることが起きないようにと思えば，萎縮して，教科書調査官の意向を先取りして，その意向以上にその意向に沿った教科書を書くことになる。不満があっても，事後の国家賠償訴訟を起こすのがせいぜいであるが，それでさえ，普通に考えれば，次の教科書検定に影響するから，提起できない。このことは，行政指導にただ黙従している普通の業界を考えれば理解できるであろうし，教科書検定についても，決して納得のいく制度ではないにもかかわらず，家永氏以外は訴訟を提起していないことからもわかるであろう。訴訟を提起するのは全くの例外であり，普通は違法行政が訴訟の吟味を得ることなく，通用してしまうのである。取消訴訟は，仮に提起したとしても，そのうちに訴えの利益なしに持ち込まれて，原告側を徒労に陥らせることは，前記の②の判例に見るように教科書検定訴訟でも経験したところである。

これでは教科書調査官の立場が一方的に有利で，極めて不明朗である。しかも，これが次代の子どもの教育に係る重要なことであるから，教科書調査官の優位性を減殺する必要がある。そのためには，それが事実上有する自由をできるだけ限定すべきであって，それに裁量を認めるべきではない[23]。

従来の検定の流れは，教科用図書検定調査審議会（検定審）による原稿本の

審査→条件付き合格→教科書調査官と出版社の内閣調整（やりとり）→合格決定であった。これに対し，新制度では，検定審による申請本の審査→決定の留保→調査官と出版社の修正表の変更の調整→検定審による再審査→合格決定に変わった。この変更の大きな目的は手続の公正化にあるという。これまでは学識経験者ら検定審の出番は条件付き合格までで，あとの最終合格の判断は調査官に委ねられていた。これに対し，新制度では最後に合否審査をすることで，検定の密室性を緩和し，恣意性を排除できるはずという。合わせて，改善意見はなくなり，「全か無か」の検定意見に一本化されたという（朝日新聞1991年7月1日朝刊13面）。

しかし，検定審でもう1回審査するからといって調査官の判断をどれだけチェックできるのか，日頃各種の審議会の実態を知っている著者としては心許ないが，それはともかく，従来の検定は審議会があるとはいえ，最終的には調査官が決定するシステムであって，密室性，恣意性が問題であることは文部省自らが認めた結果になるのではなかろうか。家永教科書はこの密室の恣意的な審査を受けたのである。

7　結　論──教科書検定権の限界と司法審査の方法

（1）「相応の根拠」論と法規裁量

以上の考察をふまえて，「相応の根拠論」との関係で，教科書検定の限界を考えると，次のように結論できよう。

教科書検定の基準は学習指導要領に記載されている。そこで，教科書検定は教科書の記述が学習指導要領の範囲内に入っているかどうか，その枠を超えたかどうかを判断することである。学説上争いある事柄，評価に争いが生ずる事柄については執筆者の見解にも相応の根拠があるわけであるから，それはいずれにしても学習指導要領に合致しているというべきである。そうした教科書を使用させても弊害はない。ここでは，教科書執筆者の学問的見解の可及的尊重の原則[24]が妥当すべきである。むしろ，そうした教科書を検定合格にすれば，相応の根拠のある複数の教科書が出版されて，多様な意見が出る。民主主義社会の教育は一つの意見を押しつけることではないので，この方が望ましいというか，それしか選択肢はない。こうした問題は執筆者の自由に委せて，社会が

判断する,つまりは教科書の採択段階,さらには教育の段階で判断すれば十分である。

逆に,意見が分かれる問題,学問的な水掛け論になる問題について,「相応の根拠論」により教科書調査官の主張を優先させれば,国家(あるいは教科書調査官の意見)が学説の優劣を判定することになって,教科書の内容は画一化し,国家が次世代に伝えるべき学問の成果を一方的に公定し,次世代の思想を一定の方向へ導き,国家の教育的・学問的中立性に反するから,「抑制的」とはおよそ言えない。それは子どもの教育を受ける権利を侵害するし,調査官の権限逸脱である。相応の根拠があれば,相応の根拠のある教科書原稿を排除できるということは,国家の介入が「抑制的」なものにとどまらないことで,学テ判決の基準に反している。そうした批判を浴びない範囲でのみ,検定が許されると解すべきである。

このように,教科書検定では,相応の根拠があるだけで,申請にかかる,これまた相応の根拠のある教科書を不合格にする裁量はないのである。ここに,教科書検定の権限の限界がある。

なお,鈴木判決は,「教科書の検定は思想を含む表現物の審査であるという特質と検定それ自体の本来的性格のため,これらに由来する相応の裁量を認めるべき必要が存する」という(判時1188号40頁)。

しかし,表現物の審査であればなおさら国家権力は抑制的に行使されなければならないのであるから,これはまさに逆転した論理である。また,鈴木判決は,「すべての場合を想定して……画一的一義的な基準を設ける……ときは国が国定の教科書を著作するのと選ぶところのない結果になり,現行検定制度の趣旨を没却する」。検定基準が「画一的・一義的な基準を設けないことによって執筆者,発行者に自由な発想の余地を残している」(同上)と述べている。このこと自体は妥当であるが,これを前提にすれば,行政の裁量を認めるべきではなく,「相応の根拠」を理由に教科書検定を合法とするこの判決は矛盾である。これでは思想に対する国家の自由裁量的介入を認めたことになるので,批判が多い[25]。

そこで,裁判所がなすべきは,教科書調査官の検定がこの権限を超えたかどうか,つまりは,学問的に争いがある問題に介入したかどうかを審査し,そう

であれば検定不合格処分を取り消すべきである。

こうした基準違反の監視という仕事は，講学上の用語でいえば，自由裁量の統制ではなく，法規裁量の統制であるはずである。それはいわゆる実体的判断代置主義である。裁判所はその観点から十分な審査をすべきである。すなわち，裁判所は旅券法の判例の立場で，検定権限の行使が学習指導要領の趣旨に沿っているかどうかを審査すべきである。

この点で，教科書検定の諸判決を批判する多くの論者が，その裁量性を前提にする[26]のは，一歩譲った形であるが，判例や国側の思考に巻き込まれているように思う。

（2） 実体的判断代置主義と裁量審査

なお，いわゆる実体的判断代置主義との関係をここで説明する必要がある。

司法審査は行政の判断を司法が統制するというシステムである。その枠組みに関する伝統的な発想を見ると，裁量を認めない場合には，実体的判断代置主義により審査し，裁量がある場合には，裁量濫用の統制か，せいぜい比例原則審理型かという枠組みがある[27]。

教科書検定を自由裁量行為ではなく，法規裁量行為であると解する立場からは，その審理は実体的判断代置主義によるべきだという結論が導かれる。この場合裁判所は，自分の目で判断し，文部省の見解に自己の見解を置き換えることができる。

そうすると，しばしば誤解されるのが，裁判所が行政の裁量を行使できるのかという点である。高津判決は申請教科書の記述内容にまで立ち入って審査したので，いわゆる「裁判所による再検定」と称されて，批判される[28]。

鈴木庸夫論文[29]は，高津判決は踏み込みすぎであろうとしつつ，次のように述べる。

「従来の司法審査のあり方は実体的判断代置方式であったから，裁判所が独自に実体判断を行って行政庁の判断が許容限度をこえていないか否かを判断すべきものとされていたのである。そうだとすれば，実体的判断代置方式自体に高津判決のような危険性が本来的に内包されていたとみるほうが正当であろう。」と。

確かに，行政に裁量を認めて，実体的判断代置主義を活用すれば，裁判所による再検定という危険に陥ることは避けがたい。

しかし，実体的判断代置主義をとるときは，行政の方には自由裁量がないことが前提であるので，裁判所が行政の判断を繰り返しても，裁量を行使できるわけはない。行政に裁量がないから，裁判所が再審査できるのである。

これに対し，前記のように，行政の方には，教科書検定に当たり，教科書執筆者の学問の自由の尊重という，実体法上の限界があるのである。したがって，裁判所は，教科書検定がこの限界を遵守したかどうかを審査するにとどまるべきである。裁判所は実体的判断代置主義の名において裁量に立ち入ってはならないのである。

高津判決の審理手法は，しばしば実体的判断代置主義と称されるが，行政に裁量を認めた点でも，さらに自らも裁量に立ち入った点で，二重の意味で誤っており，違法な判決であった。それは高津判決による実体的判断代置主義の誤用であって，実体的判断代置主義の罪ではない。

なお，小山昇論文[30]では，裁判所は歴史学上の論争においては，何が適切かの判断はできないのであって，「文部大臣の減点が著しく不当と認められないかぎり裁判所は不合格処分を違法とすることはできない」としている。これは裁量濫用審査方式を主張しているが，なぜ文部大臣に裁量があるのか，この論文だけではわからない。裁判所が何が適切かに立ち入る実体的判断代置主義と，文部大臣に裁量を認める裁量濫用審査を対比させ，前者でなければ後者という発想に見える。しかし，実体的判断代置主義は何が適切かに立ち入るものではないのであるから，この前提がおかしい。もっとも，小山説の裁量濫用論は要件該当性の問題ではなく，減点量の問題なので，要件該当性に関する裁量の有無を論ずる本節の主張を左右しない。むしろ，この説は減点量について比例原則型審理ではなく，裁量濫用型審理を主張しているように思われる。それならそれで十分成立する議論である。

なお，加藤判決と鈴木判決は，いわゆる実体的判断代置主義をとらないことを，次のように述べている。加藤判決を借用すると，「裁判所は……文部大臣の立場に立って，いかなる検定処分をすべきであったかを判断し，その結果と当該検定処分を比較してこれを論ずべきものではなく，……」。これは神戸税

関事件の最高裁判決が述べるところでもある。ただ，問題は，文部大臣が教科書検定でどのような立場にあるかということである。文部大臣が教科書の内容の適切性に立ち入って判断することが許されるのであれば，裁判所がそれと同様のことをしてはならないのはいうまでもない。この意味ではこの判示は妥当である。

しかし，私見のように文部大臣が検定で行うのは，教科書が学習指導要領から逸脱しているかどうかの判断であり，その際には憲法上もその権限行使に大きな制約があると考えれば，その限界遵守を監視することは，裁判所の権限を超えないと考える。そうした限界遵守に関する審査をしたところで，裁判所が文部大臣の立場になって審査するわけではない。

8　附　言——裁量行使の基準と裁量濫用の審査方法

本節は教科書検定の裁量否定論であるが，仮にこれに裁量があるとしても，それには公務員の懲戒処分の選択における裁量とは異なり，大きな限界がある。裁判所は教科書検定がこの限界を遵守したかどうかを完全に審理できる(すべきである) 行為である。

鈴木判決や加藤判決の裁量論に立ったとしても，「社会通念上著しく不合理」というその判断基準を具体化する視点が問題である。やはり前述の抑制の原則に違反した検定はこれに該当するというべきである。そこで，歴史上争いのある事項へ介入する検定は，前記のように国家が教科書の内容を国定教科書並みに画一化して執筆の自由を大幅に剥奪するので，社会通念上著しく不合理というべきである。あるいは，学問の尊重という「考慮すべき事項を考慮しなかった」という点で，調査官の私見を強引に教科書に入れさせようとした点で裁量濫用である。

山下淳[31]は，教科書検定に裁量を認める場合，検定意見に相応の根拠があれば教科書は検定意見に従わなければならない点について，「ここに議論のすりかえが潜んでいる」としている。すなわち，「検定に裁量が承認されるとしても，それは，歴史学上の対立ないし論争について行政に判断権を認めるものではない」，教育的配慮から妥当かどうかの判断に裁量が認められるのである。したがって，教科書の記述が相応の学問的論拠ないし説得力を持つものであれ

ば，あえてそれの修正を求めるに足りるような論拠が要求されるのであると。

さらに，教科書の原稿が学習指導要領に該当しなかった場合でも，それに対して，どの意見を付けるかという裁量がある。これについては，須藤陽子は，前記の抑制の原則に立てば，単に「社会通念上著しく不合理」かどうかではなく，違反の程度とＡ意見にするかＢ意見にするかの関連には比例関係が必要であるという比例原則が妥当するとする[32]。ただ，この説は教科書検定には裁量があるという（一歩譲った）前提に立っているので，比例原則違反が働く場面が多いように思うが，私見では教科書の学習指導要領該当性の判断には裁量がなく，「相応の根拠」しかない検定意見は違法なので，教科書が学習指導要領に該当しないことが検定意見により十分に根拠づけられた場合にはじめて，ではどの程度の措置をとるかという比例原則が働くのである。

例えば，最澄の生年について原稿は766年であるのに対し，検定意見は767年で，Ａ意見（不合格とする意見）が付されていたが，国家は学説を持ってはならないとする原則によれば，これにＡ意見を持ってのぞむのは裁量濫用であるが，歴史論争にＢ意見を付すことは裁量の範囲内とする説が行われる[33]。しかし，私見では，こうした歴史学上争いのある問題では，同じく相応の根拠のある原稿が学習指導要領に違反するとは言えないと考えるので，この場合，学習指導要領に違反した教科書原稿にいかなる意見を付すかという裁量の問題は生じないのであって，そもそもこうした意見は，指導助言にとどまるＢ意見であろうと付すことはできないと考える。

［追記］

その後，最判平成17年12月1日（判時1922号72頁，判タ1202号232頁），最判平成9年8月29日（民集51巻7号2921頁，判時1623号49頁，判タ958号65頁），最判平成5年3月16日（民集47巻5号3483頁，判時1456号62頁，判タ816号97頁）は，教科書検定における文科相の裁量を大幅に認めている。本来は教科書執筆者に「相応の根拠」がある限り裁量があり，文科省は，その裁量濫用を審査し，裁判所も，文科省が裁量濫用に限って審理しているかを審理すべきである。誠に遺憾といわざるを得ない。

第4節　憲法上の福祉施策請求権

は じ め に

　福祉施策は一般に憲法25条2項の問題で，立法政策に任されていると見られている。しかし，私見では，福祉施策請求権が導かれる場合がある。これについて著者が気がついたのが本節で述べる2つの場合である。1つは，老人・障害者の介護請求権が憲法25条1項から具体的に導かれるとするものであり，もう1つは，福祉施策請求権は存在しないが，何らかの施策がある場合には，それは恩恵として行政の裁量に任されるのではなく，平等原則を媒介として，国家に対する福祉施策請求権が導かれる場合である。

1　憲法25条1項と公的介護請求権

（1）　従来の憲法解釈

　憲法は，25条1項で，国民に「健康で文化的な最低限度の生活を営む権利」を保障し，第2項で，国に，「すべての生活面について，社会福祉，社会保障及び公衆衛生の向上及び増進に努めなければならない」という努力義務を課している。

　この前者については，抽象的権利説が元々通説であり，両者の関係については，堀木訴訟で争われ，その高裁では，前者は救貧施策，後者は防貧施策などとされている（大阪高判昭和50・11・10行集26巻10＝11号1268頁）。これについて学界では種々議論が行われた。

　もっとも，最近では抽象的権利説，具体的権利説といった分類自体に疑問が寄せられているが，いずれにせよ，これまでの学界の関心事は，権利の有無が争われた場合でも，生活保護ないし金銭請求権に焦点を当てていた。例外的に，特別養護老人ホーム個室訴訟などがあるが，一般には，介護請求権は軽く扱われてきた。

　ここでは，介護請求権と憲法25条1項の関係を扱う。老人福祉法では，施設入所など，措置の必要性は職権主義で判断する（10条の4，11条）。精神薄弱者

福祉法15条の3，身体障害者福祉法18条も同様である[34]）。

　したがって，入所できたのは反射的利益で，老人や家族には入所請求権はないというのが行政解釈である。職権主義とは，①申請がなくとも行政の方から困っている老人を探して救済する制度である（これは当然で賛成する）ほかに，②老人の方から申請があっても，それは職権の発動を求めるだけのものであって，権利ではないというものである[35]）。判例でも，同様の立場に立つものがある[36]）。

　これに対して，憲法学界では，疑問は提起されているようであるが，憲法25条1項の論述では，一般には，生活保護だけを扱っており，著者の知るところでは，必ずしもきちんとした反論はないように見える[37]）。おそらくは，老人福祉，障害者福祉は，憲法25条2項の努力義務の問題で，権利の問題ではないということであろう。

（2）「健康で文化的な最低限度の生活」の意味――金銭と介護――

　しかし，本当にそのように解すべきであろうか。ここで職権主義というとき，その2つは全く別次元のものである。①の意味の職権主義が妥当するからといって，②の意味の職権主義がとられているということにはならない。

　金がたりなければ，現行制度でも，「健康で文化的な最低限度の生活」を欠くとして，生活保護による金銭給付（生活扶助）が用意される。「困窮のため最低限度の生活を維持できない者には」医療扶助も用意される（生活保護法15条）。

　逆に，「健康で文化的な最低限度の生活」を欠くのは，金がたりない場合だけであろうか。要介護状態になったのに，介護を受けられないとすれば，悲惨なものであり，「健康で文化的な最低限度の生活」を欠くことになるはずである。もっとも，介護も医療と同様にサービスであるから，金があれば確保できるはずであるが，介護サービスが民間で適正な価格で確保できるように整備されていない今日の状況を前提とすれば，金はあっても，介護サービスを受けられないのが現実である。以下，これを前提に考察する。そもそも，憲法は，「健康で文化的な最低限度の生活」を保障するといっているのであって，困窮のため最低限度の生活を維持できない者に各種の金銭給付をすることだけに限

定して，権利性を承認しているわけではない。

　これを説明するために，ここで，金と介護を比較する。金がなくとも，最悪の場合には，バラックを建てて住み，食べ物は山菜，蛙や蛇を取ってきて食べても，生きることはできる。鳩や魚は大変なご馳走である。中国では，地域によっては，ネズミ，もぐら，こうもりもご馳走であり，鶏の鶏冠や脚も食べる。火を通せば，みんな栄養になる。都会にこういうものはいないといわれても，田舎に転居する方法がある（もちろん，現在，生活保護を受ける前にこうした生活をせよといっているわけではなく，公的な介護を受けられない苦労と比較するための議論である）。

　これに対し，金は多少あっても，身の回りの世話をする人がたりないという場合，例えば，病人だったり，認知症老人だったりで，世話をする家族がいないか，家族も看病疲れで倒れそうになっているか，仕事まで辞めなければならないか，施設は入所待ちで，入れて貰えない場合が少なくなく，介護疲れの自殺・無理心中は本当に悲惨である[38]。また，入所できても，「死ぬ前に地獄がある」という悲惨な処遇を受けることもあるが，行政上は放置されているし，どこも満員なので，よそに移るわけにもいかず，文句を言えば追いだされかねないので，困ってしまう。各地の施設で虐待があることが報道されている[39]が，その原因はこの点にある。なお，こうした介護を要する老人の場合，病院にいわゆる社会的入院をして，問題の解決を図っていることも多いが，老人病院では3ヶ月で退院せよなどといわれ，転々したりせざるをえない。さらに，重度障害者の場合も，治療が必要でなければ，病院に入院するわけにもいかない。

　これを比較すれば，金がないよりは，介護がない方が困っているはずである。したがって，これを救済しないとすれば，平等原則に違反する。

　しかも，保育所などの児童福祉施設の入所は申請主義である（児童福祉法施行規則22条2項）のに，老人福祉施設，障害者福祉施設の入所は申請権なしの職権主義という発想は，将来ある児童には権利はあるが，老人，障害者には将来がないので権利を与える必要がないという，うば捨て山の発想である[40]。

　したがって，要介護状態になった者を行政的に放置することは，「健康で文化的な最低限度の生活」を侵害して違憲状態というべきである。そこで，25条

1項の抽象的権利説に従って説明すれば，憲法は，これについて，「健康で文化的な最低限度の生活」を満たすべく制度を構築するように，立法者に命じているはずであり，要介護者は，国家に対して，生活保護並みにいわゆる抽象的な請求権を有する。なお，いわゆるプログラム規定説は，今日一般にとられていないので，ここでも無視することにする。

　障害者介護も同じである。そうすると，憲法25条の1項と2項の関係が問題になるが，生活保護は1項，老人福祉や障害者福祉は2項と捉えるのは間違いである。生活保護でも，老人・障害者福祉でも，「健康で文化的な最低限度の生活」の範囲内では，1項で権利として保障され，最低限度を上回る社会保障については，努力義務をうたっている2項が妥当すると考える。このように考えると，1項を救貧施策，2項を防貧施策と解する見解も，制度を正しく認識しているとは言えない。

　行政側は上記のような困った場合には，みんな助けているというであろうが，そんな言い訳が通用するなら，生活保護も国民の権利としないで，戦前並みに恩恵としても十分なわけである。しかし，それが現実には妥当しないから，施設入所も，恩恵から権利に変える必要があるのである。

（3）　介護請求権の具体化と介護請求訴訟

　これは，さしあたり抽象的な権利であるとすれば，法律による具体化を必要とする。法律が全くない状態において，国家に対して介護せよという請求があったと仮定すれば，裁判所はすべて立法者並みに判断しなければならないので，はたしてそこまでの法創造をすることを憲法が裁判所に期待し，又は許しているかという大問題に発展する。しかし，わが国では，さしあたりは，そのような大がかりな議論をする必要はない。

　ここでは，公的介護は，措置という職権によってのみ行い，その申請は単に職権の発動を促す事実上の行為にすぎない（したがって，介護の申請が却下されても，訴訟で争うことはできない）か，介護の申請は法律上の根拠のある申請であり，それを拒否された者は，「法律上の利益」を侵害されたものとして，取消訴訟（さらには義務付け訴訟）を提起できる（放置されたら，法令に基づく申請権が侵害されたとして，不作為の違法確認訴訟・義務付け訴訟を提起できる）と解すべ

きかだけを問題とすればよい。とすれば，前述の憲法解釈からして，要介護者は，介護を求める抽象的な請求権を有するから，これを具体化した法制度のもとでは，介護を求める具体的な請求権を有すると解される。換言すれば，立法者は，法律を作る以上，憲法の趣旨に適合した法律を作る義務を負うから，法律が申請権を規定していない場合でも，申請権を憲法から導くべきである。生活保護を求める権利は，憲法25条のもとでは抽象的な請求権にとどまるとしても，それを具体化した生活保護法のもとでは，具体的な請求権になるとするのと同じである[41]。もっとも，生活保護法は，無差別平等に生活保護を受ける権利を創設している（同法2条）ので，この問題は法律のレベルで解決され，解釈論の必要はないが，この規定は，確認規定であると解すべきである。なぜなら，抽象的にせよ，「健康で文化的な最低限度の生活」を保障する憲法のもとでの法律が，具体的な権利性を否定するようでは，立法者への付託に応えたことにならず，違憲であると解されるからである（この点にこそ，抽象的権利説とプログラム規定説の違いがある）。

　このように，老人福祉法が職権主義しか規定していなくとも，老人の場合に，憲法25条1項から，福祉施設入所請求権があるといわなければ合憲とはいえないというべきである。そして，行政事件訴訟法の不作為の違法確認の訴えにおける「法令に基づく申請」にいう法令とは憲法も含むから，この場合には不作為の違法確認の訴えを提起できるというべきであるし，申請が拒否されたときは拒否処分があったものとして，取消訴訟を提起できるというべきである。

　この程度であれば，司法権による法創造が立法権を犯すというほどではないので，老人福祉法が全くない場合とは異なって，司法による判断が許されるというべきである。なお，立法権が何ら老人福祉施策を講じなければ，裁判所の介入はないのに，ちょっと規定をおいたら介入されるのは均衡を失するという反論もあろう。しかし，情報公開の場合も，情報公開法や条例が制定されなければ，直接に憲法に基づいて国や地方公共団体に対して，情報公開請求権を行使することはできないが，情報公開法や条例ができれば，それが憲法の趣旨に沿っているかどうかを司法審査することは許される——したがって，非公開事項が広すぎて，情報公開法というよりも，情報秘匿法になるとすれば，その限

りで違憲として，修正して読む方法があると思う。

このように考えると，介護は職権で措置するという厚生省の見解は，違憲であり，介護申請権を明示しない各種の社会福祉の法律は，憲法の付託に応えたことにならず，介護申請権が存在しないと解される限度において違憲である。また，これらの法律は介護申請権を早急に明文で規定するように改正されるべきである。

なお，憲法25条1項について，一定水準以下と明らかに認められる部分については具体的な請求権を認める説[42]もある。これによれば，介護請求権についても，同様に解釈できる。しかも，老人ホームのように制度化されていない在宅サービスについても，具体的な請求権を認める道を開くことができるであろう。ただ，金銭と異なり，サービスについては，実際に用意されていなければ，請求権があっても，画餅に帰す。請求権が認容されても，執行できず，実質的には違法確認判決が下されるだけである。それでも，サービスの改善を促す効果があるので，有意義である。

また，介護不足で生命にも危険が及ぶような場合であれば，国家の一般的な基本権保護義務とか，憲法13条の個人の尊厳尊重義務を根拠とする立論も考えられようが，ここでは指摘にとどめる。

介護請求権がないことにしてきた厚生省解釈の本音は，老人を入所させる施設が不足している場合には，権利者がいるのにそれに応えることができず，行政の方も困るということであろう[43]。そこで，厚生省サイドの見解として，「入所定員の範囲内において措置義務を課した——したがって，その範囲内で権利を取得する——と解することはできないであろうか」[44]という意見がある。しかし，これでは，行政が用意した施設数が憲法の「健康で……最低限度」の基準になるので，朝日訴訟一審判決などでも論じられた下克上的法解釈である。施設は憲法の要求するだけ用意しなければならないのであって，それが不足すれば，違憲状態になるだけである。

もちろん，こうして抗告訴訟を起こせる制度にしても，訴訟を起こせば，実際上は，その間，介護者・要介護者ともに苦労するし，福祉事務所とも福祉施設とも良好な関係を築けなくなってしまうので，かえってどこでも介護して貰えない結果になりかねない。したがって，当分は，この阿部説だけでは，要介

護者に,「健康で文化的な最低生活」を保障することは実際上できない。しかし, 中には頑張って, 抗告訴訟を起こそうとする者もいるであろうし, 少なくとも, 公的な介護を得られなかったためにたいへん苦労した者が, 要介護者の死去後にでも, この阿部説に沿って, 国家賠償請求訴訟を提起することはありうるであろう。一度まともな判決がでれば, 厚生省も通達を変えなければならないであろう。

(4) 重い障害者・老人の差別対策

次に, こうして, 老人の福祉施設入所申請権を認めた場合でも, 多数の老人のうち, 誰を入所させるかという選択の問題になった場合, 行政は必ずしもしっかり選考しない。行政は, 福祉施設の方に引き受けるかどうかを聞き, 引き受けるところに斡旋している。誰を入所させるかの選択権を施設に委ねているのである。施設が受け入れない者を施設には委託しないので, 措置権を行使していないのである。施設は正当な理由がない限りは, 受託を断れないはずである(老人福祉法20条)が, 行政は, 施設に対して権力的に対応するのではなく, やわらかく対応するのである。その方がスムーズな行政を行えると思っている。

行政が被規制者と癒着していることはいろんな分野で指摘されているが, 福祉行政においても, 施設の都合を考慮して, 一番配慮を要する一番障害の重い者を軽視しているのである。福祉施設の方では, 同じ措置費で効率的な経営をしようと, なるべく手間のかからない軽い老人, 障害者を受け入れたがる。重い障害者, 老人はどこでも嫌われる。寄付する者は本音では歓迎されるが, 建前は寄付と入所とは関係がないために, 寄付しても効果がないこともある (制度が詐欺を奨励している)。

これは福祉行政のあるべき姿からすればとんでもない逆転現象である。著者は違法な運用であると評価したい。ではどうすべきか。福祉行政は, 施設に任せず, 自ら, 入所の必要性を公平に審査して, 介護を要する者を福祉施設に委託すべきである。これに対して, 福祉施設は, 措置費がたりないので, 重い者は世話できないなどというらしいが, 立法政策としては, 重い障害者, 老人は歓迎だというくらいに, 措置費を数割増配分すべきであろう[45]。

そして，本来ならば，施設は余るくらいに造るべきであろう。そうすれば，施設の方も，競争原理が働き，お客に逃げられないようにと努力するから，虐待は減り，非常に重い人でも介護して貰えるであろう。厚生省は介護保険を導入する理由として，税金だと権利がなく，保険なら権利が発生するという説明をしているが，前述のように税金で支える手法でも，権利が発生するのである（厚生省がこれを無視してきたのがいけないのである）し，保険にしても，施設がたりなければ実際上は利用できないことに変わりはないのである。

なお，せっかく公費で造った施設が余ったら，税金の無駄遣いだなどと反論されるが，国立病院も常に満床でなくても，かまわないことになっている。満床を保障すると，入所者を虐待する可能性が高くなるので，常に多少の空きベットがあった方が，市場原理で虐待がなくなるのである。虐待しないように，行政がしっかり監視するはずだなどという意見もあるが，行政監督が機能していないという現実に目をつぶって空理空論を説くから，これまでたくさんの人が虐待に泣かされてきたのである。障害者施設の虐待については前述したが，精神病院では元々虐待が多かったといわれているとおり，最近でも大阪の精神病院で大変な虐待があったことが発覚した。氷山の一角であろう。

施設のベットが多少余ることの無駄遣いと，虐待が減り，介護を要する者はいつでも入所できるという利益を比較すれば，この程度の金の無駄遣いは，望ましい状態を実現するための必要経費として，決して無駄ではない，むしろ，効率的だというべきである。

（5）公的介護請求の手続と審査基準

介護申請権を行使して申請したのに，拒否された場合，以上の説によれば，本案審理にまで進むことができる。そこで，問題になるのは，行政手続，行政裁量の範囲とその司法審査の範囲である[46]。生存権と司法審査については，朝日訴訟や年金併給訴訟などで多数の論文があるが，介護請求権の場合はどう考えるか。

今は，公的介護の要否に関しては，福祉事務所が専門家だという建前で，一方的に調査して判断し，さらには，福祉施設にその判断を丸投げしているが，それが客観的に合理的なのかどうかは，さっぱりわからない。

一般には，福祉行政に広い裁量があるからということになりそうであるが，これは，生活保護のような金銭請求ではなく，限られた介護資源の割り当てを求める場合であるから，個人タクシー事件（最判昭和46・10・28民集25巻7号1037頁）と同様に，多数の者から特定の者を選ぶ場合に当たる。したがって，行政手続法の適用がなくても，判例法理によれば，審査基準を制定しなければ違法である。そうすると，介護の必要性，つまりは，本人の介護の必要と家族の支援の可能性を具体化した基準の設定が必要になる[47]。

 そして，審査基準が制定されれば，それが法律の趣旨に合致するかどうかは，司法審査の対象になる。審査基準も公開すべきであろう。

 そして，必要度の高い者から公的な介護を受けるべきであるから，必要度の低い者が介護を受け，高い者が排除されていれば，違法というべきである。この場合に，家族がいれば，介護も可能などという見方がなされやすい[48]が，家族でも，重度の寝たきり老人を抱えていれば，もたないのであり，まして，重い障害者を介護する場合，24時間重労働であり，しかも，老人介護と異なって，何十年にも及ぶ。必要度の高さの判断に際しては，こうした苦労の質と累積度を考慮すべきである。

 次に，訴訟ではなく，行政の窓口で適切に判断して貰えるシステムが必要になる。これについて行政手続法の適用が除外されている。例えば，児童福祉法33条の5では申請に対する処分には適用するつもりであるが，申請制度がないとすれば，行政手続法の適用はない結果になる。老人福祉法では申請権がないという構成であるから同様である[49]。そこで，介護請求権を実質化する申請・意見聴取・参加といった制度がほしい。役所や福祉施設だけの論理ではなく，当事者の言い分を良く聴いて，第三者を参加させて，透明に判断する行政手続を用意する必要がある。あるいは，福祉オンブズマン制度[50]を導入するのが適切かもしれない。

 さらに，行政手続法は福祉関係では大幅に適用除外されているが，手続的には，介護の必要性を適正に判断するシステムがなければ，システム自体が恣意的であるとして，違法・違憲であると考える。そうとすれば，前記の福祉オンブズマンとか聴聞などの制度をそれなりに導入することは憲法上・法律上の要請というべきであろう。

次に，介護の質の問題がある。冒頭に述べた特別養護老人ホームの個室訴訟はこの点をついたものであろう。これは，生活保護の水準について論じられたと同じく，他の国民の生活水準や国家の財政力なども考慮して決めるのかという問題も生ずる。しかし，これは「健康で文化的な最低限度の生活」を割るかどうかの問題であるので，こうした事情を過度に考慮すれば，下克上的な法解釈になるから，それをにらみつつも，憲法の角度から解釈すべきである。相部屋が居住環境として，「健康で文化的な最低限度の生活」を割るかどうかの事実の判断である。おそらくは，個人差のある問題で，相部屋ではみんなに迷惑をかけるような者の場合には，個室に移ってもらうべきであるが，相当の公費を支出していることを考慮すると，相部屋が違憲だと一般的に言えるわけではないと思う。

ただ，高齢者向け単身公営住宅は40平方メートルが基準なので，公営住宅に当選した元気な老人は優遇されていると思う。この比較をすれば，特別養護老人ホームはあまりに冷遇されているとも言えるし，公営住宅が優遇されすぎているとも思う。本来政策論としては，この両者を合併して，中間程度で，介護サービスの付いたコレクティブハウスのようなものをたくさん造るべきであろう。

2 平等原則に基づく直接請求権

(1) 要綱に基づく請求

福祉施策が法律に基づかず，行政の内部の要綱で行われる場合，要綱は相手方に受給権を与えるものではないから，支給されなかったからといって，支給を求めて訴訟を提起しても，そもそも相手にされない(民事訴訟なら請求棄却，行政訴訟なら，訴え却下)というのが元々の考え方であった。

しかし，要綱といえども，国家の施策である以上，憲法の平等原則の適用があるから，同じ条件で受給できる人と受給できない人とが分かれる場合，違憲と考えられよう。

ドイツでは，この点について理由付けは種々あるが，結論的にほぼ意見が一致しているようである。その詳しい研究は，大橋洋一の博士論文にみられるところであった[51]。著者が最近，自然災害の被災者対策のテーマでドイツを訪問

したとき，被災者への財政支援が行政の内部措置で行われているので，被災者に請求権はないが，平等原則違反の場合には，憲法に基づく請求権があるという説明を受けてきたところであった。

わが国の類似の例を見ると，要綱に基づくいわゆる同和補助金の申請をめぐる訴訟で，この申請は「法令に基づく」として，行政事件訴訟法の不作為の違法確認の訴えを適法とした判例が有名である（大阪高判昭和54・7・30判時948号44頁）。母子家庭への貸付制度などについても，他事考慮禁止や平等取扱いの原則を考慮して，処分性を認める説[52]も出ている。

塩野宏[53]は，これに対し，要綱に基づく制度を行政処分と構成することには反対しつつ，こうした法律の根拠なき補助金について，平等原則が働くから，合理的な理由がないのに一方に給付して他方に給付しないことは違法の問題も生ずることがあるのではないか，その限りで，給付規則が一定の外部効果をもつことも認められようという。これはおそらくはドイツの見解の影響を受けているものと推察される。

最近，要綱に基づくホームヘルパーの派遣が拒否された事件で，不派遣通知に処分性を認め，しかも，その一部を違法として国家賠償請求を認容した判決がある（東京地判平成8・7・31判例自治159号61頁）。処分性の有無は，争いが生ずるところであるが，当事者が争わなかったので，裁判所も問題としていなかったということのようで，先例的価値には乏しいが，国家賠償請求の認容の方は重要である。

一般的にも，例えば，ホームヘルパーの派遣は福祉行政の裁量に任されているが，派遣の基準は，あっても恣意的であるから，その濫用を統制することが必要である[54]。家族に介護できる人がいれば，それに全責任を押しつけるとか，所得があれば派遣しないといった基準は違法であると思う。

このように考えると，社会給付基本法でも制定して，平等原則違反については，それが処分であれば，取消訴訟と義務付け訴訟を提起できるが，そうでなければ民事の給付訴訟を提起できる（特定の給付請求権がない場合でも判定やり直し請求訴訟）という条文を確認的に規定すべきである。また，福祉の給付については，すべて法律又は条例により，「瑕疵なき裁量の下で給付請求権を与える」というシステムをおくべきである。

（2） 災害弔慰金・災害障害見舞金
　阪神・淡路大震災の犠牲者の遺族には災害弔慰金等法に基づき災害弔慰金が支給された。この法律は国家の見舞金という構成をとっており，犠牲者の方に請求権がないという前提に立っている。申請の制度も予定されていない。そこで，震災後の病死などの場合，震災による死亡なのか，震災とは別の死亡なのかが争われても，遺族にはこれを争う法的手段はないと考えられている。
　しかし，これは本当に香典と同じく，何らの請求権がないものか。単なる私人のお悔やみではなく，国家が香典とは比較にならない額の公金を支出するものであるから，憲法の平等原則の適用を受けるであろう[55]。
　そこで，災害と死亡の因果関係がないとして支給を拒否された犠牲者の遺族は，弔慰金を求めて国家（この法律によれば，市町村）に対して給付訴訟を提起することができると解すべきである。重度障害者には災害障害見舞金が支給されるが，その障害の判定に関して争いがある場合も同様に解すべきであろう。
　さらに，災害弔慰金等法は，政令で定める一定の災害にのみ適用している。これは厚生省事務次官通達で，住居が5戸以上滅失した場合や災害救助法が発動された場合とされている。したがって，住居が4軒以下しか滅失しなかった場合の犠牲者は放置される。数が多ければ救う，少数なら無視するという立場である。しかし，私見では，それが成り立つのは被害の予防の場合で，すでに犠牲者が出て，それに国家が見舞うという場合には，犠牲者の数とか，まして住居の滅失というものは何の関係もない[56]。1人雷に当たって死亡したり重度障害者になった場合と，雲仙災害で火砕流に巻き込まれて死亡したり，災害救助法が発動された阪神・淡路大震災の場合は，いずれも自然災害による不慮の災難であって，これらを区別する合理的な根拠はない。これらは，弔慰金・災害障害見舞金の関係では同じく扱うべきである。
　そうとすれば，災害弔慰金等法の適用がない災害の場合でも，平等原則の適用により，犠牲者（又は，その遺族）はこれらの金員を請求することができることになる。なお，著者のこれまでの論文では，この点を立法政策論として主張してきたが，ここで解釈論として主張するものである。
　そうすると，災害弔慰金等法は，その適用される自然災害を政令で定めるも

のに限定しているが，その部分を削除し，かつ，弔慰金等の申請制度，その拒否に対する取消訴訟なり給付訴訟の制度を明文化すべきである。ただ，それは確認規定と考えるべきである。

（3） 震災復興基金の給付

阪神・淡路大震災の被災者には，現金給付をせよという，いわゆる「個人補償」の要求が強いが，政府は直接に個人に金を支給することはできないとして，自治体が出資した震災復興基金の返済を地方交付税で補てんする形で，実質的には個人補償をしている。震災復興基金の支給基準は，議会を通さずに，基金だけで極めて不透明な形で決められている。給付行政においてもそれなりには法治行政の原則が妥当するのであるから，6,000億円（当初。後に9,000億円に増額された）という巨額の基金の運用は法律でルールを作るべきであろう。

この支給基準に適合するのに，判断の誤りにより支給されない場合には，給付の平等という憲法原則により給付請求権があると考えるべきである。

[なお，ここで述べたことは第6章第1節1でも説明した]

3 むすび

これまで，福祉の実態に即した法理論が発展せず，その結果，福祉の現場では，「無法地帯」が現出していると思われるが，それは，すべて反射的利益として，法的考察を拒否したためである。福祉施策請求権を肯定する本章が，福祉を法的な場に引きずり出し，その内容の適正化を促す一助となれば，幸いである。

「追記」
　その後，社会福祉法制の改革により措置から契約へと制度改革が行われたが，これは要介護者の契約の自由を尊重するのではなく，施設の自由を拡大するにすぎず，かえって福祉の貧困をもたらすものとして違憲というべきである（阿部『行政法解釈学Ⅰ』（有斐閣，2008年）18頁，414～415頁）。

注

1) 阿部泰隆『行政の法システム（新版）』(有斐閣, 1997年) 144頁。
2) 小谷宏三「警察法」杉村章三郎＝山内一夫編著『精解行政法下』(光文書院) 1971年) 323-324頁。
3) 遠藤博也『行政法スケッチ』(有斐閣, 1987年) 433頁。
4) 詳しくは、阿部泰隆『事例解説行政法』(日本評論社, 1987年) 22-31頁, 阿部泰隆「対物処分の問題点」神戸法学雑誌21巻3・4号164-187頁（1972年）。
5) 土地区画整理事業における清算金に関する処分は、対物処分である換地処分と表裏一体のものであるから、その徴収、交付事務が未了の間に換地が譲渡された場合には、清算金に関する権利義務は当然に譲受人に承継されると解すべきであるとする主張を否定した判例（東京高判1973＝昭和48・12・24判時735号54頁）がある。これは対物処分であることから何も導かれなかったケースである。

　「農地調整法6条による農地の使用目的変更の許可は、対人処分であつて対物処分ではないから、潰廃前に当該農地を譲受けた者にその効力が及ぶものではない」（最判1965＝昭和40・8・17民集19巻6号1412頁, 判時425号26頁, 判タ183号107頁）。これは処分の効力が譲受人に及ぶかどうかの論点に関する判示である。

　相手方の誤認の場合、対物処分ではその効力を必ずしも否定されない。「換地予定地の指定は、土地区画整理の必要を勘案し、専ら土地の位置、形状、広狭、地価等土地自体の具有する諸条件に着目してなされる、いわゆる対物処分たる性格を多分に具有するものであるから、土地の所有権がすでに譲渡せられながら、未だその移転登記がなされていない場合、登記簿上の所有名義人に対し換地予定地の指定通知がなされたからといつて、右処分を以て直ちに無効と解することはできないのみならず、真の土地所有権者において右処分を知り、又は知り得べかりし時に右瑕疵は治癒されたものと解するのを相当とする」（大阪地判1964＝昭和39・5・14下民集15巻5号1065頁）。「旧特別都市計画法に基づく換地予定地指定処分は、実質的に、従前の土地自体に対する対物処分と解すべきであるから、右処分が当該土地の旧所有者に対してなされた場合においても、新所有者が右処分の結果を受容するときは、これを有効と解すべきである。」（甲府地判1961＝昭和36・10・19日行集12巻10号2126頁）。

　「特別都市計画法による換地予定地の指定処分は、土地そのものを対象として行われる一の対物的処分であつて、土地所有者のみならず全ての関係者は右処分の効力を受けるものであるから、処分当時既に死亡している者に対して予定地を指定した場合であつても、その相続人が存在する限り、無効行為転換の理論に従い、該相続人に対し効力を有する」（甲府地判1954＝昭和29・8・30行集5巻8号1955頁）。

　このほか、(仮)換地処分について対物処分性に言及した判例として、神戸地判2003＝平成15・7・18, 1999＝平成11年(行ウ)第14号, 2002＝平成14年(行ウ)第22号, 仮換地指定処分取消請求事件, 換地処分取消請求事件,【TKC提供判決概要】), 東京高判2000＝平成12・10・25判タ1113号144頁, 神戸地判1999＝平成11・11・8判例自治201号90頁, 東京高判1987＝昭和62・6・30判タ657号81頁, 名古屋

高裁金沢支判1964＝昭和39・6・26行集15巻6号1081頁，大阪地判1974＝昭和49・5・17行集25巻5号425頁などがある。

　農地買収において，被買収者の氏名の誤記が単純な誤記であるときは処分を違法ならしめないが，地番の不一致は対物処分である買収処分の客体の相違であるから違法である（札幌高判1963＝昭和38・4・20民集19巻6号1426頁，行集4巻4号740頁）。

　「死者を名あて人とする農地の買収計画は，計画樹立当時に所有者であった相続人を関係人として樹立したものとみるのが相当である。」（大阪高判1961＝昭和36・7・8行集12巻7号1333頁）。

6)　兼子仁「行政の意義及び種類」前注2)『精解　行政法　上』7頁。

7)　この問題について詳しいものに，金子正史「2項道路に関する二，三の法律上の問題（上・下）」自治研究78巻2，3号（2002年）＝金子『まちづくり行政訴訟』（第一法規，2008年）がある。これは，包括指定された段階では，個別具体的な道に対して，特定行政庁の有権的判断がないのであるから，その道がたとえ2項道路の要件を満たしたとしてもまだ2項道路とは言えない。ある道路が2項道路として確定するのは，建築確認の段階である。それまでは建築制限が生じているかどうかが不明である。このように，包括指定された段階では，沿線敷地の所有者に対して法的には何らの具体的な法的義務が生ずるわけではないとして，包括指定の処分性を否定する（3号5-6頁）。最高裁のこれまでの判例の線に沿って考察すれば，これが妥当であったと思われる。

8)　阿部『行政訴訟改革論』169頁以下。

9)　雄川一郎『行政争訟法』（有斐閣，1957年）189頁，田中真次＝加藤泰守『行政不服審査法解説［改訂版］』（日本評論社，1997年）116頁，杉本良吉『行政事件訴訟法の解説』（法曹会，1963年）58頁，南博方＝小高剛『全訂注釈行政不服審査法』（第一法規，1988年）140頁，塩野宏『行政法Ⅱ　第二版』（有斐閣，1994年）76頁，南博方編『条解行政事件訴訟法』（弘文堂，1987年）491頁，園部逸夫編『注解行政事件訴訟法』（有斐閣，1989年）237-8頁，田中二郎『新版行政法　上巻　全訂第二版』（弘文堂，1974年）331頁）。

10)　小澤道一『《第二次改訂版》逐条解説　土地収用法』（ぎょうせい，2003年）130条【趣旨】659頁）。

11)　宇賀克也「土地収用法の改正」自治研究78巻2号32頁（2002年）。

12)　小澤「前掲」657頁。

13)　ただし，最近はこれを否定する学説と判例が現れている（福井秀夫「土地収用法による事業認定の違法性の承継」『政策実現と行政法』成田頼明先生古稀記念（有斐閣，1998年）251頁以下，千葉地判1988・6・6判時1293号51頁。

14)　小澤『前掲書』130条注解4，661頁。著者は国土交通省土地収用管理官室に問い合わせたが，その口頭の返事も同様であった。

15)　大橋寛明調査官「解説」ジュリスト1262号140頁（2004年）。

16)　阿部泰隆「解説」判例自治213号（2001年）113頁，金井恵里可「評釈」自治研究77巻11号123頁（2001年）。宇賀克也「最新判例批評」判評506号16頁（2001

年)。最高裁判決の批判的解説として，金井恵里可「解説」法教272号116頁（2001年)。
17) 塩野宏＝高木光『行政手続法』（弘文堂，2000年）19頁。
18) これまでの判例の流れについては，鈴木庸夫「家永教科書裁判の軌跡」ジュリスト770号28頁以下参照。
19) 例えば，兼子仁「教科書検定第一次訴訟・東京高裁判決の研究」判評345号155頁，同「教育法学に学ばなかった判決」季刊教育法63号（1986年夏号）120頁以下，芦部信喜編『教科書裁判と憲法学』（学陽書房，1990年）216頁以下の成嶋隆論文，同240頁の野中俊彦論文，山下淳「教科書検定における行政裁量」ジュリスト863号17頁以下，成嶋隆「検定行政追認の論理構造」法時58巻6号11-12頁，須藤陽子「教科書検定の裁量統制と『比例原則』」季刊教育法87号（1991年冬号）94頁以下，小山昇「裁判所の検定内容審査権」判時751号40頁，安達和志「教科書検定と国民の教科書作成の自由」教育470号（1986年8月臨時増刊）47頁以下，小林武「教科書検定第一次訴訟控訴審・鈴木判決の位置と意味」南山法学11巻1号1494頁以下。
20) 野中「発言」法時1992年1月号シンポジウム36頁。
21) 野中俊彦・芦部編『前注19）書』233頁，教科書検定を支援する全国連絡会・第一次教科書訴訟家永側「上告理由書」最高裁に問う違憲の教科書検定（1987年）282頁が指摘するところである。
22) 野上修市「教科書検定と法定手続」芦部信喜編『前注19）書』142頁以下参照。
23) なお，1990年度の教科書検定から密室性が緩和されたといわれている。
24) 兼子「前注19）論文」判評345号155頁。
25) 成嶋・芦部信喜編『前注19)』209頁，安達「前掲論文」55頁。
26) 杉村敏正『続法の支配と行政法』（有斐閣，1991年）82頁以下，前出注19）の須藤，兼子，成嶋（法時1986年5月号）など。
27) 阿部『国土開発と環境保全』（日本評論社，1989年）327頁参照。
28) 多数。例えば，今村成和「教科書裁判と国家賠償の理論」判時751号44頁。
29) 鈴木「前注18）論文」34頁。
30) 小山昇「前注19)」判時751号40頁。さらに，須藤陽子（「前注19)」103頁）も，著者が実体的判断代置主義でいう「裁判所が全面的に自らの目で審理」することが「何が適切か」という判断のあり方に直結するかどうかを問題にし，阿部においては裁判所の判断を行政の判断に代置することは必ずしも裁判所が「何が適切か」を判示することと同義ではないとしている。実体的判断代置主義は裁量性のない行政処分の司法審査方式として用いられているのであるから，そこで裁判所が「何が適切か」という裁量性の高い判断をすることができるわけはないのである。
山下淳（「前注19)」21頁）は，判断代置方式と裁量濫用方式とは程度の問題にすぎず，行政に裁量を認める以上完全な判断代置は裁量の否定であろうとして，（裁量濫用方式は）通常の行政裁量の審理方式としてはそう非難されるべきものではないとしている。しかし，著者は本件で行政に裁量を認める前提に賛成できな

いし，判断代置方式と裁量濫用方式の違いを程度の問題としてしまえば，多くの法律学上の区分は程度の問題に解消してしまい，意味が薄いことになると思う。著者はこの二つの方式は考え方として相当に大きな質的な違いがあるものと理解している。

31) 山下「前注19)」21頁。
32) 須藤「前注19)」104頁以下。
33) 兼子「前注19)」判評345号155頁，須藤「前掲」108頁。
34) 本節は，主に施設入所請求権を扱い，在宅福祉サービスについては若干しか論じていないが，後者も同様である。在宅福祉よりも，施設入所が常によいという前提で議論しているわけではない。そのいずれがよいかは本節とは別のレベルの考察を必要とする。
35) 厚生省社会局老人福祉課監修『改訂老人福祉法の解説』(中央法規出版，1987年。これが目下のところ厚生省の解説の最新版である) 88-89頁。さらに，堀勝洋『福祉改革の戦略的課題』(中央法規出版，1987年) 201頁以下参照。
36) いわゆる谷澤訴訟 (熊本地判昭和46・10・22，河野正輝「老人福祉をめぐる訴訟」ジュリ572号276頁 (1974年) による)，森訴訟 (横浜地判平成4・1・29，東京高判平成4・11・30，竹中勲「高齢者の人権と憲法学」産大法学29巻1号 (1995年) 49頁以下，米沢「生存権」法教185号60頁〔1996年〕，坂田ներ夫「高齢者等介護サービスの確保」判タ937号70頁 (1997年) による) がそうである。
37) 生存権の権威者数人にこのテーマに関してこの関連の情報を求めたが，憲法学界では私見のような見解は本格的にはまだないようで，ここで私見を公表する価値があるように思われた。一般に，憲法25条1項では，朝日訴訟を初め，金銭請求訴訟が念頭におかれている。米沢・前掲注(36)59頁，岩間昭道「生存権訴訟における『厳格な審査』」『芦部信喜先生古稀祝賀　現代立憲主義の展開 上』743頁以下 (有斐閣，1993年)，内野正幸『憲法解釈の論理と体系』(日本評論社，1991年) 366頁以下，野中俊彦ほか『憲法 I 新版』(有斐閣，1997年) 446頁以下，下山瑛二「サービス行政における権利と決定」『田中二郎先生古稀記念　公法の理論 中』(有斐閣，1976年) 631頁以下参照。この種の文献は多いので，これ以上の引用は省略する。

　　ただ，著者と同様の見解は，特に社会保障法学界関係では，理屈の付け方や精粗にこそ違いはあれ，これまでも示されてきたところであった。この意味で本稿は独創的な論文ではない。著者なりの理屈を付けて整理するにとどまった面がある。竹中勲「高齢者の人権と憲法学」産大法学28巻3・4号 (1995年) 167頁は，「要介護高齢者に対するサービスのいかなるものが憲法25条1項の『健康で文化的な最低限度の生活を営む権利』の内実をなすものと捉えるべきかについての検討は緒についたばかりであり」として，米沢広一『子ども・家族・憲法』(有斐閣，1992年) 279頁を引用する。竹中・同29巻1号59頁は，「老人福祉法は憲法25条の抽象的権利を具体的権利とする立法と捉えることができ，その点で入所者は法律・省令などに具体化されたサービスを請求する権利を有すると解すべきである」とする。

河野正輝「老人福祉をめぐる訴訟」ジュリ572号277頁（1974年）は，今日では，生活保護のほかに，傷害，分娩，老齢，廃疾，死亡などの生活事故の性格に応じて，社会保険，社会扶助，公的社会福祉等の保障方法による給付が形成され，全体として最低生活が保障されているのであって，生活保護のみが最低生活保障の目的と機能を持つと見ることはできない，としている。また，同『社会福祉の権利構造』（有斐閣，1991年）38頁以下，53頁以下，118頁以下は，福祉サービス請求権を認めている。

　前田雅子「生存権の実現にかかわる行政裁量の統制」大阪府大社会問題研究46巻2号16頁（1997年）は，独立して日常生活を営むことの不可能な要介護者の日常生活の世話ないしサービスを受ける権利は，憲法25条1項の極小部分の具体化として，生活保護法により保障されているとする。また，同34頁は，福祉の措置に関する申請権を認める。

　兼子仁『行政法学』（岩波書店，1997年）70頁は，保育園，老人ホームなど福祉施設入所措置を"職権利益処分"だとする厚生行政解釈が存してきたが，制度上「申請」手続がとられている上，本来"職権利益処分"は独立した一般的処分類型ではなく，職権生活保護や推薦人事選考など性質上本人申請に代替する仕組みにすぎないと考えられるので，施設入所措置は申請処分と解するのが正しいとしている。

　さらに，同方向の見解として，小川政亮編『社会保障法を学ぶ[新版]』（有斐閣，1983年）324頁以下（橋本宏子執筆），橋本宏子『福祉行政と法』（尚学社，1996年）131頁，佐藤進『社会保障の法体系（全）』（勁草書房，1990年）371頁以下，同『講座社会福祉6』（有斐閣，1982年）61頁，荒木誠之『社会保障の法的構造』（有斐閣，1983年）317頁以下，宮崎良夫「社会保障行政と権利保護」東京大学社会科学研究所編『福祉国家4　日本の法と福祉』（1984年）296頁＝同『行政争訟と行政法学』（弘文堂，1991年）360頁，同「社会保障行政と行政法の課題」社会保障法学会誌10号21頁（1995年），菊池馨実「『社会保障の権利』論」北大法学論集47巻2号691頁（1996年），坂田・前注(36)83頁参照。

　著者は本文で述べるのと同様の見解を，社会保障法学会で発言したことがあり（社会保障法学会誌10号[1995年]187頁，橋本宏子『前掲 福祉行政と法』302頁注8），あちこちに簡単に書いている。『行政の法システム[新版]』（有斐閣，1997年）481-482頁，阿部「低負担・高福祉の法的手法——重い困った者から救われるシステムの確立」『福祉と財政の法理』（財政法叢書12号，龍星出版，1996年）36頁以下。

38)　最近の例として，「母の日に　87歳の母　66歳の娘　絞殺　知的障害　行く末が心配」（毎日新聞1997年5月12日23面）。

39)　最近の例として，大阪府池田市の民間福祉施設「若草訓練所」に通う中・重度の知的障害者を一部職員が虐待したが，最終報告書では，市の担当者が虚偽の事実を記載し，虐待隠しを図った（毎日新聞1997年4月3日夕刊3面）。また，水戸の「福祉工場」の地獄絵も報道されている（アエラ1997年3月10日号18頁，黒沼克史「少女たちが告発する『偽善の工場』水戸知的障害者暴行事件」諸君1997年

6月号204頁以下）．
40) 保育所入所については，申請が拒否されたら争いうることになっているので，申請権があると解される．田村和之『保育所行政の法律問題［新版］』（勁草書房，1992年）107頁，東京地判昭和61・9・30判時1218号93頁 社会保障判例百選（第二版）［1991年］204頁参照．

　もっとも，従来の児童福祉法が入所の申請主義をとっているかどうかは法律の上では明らかではなかった（規則に申請の制度があっても，当局では職権発動の契機と見られている）が，1997年国会で成立した児童福祉法24条改正文では，「市町村は，条例で定める事由により，［保育に欠ける］子どもの保護者から申込があったとき，保育所において保育しなければならない」として，申請主義をうたっている．田村和之「保育所制度改革案の問題点　児童福祉法改正法案について」月刊保育情報243号5頁以下（1997年5月号），秋元美世「保育制度改革と児童福祉法の改正」法時69巻8号（1997年7月号）30頁以下参照．

41) 又坂常人「権利救済手続の諸問題」社会保障法学会誌10号（1995年）76頁も併せて参照．
42) 棟居快行「生存権の具体的権利性」長谷部恭男編著『リーディングズ現代の憲法』（日本評論社，1995年）155頁以下＝『憲法学再論』（信山社，2001年）348頁以下．具体的請求権説として，このほかに，戸波江二「生存権訴訟における判例と学説」公法研究48号（1986年）69頁，高田敏『社会的法治国の構成』（信山社，1993年）153頁，166頁以下．
43) 秋元美世「措置制度の諸問題」社会福祉研究66号（1996年）85頁も，資源の制約を理由に，「措置＝配給制度」と位置づけられることになると，措置制度において権利性を論じることが極めて困難になってくるとして，この辺の事情を説明する．もちろん，秋元はこの権利性の制約を克服しようとする．
44) 堀・前掲注(35)209頁．
45) 阿部・「論壇」朝日新聞1996年3月14日38面，阿部前掲注(37)「低負担・高福祉の法的手法」36頁以下．
46) この問題は，前田雅子前注(37)特に23頁以下に詳しいので，本稿ではこれに譲り，簡単に述べる．
47) この問題について参考になるものとして，秋元美世「福祉行政の給付過程と手続的公正―資源の有限性とサービス割当ての問題をめぐって」茨城大学政経学会雑誌65号11頁以下（1996年）がある．また，小林良二「老人ホームの入所判定について」東京都立大学人文学報179号75頁以下（1985年），橋本・前注(37)『福祉行政と法』152頁以下参照．行政手続法制定前のものとして，神長勲「福祉行政における裁量と手続」季刊社会保障研究29巻3号245頁以下（1993年）．
48) 同居家族がいるといった理由で，ホームヘルパーを派遣しないことは違法である．坂田・前注(36)78頁以下．
49) 大橋洋一『行政法学の構造的変革（有斐閣，1996年）197頁．仲正『行政手続法のすべて』（良書普及会，1995年）12頁，橋本・前注(37)『福祉行政と法』130頁以下参照．

50) 大橋洋一「福祉オンブズマンの制度設計」九州大学法政研究63巻3-4号（1997年）823頁以下＝『対話型行政法学の創造』（弘文堂，1999年）111頁以下。
51) 大橋洋一『行政規則の法理と実態』（有斐閣，1989年）124頁以下。
52) 又坂常人「『福祉の措置』の法律問題」『雄川一郎先生献呈 行政法の諸問題 下』（有斐閣，1990年）770頁。
53) 塩野宏『行政法Ⅰ［第2版］』（有斐閣，1994年）87頁以下，同「補助金交付決定をめぐる若干の問題点」『雄川一郎先生献呈 行政法の諸問題 中』（有斐閣，1990年）306頁以下。
54) 坂田・前掲注(36)論文。
55) 阿部泰隆『政策法務からの提言』（日本評論社，1993年）228-229頁。
56) 阿部泰隆『政策法学の基本指針』（弘文堂，1996年）96頁。

第6章 政策法学の進展

第1節 法制度設計におけるいくつかの視点

はじめに——本節の課題

(1) 著者の発想

　著者は，法律学の研究範囲・対象として，これまでのように法の体系的理解，解釈論，その背景となる法の歴史的研究，比較法的研究のほかに，立法論的研究が不可欠であることを強調し，研究の1つの重点領域として，政策法学を提唱してきた[1]。最近の行政法学においては，志を同じくする者も増えている。

　しかし，政策自体は行政法学の固有の対象ではないので，これまでの行政法学のノウハウでは対応できない。では，行政法学を専攻する私は，何の資格あって，どんなノウハウで，「政策」と「法学」を論じているのか，それは「方角違い」ではないのか。

　このように質問されると，不勉強な小生としては，未開の密林の木を一部伐採しただけで，どのように開拓するかは，次の世代に期待するしかないと自白するしかないが，ここでは，これまで断片的に主張してきたことをふまえ，最近気がついたことをいくつか説明して，今回の公共政策学会からの要請に応える責任を果たしたことにして頂きたい。私見では，法律学と政策学の両方の視点を併せ持って初めて，政策法学を論ずることができるが，著者の政策学は自前のものが多く，これからより学問的に磨き上げる必要を感ずるところである。

　なお，政策法学については，自治体の側から国への提案なり国法の限界を埋めるための研究と実践とか，行政職員の研修に重点をおく志向もある。その観点では私見は行政法改革派などと位置づけられている[2]が，これは排他的な関

係にはならない。私見では，まずは，中央省庁・国の法システムの改善が必要であり，これを放置して，自治体職員の研修をやっても，自治体から国法に異議を申し立てても，課題の一部を扱ったにすぎない。私見では，国家の政策法学，自治体の政策法学全般を試みているつもりなので，手薄ではあるが，当然に，これらも含むものである。

　本学会では，政策的思考について研究されている。私も試行錯誤中であるが，その方向をちょっと述べる。従来の法律学は法制度を存在するものと前提して，そのあり方を分析し，あるいは歴史的・比較法的にどのような位置づけがあるのかなどを考えてきたが，しかし，次元を変えて，いかなる法制度を設計すべきかという観点に立つと，あまりにも知見が乏しい。政治学の分析は政策形成という規範的要請とは別次元であり，その前提となる実証科学的基盤として位置づけられる。社会学的実態調査あるいは自然科学的な事実も政策の前提である。私は，自分流に，法的な思考のあり方を分析し，あるべき政策目標を打ち立て，それを実現するために合理的なしくみを工夫してきた。その際には，新古典派経済学の思考はかなり参考になっているが，それだけではない。

　新古典派経済学は，合理的な経済人を念頭におく。借家契約における貸主は，家賃をきちんと払い，建物を丁寧に扱う借家人を追い出すことはまずないので，この経済学の前提が妥当する。これが定期借家導入に際し率先して賛成した理由である。ただ，人間は必ずしも経済的に合理的に行動しない。これについては，経済学の前提を欠くので，市場経済の原理をそのまま適用するには無理な面もある。これは，これまで種々述べてきたところもあるので，ここで改めて整理するというよりも，これまでの視点の延長線上で新しい素材をそれなりに拾いあげることとする。

（2）　政策法学とは？　隣接学問の成果が必要
　　　――足立（前）公共政策学会会長の講演について

　政策法学と政治学，経済学の関連について参考になるものとして，足立幸男「政策デザインにおける政策学的思考」[3]がある。これは，学問として公共政策学が成立する可能性があるかどうかを論ずるものであり，政治学及び経済学との関連を分析し，最後に政策学的（デザイン）思考のあり方を究明し定式化す

ることこそが公共政策学の根源的な存在理由にあるとする。今日，政策学系の学部大学院は多くはいずれも「現代社会を悩ませる複雑で相互連関的な諸問題への適切な対処を可能にする統合的実践知の探求・定式化を目指す学際的研究領域」であると了解し，その大前提として「関連社会諸科学と人文諸学の総合」を要請しているが，学際性あるいは総合性を語る前に政治学，経済学，法律学を始めとする関連社会諸科学が公共政策研究に対して知的ストックを提供してきたか，提供することができるのかを注意深く検討する必要がある，としている。もっともである。

最初に，政治学——といっても厳密には実証主義的政治「科学」としての政治学——は，政策改善それ自体を目的とするのではなくて，政策の理念とカタチが徐々に形成されあるいは変容するその過程に厳密な実証的な分析を加えるという学問である。政治アクターの行動や政治（政治アクター間の相互交渉）を大枠で規制する様々な制度が公共政策を形づくる。そして形づくられた公共政策が，反転して今度は逆にアクターの行動や制度のありようを変容させる，その程度やメカニズムに鋭い分析のメスを入れてきた。そして，公共政策とは，このような政治過程の産物であり，純粋な知的分析の産物ではない。政治学を学んでも良い政策をデザインできるわけではないが，しかし政治の冷徹なリアリティについての的確な理解をもつことは公共政策研究の絶対的な必要条件である。ただし十分条件ではない。そして，良い政策をデザインできるためには，公共政策には法や市場といった制度とは異なる固有の社会的機能があるということが理解されなければならない。

次に，デザインについての高度な知識と技能を習得しなければならない。ここで，政策デザインの知識と技能とは，「いかなる手法によっていかなる目的を達成しようとするかを大まかに表示するデッサン（政策アイディア）を描き，さらにそのデッサンに基づいて施工設計図（政策実施の現場に対する指示）を作成する，そのために必要な知識と技能のことである。」ということである。実証主義的政治科学としての政治学にはこのような知識や技能を期待することはできない。

私も政策法学を提唱するに当たって政治学者の分析から何か知恵を得られないかと考えてきたが，政治学者は政策そのもののデザインの提案に関心がある

のではなく，そのような政策が形成されるプロセスの実証科学的な分析を行っているので，政策を作る前提として，例えば日本の立法過程のあり方，政治アクターの行動原理，組織の病理などを参考としてきた。利害関係者を参加させる立法過程は「泥棒に刑法をつくらせる愚」という私の批判もその1つであり，審議会を御用審議会とする批判もその1つである。しかし，このような政治学者の分析を政策デザインに結びつけるにはまだまだもう1つ飛躍した思考が必要で，まさに足立のいう政策デザイン的思考が必要であると思われる。

次に，足立によれば，経済学，特に厚生経済学，公共経済学などにおける中核概念は，機会費用，限界主義，経済的誘因の3つである。これは実証主義的政治科学である政治学に欠如している公共政策分析の規範的・処方論的次元を理論の中心部分に据えている。資源配分の効率性，限界費用差（比），費用対効果，市場の失敗，政府の失敗といった分析概念が政策論の中に規範的なものとして含まれているのである。しかし，経済学を学びさえすれば公共政策をデザインすることが自動的にできるわけではない。経済学だけで政策デザインできるといった排他的思考は不幸である。そこから政策学的思考が必要である，というようである。

そして，その政策学的思考のありようは何なのか，それを究明して定式化することこそが公共政策学の存在理由である，とされる。ここで，建築デザイナーが例として挙げられているが，結局は「政策学的思考の核心をなすところの『美徳』は，実のところ，哲学者，法哲学者，政治哲学者たちが古くから関係世界特有の思考様式として注目してきたところの思慮分別（細心さ，慎重さ，抜け目のなさ，狡知），厳密にはそれをその主要な要素とする『賢慮』（prudence ; phronesis ; prudentia）にほかならない。賢慮をその主要な要素とする政策学的思考は，……ある特定の世界観を社会に対して押し付けようとする思考とはまったく相容れない。かといって没価値的な現実主義や無原則な現状追随とも一線を画している。まずは，あるがままの現実を現実として是認し，その現実の内にある『変わり得るもの』と『変わり得ないもの』を見極め，可能なるものの領野を他者に働きかけつつ徐々に拡大し，かくして社会改良を達成する——このようなデザイン思考を，賢慮の美徳は政策立案者，決定者，執行者に推奨し要求するのである。」

急にここで政治哲学の規範的主張が行われるが，これではあまりにも抽象的すぎて，私には，政策デザイン的思考のありようを読み取ることは難しい。しかし，政策デザイン思考が必要だという点では，政策法学を提案する私も同意できる。

1 法制度設計の基本的な理念と実践

（1） 福祉の基本条例

法制度設計の際にはその基本的な理念を打ち立てることが大事である。環境基本条例等では，環境の基本的な理念が明らかにされているが，福祉の基本条例がきちんとできていないことを指摘したい。福祉は非常に複雑で多様なものであり，全体が見えないので，多様な要望にみな応えるという，非常に中途半端な，いわゆるばらまき福祉が行われている。要介護老人には十分な介護を行わずに家族もろとも苦労させている一方で，老人無料パスを支給するとか，極端な例では，99歳まで生きた人には99万円を贈与するという市があった（2008年自民党政府が行った1人12,000円の定額給付金。2009年民主党政府が行おうとしている子ども手当も同じであろう）。

これをなくすために個別に批判しても，分捕り合戦に見えて成功しない。私見では，必要なものを必要な程度に応じて重点的に，かつ，何人も放置されないように，すなわち，特に重い順から，手間のかかる順，家族が配慮できない分から，きちんと人間らしい生活ができるように配慮するという，福祉の基本的な理念をまず唱うべきである。そうすれば，予算査定の時にこれを基準とするので，ばらまき福祉はなくなり，本当に困った人が人間らしい配慮を受けることができるようになるはずである。

老後の生活に困らないように，国民の関心は年金制度の改革に集まっているが，私は，老人は，蓄財もある程度は可能であったはずであるし，本来自己責任といえるが，親がいない子どもや親から捨てられた子どもの方は苦労しているが，自己の責任ではない。ちょうど，「被虐待児の受け皿（児童養護施設）心をケアする余裕ない。施設満杯　職員不足「6人に1人」の基準，見直し求める声」（西日本新聞2004年6月5日15面）という記事がある。私は，老人と子どもとどっちが大事だといいたい。こうした子どもは少数だから，票がないからと

無視することのない法システムを作るべきであり，そのためにも福祉の基本理念を上記のように作るべきである。

(2) 経営診断

さらに，基本条例の中に経営分析の視点をまず入れるということが大事である。そうすれば，例えば，公営バスの赤字対策ができる。なぜ赤字であるかと言えば，無駄な路線の他に，運転手の給料が高すぎること，あるいは管理職が満足な管理をしていないことによるのであるから，これを完全に民営化する，あるいは地方独立行政法人に移管する必要性が明らかになるわけである。

(3) 制度設計の成功のためには，理念だけではなく，基本設計まで必要
　　——法科大学院の制度設計の失敗を例に

法制度設計においては，理念だけではなく，基本設計まで必要である。詳細な設計は，また，走りながら考えるとしても，制度を実際に実現すべきかどうかを考える際には，基本設計まで諒解されることが必要である。その例として，法科大学院制度の失敗を挙げたい。

元々，従来の司法試験は一発勝負であり，大学における学問などは一切わきまえることなく，型にはまった模範答案を書けば合格し，考えれば合格しないということが問題とされ，自立した個人を創るとか，プロセス教育が大事だなどということから出発したのが法科大学院の創設である。そして，しっかり勉強すれば7，8割は司法試験に合格するということを前提に，試験勉強などにそう気を遣わずに，しっかり学問に励むことができるということであった。それで，法科大学院卒業者は5年のうちに3回しか試験を受けることができないという3振アウト制度が導入された。

しかし，現実にできた法科大学院の制度は，学生定員が6,000人弱と膨大で，実際に合格するのはさしあたり1,500人，しかも，このうち，現行の司法試験ルートにいくら割り振られるかわからないが，例えば500人であるとしても，法科大学院卒業者の合格者はわずか1,000人であり，そうすると，最初の年こそ合格率は少し高いが，その後は年に5,000人前後の新規不合格者が累積していく（以上は，執筆当時。現在は定員7,000人超，合格者2,000人強）。結局，従

来の司法試験よりも決して易しくはならないしくみになる。そして，3振アウトになった法務博士（法科大学院卒業者は法務博士を名乗ることができるとされている）が何万人にもなる。自己責任では済まされない制度設計の失敗である。さらに，法科大学院も，学生が来ないためかなりは倒産するだろうが，倒産に至るまで，非生産的なトラブルが続出するだろう。

これでは，学生は，大学の授業をしっかりフォローしても人生真っ暗であって，結局は司法試験に合格することを最大の目的とせざるをえず，法科大学院の授業も司法試験に合格させることを第一の目的とせざるを得ず，結局は，司法試験予備校となる。司法試験の方は，従来とは違って，大学院でしっかり勉強した者が合格し易いようにするとかいう話になっているが，いくらやったところで，一発勝負の試験の下で，そのような思考能力を確認することができるとは限らない（現実にもそうした試験にはなっていない）。

では，なぜ失敗したか。そもそもプロセス教育なるものは不可能なのである。そのことをわからない人が制度を作ったのが間違いである。確かに，教育としては，一発勝負の試験だけではなくて，日頃の勉強振りを見るということも大切である。高校入試でも，大学入試でも，一発勝負の試験では受験勉強の弊害をもたらすとよく批判される。しかし，では平常点で合格させるとすれば，結局は内申書を書く先生が絶対的な権力を持つということで，内申書の恣意，不公平，不適正の問題が生ずる。中には内申書改ざんまで起きる。教師としても，日頃の授業での質疑応答についてどのような採点をしたかを問いつめられては，答えようがない。しかも，これまでの大学では，学生の期待値よりも良い点数を付ければ誰も文句いってこないので，平和で済むが，ロースクールでは，優良可不可の割合が決まっているので，大甘の採点をするわけにはいかず，学生の不満をかわすのは無理である。他方，一発勝負はそれなりに公平なのである。一発勝負が丸暗記型の勉強を引き起こすというのであれば，そのような問題が生じないような試験問題を出すべきである。新司法試験においてはそのような問題を出すことができるというのであるから，それならば，従来の司法試験においてもそのような試験問題を作れなかったはずはない。そもそもが，従来の司法試験委員が一発勝負は問題だ，プロセス教育をなどと言うのは，天に唾するような不遜な言い方である。これからの司法試験でプロセス教

育の結果を審査できるのであれば，そもそも今の司法試験でもやはりしっかり考えた者が有利になるような試験問題を出せるはずである。司法試験の論文試験であれば，6科目12問のうちで，1問でも外ればほとんど不合格になり，良い答案を書いても，いくらも良い点数が付かない，ちょっと外れれば大幅に減点されるというような試験のやり方を反省しなければ，新司法試験においても展望は開けない[4]。

そして，法科大学院で合格者7，8割という当初の設計通りとするためには，合格者数を増やすか，法科大学院の定員を減らすしかない。その程度の基本設計が必要だったということである。

問題は法科大学院を作らせすぎたか司法試験合格者が少なすぎるという点にある。制度を作る時には，法科大学院設置の動きがどのようになるのかを予測すべきであった。そして，どの法学部も自分の大学のプレステージを上げようと申請するということを予測して，そういうことができないようなしくみを提案すべきであった。

しかし，規制緩和と称して，法科大学院を全国でいくつかと限定することなく，最終的には市場競争でということになって，基本的にはどんどん認めてしまった。設置審の教員審査はあるが，実質は，先生の質などは全くお構いなく，形式審査で合格させていった。いくつか不合格となった大学もあるが，それも形式審査であって，形式を整えた先生を集めれば，内容はともかく，設置は認可されるということになった。その結果，制度の設計が狂ったのである。

新司法試験の合格者数を約1,000人とするのであれば，法科大学院の定員は1500人になるように設計すべきであった。そのための方法としては，普通の発想では，例えば，総定員が1,500人になるように一律に削るというのが1つの方法であり，あるいは先生の質の基準を非常に厳しくして，それを事前に示して厳重に審査するべきだったということになる。そうすると，設置を認可されない大学がたくさん出てくるし，設置認可されるためには有能な先生を集めることになる。

しかし，これは規制的発想である。私のみるところ，今までの法学部がプレステージを上げるために，みんなが法科大学院の申請をするということでは，ロー・スクールではなくて，ロウ（low)・スクール，またはロウ（raw)・ス

クール（粗野な学校）になりかねない。これを防ぐためには，例えばまず，法科大学院用の先生のプレゼンテーションを行う集まりを実施し，実際上，立派なプレゼンテーションをした先生だけが法科大学院の教授になれるというしくみを作るべきではなかったか。法科大学院は実務と理論の両方をわからなければいけないことになっているから，普通の研究者教授も普通の実務家も務まらないはずであって，これに対応できる先生は非常に限られる。そのプレゼンテーションでいろんな質問を受けても適切に答えることができなければ，恥をかく。そのようなことをやれば，このプレゼンテーションをしようとする者は非常に限られるから，1つの法学部から法科大学院に大挙して移ることはありえない。そうすると，法科大学院をたくさん設置することはできない。法科大学院の定員の合計が1,500人なら，100人定員の法科大学院を15，200人定員なら7つか8つ作れば良かったと思われる[5]。

2　外国法の輸入

（1）　外国法をやたら真似るな——内部告発者保護を例に

外国法をやたらと真似るなという提案をしたい。日本の法学界では，元々世界にもまれな比較法の隆盛，比較法の過剰が問題となっていたが，相変わらずである。ここで例に挙げたいのは，いわゆる公益通報者保護制度，内部告発者保護制度の制度設計である[6]。

雪印乳業その他の不正を契機として，内部告発がむしろ社会を浄化するということが認識され，内部告発者が会社から受ける不利益を救済しようという，内部告発者保護制度が提案されてきている。今般，三菱自動車のリコール隠し，UFJ銀行の検査逃れ，警察の不正経理が露見したが，内部告発者保護制度が前からあれば，もっと早く露見していたのではないか。内閣府は，これについて，イギリス法を大幅に真似た公益通報者保護法案を作成した。これは2004年春の国会で成立した。この制度の中で特に大きな問題なのは，告発者，内部通報者がわが社や行政機関以外の外部に通報しても良いか，まず内部に通報すべきかという点について，イギリス法に倣って，まず，内部か，行政機関に通報するべきだというしくみを作ったことである。外部に通報しても保護されるのは，内部に通報すると不利益な処分を受ける場合とか，証拠隠滅のおそれが

ある場合などになるが，これは，結局は，泥棒に刑法を作らせる愚に等しい。そのようなしくみでは，うっかり通報すると，逆に処分される危険があり，内部通報抑圧制度に近いものである。外国の法を学ぶ時も，それは本当に妥当か，理屈に合うか，それをよく考えるべきである。

　私は行政への通報制度をきちんと作るほか，内部告発者に対して褒賞金を支給することを提案している。内部告発をすれば大きな不利益を被るのが普通である。今の政府案は，懲戒処分を受けても復職できるというようにするということであるが，それでは訴訟で勝って元々，実際上は大幅に損ということになる。それを埋め合わせするためには，内部告発者に対して大口の褒賞金を支払うべきである。これに対し，金目当ての通報は許すべきではないなどという一種道徳的な批判がある。しかし，違反している方はおよそ不道徳であるから，告発者にだけ道徳を求めるのは筋違いである。しかも，金目当てというのはなぜ不正義なのであろうか。普通の人が働くのはお金目当てである。会社の不正を通報すると免職になるかもしれないので，それなら免職になっても損をしないだけの褒賞金を貰えなければ通報をしないのは当然で，それを金目当てだと批判するのは筋が通らない（むしろ通報して会社から免職になるのはいやだと黙っているのも金目当てである）。むしろ，金を貰っても，会社から追い出される方が損だと考えるのが普通であろう。不正を追及した者に褒賞金を払っても，社会全体では得するのである。善良な会社としては，同業者が不正によって顧客を獲得できるのは不当であるから，善良な会社が内部告発褒賞金制度を提案していくべきである。これはアメリカ法からの示唆を得て，日本に合うように工夫したものである。

（2）　3倍額賠償制度

　逆に，外国法を真似ろという提案として，私は，損害賠償につき，アメリカ流の懲罰的賠償，あるいは3倍額賠償制度の日本への導入を提案したい。

　被害者が損害の数倍の賠償を獲得できるということは，被害に遭ったら，かえって焼け太りできるということで，日本では正義に反すると考える者が多い。しかし，逆に，日本の現行法のように，長年の訴訟で最終的に勝っても，結局，最大1倍しか取れないしくみの下では，平均しては，半分も取れるかど

うかということであり，逆に言えば，加害者は加害分をそっくり賠償する必要がないということになる。この方がまさに不正義である。平均したら加害者は10割の賠償をしなければならないというしくみを作らないと，不法行為を抑止できない。そうとすれば，訴えを起こして成功した者は焼け太りでも少しも不合理はないのである。外国法について研究する時も，それが合理的かどうか，この場合であれば，経済学的にも合理的かどうかということを検討すべきである。

今回の司法改革では，弁護士費用敗訴者負担の導入が大きな議論になった[7]。最終的には，反対運動がかなり功を奏して，訴訟になってから当事者の合意によって初めて，敗訴者が弁護士費用を負担することとなった。

この制度を導入したいという理由は，訴訟で勝っても，弁護士費用を負担させられるのでは，勝訴額が目減りするので，勝った以上は弁護士費用を相手から徴収して，損害額などを全額回収したいということによるが，勝敗は運不運によることも大きいし，定型的に勝訴率は低いが必要な訴訟もある（医療過誤，行政訴訟等）ので，これを一般的に導入するのは不適切である。しかし，加害者が悪質な場合には，弁護士費用どころか，損害額を超える賠償をさせて，違法行為を抑止する方が良いのである。

3　立法論のスタンス

（1）行政訴訟改革を例に

立法論にあたっては，そのスタンスが大事である。今般行われた行政訴訟制度改革では，現行法の不備を乗り越えるべきだが，現行の判例，あるいは現行の解釈論の頭で行うという，極めて大きな不合理が見られる。法制度を改革する時は，今の法制度の下における判例や学説は本来反面教師としてみるべきであり，学者も従来の解釈論を捨てて，ゼロから何が最も理論的に正しいのか，日本の社会を最もよくするのは何かを考えるべきであり，仮にそれが抵抗勢力によって潰されても，いかなる勢力によっていかに潰されたかがわかるような提案をすべきである。しかし，行政訴訟制度検討会ではその辺がごちゃごちゃであり，理論的に何が不備かも全然わからず，妥協したのか，理論がわかっていないのか，曖昧なままの提案がなされている。

この行政訴訟制度の改革は，現行法が利用者の観点から見て極めて使いにくく，不備であるということを出発点としているのであるから，まずは立法指針として権利救済の実効性を確保し，両当事者の対等性を確保し，法令の不備を原告の不利にはしないという救済ルール明確性の原則の下で法制度を見直していくと同時に，新しく見直された法制度についても，裁判所がこのような観点から解釈するように，解釈指針を設けるべきであった。従来の判例から見るところ，裁判官はこのような視点に立たず，むしろ，法律の不備を根拠に，法治国家を逆用して，法律がないからと，権利救済を拒んできたものが少なくないのである。例えば，都市計画法32条の公共施設管理者の不同意という問題では，公共施設の管理者が，本来，道路とか下水道の適正な管理という観点から不同意できるというところ，それとは全く関係なく，住民の緑を守れといった反対理由に同意しないということが起きるが，そうすると，開発許可が下りないといったしくみになっている。ところが，判例（最判1995・3・23民集49巻3号1006頁，判時1526号81頁）は，この不同意について，同意がなければ開発許可が得られないというしくみであり，違法な不同意があっても，不同意を行政処分として争わせるような明文の規定はないから争わせないという考え方を示している。これでは，不合理な理由でも，とにかく同意を得られなかった者は開発許可を得られず，財産権を失うということになる。このような不合理な解釈をさせないような立法論が必要なのである[8]。

（2）　公益訴訟勝訴褒賞金

　それから，私は公益訴訟勝訴褒賞金を提案している。行政訴訟では被告行政庁は一般的な問題であればお金に糸目を付けずに最高裁まで断固上告する。原告が勝訴すれば行政活動の違法を一般的に指摘することによって，他の多くの国民に大きな利益をもたらす。しかし，他のフリーライダーの方々から褒賞金を貰えるわけではない。原告側は大変な費用をかけ，しかも，自分としてはたいした利益はないのに，多くの人の利益のために争うということになる。ホームレスが生活保護の居宅保護を求めて勝訴した（大阪地判2002・3・22賃金と社会保障1321号10頁）のはその典型例である。

　例えば，これは行政訴訟ではないが，最高裁の有名な判例で，森林法共有分

割禁止違憲判決（最大判1987・4・22判時1227号21頁）というのがあった。この事件当時，共有林を50％ずつに分割することが禁止されていた。共有林を平等に相続した兄弟の間でこれを分割して単独所有にしたいが，法的に許容されていなかったわけである。そこで，兄弟の間で，共有林の分割禁止が違憲であるという訴訟を起こして，最高裁で違憲であるという判決を勝ち取ったのである。それ以後，共有林の他の所有者はこのおかげを享受しているが，誰も当事者には感謝しない。国会も，本来は原告に対して頭を下げて，むしろ土下座すべきであるが，何もしてくれない。しかし，この原告，被告の兄弟の争いのおかげで，社会は大変な利益を得ているのであり，法治国家を守るという利益を受けているのであるから，褒賞金を出すのが筋である。

これは世界にない制度であるが，優れた制度は自ら考えて，世界に輸出すべきである。

（3） 解釈論と立法論の素養は別だ

このように考えると，立法論は解釈論の素養ではできないのである。それなのに，今回の行訴法改正では，これまでの解釈論の下で考えるという弊害が顕著である。典型的なのは原告適格で，「法律上の利益」という悪名高い条文はそのままに，いろいろと考慮すべきことを並べたが，それは従来の判例に出てきたところであって，従来の判例を乗り越えるという指針がはっきりしない。義務付け訴訟は，従来は行政に義務付けるのは行政の第一次的判断権を侵害するのではないかなどという問題があって，原則として否定され，例外として，いわゆる制限的肯定説で，行政処分をなすべきことが一義的に明白であり，緊急であり，他の救済手段がないことなどという要件が作られていたが，それは義務付け訴訟が原則としては認められないという誤った権力分立観によるものである。今回はそのような発想をすべて捨てたはずであるが，しかし，やはりこのような制約が残っている。第三者への義務付けについては，救済の必要性を厳格に要求するのである（行訴法改正案37条の2第1項）。その根拠として，第三者には規制申立権が認められていないからとはいわれるが，元々，第三者への許可の取消しの申立権は，原告適格に含まれるのであり，義務付けの申立権も義務付け訴訟の原告適格に含まれるのである。個別法に規制申立権が認めら

れなければ義務付け訴訟が制限されるとする理由はない。混乱が生じ，救済を妨げるのは，立法論と解釈論の区別がわからない人が立法をやっているためである。

(4) これまでの法原理を疑え＝公権力の民間委託を例に

日本では公権力は公務員が直接に行使するもので，民間には委託できないという発想が普通である。これはドイツ法に由来するが，ドイツ法では基本法(33条)に明文の規定がある。これは，公務員は議会の監督を受け，また，法治行政の訓練を受け，法規を適正に執行するはずであるという前提に立つ。

したがって，今日，規制緩和，民にできることは民間へ（官製市場から民間への移行）などといわれても，公的な判断・意思決定は民間に委託されていない。今日行われているのは，一般には，いわゆる指定法人への行政事務代行型権限委任である。それは検査，検定など，技術的な判断に限られている。

公共施設の管理委託を民間に任せる地方自治法改正（244条の2，2003年）が行われた。施設の管理は元々民間でも行っているサービス業であるから，民間委託を制度化するのが違憲であるはずはない。

駐車違反取締りの民間委託については，2004年に，放置車両の確認及び標章の取付けに関する事務等の委託だけが立法化された（道交法51条の8－15）。理由は，「違法駐車取締り事務の効率化を図り，違法駐車取締りに係る執行力を確保して違法駐車問題を解決するために現在行われている民間委託に加え現場において違法駐車の事実を確認し記録すること，書類の作成・整理，データの入力等の取締り関係事務を大幅に民間企業等（株式会社，NPO），公益法人等に委託することができるようにすることが適当である。なお，違法駐車取締りを完全に民間企業等の手に委ね，取締りを委ねられた民間企業等が違反者から徴収した金銭を自らの収入とする違法駐車取締りの『民営化』は，採算性重視の取締りが行われること，トラブルが予想される取締りは行わないことなどが危惧され，取締りが公平公正に行われないおそれがあることから，採用すべきではないと考える。」という。警察が新たに委託するのは事実行為だから，今でも委託できることを行うためになぜ法改正するのだろうか。

しかし，その前提は疑問であり，公権力を民間に委託することを禁止する規

定のない日本では，公権力が適正に行使される制度的な担保があれば，その行使を民間に委託することが許容されるという解釈をすべきである。その担保としては，まずは，白紙委任の禁止，委任の範囲の具体化が必要である。また，その権限の行使を行政が適切に監督すること，例えば，違法な権限行使が行われる率が一定以上であれば委任を取り消し，賠償させることが必要である。交通取締りについて，危険性の高いところを重点的に取り締まるという条件付きで民間に委託し，その取締りが，安全なところを点数稼ぎに行っていれば，取り消すべきである。違反建築物対策も代執行も徴税も同じだろう。徴税は徴収率が高くなるほど委託料を高くすればよい。刑務所も学校の運営も，競争入札で民間に委託し，評価を行って，評価の高いものだけ，翌年も契約することとすればよい。囚人が脱獄しようとする場合に，権力で抑圧する権限も与える。もちろん，その権力が適正に行われるような訓練などの担保も必要である。委託できないのは，行政上の重要な意思決定とか，評価できないものである。警察一般，防衛はそうである。

4 費用対効果の比を考慮せよ

次に，法システムの中で，わが国では特に費用対効果ないし費用便益分析を考慮しないものが少なくない。

（１） 繰返し違反に反則金導入の提案

屋外広告物法では，違法な屋外広告物を撤去するのに，非常に丁寧な手続きを採っているので，実際上はなかなか機能しない。自治体の方で先行して簡易に除却できる場合を広げたので，国の方も2004年の同法の改正で簡易除却できる場合を広げているが，それでも違反屋外広告物を直ちに取って捨てて，高額の反則金を取って，実際上すべて抑止できるというしくみを作るまでには，およそ至っていない。むしろ，指摘されればその場では引っ込めるが，役人が帰ったら同じような違反をするという，いわばハエを追うような繰返し違反については，刑事罰も機能しないので，駐車違反対策の場合の反則金を導入して，直ちに支払わせるというしくみを導入すべきである。もっとも，屋外広告物法2004年改正（34条）で，違法広告物から過料を取ることができるとされた

ので，多少役に立つかもしれない。

階段などに消防法違反の物を置いておき，消防職員が来たらしまうが，帰ったらまた放置することへの対策でも，やはり反則金を拡大すべきである[9]。

なぜ日本の立法者は反則金を拡大しないのであろうか。もちろん，そうすると行政側が過大な権力を持ち，濫用のおそれはある。これに対しては，私は，その権力行使が違法と判定されたら，反則金の100倍を支給すべきであると考える。そのような制度があれば，行政側も違法な処分，取締りをすることはぐっと減るであろうし，また，違法な取締りを受けた者が争うインセンティブも働くというので，ますますもって違法な取締りは減るはずである。この辺がバランスを取るところと思われる。

（2）　表示登記，自動車の抹消登録は費用倒れ

地積更正登記のためには土地を測量して，地積測量図を作成しなければならないが，これをまともにやると，田舎の山では10万円ほどの土地を分筆するのに30万円もかかってしまう。

現在は測量図作成のためにはパソコンによるのが主流になっているが，これでは経費がかかる。分度器や定規を用いて作図するとどうしても誤差が出るが，田舎ではこんな誤差は問題にすべきではない。

次に，自動車の抹消登録についても，出頭主義とされているため郵送では書類は送れない（自動車登録令10条，21条1項3号）。不動産登記の場合には，権利の登記は出頭主義だが，表示登記はそうではない（不動産登記法26条）。車の抹消登記は所有者が一方的に行うもので，不動産の表示登記に近いのではないか。また，たかが自動車の抹消登録のためになぜわざわざ出ていかなければいけないのか[10]。

（3）　自力救済禁止を逃れる法解釈

1）　無断駐車対策

わが家の土地や駐車場に無断で駐車する車，放置される車がある。民事訴訟でこれを追い出すのは大変な費用がかかる。しかし，自力救済は一般に禁じられている。

そこで，無断駐車されたら，1万円頂きますなどと宣言する店もある。しかし，このような一方的な宣言だけでは，支払い請求権を根拠づけることはできない。この宣言を見て駐車しても，1万円を払うという契約関係が発生したわけではなく，1万円の損害が発生したわけではない。そこで，1万円を払ってくれないからと，その車を車輪止めにして，支払いを強要すると，かえって，他人の財物を無権限で占拠したことになり，窃盗罪の可能性などが発生するし，もちろん不法行為にもなりかねない。これではかなわない。もちろん，実際上は，この宣言だけで，無断駐車は激減するし，無断駐車した者との交渉を有利に持ち込めるであろうが，それは事実上のものである。

では，合法的に，無断駐車を防ぐ方法はないか。請求権が発生するのは，契約関係がある場合であるから，契約をさせればよい。

そこで，駐車料金2時間まで2万円，2時間経過したら支払って貰います，それを超えたら1時間毎に1万円，支払期限はそれぞれの時間経過時と表示する。そして，ただし，本店で飲食された方には，2時間まで無料，それを超えたら，30分ごとに100円（飲食代が2,000円毎に100円を免除），支払い時は出庫のときといった掲示をする。

これを見て駐車した人とは，この内容の契約が成立している。つまり，飲食しないで無断駐車する人とは，2時間まで2万円支払うという契約が成立している。これに対して，暴利行為で公序良俗違反だという反論があろうが，これは駐車する人の困惑などに乗じたわけでも騙したわけでもなく，その自由な選択によるものであるし，こうした違法駐車を排除するには相当の費用がかかるから，暴利行為とは言えず，公序良俗違反ではない。そして，2時間経ったら，支払時期が来ているので，払わないでいれば債務不履行である。そうすると，留置権を行使することができるので，その手段として車輪止めを行う。車を取り返そうとすれば，2時間まで2万円を払わなければならない。どうしても払ってくれなければ，その車の留置権を行使して，競売に付す。

こうすれば，無断駐車はなくなろう。放置自動車もさっさと売却できるので，放置対策も十分可能である。工夫すれば，自力救済もできるのだ。

2）借家人が行方不明の場合の対策の特約

借家人が，期限が来ても出なかったり，行方不明になったりすると，訴訟を

提起して，明渡しを求めなければならない。これには大変な経済的・時間的な負担がかかるし，次の者を入居させるという契約をしていれば，大変な不利益を生ずる。

そこで，期限を必ず守らせ，守らない者がいても，損害を最小限にする特約を入れる必要がある。私が家主なら次のような特約を入れる。普通の借家人はこれに応ずるだろうし，これに応じないような借家人は危ないから貸さない方がよい。

「賃借人が明渡し期限に明け渡さない場合において，次の入居予定者の入居予定日以降については，賃借人はこれによって生ずる損害を賠償しなければならない。その額は少なくとも家賃の3ヶ月以上とみなし，賃貸人は3ヶ月分の家賃相当額を敷金から控除することができる。」

さらに，「次の入居予定者の有無にかかわらず，賃借人は，賃貸人に対して，違約金として，期間満了後は明渡しまでの期間の家賃の倍額を支払わなければならない」とする。

「賃借人が家賃を2ヶ月以上滞納し，かつ1ヶ月以上所在不明の場合，賃貸人は明渡し訴訟を提起することなく，本件賃貸借契約を解除して，本件賃貸物件の鍵を開け，家財道具を撤去し，保管に不相当の費用がかかるものは廃棄して，本件賃貸物件を自ら使用し，又はこれに第三者を入居させることができる。ただし，貴重品は6ヶ月間保管しなければならない。」

これは，いきすぎだという意見もあろうが，家主と借家人の利害を適正に比較すればこれは借家人に過大な負担を負わせるものではないから，私見では問題はない。

これは定期借家で，期限が来た場合だけではなく，期限前でも適用される。従来型でも適用されると考える。そうすると，借家人に不利な特約で無効になるのではないかという意見もあろうが，借家人に不利な契約でも無効になるのは，借地借家法26条から29条までの規定に違反する場合で，契約違反はこれに入らないから，これは借家人に不利でも有効である[11]。

なお，これは自力救済であるから，違法ではないかという意見があろう。判例は，「私力の行使は原則として法の禁止するところである」が，例外として「法律に定める手続によったのでは，権利に対する違法な侵害に対抗して現状

を維持することが不可能又は著しく困難であると認められる緊急やむを得ない特別の事情が存する場合において」は，「必要の限度を超えない範囲内で」私力の行使が許されるとする（最判1974＝昭和49・12・7民集19巻9号2101頁）。

　家賃の滞納があったときは建物に立ち入ることができると定めた契約条項に基づいて賃借人に無断で建物に侵入し鍵を取り替えた行為が違法であるとして，賃貸管理業者の損害賠償責任が認められた事例がある（札幌地判平成11・12・24判時1725号160頁）。しかし，著者が提案した上記の例は，家賃滞納の上，失踪した場合であるから，裁判による権利救済は極めて困難で，高価であり，著者の提案はぎりぎりの最低の私権の行使であるから適法というべきである。

　なお，2009年になって，いわゆる「ゼロゼロ物件」問題が浮上した。敷金礼金なしのゼロゼロ物件について家賃保証会社が，借家人から保証料を取って，家主に家賃保証するが，滞納の際には，裁判を起こして明け渡しを求めるのではなく，借家の鍵を取り替えて，住めなくして，明け渡しを求めるという自力執行をするのである。家賃滞納すれば住む家がなくなるので，派遣切れで家賃を払えないとホームレスになるわけである。

　これは過酷だ，悪徳商法だと非難する声が多い（増田尚「追い出し屋「違法な貧困ビジネスの根絶を」朝日新聞2009年1月28日私の視点欄」）。

　しかし，借家人が家賃を払わないのは，無銭飲食と同じである。貧乏人がいかにお腹をすかしていようと，飲食店がそれを助けなければならない理由はない。家主も，福祉事業を行っているのではないので，家賃を払えない借家人には出て貰って，損害を賠償して貰わなければならない。そのために訴訟を提起するのは，費用倒れであり，鍵を取り替えるのは，極めて穏やかな手段である。自力救済禁止といっても，闘争を防ぐのが目的であって，このような簡易な手段をも禁ずるものというべきではない。

　それから，家賃保証会社はそもそも保証料を取る代わりに，家賃を払えるかどうか，明らかでなく，敷金・権利金を払えない貧困者にも住宅を提供する商売であるから，これを違法な貧困ビジネスと批判するのは的外れであり，これを根絶するとすれば，かえって借家人のためではない。家賃を払わない借家人を追い出すにも，訴訟をしなければならないとすれば，保証会社は，保証料を大幅値上げするだろうから，それは善良な借家人にとって極めて不利である。

家賃取立費用を節減して，保証料を安くさせることが正道である。家賃を本当に払えない貧困者対策は，家主を規制することではなく，公営住宅の提供などの福祉政策によるべきである。

2010年春，賃借人の居住の安定を確保するための家賃債務保証業の業務の適正化及び家賃等の取立て行為の規制等に関する法律案が政府提案として国会に上程されている。この法律は，賃貸住宅の家賃等に係る債権の取立てに関して，鍵の取り替えなど不当な行為が発生することを理由に，家賃債務保証業者及び家賃等弁済情報提供事業者を規制するものであるが，そうすると，権利金も保証金も払えない借家人のために家賃保証した会社は自らを守ることは難しくなる。その結果，悪徳借家人が跋扈し，家主は過剰防衛して，善良な借家人さえ，借りることが難しくなる。悪徳借家人の追い出しを容易にすることとセットでないと，バランスの取れた法律とは言えない。

5 立法技術のあり方

日本では立法技術は内閣法制局の秘伝であり，法学者もほとんど関与しない。今回の行訴法の改正でも，行訴法検討会の委員は，法案作成には関与できなかった。しかし，そこには，法の利用者の立場，法の適用を受ける立場から見て重要なことが少なくない。

（1）附則を見よ

附則まで見ないと不測の事態を生ずる。大学教授の弁護士資格の特例が廃止される（2004年の弁護士法改正）との噂で，あわてて国立大学をやめてまで登録するという先生もいたという話を聞いたが，この法律では既に弁護士資格を得た者の地位には影響を及ぼさない（同改正附則2条）。元々，弁護士資格は司法修習生を終えた者だけではなく，最高裁判事（法曹資格がなくてもなれる）であった者とか，5年以上法律学を教える大学院の助教授・教授であった者にも与えられている。修習を終えて，直ちに弁護士登録せずに他の職業に就いていた者の弁護士資格を剥奪することは既存の地位を奪うもので，違憲である。大学教員の場合も，特例とはいえ，同じく既得の地位であることに変わりはないから，よほどの理由がないと剥奪できない。この附則がおかれた合理的な根拠

はこの点にある[12]。

（２）　ソフトランディングできる経過措置を

　現行の遺族厚生年金は，厚生年金に加入している会社員が亡くなった場合などに，一定の条件を満たした遺族に支給される。妻の場合，年齢や子供の有無などにかかわりなく，いったん受給が始まったら再婚しない限り原則として一生受け取れる。これでは給付額も巨額になるし，妻の自立を阻害する。2004年の年金改革関連法には，子供のいない30歳未満の妻が夫を失った場合，遺族厚生年金の支給を5年間で打ち切ることが盛り込まれた。

　これでは，夫が重病に陥った場合，妻が30歳になるまでなんとか延命治療を行い，1日違いで巨額の差が出る。これはあまりに不公平，不合理である。なだらかに減額されるしくみとすべきである。30歳までは，5年で打ちきりなら，31歳では6年で打ち切り，40歳なら，15年で打ちきり。45歳なら，20年で打ちきりなので，老齢年金に接続する。ほかにも案があると思われるが，一工夫が必要である。

　65歳までの年金受給者が働けば，これまでは，在職老齢年金制度によりその勤労所得に応じ年金の報酬比例部分が減額された（基礎年金は全額支給）が，65歳を超えれば働いていても年金は全額支給されていた。2000年の年金法改正は，65歳を超えても働いている人に関して，65歳までと同じく在職老齢年金制度を適用することとした。これは2002年3月31日で65歳未満の人（1937年4月2日生まれ以降）に適用される。この人たちは保険料を徴収され，しかも，年金の支給が遅れる分将来支給を受けるときに増額するという，繰下げ支給の制度はない。70歳以上の者が働いた場合も2004年の年金改正で同じような扱いになる。

　これでは境界線の不公平は5年分にも及び，余りにも大きすぎる。法施行後はみんな減額するのが公平である。一度貰い始めた年金を減額することは，期待権を侵害するという意見があるが，自分が拠出した分を超えて貰う限りは，そんな権利はないというべきである。また，減額も，少々なら生活設計が狂うというほどではあるまい。他方，貰い始める直前に年金を減額されることが期待を裏切る点に変わりはない。本来なら，改正法施行時に既に受給を開始した

者も，これからは受給制限されることとすれば公平である。この制度は合理的な代替案があるにもかかわらず年齢による差の付け方がいきすぎて，平等原則に反し違憲だというのがわたくしの評価である。

(3) 国会審議の法律論は無駄，附帯決議は自己満足
1) 大学教員任期制法の例——京都大学井上教授事件

　国会で法律の意味について論争されることは非常に少ない。日本の国会は立法府であるにもかかわらず，法律案の逐条審議によって条文の意味を明らかにしその不明確な点を補いあるいはその欠陥を是正するという作業はめったにやらない。自分の地元あるいは支持者からの声を代弁し，これこれはどうなっているとか，これこれについて大臣の決意のほどをお伺いしたいなどという，非常に一般的な質問をして終わっている。しかし，中に救済されるかどうかなどの質問があるときには，大丈夫，できますという答弁があると，おさまってしまう。しかし，裁判所はそれを全く無視する。法案に問題があっても，法案自体は修正せずに，附帯決議を付けて誤魔化すことが多いが，附帯決議自体は法律ではないので，裁判所は無視してしまう。ならば，国会は附帯決議をやめ，断固法案を修正すべきである。それとも，裁判所は法律の解釈に際し附帯決議を尊重せよという，一箇条だけの法律を制定すべきである。さもないと，自己満足に終わってしまうのである。

　例えば，大学教員任期制法で任期満了により大学から無茶苦茶に追放されるようなとき，「非常に不合理な扱いがなされたということであれば，当然それは司法上の救済という道が閉ざされているわけではない……。」と，当時の文部省雨宮高等教育局長は答弁して何とかその場を取り繕った[13]。国会の附帯決議でも，「任期制の導入によって，学問の自由及び大学の自治の尊重を担保している教員の身分保障の精神が損なわれることがないよう充分配慮する」，「任期制の適用の対象や範囲，再任審査等において，その運用が恣意的にならないよう，本法の趣旨に沿った制度の適正な運用が確保されるよう努めること。」とされている。韓国では，教員の身分保障の観点から，任期制が適用される教員についても，再任審査基準，事前手続，事後救済が保障されていないと違憲である。

しかし，京都地方裁判所平成16年3月31日判決は，全く無茶苦茶な再任審査で再任拒否された京大井上教授の訴えを，そのような答弁や附帯決議を一切無視して，門前払いしてしまった[14]。

2）　大規模小売店舗法に関する既存小売店の救済

旧大規模小売店舗法のシステムでは大規模小売店に対して店舗の面積は大きいとか出店面積を減らせあるいは開店日を先延ばしせよ，開店時間を短くせよつまり早く閉店せよあるいは年間営業日数を減らせなどと勧告する。地元小売店からみればこの勧告は甘すぎるというときでも，当該スーパーなどがこれに応じてしまえばそれで終わりで，より厳しい勧告をせよ，従わなければさらに命令せよというような話には進まない。そうすると，地元小売店としては大変不満である。大規模小売店舗法は，地元小売店の営業を守るためであるから，もっと厳しくせよと主張したいところである。これについて当時の通産省は，大規模小売店に甘すぎる場合には地元小売店が争えるという答弁をした[15]が，それが実際に裁判になると，裁判所は，地元小売店にはそのようなことを争う原告適格がないとか，あるいは勧告は相手方に対して強制するものではないからいわゆる行政処分というものに当たらず，行政訴訟の対象にならないなどという判決を下してしまう（いわゆる江釣子訴訟，東京地判1982・3・16判時1035号17頁）。勧告はスーパーとの関係ではいわゆる行政処分ではないと，意に反して強制されるものではないから，スーパーは勧告に不満でもいちいち訴訟を起こす必要はなくて不満なら従わなくてもよいわけであるが，周辺小売店からみれば勧告のところで相手方スーパーが応じてしまえばもう争えないのでは，甘い勧告に対して争う途がない。やはりこの場合はもっと厳しい勧告をせよという訴訟ができなければならないはずである。これが阿部のいう「相対的行政処分」論である。

3）　保険医療機関の指定拒否の例

これに対して，いわゆる山川事件つまり医療法人徳州会が鹿児島県山川地区で病院を開設しさらに保険医療機関の指定を求めたところ拒否された事件では，厚生労働省の当時の国会答弁では，健康保険法とは関係ない医療法での審議のときに当時の官僚がちょっと言ったことが立法者意思としてそのような病院に対する健康保険医療機関の指定を拒否できる，というような判決が下され

た[16]）。

　全く逆で，立法者意思というものではない。国会の意思ではなくて単なる厚生労働省の官僚答弁，しかも根拠となる健康保険法ではなくて医療法関係の答弁の際のものを被告厚生労働省に有利に扱ったものである。

　これらをみると，いずれも役所有利に解釈されている。これがまた権利救済を阻んでいる大きな理由である。一般論を言えば，今日行政訴訟改革では行政訴訟を起こしにくくなっているので改善するということになっているのであるが，そのほかにもっと大事なことは，裁判官が国会の審議を重視しまた権利救済を重視して法解釈すべきところを逆に扱っているということである。これを打破しなければ行政訴訟改革はできないのである。

（4）　法制度の明確性の要請――土地家屋調査士の業務独占の例
1）　改 正 条 文

　法制度の明確性の要請についてはかねて主張してきた[17]）が，日本の立法者にはそんな発想はない。ここでは，土地家屋調査士の業務独占規定を例に説明しよう。

　2003年4月1日から施行された土地家屋調査士法には，業務独占が緩和されたのかと思うような条文ができた。

　改正後の第3条は「調査士は，他人の依頼を受けて，次に掲げる事務を行うことを業とする。

　一　不動産の表示に関する登記について必要な土地又は家屋に関する調査又は測量
　二　不動産の表示に関する登記の申請手続
　三　前号の手続に関する審査請求の手続」
となった。

　業務独占規定は，改正前の19条は「調査士会に入会している調査士でない者は，第2条（現行の第3条にほぼ同じ）に規定する土地又は家屋に関する調査，測量，これらを必要とする申請手続又はこれに係る審査請求の手続をすることを業とすることができない。」とされ，第24条「第19条第1項の規定に違反した者は，1年以下の懲役又は30万円以下の罰金に処する。」となっていたの

で，第2条の業務はすべて独占業務であった。

　これに対し，改正法第68条は「調査士会に入会している調査士又は調査士法人でない者は，第64条第1項に規定する事務を行うことを業とすることができない。」となっており，第73条で，「第68条第1項の規定に違反した者は，1年以下の懲役又は100万円以下の罰金に処する。」となっている。

　独占されている業務は，3条の事務ではなく，64条1項に規定する事務である。第64条は，「協会は，前条第1項の目的を達成するため，官公署等の依頼を受けて，第3条第1号並びに同条第2号及び第3号（同条第1号に掲げる調査又は測量を必要とする申請手続に関するものに限る。）に掲げる事務を行うことをその業務とする。」ここに出ている前条第1項とは，「第63条　調査士及び調査士法人は，その専門的能力を結合して官公署等による不動産の表示に関する登記に必要な調査若しくは測量又はその登記の嘱託若しくは申請の適正かつ迅速な実施に寄与することを目的として，公共嘱託登記土地家屋調査士協会と称する民法第34条の規定による社団法人を設立することができる。」というものである。

　2）　誤解を招く文言

　そうすると，独占されている事務は，3条の事務全部ではなく，そのうち，公共嘱託登記土地家屋調査士協会が「官公署等」による不動産の表示に関する登記に必要な調査若しくは測量又はその登記の嘱託若しくは申請の適正かつ迅速な実施に寄与することを目的として，官公署等の依頼を受けて，第3条第1号並びに同条第2号及び第3号（同条第1号に掲げる調査又は測量を必要とする申請手続に関するものに限る。）に掲げる事務に限るのではないか。民間からの依頼分は独占業務から外れたのではないか。

　これまでと同じなら，これまでの立法スタイルに倣って，「調査士会に入会している調査士又は調査士法人でない者は，第3条に規定する事務を行うことを業とすることができない。」と規定するはずだから，そうしないで，わざわざ3条の代わりに64条1項に規定する事務違反という条文を作る以上なら，これまでのしくみを変えるはずである。

　3）　当局の説明

　このような疑問を持ったが，これは間違いで，当局によれば，規制緩和はさ

れていないということである。当局によれば,「同法68条1項本文で,土地家屋調査士会に入会している調査士又は調査士法人でない者が業とすることができない事務として「第64条第1項に規定する事務」と規定しているが,同法64条が公共嘱託登記土地家屋調査士協会の業務規定であることから,非調査士等の取締規定の対象が公共嘱託登記に限られるのではないかとの誤った理解が一部にみられた。しかし,同法68条1項本文が引用しているのは,同法64条1項に規定する「事務」であり,同項に規定する協会の「業務」ではない。したがって,同法68条1項の「第64条第1項に規定する事務」は,「第3条第1号並びに同条第2号及び第3号（同条第1号に掲げる調査又は測量を必要とする申請手続に関するものに限る。）に掲げる事務」を指していることについては,解釈上疑義はない。」[18]

　要するに,「事務」と「業務」は使い分けているから,前記の理解は誤っているというのである。しかし,これは,そんな使い分けに気がつくには大変な労力が必要だということに気がついていない。

　国会でも疑問が出されたが,法務省民事局長房村精一は,「条文的に申しますと,68条で引用しております「64条第1項に規定する事務」というのは,この64条1項の中の調査士の業務を規定しております「第3条第1号並びに同条第2号及び第3号（同条第1号に掲げる調査又は測量を必要とする申請手続に関するものに限る。）に掲げる事務」,これを指しておりますので,直接的に協会が行う事務ということではなくて,調査士の行う事務,これがたまたま条文も非常に近いということで,同じ文言をすぐ直後に繰り返すのはいかがなものかということで「64条第1項に規定する事務」という書き方をいたしまして,やや専門的に過ぎたかなとは反省しておりますが,法律的には誤解の余地はないと思っておりますので,御理解いただきたいと思います。」という[19]。

　しかし,近い条文を引用するという立法ルールがあるのか。それよりは誤解を招かない立法こそ必要ではないか。「やや専門的に過ぎたかなとは反省しております」というが,立法は誤解を招いてはならないという観点からいえば,これでは専門的な立法ではなく,素人的な立法である。しかも,この改正法を読んで,民間から依頼を受けた場合には,3条の事務でも土地家屋調査士法に違反しないと思って,仕事をしていたら,刑事事件として立件され,「法の不

知はこれを許さず」，法律の錯誤だとして処罰されてはかなわない。刑事法は特に明確性を要するという点を理解しないのが民事局長，内閣法制局の立法態度では，とても立法を任せられるものではない。

また，反省だけなら，猿でもできる。実行が大切である。反省する以上は，わかりやすい条文に変えるべきである。

第2節　大震災対策における(憲)法解釈と法政策

はじめに

震災対策の法学的課題は，既存の法律の解釈問題のほか，制度作りという法政策的な視点が中心になる。法政策は，解釈論と無関係ではなく，憲法的価値内で行われるので，政策論に入る前に，法解釈特に憲法解釈上の論点を発見し，クリアーすることが必要である。震災対策においては憲法専攻者の関心が低いことにかんがみ，ここでは，憲法解釈上も多数の問題があることを指摘し，それをふまえて，法制度設計を考えたい。本格的な憲法論としては不十分であるところから，憲法専攻者の本格的な研究を刺激し，また，建設的な御教示を賜れば幸いである（残念ながら今日まで皆無である）。そして，公法学会が震災を取り上げたのは遅きに失しているが，この学会が，次の震災までの間に立派な震災対策法を作る契機となることを願う。報告は，金銭的・物的な支援の法システムとまちづくりに分けて行う。

1　金銭的・物的な支援の法システム

(1)　基本的な考え方——福祉国家の原理

被災者への支援は，「個人補償」などと提案されたが，国家起因性の被害ではないから，国家賠償でも，損失補償でもなく，社会国家の原理に基づく支援である。したがって，生じた損失を補塡するのではなく[20]，自力で生活しにくい者の生活を困った程度に応じて保障するべきである。国家はこれを政策目標とすべきで，それは憲法の社会国家の原理から出てくるというべきである。しかし，直ちに個人の権利として裁判で貫徹できるわけではない。どのような場

合にどのような論拠で，その権利を裁判，あるいは立法で保障するべきかを慎重に検討するべきである。以下，各論を述べる。

支援の手段は金銭と物・サービスであるが，災害救助法の発想では，物による支援を基本とし，金銭による支援はほとんど考慮されなかった。これに対し，1998年に成立した被災者生活再建支援法では，金銭による支援の制度が導入されている。

（2） 災害弔慰金等請求権

1） 小規模災害の場合の不適用

災害弔慰金・災害障害見舞金の制度，さらには，被災者生活再建支援法は小規模災害には適用されない。その理由は，おそらくは，犠牲者が少数の場合には，国家の課題ではないということであろう。しかし，私見では，結論として，これは少数犠牲者無視の発想で，個人の尊重と平等原則に違反すると考える。

この発想は，量は質に高まるという前提に立つ。しかし，すでに発生した犠牲への財政的支援と，被害の予防・救援は別である。

後者（被害の予防・救援）なら，小規模被災対策は，国家の課題ではない。国家が登場しなくても，支援できる。しかし，犠牲が生じた場合には，個人の尊重と犠牲者，遺族の支援の必要という視点からは，量は質に転化しない。一人だけ雷に当たろうと，多数の人が土石流に呑み込まれようと，この点で違いはない。国家論の観点からは，小規模の災害の場合には，国家の課題ではないから，放置してよいと反論されるが，実は日本の制度はそんな大げさなものではない。5軒以上の倒壊がある場合には，災害弔慰金等法を発動することにしている（ただし，その根拠は通達。「災害弔慰金の支給が行われる災害の範囲等について」昭和49年1月31日厚生省社第88号）ので，国家的な課題であって初めて発動されるという大げさな体系をおいているわけではない。元々，小規模被災は市町村の責任だということで，国法では国は費用を負担しないとしているだけである。ところが，市町村は小規模災害の場合には，国庫補助がないから対応しなかったにすぎない。国は，小規模の災害の場合には市町村が独自に責任を負うという制度をおく限りにおいて，大規模災害の場合に国も費用の一部を負担す

2) 弔慰金請求権の存否

　法律は，災害弔慰金に関して，申請権，請求権を規定せず，職権による恩恵と構成しているが，請求権を付与したものと読み替えることはできるか。要綱による支給なら，元々権利は存在しないと解されてきたが，平等原則を介在させて，同じ条件の他の者が支給されるなら，自分にも支給せよという，請求権を根拠づけることができる。まして，法律による制度の場合は，同様に解釈できる[22]。

　では，立法者が，請求権なしの制度を作ることは，憲法上許容されるか。違憲なのか。

　社会保障関係では，介護が必要な場合職権で措置することとし，給付請求権を認めないというつもりの法律がある（老人福祉法等）が，私見では，憲法25条1項の健康で文化的な最低限度の生活を営む権利を保障する観点から，介護がたりずに最低生活を下回る場合には介護の給付請求権が発生する。しかし，災害弔慰金・災害障害見舞金は，単に災害起因性の生命・健康侵害に給付されるもので，所得・資産を要件にしていないから，憲法25条1項に基づくものではない。したがって，給付請求権を認めないという法律構成も，憲法25条には違反しない。しかし，同様の事情にある者を，税金を原資とする支援策で不平等に扱うことは，平等原則違反と考える。税金は公権力で徴収するものであるから，その使途は，義捐金とは異なって，憲法の平等原則の制約を受けるのが当然だからである。その際には，他人に対する給付を違憲とするのではなく，給付を受けられなかった者に給付請求権を付与することによって平等を回復すればよいと考える。

　敬老祝い金などでも同様の考えがとれるか，どこまで広げられるかが課題である。

3) 重度障害者の軽視＝半額

　災害弔慰金等法は，災害により一定の重度障害者になった者には，死者の半額を支給する。生きていれば，死者ほど気の毒ではないという趣旨であろうか。しかし，死者よりは重度障害者の方が，これから金がかかるのであって，むしろ高くすべきであろう。このような考えに立つ前例としては，犯罪被害者

給付金支給法がある。これは，最高で，死者1,100万円，重度障害者1,200万円くらい支給する（2008年に犯罪被害者等給付金の支給等による犯罪被害者等の支援に関する法律に改正され，被害者支援に重点が置かれた。給付金は，2008年から，最高は遺族給付金3,000万円弱，障害給付金は4,000万円弱に値上げされた。自賠責保険並みである）。もっとも，災害障害見舞金制度は，災害後の生活保障のためではなく，国家による見舞金であるから，このような議論は不適切と反論されよう。しかし，災害弔慰金等法で定める生計維持者の死者500万円，生計維持者以外の死者は250万円という金額は，単なる見舞金ではなく，災害後の生活保障の一部と理解する方が筋である。生存を軽視するこの制度は，違憲ではないにしても，憲法の趣旨に合う制度設計とは言えない。

（3）　いわゆる公的支援（被災者生活再建支援法）
1）　生活再建支援の根拠

　災害救助法は基本的には現物支給システムを採っている。この現物支給のシステムにはそれなりの合理性がある。金銭はあっても，物がない現状では，物で支援するのが合理的であるし，その際には，所得，資産の把握は不要である。避難所に来る人は，自宅に住めないと考えればよいからである。金があっても，電気も水道も来なければ，食事の用意ができないから，弁当を支給する必要がある。

　しかし，当座の金銭がたりなくて困ることもある。所得と資産，稼得能力がなければ，生活保護を受けることができるが，その判断をする余裕は緊急の場では存在しないし，少し落ち着いてきたとき，生活保護を申請しても，その活用には限界がある。たとえば，壮年者は働けといわれ，若者と競争して求職しても仕事がないが，生活保護はなかなか受けられない。壮年者で，家は倒壊し，失業又は，負傷したが，更地は残った場合も，更地を売却するのが原則であって，更地に建て替えするために，当面の生活費を支援してほしいといっても，本来無理である。

　こうした者を支援するのは，生活保護の原理ではなく，生活再建資金支援の必要性による。アメリカのほか，ドイツでも，イギリスでも，災害緊急時の金銭支援はしている。

その現金支給は，個人補償といわれたりするが，そうではなく，生活再建支援として構成すべきである[23]。

その憲法上の根拠は損失補償ではなく，社会保障である。したがって，その守備範囲は，失ったものの補塡ではなく，立ち上がりの支援である。憲法から直接に請求権が出てくるわけではないが，施策を工夫するときにはこのような憲法的視点が必要である。

国は，いわゆる個人補償を行わないとして，直接に現金を支給することを拒否してきたが，雲仙災害以来，震災復興基金による支援は認めてきた。これは地方交付税を財源とするもので，結局は公金を投入している。個人補償というかどうかはともかく，国家が現金を支給していることには変わりはない。国税からではなく，地方財源から出しているだけの違いである。

辻褄合わせとしては，復興基金の制度は有用である。ただ，法律論としては，震災復興基金における法治行政的感覚の欠如を指摘しておくべきであろう。

復興基金は，地方自治法上の基金ではなく，兵庫県3分の2，神戸市3分の1出資の財団法人である。議会は出資の際に議決するだけで，出資金の使い方は理事会で決める。理事会は知事，副知事，関係部長，神戸市長，助役，関係局長，西宮市長など執行機関だけで構成され，議員は入っていない。議会では質問，報告くらいしかできない。なぜ財団法人の形式をとるかといえば，行政施策としてはできないことを行う，つまり，行政の補完と上乗せを行うために自由度が必要だということである。それがどのような場合かは担当者の説明でもはっきりしないが，たとえば，高齢者の生活援護金などはこれまでの行政施策には入っていないから普通にはやりにくいが，基金ならできるし，震災で破壊された文化財の修理でも，補助金の残り10％は自己負担のところ，基金から5％の補助が出るということである（兵庫県復興推進課財務担当壺坂氏，1998年9月18日）。確かに，そのような自由は必要であるが，反面，議会，住民訴訟による統制が働かないから，かえって，不透明であるというデメリットもある。また，基金をトンネルにすれば，行政としてできないことを，公金でもできるとするのは，法形式の濫用の面がある。違憲とまではいえないであろうが，高齢者の生活援護金などは，行政施策としてなすべきことかどうかを議会で正面

から議論する制度とするのが民主主義と法治行政の理念により合致する。

その支援も，私法の贈与形式によっているので，基準が不合理でも，また判定の誤りで支援されなくても争う方法はない。被災者生活再建支援法は将来の施策を定めているだけで，阪神・淡路大震災には直接には遡及しないが，附帯決議で同法と同じ措置が求められ，震災復興基金がこれを行っているが，救済方法はない。

2) 1998年春の国会で成立した被災者生活再建支援法の評価
(ア) 物による支援では不十分だという被災者の運動により，1998年に被災者生活再建支援法が成立した[24]。

被災者生活再建支援法では，地震や洪水などで住宅を失った被災者に，年収や年齢の条件付きで最高100万円の支援金を支給する。最高100万円の支度金のうち，被災者が生活用品などを購入するための便宜を考慮して，85万円までは購入前に支給する「概算払い」を認めた。住宅が半壊した場合でも，やむを得ない事情で住宅を解体した場合には，全壊と見なして支度金を支給する。対象となる災害は，災害救助法の適用要件を満たすか，もしくは，全壊した住宅が市町村で10世帯以上，都道府県で100世帯以上である。最高100万円となる支援金の使途の内訳については，全国どこの世帯でも必要な，通常経費が最高70万円，地域や世帯の事情で異なる特別経費が最高30万円である。ただし，単身世帯は，通常経費の上限が55万円，特別経費が20万円の計75万円つまり4分の3となる。通常経費とは，洗濯機，テレビ，掃除機，冷蔵庫などの生活用品の購入，修理費と引越費用であり，特別経費の内容は，エアコン，ストーブ，乳母車，眼鏡，補聴器などの物品と，賃貸住宅の礼金，医療費である。通常経費の全額と，特別経費の半額については，支払い前に市町村に申請できる。

ドイツでは，モーゼル川の洪水のため浸水した世帯に生活再建支援が行われる。これは，行政内部の予算措置で行われるが，1万マルク程度までは当然に必要だとして，いちいち領収書を要求していないという。

これはさしあたり今後の災害対策である。当面の生活のための費用を支援するという考えであれば，生活保護とは別の制度として，緊急時の支援として正当化できそうで，所得や資産の調査も不要であろう。とすれば，これは，可か良の答案である。私も合格点を付けたい。

（イ）　現行法，他の支援策との整合性をどう考えるか。この施策は合理的か。

　最高100万円では，生活再建ができないとか，政府は何もしてくれないから，これは「人間の国」ではない，全壊，全焼世帯に500万円出せという主張がなされた。しかし，生命・身体被害救済との均衡を考えると，災害障害見舞金は大怪我でも125万円であるから，財産損失には最高でも100万円しか出しようはない。私は，大怪我したり，親を失った子どもの方が気の毒である。なお，著者は，命を軽視し，財産を重視するのは，憲法に反すると考える。予防接種禍訴訟においても，財産に補償するなら，命に補償するのはもちろんだという意見が多かったのであって，命が財産よりも重要だというのは憲法から当然に導かれる公理であると考える。

　また，政府は，これまで現物支給の原則で，大量の支援をしてきた。それを無視するのは無茶である。その上で現金支給するときは，これまでの支給で不足しているものを支援するという発想に立つべきである。本来は，その不足度を測定する必要があるが，それにはコストがかかる。不公平を承知で制度化するには，最高100万円程度が限度であろう。この制度はその意味で賛成できる。

　さらに，自宅居住者ならともかく，なぜ借家人にも500万円も支給すべきなのか，疑問が多い。特に，公営住宅に入居できた借家人は，かえって住環境が改善された（いわゆる焼け太り）のであって，その上で500万円も支給を受ける根拠はない。アメリカ流では，借家人には新旧家賃の差額の18ヶ月分と移転費用が支援され，持ち家には修繕費が支援される。一律500万円という発想はない。

　この最高100万円というのであれば，借家人でも自宅所有者でも同様に損害の範囲内であろうから，この両者の間で区別をする必要はない。

　ただ，家財道具への支援であれば，全壊と全焼は違う。少なくとも，家屋が半壊の時は，家財道具のある程度は持ち出せる可能性が高い。

　また，もしこの公的支援で，失ったものの代わりに新品の電気製品を買えるとすれば，半壊の家から家財道具を持ち出すのは損だということになる。元々，持っていた価値以上のものを与える理由もないし，やはり，実費の半分とか，制限するのが妥当ではないか。

今後の災害の際には，全壊・全焼，半壊・半焼で支援額に大差が付くので，罹災証明で大もめするであろう。今回はたかが10万円の義捐金をめぐって，大もめして，半壊は全壊に，一部損壊は半壊へと格上げしてもらった者が少なくなかった。その後も支援策の基準を罹災証明に求めているので，不合理もいいところである。これからは，しっかりした認定組織を作らなければ，予定外に被害は大きいものと扱われ，被災者生活再建基金は追加の公金投入の必要に迫られるであろう。罹災証明はこれまでは通達に基づく便宜的なものであったが，大口の支援金の根拠となるのであれば，十分かつ公平な手続が必要である。

これは基本的には世帯単位で支援する。単身世帯だけ割安になるだけである。これまでの被災者支援も同じである。仮設住宅でさえ，1世帯なら，家族が1人でも5人でも，同じく2Kしかもらえなかった。しかし，住宅ならもちろん，金銭でも，家族数が多ければたくさん必要なのは自明である。基本的には家族数に応じて家は広く，支援額は割り増ししていくべきである。2人家族でも5人家族でも支援額が同じという発想は，必要に応じた平等原則という観点からして，違憲であると思う。

これは高齢者を支援する，震災復興基金による被災高齢者等生活再建支援金も同じである。しかし，若ければ，同じ低所得でも気の毒でないとなぜ言えるのか。年齢差別により違憲だと思う。

筆者の案では，被害の程度と資産と所得を調査し，家族数に応じて，年齢関係なく，さしあたりの家賃の差額，移転費，修繕費などを概算で支給する制度を作るのが一番よい。当面は調査なしで緊急に少額を支給することは正当化されようが，あとの調査次第では返還を求める制度が筋である。それが社会国家の原理に一番適合的である。

そして，これをあらゆる災害に平等に適用すべきである。

（ウ）今回は，いわゆる個人補償の要求に対して，制度上できないとして，代わりに，中高年者生活支援とか，公営住宅の大量建設，家賃の大幅軽減の措置などが採られてきた。この法律は，阪神淡路大震災の被災者から提案されたものであるが，これからの災害にのみ適用され，これには直接には遡及しないこととなった。ただ，附帯決議で今回もこれにならう行政措置を採ることに

なったので，最後にはやはり個人補償的な支援を行うことになったのである。それならば，本来はこれまでの施策とこの制度の差額を支給することとすべきであるが，そうではなくまるまる支給することになった。試行錯誤でバラバラの施策である。

　これからの災害の際には，この制度が最初に発動される。そうすると，その後の支援は今回と同じようにするべきか。今後の災害では，最初から，現金支給の政策を採るから，それ以外の支援施策は，それとの調整の上，一貫したものであるべきであろう。

　今回は，仮設住宅，公営住宅に頼ったため，避難所，仮設住宅に長期間居住させることになり，また，後述のように，民間賃貸住宅産業の不振を招いた。大災害の場合には，被災地の人口を一時的にせよ減らさないと，支援も困難であるし，疫病発生のおそれもある。これからは，災害救助法を改正して，仮設住宅大量提供方式を見直し，家賃補助，遠方移転者への旅費補助などを制度化して，仮設住宅への依存度を軽減し，早急に恒久住宅を確保できるようにすべきである。さらには，強制疎開制度も用意しておくべきである[25]。

（4）公営住宅大量建設とコミュニティ

　公営住宅は元々低所得者というだけで，くじ運のよい者に末代まで住宅を安く供給するものである。もっと所得があっても，もっと劣悪な住宅に居住しなければならない者が多い現実にかんがみると，この施策は，困った順に困った程度に応じて支援するという福祉の原理に違反すると考える。巨額な公的支援をくじ運で決める不公平性は大きなものである。

　しかも，公営住宅の管理の負担は大きく，家賃の徴収も容易ではない。行政の管理はコストがかかる。いつの間にか，他人に家賃を取って無断転貸していてもなかなかばれないと噂される。

　今回は，民間賃貸住宅も大量に倒壊したり焼失した。土地所有者は賃貸住宅を建て替えたが，公営住宅が大量に供給されたため，民間賃貸住宅産業が顧客を喪失し，その経営は極めて苦しい状況にあると報じられている（毎日新聞1998年10月1日朝刊27面「復興を問う。住宅問題 「震災特需」で供給過剰民業圧迫 売れ残りが続出」）。これは政策の失敗である。公営住宅を大量供給する代わり

に，家賃補助をすれば，民間住宅業者も助かり，税金も節約できたのである。

そこで，本来は公営住宅を民営化して，民間住宅を借り上げ，一代限りの家族数に応じた家賃補助をするか，所得保障にすべきものである。

ところが，今回は生活再建支援のつもりで，5年間特別割引とした。最低は6,000円からである。これは仮設住宅から公営住宅への円滑な移転を狙っている面もある。しかし，5年後に通常の家賃を支払えるように所得が増えるわけではないので，通常並みに値上げすることにも大反対が起きるであろう。これは将来に禍根を残す政策であった（その後も，被災者は復興していないとして値上げは難航している。生活が苦しいのは，もはや被災によるのではなく，普通は高齢化したためであろうが）。家賃を軽減する代わりに，家賃は通常並みに徴収し，民間住宅居住者も含めて，個々人の所得，資産に応じて家賃補助を行うのが公平である。さらに，この家賃軽減は被災者生活再建支援法がないときに個人補償的と称して導入されたもので，その上で，被災者生活再建支援法で支援するのは二重支援である。

更に，支援される住宅の広さは，家族数に応ずるべきである。しかし，1人暮らしでも40平方メートルで贅沢である上，夫婦では50，60平方メートルで，1人になっても，転居義務がない。転居したくない気持ちはわかるが，税金で支援を受ける以上，家族数に応じて，並みの広さの住宅に転居する義務を課すべきである。住み慣れたところという気持ちには，生活圏が同じ範囲で対応すればよい。

この震災では，元住んでいたところに戻りたいという声が大きかった。これを生活者主権という観点から正当化しようという議論もある[26]。公営住宅法22条は災害の場合には一般公募の例外としているので，たとえば，区単位に地元優先というルールを作り，長田区に建設される公営住宅は長田区の被災者優先とすれば，長田区の被災者には元住んでいたところに戻れる可能性が高くなる。

しかし，コミュニティを重視しつつ公平な基準を設定するのは難しいものである。まず，たまたま元居たところが都心であれば，都心の立派な公営住宅に入居でき，元々外れにいれば，本来都心に行きたくても，行けないのは不公平である。ただ，神戸市ほど大きければ，区単位で地元優先のルールを作って

も，それほど不公平ではないとしてこの難点を克服したとしよう。

次に，優先基準の設定が難しい。元居たところに戻りたいのは，高齢者であればあるほど新しい環境に慣れないからであり，長年住んでいたからよそに移りたくないからであり，親戚や親子が近くに住んでいるからであろう。そうすると，高齢者，居住歴，家族関係を考慮することになる。点数制で，それぞれ一定のポイントを付けて判断するべきであろうか。

しかし，これでも，公平な基準を設定するのは容易ではない上，限られた時間内に居住歴，家族関係などを調査することは困難で，トラブル必至とも思える。

神戸市では，他の市町村住民を劣位としているだけで，神戸市の被災住民はみんな平等に抽選した。その理由は，地元優先ルールを実施するには居住関係を調査しなければならず，基準の設定も難しいことが理由だそうである。このように，法学的には個人だけが法の対象になっており，コミュニティは制度化されていないのである[27]。

(5) リバース・モーゲージ

では，自宅が崩壊又は焼失して，建替え資金がない者（特に高齢者など）は，どうすればよいのか。国家は支援してくれないのかと問われる。しかし，建替え資金を支援すれば，土地のある者にだけ補助する不公平があるし，それで死亡が発生すれば，親の世話をしない子に相続させる不合理が生ずる。こうした不合理は直ちに違憲とまではいえないであろうが，財産に関する不平等を助長するものであって，憲法政策上も望ましくないというべきである。

自宅を失った者への支援は，本人の生活再建ができれば十分であるから，死ぬとき財産がゼロに収縮するしくみを工夫すべきである。それがリバース・モーゲージである。金を借りて，明日死んでも担保の土地を取り上げられるが，長生きしても，一生そこに住める制度である。これは，早く死ねば損し長生きすれば得する，生命保険とは逆のしくみで，早く死ぬ者が長生きする者に補助する制度である。これなら，財産の所有者相互の支援であって，国家の税金を使うこともなく，しかも，自宅の建替え資金も用意できる（地価が下がるおそれがあるので，相当に高額な土地しか対象にできないという限界はあるが）。

被災者の生活支援が大切だなどと言っても，国家が支援する制度をしくむ際には，社会保障の原理に沿って，自己の資産と能力の活用が前提である。リバース・モーゲージはこの要請に一番応える制度であって，高齢者の住まいの人権を保障するには，こうした制度的工夫が必要である[28]。

2 まちづくり

大災害からの復旧のためのまちづくりにおいては，政策目標としては，できるだけ早く，安く，みんなの生活を取り戻すことにおかなければならない。時間をかければ，それだけ苦痛を与えるし，個々の施策に金をかければ，必要な施策も十分にできず，みんなに行き渡らないからである。

そして，公共性がなければ，規制もできないし，補助もできない。これは憲法原理である。

(1) 建築制限と無補償原則——簡易な住宅以外禁止で補償の提案

仮設住宅を公費で自己所有地に造ってほしいという声が多かった。しかし，災害救助法による仮設住宅の提供を受けるためには，自力では住宅を持てないことが前提である。あの災害の際に，自力で住宅を持てるかどうかを審査するのは大変である。また，土地を持っている者に対して，国家が仮設であれ，住宅を付与するということに社会的な合意はできていない。被災者生活再建支援法でも，一世帯最高100万円であって，300万円かかる仮設住宅を提供するという選択は，制度的には容易ではない。実際に仮設住宅に入居する者は住宅に困っているとみなせるので，審査不要なのである。

しかし，この制度が現実にそぐわない面を有することも明らかである。仮設住宅を迅速に作ろうとすれば，まとまった土地を必要とし，必然的に遠方になる。これでは，仮設入居者にとっても不便であるし，何よりも既存のまちから住民が大幅に減ったので，商売が成り立たなくなったのである。学校の校庭を仮設用地とした芦屋方式も1つの案であるが，芦屋市には土地がないのでやむをえなかったのに対して，神戸市は土地があったし，校庭に仮設を作れば，あとの明渡しのトラブルが心配だったのである。

では，どうしたらよいか。アメリカ流に，自宅所有者には修繕費，借家人に

は新旧の家賃の差額補助と移転費用の補助が合理的であるが，それでも，アメリカでも1万ドルか2万ドルであって，1戸建ての再建費用を補助したわけではない。

　区画整理の区域に関する限りではあるが，1つの解決策を提示する。都市計画決定で，区画整理区域に組み入れられると，建築制限がかかるが，それでも木造2階建て等までは建てることができる。そして，この建築制限には補償はない。住民は，遠方の仮設住宅に行って，仮換地処分を待つか，木造2階建てを建てて，仮換地処分があれば，補償金（新築の家の対価）を得て移転するかの選択になる。これではいずれにせよ行政の出費は大きいし，住民もハッピーではない。

　そこで，住民に対して，どうせ区画整理で建物を移転するのであるから，簡易な住宅以外は建ててはならないという建築制限をかける法制度を作るべきである。そうすると，この制限は非常に厳しいから，財産権の本質的な部分を侵害するとして，補償をすることにする。被災者は自分の敷地に簡単な住宅を建てる費用を得られることになり，遠方の仮設住宅に行かないで済む。そして，仮換地指定処分が行われれば，その建物を壊して新築することになる。今度貰える補償は，この簡易な住宅の価値である。住民が普通の2階建てを建てると比較すれば，行政の費用は軽減され，みんなハッピーである。ただし，厚生行政と建設行政のリンクが必要である。

　この新築費用がない者に対しては，高齢者であれば，リバース・モーゲージの活用を勧める。こうすれば，区画整理区域内の土地所有者はみんながまちに残れることになる。そうすれば，住民も楽であり，商売も繁盛し，区画整理の話し合いのためにも集まりやすい。それが補償理論とも整合的に実現するのである[29]。

　なお，借家人層のためには，家賃補助をする方が早くまちが戻ったのである。

（2）　区画整理と減歩

　区画整理の減歩に対して，土地を取られるという大反対が起きた。そこで，震災特例として，減歩は最高9％くらいの傾斜減歩となり，小規模宅地の減歩

はなく，また，私道の半分だけが減歩の対象となる宅地面積に算入された。そこで，小規模宅地の所有者は，私道分を吐き出す程度で，実際上減歩されなかった。これは小規模宅地の所有者に対する優遇措置である。小規模宅地所有者は，自らほとんど出費することなく，利用効率が向上した宅地を入手できるのである。これは事業を円滑に推進するには必要なことであろう。

しかし，たとえ宅地面積が狭かろうと，事業による利益は等しく受けるわけで，負担だけ免れるのがなぜ正当化されるのであろうか（行政の運営が楽というだけであろう）。それが大規模土地所有者の負担において行われるとすれば，平等原則に反するし，税金の負担によるとすれば，宅地の面積が狭いというだけで，なぜ税金の支援を受けるのかという問題がある。

しかも，区画整理は金と時間人員を要するので，この震災では被災地の5％の地域しか対象とならなかった。多くの地域は，いわゆる白地地域として，行政の支援を受けることなく，自力再建を期待された。

これは極めて不公平なことである。行政の支援はできるだけ平等に広く行うべきである。そうすれば，特定地域に投入できる資源は限定されるから，それでは，負担が重いという反対のため，区画整理などができない地域が増えよう。どうしたらよいか。

行政の方から場所を特定して区画整理をしたいと決めるから，住民の方は，反対だといって，条件闘争をする。区画整理地区に指定されると，損するのではなく，結局は得する。これはおかしい。どの地域も平等によくするように，特上ではなく，並みのメニューを作って，住民の方から提案してきた地域だけ区画整理をすればよい。そうすれば，もめ事も格段に減る。行政からの物取りではなく，住民の自己決定が肝要なのである。もちろん，これでは，区画整理の必要な地域は放置されるという反論があるが，行政が世話する弊害が今回明らかに露呈したと思う（第3節で述べる）。

なお，区画整理が地域のためではなく，より広い地域のためであれば，地域が反対しても，せざるをえないが，通過道路のためなら収用という選択肢もある。

（3） 建築規制と憲法

　良好なまちを作るには敷地の最小面積の制度が必要である。しかし，現在は，地区計画と低層住居専用地域以外にはこの制度はなく，条例でこれを導入することも，建設省（現国交省）が許さない。財産権の内容は全国画一的であるべきだし，財産権の規制は最小限度に止めるべきだという理由によるらしい。地区計画は事実上土地所有者の同意を求めているので，使いにくい。しかし，あまりにも細切れの敷地は，まちづくりを阻害し，重大な外部不経済を発生させている。これは公共の福祉に反するとして，どこでも禁止することが許されるのではなかろうか。そして，それは地域的課題であるから，条例でそのような規制をすることを許すべきであり，建築基準法がこれを許さないとすれば，それは地方自治の本旨に反する立法ではないか。少なくとも，地方の自主性を尊重する改正地方自治法のもとでは条例によるミニ開発の規制も許されるべきであろう。

　都市計画区域内では，4メートル道路に2メートル接しなければならないという接道義務の規定がある。1950年以前の道路はいわゆる2項道路として，既得権となっているのが多いが，建物の建替えの際には，道路の中心線から2メートルセットバックして，将来の道路拡幅に備えなければならない。ところが，住民からいえば，4メートル道路を造る必要性と宅地面積の減少の不利益を比較すれば，後者が大きいから，セットバックする必要がないというところがかなりある。4メートル道路の必要性は，消防車の進入路を確保するためと説明されるが，それなら2メートル道路でもホースがあれば十分であり，どうせ違法駐車で，消防車が入れないことには変わりはない。こうした規制は全国一律にしなければならない最低の安全基準であろうか。むしろ，これは地域住民の選択に任せてよいのではないか。国家による規制よりも住民による自己決定である。その方法としては，住民投票もあるが，まち全体の課題との関連もあり，私見では，原則は4メートル道路であり，それの例外としては住民の過半数ではなく80％の賛成を前提に市町村長が決定するというのはどうであろうか[30]。

　容積率導入前のマンションのかなりは震災で壊れたとき実はそのまま建替えのきかない既存不適格であることがわかった。困ったことであるが，たとえ震

災が原因でも建替えの機会に現行法に適合するように造って貰わなければ，永久に街はよくならないから，既存不適格の制度はやむをえない。

　ただ，そもそも容積率の制度に合理性があるのか。都市の混雑とか人口容量の問題なら，建物の容積とは必ずしも関係がないから，合理的な規制ではない[31]。これは経済学者から主張されているが，この制度が違憲というほどかどうかは目下留保する。ただ，個人住宅の吹抜けを2階建てにするとか，ガレージを造ったというだけで，容積率違反とするのは合理性がないから，違憲というべきであろう。

　（4）　マンション再建
　　　　——震災で破壊されたマンションの共有敷地の扱いについて
　マンションの共有敷地を売却する場合は全員の同意が必要である，他人の財産をその同意なしに売ることはできないというのが日本民法及び憲法の原則である。そして，震災の場合のマンションの建替えは，5分の4の多数決でできることになったが，これは売却ではなくて元の状態に戻すのであるからというのが理由である。しかし，この土地は5分の4の多数を取れない場合には建替えもできず，売ることも分割もできず，塩漬けになってしまう。これでは財産権を殺したのと同じである。他人の土地を多数決では売れないという財産権尊重の立場に立ったがゆえに，かえって財産権を守れなくなってしまったのである。頭の固い民事法と憲法の発想が被災者を長く仮住まいさせたのである。

　そこで，著者は，とにかくこの場合には単純多数決で処理すべきだと考える。建替えでも，売却でも，共有地分割でも，とにかく過半数取った方の方針で進める方が合理的である。そういうふうにして初めて財産権は生き返るのであるから，これは財産権侵害ではない。反対意見の者は，共有持ち分の対価の補償を得ることによって経済的には償われるはずである。私はこのように考えていたが，台湾法では，同様の考え方で，不動産の場合だけ（動産は入らない），共有持ち分の多数決で売ってよろしいという規定がある（土地法34条，1975年導入）。極めて実際的な考え方だと思われる。

（5） 補助の公共性

　補助金は国民から強制的に徴収した税金を原資とするものであるから，恣意的に支出することも，個人の私的な用途に支出することもできず，公共性により正当化されなければならない。これは地方自治法232条の2に規定されているだけであるが，私は，これは強制徴収された租税の支出の根拠として，憲法原理であると考える。

　今回は，建物の修繕には基本的には補助せず（例外として災害救助法による修繕があるが，低額で実際の利用も少なかった），建替えに補助した（いわゆる優良建築物補助事業）。修繕は個人の財産の価値を増加させるから補助の公共性はなく，再建の場合には共用部分には公共性があるというのである。その結果，修繕で済むものまで，建替えて，被災者の生活再建に時間がかかった。また，トラブルが増えた。そもそもマンションの共用部分は，公共のものに近いという補助の理屈は屁理屈で，共用部分がよければ各戸の住宅の価格も上がるのである。それは個人資産に他ならない。

　むしろ，修繕を支援すれば，早く修繕できて，被災者は早期に生活を再建できる。大災害の場合には多数の者の早期の生活再建とまちの早期の再生に公共性を認めるべきであろう。

　このように理論構成すれば，国家は正面から修繕費の補助をすることができて，早期の復興が可能になる。

　やはり，頭の固いこれまでの法学的発想が被災者の復興を阻害したのである。われわれは悪しき法律家になってはならないのである。

第3節　震災に対する行政と法の対応

はじめに

　行政は法律（条例を含む）に基づいて行われる。法治国家といわれる。法律の授権なくして行政が国民に対して権力を行使するのは専制国家，独裁国家であり，民主国家の法体制ではない。しかし，このことは，逆に，法律がないと行政は動かない。またいかに他によい方法があっても，行政は，現行法でしか

動かない。その結果，なすべきことをしない，「放置国家」現象が生ずる。

　阪神・淡路大震災では，法制度の不備のために，救える命を救わず，その後の復興過程もスムーズに行かず，トラブルばかりであった。まさに，「放置国家」である。震災は，天災であるが，それへの対処の不備は人災であり，それが法の不備によるものであるならば，まさに，「法災」である。そうした法制度は早急に見直さなければならない。

　私は，この大震災のあと，「安く，みんなを，公平に迅速に救う」，「安く，早く済み，コミュニティを維持するまちづくり」という観点から，法制度の作り直しを提案した。それが『大震災の法と政策』である。これは，震災後，たくさんの論文を書いて書き直したものであるが，33週間毎週200字づめ60枚の学術論文を連続して体系的に執筆し，400頁の書物としてまとめただけの分量で，これだけの期間にこれだけの研究をした個人の例は，寡聞にして他に見られない。内容的には今でも通用するものと自負しているが，残念ながら，それは，歪められた政治のもとで，実現されていないのが多い。ただ，それでも多少は実現している。

　実現しないのは，現行法体系を変えることに対する強い抵抗があるとともに，政治家にも役所にも変えるという発想がないためである。つまり，中央官庁でも，個別の部署では変えられない。役人は短期間の任期で，制度を抜本的に変える意欲がない。本を書いたくらいでは，役所や政治家に方針を変えさせるように動機を与えることはできない。そもそも読んでくれない。首相が積極的でなければ，あるいは，世論が盛り上がらなければ，日本の現実では，法体系の変更は無理である。しかし，被災者なり，その支援団体も，マスコミも，阿部説をしっかり理解しようとせず，むしろ，被災者に冷たいのではないかと誤解した。地元の兵庫県は，その提案した地震共済を徹底的に批判した阿部と共同作業をする気が起きなかった。阿部も，兵庫県の御用学者になれなかったので，自説を兵庫県に採用してもらうチャンネルがなかった。

　個人的には何という無駄なことをしたものだ，被災者の支援とこれからの災害対策という公益のために，超ハードな仕事をしたつもりであるが，結局は成果が上がらなかったので，別の勉強をすればよかったと，人生の無駄遣いを遺憾に思うところである。

しかし、この阿部提案をもっともと思う方がおられれば、この遺志を継いで、次の大震災までに、適切な立法を実現してほしい。

以下、阿部泰隆提言のいくつかを紹介する。詳しく書く余裕がないので、ご関心をお持ちの方はさらに下記の拙稿をご覧ください。

1　地震強制共済創設反対

今回、地震保険が普及していなかったことが被災者の生活再建が困難な理由の1つであるとして、地震共済案、実質は、地震保険の強制案が兵庫県から提案された。全国の住宅所有者が、月に1,000円程度の保険料を負担すれば、地震で崩壊した家屋には最高1,700万円の再建費用を支給できるというのである。しかし、多数の難点がある。

地震保険をなぜ強制できるのかという憲法問題がある。保険である以上、自分のためであって、他人に贈与するためではない。しかし、自分のためであれば、原則は自己決定権の問題である。自分は、地震のリスクは低いし、財産もたくさんあるし、あるいは、地震で家が壊れたら再建しないで敷地を売って転居するといった人にまで地震保険を強制できるのであろうか。家よりも生活に困る可能性の高い、死亡に備えた生命保険さえ強制していないのである。健康保険や年金は強制しているが、健康保険は、強制しないと、保険がなくて困る者が多数出て社会問題になるし、また、健康な人、高額所得者は加入しない（逆に、病人、低所得者が加入する）というモラル・ハザード（倫理の欠如）が発生するので、強制する必要がある。年金は入っていれば損しないという建前で強制できているのであり、これからの若い世代のようにもらえるよりも支払う方が多いのではないかという、世代間公平を欠く状況で強制する根拠があるかどうかは疑問である。

今300万円の中古住宅が2軒あるとする。損壊した方には1,700万円支給される。損壊しなかった方が区画整理や土地収用で移転するときは、300万円しか支給されないので、再建できなければ、土地を売って、転居するしかない。国家の権力で移転を余儀なくされる方が、明らかに不利になるのはおよそ均衡が取れない。これも違憲であろう。

兵庫県はこの制度を100年単位で採算をとるとし、基金が貯まる前に地震が

来れば先に保険金を数十兆円でも支払って，あとから徴収するという。しかし，地震のリスクは高くないので，保険料を納入しない者は，今滞納対策で苦労している国民健康保険や国民年金の比ではない。滞納者が続出して，制度は崩壊するであろう。あえて滞納処分をして保険料を徴収する政治力はこの国にはないだろうが，あるとしても，地震の際に自宅を再建できるようにという制度が，滞納処分で自宅を売却させるこの矛盾をどう考えるのか。

滞納続出では，すでに支払った保険金を回収する方法はなく，それは国家の巨大な不良債権になる。それは自宅を持たない者を含めた全国民の負担で解消することになる。そして，住宅所有者だけは新築できることになる。これは不公平でもある。こうした崩壊の危険性の高い欠陥制度を国民に強制することは，財産権侵害として違憲ではないか。また，国家論としても，崩壊する制度を作るのは許されるであろうか？

100年間地震がこないとすると，保険料は膨大に貯まるが，本当に手を付けずにそれを管理することが可能であろうか。国家としては，その間に流用しようという誘惑が出て，現に震災の時には保険金は不足しているだろう。

この案は，地震共済は民間ではできないからというが，国家も100年もたないのである。確かに，日本国は（神武以来？）連綿と続いているが，国家の制度で，そんなに長期間もっているものはないのである。

ぼろ屋にも再建のため1,700万円支給することは，やけ太りを生じ，かえって，中には放火する者が出るので，一面火の海で，大火を発生させる。家屋を守る保険が多数の焼死者を出すこの矛盾を解消する方法はない。1,700万円の支給案は被災者に一見優しくて，実は冷酷な結果を生ずるのである。

震災の時は，犯罪発生率は低いから，放火の心配はいらないという説があったが，震災の時は，警察・消防が機能しないから，犯罪は続出である。そうでないというなら，県警を廃止してくれと頼んだが，いまだ廃止されていない。

この兵庫県の提案は，これだけ批判されても，いっこうに撤回する様子がなく，今でも続けられている。国土庁の会議に委員として出席していたとき兵庫県からヒアリングしたら，責任者は，阿部説われ関せずで，依然として地震共済を提案するので，以上に述べた阿部説を論破してくださいとお願いしたが，阿部先生とは立場が違うとだけ言ってて，それ以上反論しなかった。そんなこ

とで，100年にもわたり何十兆円にもなる制度の創設をなぜ提案できるのであろうか。そんな役人に給料を払っているのは大変な無駄遣いであるだけではなく，兵庫県はこんな愚策を提案したために，かえって，まともな案を検討する機会を失ったのである。兵庫県は震災直後に慶應大学のS経済学者が地震保険を提案したのに感動したためであろうが，遺憾ながら，経済学だけでは法制度は設計できないのである。しかも，経済学者でも，地震共済の強制に賛成する者は決して多くないのである。

　また，現在は，任意保険としての地震保険がある。この保険金額が最高で1,000万円と安く，住宅の再建資金に不足するところから，批判が集まり，5,000万円に値上げされた。しかし，これも問題が多い。

　関東大震災が再来したとすれば，保険金は地震保険特別会計の金（保険料を貯めた分）では足りず，一般会計から借りることになっているが，それで保険金を払ったあと，どうして返還できるのか。その際の借金の利子も決まっていないし，年々の保険料では，元金を返済するのは難しい。結局は将来の世代の負担になる。しかも，次来ると恐れられている関東大震災，東海大震災の場合には，多数の人が亡くなり，重傷を負い，日本経済も崩壊の危機に瀕するであろうから，被災者の中で，住宅所有者にだけ5,000万円も支援するのは極めて不均衡である。

　それに，被災者支援というと，住宅再建だと思いこんでいる者が多いが，重傷を負った人，親を失った子どもなどの生活再建の方がよほど緊要である。財産よりは身体の方が重要なのである。しかし，これにはなぜか関心が集まらない。住宅再建ばかり主張する人は，人間は火葬場に行ったか病院に行ってしまっているので目に見えず，震災孤児という標識はないので，気がつかず，倒れた住宅だけが目に見えるので，それだけが重要課題であるという錯覚を犯しているのではないか。私は，住宅再建の支援は必要であるが，それにあまりにも力点を置きすぎるのは，視野が狭いのではないかと思う。

　しかも，今回の震災を念頭に恒久的な制度を構築しようとしているが，実際に起きる災害は多様である。東海大震災が起きるとすると，死者は数千人といった試算が出されているが，それは地震が起きる時間による。夏の昼であれば，多数の海水浴客が津波に呑まれる。犠牲者は数十万人だろう。それは2004

年12月25日にインドネシア・スマトラ島で起きた地震からも想定できよう。当局はそれでは怖くてどうして良いか分からないから，そうした想定をしていないのであるが，自然は無情であるから，真夏の昼に襲ってくるかもしれないのである。そうした場合には，住宅など，バラックであってもまだまし。犠牲者の身体の回復，家族の生活再建のために巨額の公金支出が必要である。住宅再建制度をおけば，それに公金が拘束されて，本当の生活再建の方に金が回らなくなる。

そうした場合には，多数の人が再出発と考えれば，住宅については最低の保障があれば我慢すべきで，バラックを建てるか，田舎に転居するか，新しい住宅を借りる数百万円の保障があればよい。地震共済制度による巨額の公金注ぎ込みには公共性がないというべきであろう。

このように，仮に住宅再建を支援するとしても，現在価値までとするしかないのである。

なお，これでは，これまでの住宅で借金し，再建で借金する二重ローンの人を救済できないと批判されるが，二重に借りることができる人はそれだけ資力・所得があるのであるし，自己の責任で借金している。それは大変ではあろうが，むしろ，土地を売って，借金を清算し，公営住宅に入居する方が良いのではないか。自宅再建だけが至上命題ではないのである。

また，住宅が被災した人よりも，さらに地盤から崩れた人がなお気の毒であるが，あまり関心を持たれていないのもおかしなことである。

国土庁の会議では，地震共済の創設に反対した。廣井座長には，反対のために参加したのかと文句を言われたが，そんな愚策を導入しては，国家百年の計を誤ると，大反対するために，20回近くも，上京した。こんな審議会の類に出るのはばかばかしいが，愚策を阻止したので，多少満足している。

兵庫県は相変わらず共済制度の導入に努力し，2005＝平成17年9月から全国に先駆けて，「フェニックス共済」（兵庫県住宅再建共済制度）をスタートした (http://web.pref.hyogo.lg.jp/wd34／kyosai_shikumi.html)。住宅補修に最高200万円，再建世帯に一律600万円，掛け金は1戸当たり年間5,000円である。

100年とか，長期間存続して初めて成り立つ制度であるから，兵庫県は，永久不滅と信じていると思われるが，仮に途中で大震災が来て，巨額の支払いを

して，以後の掛け金でそれを回収するとして，実際回収できずに県民に付けを回す頃に隣接県と合併とか道州制という話になったら，それだけで合併の見合い話が潰れないか。無駄どころか，有害な作業である。過ちはあらたむるにはばかる事なかれ[32]。

2　被災者生活再建支援法の拡充

　被災者への支援は，個人補償などと提案されたが，国家が惹起した被害ではないから，国家賠償でも，損失補償でもなく，社会国家の原理に基づく支援である。したがって，生じた損失を補填するのではなく，自力で生活しにくい者の生活を困った程度に応じて保障するべきである。国家はこれを政策目標とすべきで，それは憲法から出てくるというべきである。しかし，直ちに個人の権利として裁判で貫徹できるわけではない。どのような場合にどのような論拠で，その権利を裁判，あるいは立法で保障するべきかを慎重に検討するべきである。

　被災者の生活再建のために，国の被災者生活再建支援法ができた。ただし，資金の支給対象が建物の解体・撤去などに限られている。住宅の再建資金の支援は，個人資産の補償になるとして，導入されていない。ただ，その金額は当初100万だったが，300万円に増額された。

　この国の方針に対し，鳥取県は，自宅を再建できないと住民が流出して，地域崩壊を生ずるとして，それを防ぐための最大300万円の再建支援を行った。新潟地震で新潟県も同様の方針である。

　300万円では自宅を再建できない人も少なくないだろうが，先述の焼け太りを防止するためにも，また，地震保険で補填される人との均衡上も，この辺が限界であろう。また，この地震では亡くなったり重傷を負った人が少ないので無視されているのであろうが，これへの配慮も同時に行うべきである。

　これは今後実際上前例になろう。しかし，義捐金でまかなえる場合もある。北海道の奥尻地震では，義捐金で立派に建て替えができた。そこで，住宅再建支援を法制度化すると，二重支給になりかねない。もっとも，公費で再建支援するときは，義捐金は住宅以外の障害者や震災孤児などに回すべきであろう。奥尻では，自宅が流出しただけでは立派に生活を再建できたが，家族を失った

者の人生の再建は困難である。

　しかし，新潟県中越地震災害義援金配分委員会は，義援金約142億円の配分方法を決めた。住宅被害については，全壊で200万円，大規模半壊100万円，半壊25万円，一部損壊5万円，人的被害について，死者1人あたり20万円，重傷者は10万円。住宅被害への配分に重点を置いたのが特徴であり（読売新聞2004年11月21日），まさに，命よりも財産が大事だという配分である。重傷者の生活は再建できるのだろうか。

　また，関東大震災などが再来すれば，1戸当たり300万円を出す国家の経済力がないかもしれない。先にも述べたように，生活の再建が先決である。事前に，常に300万円と決めるのではなく，災害の規模，国家の力などを考慮して，決めるべきであろう。

　それにしても，その前に，地震保険をもっと普及することが肝心である。建物の耐震化に努力する者を優遇（耐震診断合格建物の保険料を軽減）する方が，被害を防止できるのである（この点は最後に追記1で述べる）。

　被災者支援法には年収500万円の所得制限の壁がある。境界線では，余分に稼ぐと大損する逆差別が生ずる。しかし，この解決策は簡単である。境界線で損しないように，500万円を超えて稼いだ分だけ，支給額を減額すればよいのである。ソフトランディング・システムである。これは著者の長年の提案であったが，児童扶養手当で実現した。もっと一般化すべきものである。

3　仮設住宅よりも，住宅の借上げを

　仮設住宅の希望を募ったらたくさん希望があったので，48300戸も造った。解体費を入れると，1戸400万円もかかるのに，実際に長期間満員だったわけではない。しかもできるまでに時間がかかり，できたのは不便な郊外が多く，不満ばかりであった。一般的に，希望をとると，実際の必要以上の希望が出るので，これに応じてたくさん造るのはムダである。

　そもそも，こうした金と時間がかかる仮設住宅だけの単線型は不適切であり，とりあえず，遠方でも，公営住宅，民間住宅，ホテルを借り上げるべきだし，移転費を支給すべきであった。災害救助法の発想をちょっと変えれば簡単にできるはずである。その方が，仮設住宅の建設・維持管理費用よりも安い

し，被災者にもありがたい。迅速に安く住居を提供できるのである。仮設住宅の建設は，それでもなお足りない分だけに限定すべきである。

今回の新潟地震では温泉や民間住宅を借り上げると報道されているが，それでも基本は仮設住宅のようである。上記のようにやれば，もっと迅速に支援できるのに。

さらに，弱者やペットを飼っている人は避難所に入れない。とりあえず，弱者を福祉施設や病院にヘリコプターも活用して，移動してもらうべきである。福祉施設も満員というが，全国の施設を活用すべきである。

ペットを飼っている人は，自家用車の中で泊まって，エコノミー症候群で亡くなったりした。ペット用の犬小屋，猫用の籠などを至急全国から集めるべきである。そのくらいなぜできないだろうか。気が利かないだけだろうか。

なお，仮設住宅は，阪神・淡路大震災の場合には，2Kだけであり，大家族も2Kに押し込められた。住宅は，家族の大きさに応ずべきであるから，生存権保障の観点からも，大家族には2つ支給せよと主張したが，受け入れられなかった。なんと硬直した役人の頭。今回の新潟中越地震では，多様な大きさの仮設住宅を造って，この阿部の主張に応えたようである。

4　公営住宅は造りすぎ

兵庫県，神戸市は，民間賃貸住宅も払底したし，新築住宅の家賃は高くて被災者には入れないとして，公営住宅をたくさん造った。

そして，仮設住宅の解消を先決とするために，仮設入居者優先とされたので，公営住宅をねらって，仮設住宅からなかなか出ないという問題も起きた。民間住宅を借りた者は，仮設住宅と公営住宅の両方の援助を得られないという二重の不利益を被った。民間住宅の入居者にも平等に家賃補助すれば，公平であるし，公営住宅の費用を節減できたのに。

公営住宅を造りすぎたので，民間借家経営は困難となった。空き地がたくさん残っているが，それは政府の支援がたりないためだけではなく，むしろ，支援しすぎたので，民間住宅を借りてくれる者が激減したためである。家主は空き地にしておけば固定資産税の負担が重く，借金して借家を造れば，家賃収入が不十分で，借金を返せない，では，その借家を売ればと思っても，不動産が

動かないという苦境に陥っている。民間を活用する時代に，公営住宅ばかり造るのは，愚策である。何という社会主義!!

　本来なら，従来の家賃と新規の家賃の差額（同規模の住宅で）をアメリカ並みに1年半援助すればよいのであり，公営住宅の建設の代わりに，住宅クーポンを全被災者に支給する制度を作るべきだった。

　5　再開発もやりすぎ

　神戸市は，震災の惨状を見て，まちづくりの千載一遇の好機とばかり，副都心と位置づけている六甲道と新長田で大規模な再開発を行うこととした。しかし，再開発の成否には市場が大きく関わる。3,000戸を建設する新長田の再開発は，規模が大きすぎである。阿部が再開発担当の課長に，規模が大きいと批判したら，なぜそんなことが言えるのか，売れるとがんばられたが，今，神戸市も縮小している。計画した40棟のうち，完成したのは18棟，約1,500戸分，建設中は5棟，その合計23棟で，震災前の商業床面積約47,000平方メートルは確保できるという。そこで，残りの17棟は財政難で民間を募集するという。しかし，すでにオーバーフロアのまちで，民間が参入して，売れるのか（その後も新長田再開発は縮小せざるを得ない状況である）。

　副都心を造るという技術屋の考えだけではなく，市場がどうなるのかを考えなければ都市計画事業はできない。

　公営住宅でも再開発でも，市場とか経済に対する感覚が為政者にあまりにも欠けているのではないか。

　6　震災胎児への教育資金の支給

　震災孤児に教育資金を提供しようと提案したところ，1人100万円支給することになった。ここで，震災孤児の定義は1月17日までに生まれた者で，18歳未満とされた。震災後に生まれた震災胎児は対象外なのである。親の顔を見ることができなかった者がかえって教育資金を受けられないのは逆転の差別である。そこで，私は県庁に行って，福祉部長に2時間談判したが，屁理屈を付けてがんばられた。例えば，震災後に生まれたら，誰の子かわからないと。そんなことをいえば，震災前に生まれても誰の子か，わからないのは同じである。

胎児は生きて生まれれば相続権がある（民法886条）し，福祉部長の管轄下にある国民年金法の遺族年金（同法39条2項）ももらえるのである。この程度の議論しかしない人になぜ県庁の部長が務まるのか。それとも小生が甘く見られたのか。

　そこで，貝原俊民県知事に手紙を出した。県庁に出すと，福祉部長に握りつぶされるので，自宅に手紙を出した。さすが，貝原知事は聡明である。すぐさま，震災胎児にも支給するように，検討を指示した。ここで，阿部説が実現したのである。

　本来は年齢による傾斜配分が望ましいのであるが。ゼロ歳が200万円，1歳が170万円，1歳ごとに10万円を減ずるとか。

7　緊急時の行政活動

　この震災後，内閣に危機監理官のポストができたのに，新潟地震の対応はなぜ遅いのか。

　死者は阪神・淡路大震災では5,000人台，新潟中部地震では30人台。こんなに小さい地震なのに。

　被災者は孤立し，食料もないというが，全国からヘリを集め，被災者を移動させるとか，食料品を投下するべきだし，自衛隊も出動すべきだが。

　トイレが足りない，増設という報道があった。そんなことは当然予見されるから，なぜ先手を打って，対策を講じないのか。

　車中泊の人のために，自衛隊がテントを支給すると報道されるが，地震から1週間かかっている。なぜこんなに遅いのか。

　事態を先手先手で予測して，国中挙げて，応援すべきではないか。

8　営　業　支　援

　雲仙災害でも，家畜や栽培中の花を見に，危険地域に行く必要があった。

　大島でも，全員離島というときに，離島しない人がいた。

　新潟地震でも，鯉や家畜を見るために被災地を離れられない人がいる。

　どうすればよいか？　二重遭難は絶対に防止しなければならないが，国家がもっと支援することは可能ではないか。危険状況を十分に観測しながら，ヘリ

で支援するとか。

9　阿部は被災者に冷たいとの批判＝全くの誤解

阿部泰隆は，弱者に冷たいという批判が少なくない。自力でやれる人はやれ，やれない人だけ助けよというのが私見である。被災者だからといって，自力でやれる人まで助けられる側に回っては，とても手が足りないのであり，国家の財力ももたない。このどこが冷たいのであろうか。

おそらくは，いわゆる「個人補償」せよとか地震共済の創設という大合唱を徹底的に批判したためだろうが，前述したように，「個人補償」と称する，住宅再建補償は所詮無理な議論なのである。そして，それは住宅だけを再建すればよいという，視野狭窄症に陥っているのである。その陰で，震災孤児が泣いているのである。

他方，私は，震災孤児支援を主張して，多少なりとも実現した。重傷者支援を強調した。これが冷たいのであろうか。

10　最　後　に

阪神・淡路大震災に学んだら，早急に，「危機迫る関東大震災対策の特別立法」を制定すべきである。著者は『大震災の法と政策』の終章でこれを提案したが，まだ実現していないし，その機運もない。これではまたまた大地震がきて，無数の犠牲者を出してから，あわてることになる。

11　住宅の耐震性の強化（補遺1）

報告後，住宅の耐震性の強化の法システムについて問い合わせがあった。住宅の耐震性を強化せずに，ただ，被災住宅に公的支援をするのは愚策である。事前の被害防止が大切である。そこで，その問い合わせに対するコメントを追記する。

住宅の安全性に関する公的な関与のシステムについては，自宅と賃貸住宅は異なるし，関与の方法も，監督，公表なり表示手法，事前の財政支援，事後の損失補填などを分けて考える必要がある。

自宅の場合には，自己責任の問題なのに，なぜ，国家がその安全基準（建基

法，建築確認で担保）を定めて，それを守らないと，居住させないのかという問題がある。パターナリスティックではないのかというのであるが，安全性の低い住宅は社会問題を発生させるという点で，公共の介入が正当化されるのだろうか（阿部泰隆『行政の法システム（新版）』（有斐閣，1998年）88頁）。

しかし，それを売却することとなれば，社会の問題になるから当然行政介入が正当化される。

これに対して，賃貸住宅の場合には，営業として他人に利用させる以上は，自己責任の問題ではなく，他人に対する安全を確保する義務がある。それは営業に伴う義務である。

しかし，耐震性の問題は，滅多にこない地震対策であるから，費用対効果の問題もある。

そこで，まずは，どの程度の地震にどの程度耐えうるようにするには，どの程度の費用を要するのか，新築と中古の場合に分けて，一応のモデルを作ることが必要である。

ここで，どの程度耐えるのかと書いたのは，ひびも割れない，斜めにもならないことを要求すれば，巨費を要し，およそ費用対効果で，現実性がない。震度7でも，直ちには倒壊せず，屋内にいる者が逃げる余裕のある程度のものにすれば十分であると考える。

その上で，これに耐えうる住宅かどうかについて，まずは，表示義務を課すべきである。賃貸するとか譲渡するときは，この点を説明する義務を課す。その結果，この基準に合致するように住宅の改修が促進される。

その改修費が高いのであれば，その一部を補助することも考えられる。それは住民に安心感を与えるという，公共性による。

災害後の支援の場合，住宅の損失に補塡するのかという問題があるが，今の地震保険で考えると，そこに，上記の基準で耐震性を満たしたものには，保険料を割り引くこととするべきである。

保険金を割り増しで出すという案もありうるが，上記の基準を満たせば，直ちには倒壊しないのであるから，全損の保険金を出せる場合は少ない。とすれば，保険金を割り増しで出すというのではなく，保険料を割り引くのが正当であろう。

12　震災障害者の調査は今頃（補遺2）

　著者は，震災障害者対策が全く不備であることを何度も主張してきたが，行政側は，それに何ら関心を示さず，無視してきた。震災後14年にもなる2009年11月になって初めて，震災障害者の調査をした。
　報道によれば，次のようである。
阪神大震災：「震災障害者」183人　後遺症さらに多数——神戸市集計
　阪神大震災（95年1月）によるけがなどが原因で身体に障害が残った「震災障害者」が，最大の被災地・神戸市で少なくとも183人に上ることが2009年11月19日，同市の集計でわかった。震災後の生活環境悪化などが原因の人や，精神などに障害を負った人は含まれておらず，実際はさらに多数とみられる。震災障害者について国や自治体は，自然災害で障害を負った人が対象の「災害障害見舞金」が被災地全体で63人に支給されたとしか把握していない。震災障害者を取り巻く問題解明への一歩となる可能性がある。183人は男性75人，女性108人。既に亡くなった人も含んでいる。
　調査は震災が発生した95年1月17日以降，同市で身体障害者手帳を取得した人を対象に実施。申請時に提出された診断書の「疾病・外傷発生年月日」が「95年1月17日」となっている人と，障害を負った原因として「震災」と明記している人が計約260人おり，このうち診断書の記載内容から，震災による外傷で障害を負ったことが明確だと判断できた人を集計した。
　障害の内容は，肢体不自由169人▽臓器などの内部障害7人▽視覚障害4人▽聴覚障害3人。居住場所別では，東灘区52人▽兵庫区26人▽灘区24人▽長田区21人▽須磨区18人——などだった。障害の等級別では4級が最多で48人，次いで2級41人。最も重度の1級は22人。被災時の年齢は生後2カ月〜93歳で，60代が50人と最も多く，70代が41人と続いた。
　総務省消防庁によると，震災による重傷者は1万683人。しかし，追跡調査は行われておらず，その後の実態は不明なままになっている（毎日新聞2009年11月24日）。
　こんな簡単な調査をなぜすぐしなかったのか。しかも，これは神戸市内で身体障害者手帳を取得した人を対象としているから，震災後市外に転居した人は

含まれていない。

さらに，TVの報道ではこれは今後の震災に生かすのだという。今の障害者をなぜ迅速に救済する施策を作らないのか。要するに，神戸市当局は私とは全く逆で，障害者は少数だとして無視しているのであり，誠に非人道的なものである。

震災関係阿部泰隆の活動

1998年1月12日　　「阪神・淡路大震災救援の法律問題」講演：台湾省法規委員会
1998年11月4日　　名古屋国連地域開発センター「日中比較防災・災害法制について」報告
1998年10月10日　日本公法学会「災害の公法上の問題」報告　成城大学
1998年11月20日　建築学会「震災と建築・都市計画法制」報告
1998年12月10,17日　　神戸大総合科目震災講義
国土庁防災局「被災者の住宅再建支援の在り方に関する検討委員会委員」(1999年2月－2000年11月)

阿部泰隆著書

『大震災の法と政策』(日本評論社，1995年)
　　日本不動産学会学会賞著作賞1997年度受賞

阿部泰隆論文

「阪神・淡路大震災復興特別立法の緊急提案」法時67巻3号 (3月号) 42-51頁，計10頁。
「震災救助・復興のために法システムはなぜ動きにくいか」法時67巻4号55-61頁，計6頁【上記拙著所収】。
「生活再建へ迅速に個人支援──ノースリッジ被災者支援策から学ぶもの」ウェルフェア26号 (1997年，全労済協会発行) 32-36頁，計5頁。
「海外における生活再建支援策　アメリカ連邦政府・ノースリッジ地震被災者支援策，イギリスにおける自然災害被災者支援策」国土庁防災局平成8年度復興施策検討調査報告書 (平成9年3月) 参考資料1-11頁，計11頁。
「災害被災者の生活再建支援法案 (上・下)」ジュリ1119号 (1997年9月15日号) 103-112頁，1121号 (10月15日号) 132-138頁。計17頁。
「危機管理と地方分権」法セミ1998年7月号106-109頁，計4頁。

「危機管理 [緊急支援] 阪神大震災の教訓」木佐茂男ほか編著『地方分権の本流へ』（日本評論社，1999年）138頁-147頁へ再録。

「大震災対策における(憲)法解釈と法政策」公法研究61号（1999年）151-172頁。計22頁（本書第6章第2節）。

「日本における大災害対策法制の不十分さと法整備の努力」神戸大学安全センター4号321-338頁。

「弔意金，義援金，災害復興基金などの配分基準の提案―「困っている順」に配分しているか」ジュリ1065号（1995年4月15日号）22-28頁，計7頁【上記拙著所収】。

「法律時評―大震災の提起した法律・政策問題」法時67巻5号（5月号）2-5頁，計4頁。

「防災・災害法制の現状と問題点」ジュリ1070号2-9頁，計8頁【上記拙著所収】。

「大震災被災者への個人補償―政策法学からの吟味」ジュリ1070号135-142頁，計8頁【上記拙著所収】。

「住宅再建の課題」神戸大学経営学部 BUSINESS INSIGHT 1995年 SUMMER 号82-97頁，計16頁【上記拙著所収】。

「弔慰金，災害見舞金，義援金など―総合的に調整し，困っている順に救済を」「避難所・仮設住宅の法制度と運用―災害救助法」ともに，神戸大学《震災研究会》編・阪神大震災研究1 大震災100日の軌跡（神戸新聞総合出版センター 発行）144-158頁，208-226頁，計34頁【上記拙著所収】。

「震災復興都市計画決定における住民参加」法時67巻9号6-12頁，計7頁【上記拙著所収】。

「復興のための行政組織と地方自治」都市問題86巻8号3-14頁，計12頁【上記拙著所収】。

「仮設住宅の有料化と家賃補助の提案」民商法雑誌112巻4・5号604-620頁，計17頁【上記拙著所収】。

「大震災復興案の提唱―法社会学的分析を兼ねて」自治研究71巻10号3-24頁，計22頁【上記拙著所収】。

「災害対策組織と危機管理体制」計画行政（日本計画行政学会）18巻3号9-17頁，計9頁 【上記拙著所収】。

「阪神大震災復興へ特別措置法を提言する。地震保険の加入強制に異議あり」週刊東洋経済1996年3月16日号90-93頁，計4頁。

「国会衆議院予算委員会公述人」 衆議院予算委員会公聴会議録第2号平成7年2月9日17-19頁。

「阪神被災者の救済方法を提案する」週刊東洋経済1995年3月25日137-138頁。

「被災地の実態を踏まえた復興の制度を」Community Information 154号（関西電力，1995年3月号）9-12頁。
「耐震工学者は坊主になれ　インチキ工事会社を排除せよ」イグザミナ1995年4月号22-23頁。

新聞での提言

「論壇　被災者の合意得やすい特別立法を」朝日新聞1995年2月6日。
「神戸復興への視点」東京新聞1995年2月21日16, 17面。
「救済金分配基準を見直せ」神戸新聞1995年3月2日夕刊。
「座談会　復興への提言」朝日新聞1995年3月17日別冊特集6～7面。
「被災地復興に『政策法学』を」日経新聞5月5日15面。
「義援金配分計画の再考を」神戸新聞5月14日3面。
「住宅復興に向け法的工夫を」毎日新聞8月18日夕刊7面。
「論点　被災者の生活再建支援策を」読売新聞1996年2月24日13面。
「早く，妥当な額で，困った順に」　神戸新聞1999年8月27日15面。
「地震保険などの改善で」朝日新聞2000年8月29日。

注

1) この観点からする私見として，特に，阿部泰隆『政策法務からの提言』（日本評論社，1993年），同『大震災の法と政策』（日本評論社，1995年），同『政策法学の基本指針』（弘文堂，1996年），同『行政の法システム　上・下［新版］』（有斐閣，1997年），同『〈論争・提案〉情報公開』（日本評論社，1997年），同『政策法学と自治条例』（信山社，1999年），同『定期借家のかしこい貸し方・借り方』（信山社，2000年），同『こんな法律はいらない』（東洋経済新報社，2000年），『やわらか頭の法政策』（信山社，2001年），同『内部告発（ホイッスルブロウワー）の法的設計』（信山社，2003年），同『政策法学講座』（第一法規，2003年），『やわらか頭の法戦略』（第一法規，2005年）。
2) 鈴木庸夫「自治体の政策形成と政策法務」『判例地方自治』133号86頁（1995年）。
3) 公共政策学会会長足立幸男の講演「政策デザインにおける政策学的思考—学としての公共政策学の成立可能性—」『公共政策研究』第3号5頁以下（2003年）。
4) 阿部泰隆「司法試験改革への私見」『ジュリスト』921号25-29頁（1998年），同「新司法試験，法曹養成の制度のあり方」『法律文化』2002年10月号34頁。
5) 阿部泰隆「ロースクール設置にこれだけの問題点　改革理念にほど遠い法曹養成」『時事　トップ・コンフィデンシャル』（時事通信社）2003年12月16日号10-15頁，転載『[causa] カウサ』11号（2004年1月）28-32頁。

6) 阿部泰隆『内部告発（ホイッスルブロウァー）の法的設計』（信山社，2003年），阿部泰隆「公益通報者保護法（内部告発者保護制度）にどう対応すべきか」『自治実務セミナー』43巻4号4-11頁（2003年）．
7) 阿部泰隆「基本科目としての行政法・行政救済法の意義（六）」『自治研究』78巻1号16-40頁（2002年）．
8) 小早川光郎＝阿部泰隆＝芝池義一「〔鼎談〕行政訴訟検討会の「考え方」をめぐって」『ジュリスト』1263号12-46頁（2004年），阿部泰隆他「行政訴訟研究会」『判例タイムズ』1147号17-53頁（2004年）．
9) 阿部泰隆＝森本宏『（続）消防行政の法律問題』（近代消防，2003年）22頁，阿部泰隆「雑居ビルの安全対策　繰り返し違反には反則金を適用せよ」消防通信572号37頁（2001年）．
10) 瀬下満義『弁護士のいない島から』（鳥影社，2002年）．
11) 阿部泰隆『定期借家のかしこい貸し方・借り方』（信山社，2000年）．
12) 附則の重要性については，阿部前掲『行政の法システム　上・下［新版］』第4編第5章，阿部前掲『政策法学講座』241頁以下．
13) 第140回衆議院文教委員会14号，1997年5月21日．
14) 詳しくは，阿部編著『京都大学井上教授事件』（信山社，2004年）．その高裁，最高裁も同じ．阿部「司法改革の本当の課題（1）」自治研究86巻4号14頁，28頁注（6）(2010年)．
15) 第71回国会衆議院商工委員会会議録第41号24頁，橋本利一通産省企業局次長説明，阿部『行政訴訟改革論』（有斐閣，1993年）143頁．
16) 阿部「地域医療計画に基づく保険医療機関指定拒否－鹿児島地裁1998年（行ウ）第三号保険医療機関指定拒否処分取消請求事件1999年6月14日判決（判時1717号78頁）をめぐって―」『判例評論』502号180-190頁，阿部『行政法の解釈（2）』（信山社，2005年）所収．
17) 阿部前掲『行政の法システム　上・下［新版］』第4編第6章．
18) 本間章一「司法書士法及び土地家屋調査士法の一部を改正する法律の概要について」『登記研究』656号1頁（2002年）．
19) 第154回国会衆議院法務委員会第6号平成14（2002）年4月5日．
20) 小山剛「震災による財産被害と個人補償」法セミ504号（1996年11月号）12頁も同方向．
21) 阿部泰隆『政策法務からの提言』（日本評論社，1993年）226頁．浦部法穂「『個人の尊重』を考える」法セミ1996年4月号32-33頁は，個人の尊重の原理からいえば，犠牲者を数字でとらえることは許されないはずだ，数が多いから大変なのではなく，1つ1つの死がすべて重大なのであるとしている．私見と一脈相通ずるところがある．

1998年の水害では被災者生活再建支援法は適用されなかったが，国は同法を前倒しして支給を事実上決定した．しかし，小規模災害には適用されない．これに対し，同じ災害で支給されない市町村があるのは不公平と，被災各県は支援の網の目から漏れた全壊世帯に独自の支援策を講じた（朝日新聞1999年5月15日4面

「被災者生活再建支援法成立から一年」)。理論的にはともかく，阿部説がある程度実現している。この独自の施策を恒久化すべきである。さもないと，やはりこれからの小さな災害では無視される可能性がある。

22) 阿部泰隆「憲法上の福祉施策請求権」『成田頼明先生古稀記念　政策実現と行政法』(有斐閣，1998年) 1頁以下＝本書第5章第4節。神戸地裁1997年9月8日(判例自治171号86頁)は災害弔慰金請求権を肯定した。その根拠は，災害弔慰金支給等法3条，芦屋市条例が，災害により死亡した住民の遺族に対し，災害弔慰金の支給をする旨規定し，支給を行う遺族の範囲や支給金額を明確に定めていることに照らせば，右規定の要件に該当する遺族は災害弔慰金を受ける権利を有するというべきであるとした (その大阪高裁1998年4月28日判例自治185号82頁もこの判断を維持した)。私見とは異なる。

23) 阿部泰隆「福祉施策の法的視点 (上・中・下)」自治研究73巻7号3頁以下，8号3頁以下，9号3頁以下，同「災害被災者支援法案 (上・下)」ジュリスト1119号103頁以下，1121号132頁以下 (1997年)。
　浦部法穂「被災者に対する『公的支援』と憲法」自由と正義1997年8月号108頁以下は，いわゆる個人補償の要求を，生活基盤の回復を公的に支援してほしいという要求ととらえ，その憲法上の根拠を個人の尊重に求めている。ただ，具体的な制度設計はしていない。

24) これに関しては，伊賀興一「被災者生活再建支援法成立の意義と課題」法時70巻8号59頁以下 (1998年)，伊賀興一「『災害被災者等支援法』案と災害保障」自由と正義1997年8月号129頁以下。奥津伸「被災者生活再建支援法について」ジュリスト1138号39頁 (1998年)。

25) 阿部泰隆『大震災の法と政策』(日本評論社，1995年) 394頁以下。

26) 大震災と地方自治研究会編『大震災と地方自治―復興への提言』自治体研究社，1996年，兵庫県震災復興センター『大震災と人間復興―生活再建の道程』(青木書店，1996年)。

27) 今回の震災復興施策では自力再建主義が貫徹されているとして，批判的な意見が見られる。吉川忠寛「被災者の住宅再建行動と密集市街地の復興問題」都市住宅学24号91頁以下 (1999年)。

28) これは阿部泰隆『政策法学と自治条例』(信山社，1999年) でもう少し詳しく説明している。

29) 阿部泰隆「経済教室　被災地復興に政策法学を」日経1995年5月5日。『大震災の法と政策』345頁以下。

30) 阿部泰隆「まちづくり，集合住宅づくりは誰が決めるべきか」都市住宅学22号80頁以下 (1988年)。阿部泰隆「住民投票に関する一考察」ジュリスト1103号41頁以下 (1996年)。

31) 阿部前注(30)「まちづくり，集合住宅づくりは誰が決めるべきか」。

32) 阿部泰隆「阪神大震災復興へ特別措置法を提言する。地震保険の強制加入に異議あり」週刊東洋経済1996年3月16日号90頁以下，これに反対の説として，福崎博孝「地震・噴火・津波災害に対する国民的保障制度」自由と正義1997年8月号

117頁。

第7章　裁判による政策の実現
　　　　　——厚遇裁判, ネズミ捕り訴訟を例に——

第1節　裁判による政策実現の意義

1　本章の趣旨

　本章は, 政策は, 単に提言することではなく, 実現することが肝心であり, その実現の方法として, 裁判ルートが重要であるが, なお前途多難であり, それを克服することが次の課題であることを述べる。そのために, 私が行っている公益的な弁護士活動の中から, 勝ったものと負けたものを紹介する。
　そもそも, 政策実現の方法は種々ある。学問として発表すること, 政府の審議会などで主張すること, NPO等で提言すること, 政治の場で主張することなどが一般的な方法である。

2　政策提言に無力感

　私は, 研究者として, 長年多数の論文を書いてきた。それは, 勤続疲労をきたし, あるいは組織の病理に罹患している行政の法システム又はその運用を, すべて, 広く国民のため改善することが目的である。まさに, 政策の立案と実現である。「日本列島法改造論」と称している。自分で言っては何だが, 論文数450以上, 判例研究・解説120以上, 単著29を公にしている研究者はたくさんいないだろう。
　しかし, 政策的な提案どころか, 違法行為をやめよという最低限の提案もなかなか実現しない。違法行為を犯している行政官・政治家にも確信犯が少なくないのである。論文など読まないし, 読んだところで, 自分に有利でなければ, 歯牙にもかけない。私はほとほと疲れたし, 無力感を感ずるところである。

3　審議会は御用審議会

　ここで，研究者がその意見を実践する場であるはずの審議会などにふれると，それは，結局は，依頼者が国民ではなく，担当官庁の担当課であるため，結論がそれに有利になるように仕組まれていて，国民のための議論をすると，いずれ放逐される。よく言われる御用審議会で，「泥棒に刑法を作らせる」ような集まりなのである。学者は審議会で貢献したつもりになっているが，お釈迦様の掌の上で踊る孫悟空にすぎない。まして，最近広く意見を聴くため，また，女性登用という観点から，非専門家が委員に入るが，結局は当局の「ご説明」に納得してしまい，行政主導を正当化するだけであるのが普通である。

4　大学教員の社会的貢献？

　なお，大学教員の仕事の評価項目としては，教育，研究，学内業務のほかに，社会的貢献といった項目があり，審議会委員がこれに当たるとされている。しかし，私見によれば，そんなものはほとんど社会に貢献しない。阿部先生は「寝ていてくださって結構です」と言われたこともある。特に審議会をはしごしている先生は，社会に貢献しているのではなく，肩書きを利用させて，当の担当官庁に貢献しているにすぎない。むしろ，官庁の負の部分を隠したりして，社会に害毒を流している。そんなのが「社会的貢献」と評価されているのが間違いである。そこで，私は審議会委員を総撤退した。最近は霞ヶ関を飛び出した方が，「脱官僚の集まり」を作っているが，誠に慶賀すべきことである。私の仲間の行政法学者は，役所に出入りしている者ばかりで，脱役所行政法学者は小生しかいないのではないかと思うが，役所から離れて政策を提言し，実現することこそが，今日の日本で求められていると思う。そして，あえて言わせてもらえば，これから述べる私の弁護士活動こそ，現実に法治国家を実現しており，社会的貢献として高く評価してほしい。

　こうして，本当に政策を実現するには，書くだけではダメで，現実の力が必要であり，政治か裁判しかない。

5　政治ルート

　政治を動かすのも難しい。特に個人の力では難しい。私は定期借家立法に参画したが，それも，頭の固い民法学者，法務省を敵に回し，法律学，経済学の研究者を相当数動員し，政治家やマスコミに働きかけるなど，大変な作業であった。行政法を司法試験から排除する司法試験法改正（1998年）のときは，孤軍奮闘して，武村正義さきがけ党首にお目にかかって，司法試験法改悪をストップしてもらった。これが，今日行政法が辺境科目ではなく，基幹3科目として大躍進した大きな原因である（本書第3章）。しかし，学者としては，こうした巨大な敵を撃破する立法作業は例外である。

6　裁判ルート

　そこで，今は，1人でも行える政策実現方法として，裁判を選んでいる。ここで紹介するのは，阿部自身が代理人として追行している訴訟の一部である。中大では弁護士兼業が許可されているので，2005年から弁護士も兼ねているのである。

　違法なら裁判で是正させることができるはずである。しかし，現実には裁判の壁は厚い。その実情を報告し，是正の方法も考えたい。

　ここまで行動しなければ，いくら政策を提言しても，雲散霧消して，政策実現とは言えないのである。

第2節　厚遇裁判

1　政策課題

　この裁判の目的は，自治体の違法公金支出を防止して，公金の適切な運用を求めるものである。

　公金の支出には不適正なものも多い。例えば，地方公務員の厚遇例を挙げる。もう20年以上も前になるが，武蔵野市の学校給食を担当しているおばさんの退職金が4,000万円と話題になった。公務員の退職金は最後の給与に勤務年

数の一定倍数を掛けるが，国家公務員なら最高は約60ヶ月で打ち止めであるのに，当時の地方公共団体では，120ヶ月も掛けていたので，本俸が国立大学教授の半分でも，退職金はこのように高額になる（41年教員を勤め，枠外昇給を何度もして，国立大学で最高俸まで行って定年退職した私でも及ばない）のである。彼女らは，学期中，しかも昼食しか作らないから，一年中，正月も，朝，夜，時々昼食を作る我が家の奥様の退職金はその数倍になる!! 我が家でうっかり，こんな話をするわけにはいかない。

　今でも，公営バスの運転手の年俸は，1,000万円から1,500万円が多いようである。だから，運賃が高いのだ。今は給与が高い，バス代が高い，お客が逃げる，さらに値上げの悪循環で，客離れで，公営バスは絶滅の危機にある。これでは庶民の足は守れない。

　バスの運転は，お客の安全を守る大事な仕事だから，高給にしなければならないなどの屁理屈があるが，その程度の大事な仕事は無数にあるし，給料は職業の大切さで決まるものではない。その職業を適切に行える人がたくさん応募すれば安くなり，応募が少なければ高くなるだけである。バスの運転手を公募すれば，タクシーの運転手が多数応募するだろう。しかし，現状は，高給のまま新規採用を限定しているのである。

　公営バスを民営化すれば，待遇は激減する。年俸は1,000万以上からせいぜい500万に下がるだろう。そうすれば，運賃も下がり，お客が増える好循環が期待される。それでも，優良な運転手を十分確保できるだろう。

　今の公務員の給料表はまさに資本論で説かれた共産主義社会（現実の官僚制的それとは違う）と同じで，能力，努力はほとんど反映されない年功賃金である。管理職になれば，残業手当がなく，かえって減収になる。働かない方が得な社会である。出世の見込みがない公務員は，首にならない程度に働いていれば，特に共稼ぎなら，高給取りであり，年金も倍貰えるので極楽である。

　これを是正しないと，自治体の破綻は防げない。なぜ，こんなことになっているか。知事や市町村長が，組合の票を頼りに当選してきているからである。組合と関係なしに当選した大阪府の橋下知事なら怖いもの知らずであるが，そうした首長は珍しい。

　これを打破するのは，選挙だが，選挙民にはそこまでの見識は一般にはな

い。

　そして，これらは，政策問題であり，法律と条例で決めている以上は，違法ではない。誠に困ったものである。じわじわと政策提言して，市民の理解を得て，マスコミや政治家を動かしていくしかない。

2　違法な厚遇

　しかし，違法な厚遇も少なくない。地方公務員の処遇・給与は，基本的に条例主義である（地公法24条6項，25条1項，自治法204条の2）。条例に定めのない優遇措置として，地公法42条の福祉がある。元気回復事業と称される。予算を組めば済むのである。そこで，神戸市は，職員の元気回復事業と称して，勤続15，25，35年などの節目に，3，10，5万円の旅行券を支給して，勤務を免除し，職務と関係なく旅行に行かせている。そうすれば，日頃激務で疲れている職員も元気を回復して明日からまた職務に励むだろうということである。

　では，条例がなければ認められない給与と，予算だけで認められる福祉の間は何か。勤務と関係のない旅行の費用は，給料を充てるべきで，これに元気回復事業を充てるのは，福祉とは言えない。元気を回復できるなら元気回復事業として，福祉で正当化できるとすれば，小生もボーナスを1,000万円，外国旅行券をもらいたいが。

　地方公務員には，これまでヤミ休暇が少なくなかった。特に，ヤミ専従と称されるが，許可なく，給与を得て，職員組合の業務に専念するのである。職員は，自治体から給与を得ているのであるから，自治体の職務に専念すべきで（地公法35条），別の組織の業務に従事することは違法である。

　残業しないのに残業したことにして，残業手当の割り当てを受けるヤミ残業もある。残業手当は予算で各課に割り振るので，足りない課と余る課がある。それを人事課や給与課がしっかり監督することは難しい。余る課の課長は，返上すべきだが，それでは課員の信頼を得られないので，自分の課に来た金は自分の金と思って，返上せずに，残業したことにするのである。忙しい職場では，可哀想に残業手当が十分に出ない。元々，通産省は，通常残業省と言われていたが，残業手当が足りないなどと言うと，出世コースから外されるから，みんな我慢していた。ついでに，中央官庁の職員の残業が多いのは，国会の質

問予告が前日なので，その答えを作らないと，翌日答弁者である大臣以下が困るからである。私は，ただ一箇条「国会の質問は，前々日に予告すべし」という法律を作れば，中央官庁の残業は激減すると言っている。

　大阪市では，5時に帰るところ，電話がかかってきて，5時ピタリとは帰れないことがあるとして，それを毎日平均10分と算定して，残業手当を取っていたことが住民訴訟で追及されて，市側が敗訴したことがある。インチキなのである。

　神戸市では，元議員に市内全線無料パス券を支給していた。理由は，元議員は市民の代表者であって，議員を辞めても，見識があり，市に貢献するというのである。しかし，議員は落ちればただの人であり，市民より優遇することは民主主義違反である。

　政治的に見ると，これらは公金による買収行為である。職員組合を味方にすれば，数万票違う。元議員も集票マシーンである。平成21年10月の市長選挙は現職が約8,000票の違いで当選したが，職員厚遇という違法行為をしていなければ，落選していたであろう。

　さらに，多くの自治体で行われているのが老人無料パスである。これは老人福祉とされ，財政難だから，有料にしようと提案されると，福祉の後退と非難される。しかし，問題をわかっていない。この実態は職員と市長の福祉なのである。

　なぜかというと，老人無料パスがなければ，神戸市交通局は30億円以上の赤字で，民営化論議に巻き込まれ，高給はおよそ維持できない。無料というが，交通局が無料としているのではない。市が交通局からパスを買い上げれば，交通局はおかげで黒字となり，職員の高給を維持できる。市長は職員と老人の票を確保できる。それでも，神戸市は，一部有料化に踏み切ったが，その理由は，増える老人に合わせた予算増額が不可能であり，交通局を維持するためには，これまでと同じ額を出せば済むからである。老人は，無料パスを楽しみにしている，有料になれば，街に出られないと反論される。しかし，その元気な老人が，要介護老人になったら，今度は介護が足りないので，「死ぬ前に地獄がある!!」という状況である。本当の老人福祉なら，元気で歩ける老人よりも，要介護老人を支援すべきである。

そして，交通局は地方公営企業法により独立採算制で，公金で補助してはならないのが原則であるが，実は，パスを買った形にして補助している（公金を一般会計から特別会計へ繰り入れている）。違法の疑いが極めて濃い。

神戸市の現実は，住民自治ではなく，職員自治である。選挙が公金の使途を歪めているのである。

3　住民訴訟

これらは，政策的に問題があるだけではなく，ある程度まで違法行為である。

では，これを争う方法はあるか。地方公共団体においては，住民訴訟という，特殊な訴訟制度がある（自治242条，242条の2）。国にはない。普通の訴訟は，自分が不利益を受けなければ争えないが，これは住民なら誰でも，違法支出は自治体に返還せよと求めることができるという特例である。住民は勝っても何の得にもならないが，政治過程では負けた少数派住民が，裁判で，法治行政を実現する手段である。その要件は，いわゆる4号請求で，首長に賠償請求する場合には，違法・損害のほか，首長の故意過失が必要であり，部下の違法支出については監督責任としての過失が必要である。もちろん，損害も必要である。

これらを原告住民が証明しなければならない。平成14年に住民訴訟制度が改悪され，被告が首長個人ではなくポストとしての首長とされて，首長は敗訴しても弁護士費用は公費負担となった。それは自治体に説明責任を果たせるためということによるが，現実には説明などしないし，裁判所は立証責任を原告に負わせたままである。そして，証拠は自治体に握られていて，なかなか出てこない。情報公開制度で文書の提出を求めても，のらりくらり。しかも，住民は完全自弁である。弁護士も，住民から着手金をほとんど貰えないのが普通である。勝てば，弁護士費用を自治体に請求できるが，その額は何ら決まっていないため，自治体は最低限を提示する。そこで，弁護士はもう一度訴訟を起こさないと弁護士費用を取れない。被告側は，公金で多数の弁護士を雇い，最高裁まで，勝ち目がなくても頑張る。極めて不公平な制度であるが，それでも，行政の違法行為を是正させる有効な手段であるので，ある程度活用されている。

むしろ，この訴訟で自治体に賠償責任を問われた元市長などは，巨額の負担のため，破産する。元京都市長は，いわゆるポンポン山訴訟で，26億円もの賠償を命ぜられ，実際に8,000万円払って，遺族が限定承認した。弁護団は，弁護士費用の裁判をやって1,000万円取った。1,000万円というと，人はうらやましがるが，膨大な時間と苦労の報酬であって，時間単価としてはとても割りが悪く，しかも長年の訴訟の後の支払であるから，普通の商売なら破産している。

　さて，私が代理する場合，大弁護団を組めるどころか，こんな割に合わないことに協力する弁護士はおらず，私も採算が合うわけではなく，時間があるわけではなく，住民が十分に秘書のように情報収集できるとは限らないから，やれることは限られている。

　事実関係の立証は困難であるので，残業手当の過大支給などは取り上げない。比較的やりやすいのは，法理論中心で片づくものである。そこで，旅行券訴訟を提起した。ほかに，OB議員，外郭団体，共助組合（互助会）などへの公金支出を対象とした。

　まず，最初の厚遇裁判は，神戸市の旅行券訴訟である。これは1，2審とも勝って，神戸市長が最高裁に上告したが，棄却され，勝訴確定したのである（神戸地判平成18・3・23判例自治293号74頁。大阪高判平成19・2・16判例自治293号59頁。最1小決平成19・10・18，上告受理申立て不受理。阿部弁護士初確定勝利）。

　論点として，神戸市長は，永年勤続職員に勤務と無関係に旅行に行って，英気を養ってもらうことは，民間ではやっているから，均衡上良いではないかと主張したが，民間は，いくら給与を支給しようと，会社の勝手であるが，公務員の給与は税金から支出するのであるから，条例の形式で，議会＝住民の承認をとる必要があるのである。議会が，民間並みに支給しないと，人材を確保できないと考えればそれでよし，民間よりも公務員は厚遇されていると思えば，そんな優遇は不要である。民間とは制度が違うのである。

　また，神戸市長は，社会通念上許されると主張したが，神戸市の職員を一生すれば，18万円になるので，額が大きいというべきである。私は，国家公務員を41年も勤めたが，そんな厚遇はなく，換金できるものは何らもらっていない。均衡といっても，国家公務員から見れば，神戸市職員の厚遇振りは，およそ不均衡である。

旅行券裁判は2件あり、2件とも最高裁で勝訴している。

OB議員への全市無料パスの支給は、神戸地裁、大阪高裁で、社会通念上過大な待遇とされた（大阪高判2007＝平成19・10・19判例自治303号22頁）。最高裁平成21年3月13日決定でもそのまま認められた。ただし、私は、元議員というだけで優遇するのは、民主主義に反すると主張したが、裁判所はそこまでの判断を示していない。

公益法人・外郭団体への市の職員派遣については、別団体であるから、原則は無給で派遣し、派遣先の給与体系で給与を支給するはずである（公益法人派遣法）が、神戸市は、その職員の人件費を別に迂回して補助していた。これは、この法原則に違反しているが、神戸地裁平成20年4月4日判決（2件あり）は、この主張を一部認めて、総額40億円超の住民勝訴判決を出した。神戸市にとっては、第三セクターの破綻をも惹起する吃驚の判決である。大阪高裁は、平成21年1月20日にそのうち1件原告勝訴判決を下した。もう1つは、判決直前神戸市議会に神戸市の市長個人、外郭団体に対する権利を放棄させて、被告神戸市長は訴え棄却を求めてきた。この権利放棄は地方自治法96条1項10号に定めた、議会は権利放棄を議決できるとする規定に基づくもので、東京高裁で3回も、放棄有効とされ、最高裁でも住民の上告は不受理となったので、住民訴訟死刑の流れとなっていた。これに対して、著者は、断固がんばって、それが間違いであることを指摘して、大阪高裁平成21年11月27日判決で権利放棄無効、神戸市長、外郭団体は約55億円払えとの判決を勝ち取った。大変な闘争の成果である。神戸市長にとっては震度8の大地震であったろう。

この大阪高裁平成21年1月20日判決に対しては神戸市が権利放棄したとして上告していたが、最高裁は平成21年12月10日上告を退けた。2億5,000万円の判決が確定した。これは、議会による権利放棄は無効という立場であるので、権利放棄を無効とした前記大阪高裁平成21年11月27日判決も覆ることはないだろう。

この外郭団体訴訟も、実は厚遇裁判である。外郭団体に職員を派遣し、その給与を補助しているので、補助金付きで独立行政法人などに天下りさせている国のやり方と同じである。それは職員を厚遇するためである。給与も、外郭団体固有職員なら、数百万円であろうに、神戸市の職員には1人1,000万円くら

いを計上している。国は仕分け作業でムダを減らさせたが，私は裁判で仕分け作業の一部を行ったことになる。

　共助組合という職員互助会に支出した公金も，職員の掛け金と同額というつかみ金で出しているので，公益性の保障がなく，違法と考えるが，神戸地裁平成20年4月10日判決は，この主張を認めなかった。ただ，その使途の一部に公益性がないとして，違法とした。これも大阪高裁平成21年2月20日判決で認められた。

　こうして，勝った結果を示せば，何だ，簡単だというように見えるが，すべてコロンブスの卵である。まずは，行政の違法に気が付かなければならない。上記の例で，一般人は違法と気が付くであろうか。私の依頼者，ミナト神戸を守る会の住民は，これらの違法に気が付く感覚を持っていたのである。もちろん，行政法研究者としての私の知恵がなければ，その感覚も育てることはできない。それから膨大な証拠を探して，整理しなければならない。

　理論的な問題でも，多数の文献，判例，行政実例などを駆使しなければならない。その上，被告の屁理屈に適切に反論しなければならない。OB議員訴訟では，元議員に無料パスをあげても，どうせ空気を乗せているのだから，神戸市は損しないとか，実際にどれだけ乗っているのか，不明であるから，損害は算定できないなどと反論している。それなら，私も空気並みにただで乗せてほしい。

　議会の権利放棄の無効等は，前記のように，これまでの判例を乗り越えて，判例の流れを逆転させた。大変な苦労である[1]。なお，住民の本人訴訟でやった神戸市長被告の事件では神戸地裁は平成21年11月11日に権利放棄を有効としたのであり，著者が大阪高裁で頑張らなければ，このまま住民訴訟は死に体であったろう。

　神戸市側は，地元の弁護士10人近くを動員し，さらに，全国の自治体の顧問をしている東京の大弁護士を呼んできた。当方は弁護士なりたてのひよこ一匹対オオカミ10匹近くの戦いである。しかも，神戸地裁では，同じ日に4件も5件も期日を入れたので，私の方は事前の準備も大変であったが，被告側弁護士は交代で主任を務めるので，楽であった。こうして，およそ不対等の裁判であった。それなら，裁判所は，住民の味方をすべきなのに，冷たい。原則，お

上に楯突く者はけしからんと信じているのではないかと疑いたくなった。役所の主張やその裁量を広く認めている。もっとも，上記の訴訟で阿部泰隆17勝（旅行券6勝，OB議員3勝，外郭団体5勝，共助組合2勝，慰安会1勝，負けているのは，教職員共済会，神戸空港訴訟平成15年度で2回，16年度3回，17年度3回）とも言われるので，裁判所もそれほど冷たくないとも言えるが，よほどでないと勝たせてくれないと感ずる[2]。

4　住民訴訟の成果

こうして，われわれの訴訟提起，さらには勝訴の結果，自治体の違法行政は，かなり減っている。直接の効果だけではなく，違法行政をしないようにと自治体が注意するようになるので，間接的な効果は極めて大きい。その金は他の住民サービスに回せる。

神戸市は前記OB議員への無料パスをやめたほか，旅行券を廃止し，共助組合の補助金をやめた（http://www.kobe-np.co.jp/news/shakai/0002527522.shtml）。

神戸市は，市職員で構成する互助組織「職員共助組合」（約1万6000人）に対し，市が負担している年間約2億4,000万円の公費補助を打ち切る方針を決めた。毎月支出しており，12月分から廃止する。公務員への厚遇批判の高まりを背景に，福利厚生事業への公金支出を違法とする訴訟で相次ぎ敗訴したことを受けた措置。剰余金として同組合が管理している公費約2億9,000万円も，市に返還される見通し。同市によると，出産祝い金（3万円）や入学祝い金（小学校入学時2万5000円）などの事業は，組合員の掛け金のみで継続する。同市はこれまで，市条例に基づき，事業者負担分として，組合員の掛け金と同額を補助。しかし，厚遇批判や，同組合の厚生事業に市が支出した補助金の適否が争われた住民訴訟で，1，2審とも市側が敗訴したことなどを受け，公費投入のあり方を見直すことにした。一方，同組合の剰余金約5億8,000万円のうち，組合員の掛け金分を除いた公費分は市に返還する方向で検討に入る。大阪市や名古屋市など，政令市では同様の見直しが広がっている。県内では姫路市や西宮市は率を下げつつも公費負担を継続。尼崎市は財政難のため09年度に凍結したが，10年度は率を下げて復活させる予定という。神戸市厚生課は「公費に対する市民の視線は厳しく，理解を得られるように大きな見直しに踏み切った」

としている（神戸新聞（2009／11／20））。

第3節　ネズミ捕り訴訟

1　交通事故防止の政策に反する

　交通事故を防止する方法として，交通取締りは極めて重要であるが，現実に行われているのは，事故を起こしそうなところではなく，完全に安全なところで，規制を厳しくしておいて，違反者を捕まえる。これをネズミ捕りという。どうせ事故を起こさない者を捕まえるのであるから，こうした取締りは反則金収入を上げるには非常に効率がよいが，事故防止には何の役にも立たない。

　本来，事故防止が目的なのであるから，危ないところで取締りすべきである。そこで，ネズミ取りを止めれば，交通警察官は危ないところの取締りに変わるので，事故は激減する。交通警察は，反則金収入をアップすることを目的としているのではないか，いっそ交通警察を民営化して，事故減少率の高い業者に依頼すべきであろう。

　ところが，裁判所の冷たいこと，驚くばかりであった。

2　ネズミ捕り訴訟

　事件は，横浜の国道357号線，片側2車線，7キロもほぼ直線，交通量は少なく，見通しも良い，中央分離帯堅固，反対車線は遠い。歩道との間には柵がある。信号は1キロに1回程度，立派な高速道路以上に立派，天気のよい昼間，というところで起きた。その速度制限は時速50キロと低く設定されていた。そこで，原告はついうっかり時速81キロ（警察測定，原告は争っている）で走行して捕まり，前歴があるとして免許取消しとなった。この事件でも，速度制限が60キロなら免許取消しにならない。

　警察庁の交通規制基準で計算すると，この場所の速度制限は時速60キロになるし，その先の道は悪くなるのに時速60キロと指定されていた。そこで，この時速50キロの指定は恣意的で一貫性がないと主張したが，裁判所（東京地裁民事2部平成19年（行ウ）第37号，平成19年（行ウ）第111号，平成19・7・19判決）はこの

50キロ指定を裁量の範囲内とするとき，その先の道路状況の事実認定を敢えて避けた。また，この速度指定の根拠は，情報公開請求で取ったところ，指定時の文書には何も書いていなかった。警察は，裁判になって初めて，時速40キロから急に時速60キロにするのは危険と主張した。しかし，時速50キロの指定をこんな立派な道路で7キロも続ける理由はない。トラックが多いと認定されたが，何らの証拠もない。これらは裁判になって初めて考え出された後付けの理屈であるから，本来なら，眉唾物なのに，裁判所は，警察の主張を丸飲みするような受け止め方をしており，警察のずさんさは何ら指摘せず，運転者を身勝手と勝手に説教している。この事件の刑事裁判はなおひどく，何を主張しても具体的な反論なしに裁量の範囲内としている（横浜地裁刑事部平成18年（わ）第2635号平成20・2・1判決）。

　この控訴審（東京高裁民事9部平成19年（行コ）285号平成20・3・14判決）は著者の批判で，原告への説教はなくなったが，同様に原告が速度指定に首尾一貫性がない根拠として示しているその先の道路状況の事実認定を敢えて避けた。何を主張しても，当不当の問題と述べるだけである。

　裁判告発の本も少なくなく，負けた弁護士が書いても説得力がないように見えるが，行政訴訟の原告側弁護士に聞けば，こうした経験は，著者だけではなく結構多いようである。被告を完全に論破しても，裁判所が別の理屈を作って（しばしばねつ造して），あるいは被告に都合の良い証拠だけを信用し，原告に有利な証拠は無視するか信用性がないと勝手に判断して被告を勝たせるので，原告側弁護士には敵が2人いて，正面の敵をねじ伏せても，後から斬りつけてくる敵を説得しなければ勝てないという。真面目に審理されている裁判官の方はこれに反発されるであろうし，私も，これまでは，このようなことは滅多にないと信じてきたが，現実に頻発するところを見れば，構造的な問題であると感ずる。まさに，「行政法も行政訴訟もかなり絶望的である。」

　元検事総長伊藤栄樹，元法務大臣警視総監秦野章も，速度違反で，捕まって不平を言っている[3]。彼らは違法行為を犯したのか。

　行政訴訟が「やるだけムダ」といわれている原因は種々あり，1つは制度にあると，制度の一部が行訴法改正の形で是正されたし，庶民が法制度を知らずに一方的に不満を持って訴訟を提起する例も多いが，むしろ，大きな原因は，

ある程度の裁判所が，何が正義かという基本を忘れ，思い込みで，行政の「法匪的な」眉唾物の主張に幻惑されやすい点にあると痛感する。

次の政策課題は，こうした裁判所を変えることである。上告して，最高裁の「変革」に期待したが，あえなく却下された（平成20(行ツ)第179号，(行ヒ)第199号，平成21・6・2第3小法廷）。これでは高裁判事のやり放題，日本の司法は真っ暗である[4]。

3　裁判の影響

しかし，この訴訟はムダではなかった。「警察庁が交通規制の見直し指示　一般道の速度規制，80キロも」というように警察庁の政策転換が行われたのである。道路交通環境の変化などを受け，警察庁は29日，「最高速度」「駐車」「信号機」の3点に重点を置いて交通規制を全面的に見直すよう全国の警察本部に指示した。交通実態や交通事故の発生状況などを調査して規制の合理性を点検し，2011年度末までに最高速度の変更，駐車禁止の緩和，信号機の撤去や運用変更などの措置を取る。

見直しの対象は「規制を上回る速度の車が多い」「取り締まりで路上駐車が減らない」「信号を無視する歩行者や自転車が多い」といった道路や交差点など。

また，警察庁は同日，一般道における速度規制の新しい基準を決めた。市街地か否か，2車線か4車線以上かなどの条件によって12パターンに分類。それぞれに時速40～60キロの基準速度を設けた。バイパスなど自動車専用道に近い「通行機能を重視した道路」については「70キロか80キロ」とした（日経2009年10月29日）。

これは建前では本件訴訟とは関係なく検討した結果とされているが，実は本件訴訟が提起されて，速度制限の実態はあまりにも不合理だと分かって，検討していたが，係争中に見直すと，不合理を認めたことになるので，裁判が終了するのを待って，政策転換を発表したのである。

神戸空港裁判を除く阿部代理住民訴訟の一覧表（原告団まとめに若干修正）
被告はすべて神戸市長（矢田立郎）

	裁判名称 （提訴日）	原告・代理人	請求金額	裁判経過 口頭弁論	現状結果	備　考
1	職員・旅行券 （平成17.3.14）	10名 阿部泰隆	9,827万 4,500円	◎神戸地裁18.3.23 勝訴 ◎大阪高裁勝訴 19.2.16 ◎最高裁19.10.18勝訴	4,827万 4,500円 損害賠償決定	住民初勝利確定！
2	教職員，共済会 （17.8.19）	19名 阿部泰隆	5億1,818万 5,000円	×神戸地裁19.8.24 敗訴	控訴断念	×
3	共助組合 （17.9.27）	16名 阿部泰隆	31億3,993万 5,008円	◎神戸地裁20.4.10 勝訴 1億2502万＋1523万余賠償 ◎大阪高裁21.2.20 減額の上勝訴	神戸市上告中	
4	慰安会 （17.9.27）	13名 阿部泰隆 （高裁は本人訴訟）	9億5,265万 2,093円	◎神戸地裁19.1.19 勝訴 （高裁では附帯控訴にて4,025万円請求） 19.11.22高裁勝訴！ 控訴，附帯控訴共棄却	認容額は20万 4,750円 （衣服の一部のみ）	
5	退職議員 （18.1.6）	23名 阿部泰隆	2,486万 3,503円	◎神戸地裁19.1.19 勝訴 ◎大阪高裁19.10.19 勝訴 ◎最高裁第2小法廷 21.3.13上告棄却	認容額は363万 1,740万 （優待乗車券のみ）	勝訴確定
6	福祉・医療3セク （18.4.5）	19名 阿部泰隆	2億 5,379万円	◎神戸地裁20.8.4.24 ◎大阪高裁21.1.20 完全勝訴（全額認容） 神戸市上告最高裁平成21.12.10上告不受理勝訴確定	認容額は約2億5,000万円	権利放棄無効確定
7	県費旅行券 （18.4.5）	19名 阿部泰隆	2,508万 3,261円	◎神戸地裁19.5.25 勝訴 ◎大阪高裁19.11.27 勝訴 ◎最高裁第2小法廷 21.3.13 上告棄却	2,508万 3,261円	勝訴確定

| 8 | 外郭団体
(18.6.9) | 21名
阿部泰隆 | 概略
70億円 | ◎神戸地裁20.4.24勝訴
◎大阪高裁21.1.21結審
大阪高裁21.3.18判決予定取消し
弁論再開
平成21.11.27権利放棄無効、55億円賠償せよ。 | 神戸市上告中 | |
| 9 | 御影・布引コンペ
(18.7.18) | 24名
本人訴訟
(御影住民と共闘阿部泰隆は裏で応援) | 43億6,612万円と登記抹消 | ×神戸地裁19.12.18敗訴
ただちに控訴 | 大阪高裁平成21.12.24判決
控訴棄却 | 住民側上告 |

請求額約167億円

阿部が代理したのは，1－8，ただし，4は1審だけ。9は側面で支援

このほか，神戸空港訴訟平成15年度まで（高裁だけ），16年度，17年度（1，2，3審とも）を代理。すべて無茶な理由で敗訴。これについては，阿部泰隆『行政法解釈学Ⅰ』（有斐閣，2008年）139-141頁，337頁。同「ひよこ弁護士闘争記——神戸の住民訴訟，神戸空港編」（外間寛先生古稀記念，法学新報112巻11・12号，2006年），同「行政法解釈のあり方（三）」自治研究83巻9号8頁以下（2007年）。「同（七）」同84巻1号18頁以下（2008年）。

注
1) この判決を取るために著者が張った論陣は，第2章第6節（2）。
2) 厚遇裁判につき，阿部泰隆『行政法解釈学Ⅰ』26頁，269頁，同「行政法解釈のあり方（六）」自治研究83巻12号26頁以下（2007年）。
　　本文でよほどでないと勝たせてくれないと書いたが，その理由は，実は裁判所でも，インチキ支出をしていたので，地方公共団体のインチキだけ違法とはいいにくいという事情があるのではないかと，やっと気が付いた。それがごく最近の毎日新聞記事である。
　　　最高裁：4年間で娯楽費344万円　2008年度から支出中止
　　　　◇ボウリング大会，プロ野球観戦，そば打ち講習会……
　　　最高裁が職員のレクリエーション費に07年度までの4年間で計約344万円の国費を支出していたことが，毎日新聞が請求した司法行政文書の開示でわかった。使途はスポーツ大会やそば打ち講習会などさまざまだが，最高裁は「国家公務員のレク費が社会問題化したため」として，08年度以降は国費支出をやめている。

開示された04～09年度分の「レクリエーション行事支出等一覧表」によると，04年度 116万2,009円▽05年度 102万3,173円▽06年度 88万2,478円▽07年度 37万8,400円──を支出。

　行事別では，ボウリング大会費が4年間で総額約261万円と最も多かった。次いで「プロ野球観戦」（33万7,500円），「そば打ち講習会」（6万8,150円）と続く。プロ野球観戦の支払先の多くは読売新聞社で，巨人戦とみられる。

　また最高裁によると，「用具の購入」では04年度に5万8,286円で，デジタルカメラと付属品を購入。「レクの模様を撮影し，観賞することで職員間の交流を深めた」（秘書課）が，カメラは昨年故障し，現在は使っていないという。

　05年度には2万5,049円で，数字で区切られた的にボールを当てるゲーム「ストラックアウト」に使うカラーボールと，卓球のボールを購入。07年度にストラックアウト大会が開かれていた。

　裁判官が利用したかどうかなどは「後日回答する」（広報課）としている。

　レク費を巡っては08年，国土交通省が道路特定財源を原資にする特別会計からの支出でマッサージ椅子や野球用具などを購入していたことが問題化した。【中西啓介調べ】

◆最高裁がレクリエーションに支出した国費◆

年度	支出名目	実施日	支出額（円）
04年	演芸鑑賞会	1月14日	1万 400
	ガラス工芸講習会	6月20日	1万3,000
	健康作り講習会	9月10日	5万3,000
	そば打ち講習会	12月4日他	3万5,250
	ソフトボール大会	10月2日	5,173
	プロ野球観戦	5月12日他	12万
	ボウリング大会	6月18日他	81万 400
	ミュージカル鑑賞会	7月24日	3万2,000
	料理講習会	10月5日他	2万4,500
	用具の購入	2月23日	5万8,286
05年	そば打ち講習会	11月26日他	1万8,800
	プロ野球観戦	6月16日他	12万9,900
	ボウリング大会	7月8日他	74万9,424
	マジック教室	3月8日	7万
	ミュージカル鑑賞会	9月8日	3万
	用具の購入	3月20日	2万5,049
06年	歌舞伎鑑賞会	9月23日	3万
	ガラス工芸講習会	6月24日	1万4,400
	そば打ち講習会	12月2日他	1万4,100
	プロ野球観戦	6月3日他	8万7,600
	ボウリング大会	6月27日他	73万6,378

07年	ストラックアウト大会	2月4日他	5万7,000
	ボウリング大会	9月3日他	32万1,400

毎日新聞　2009年12月4日　東京朝刊

3) ネズミ捕り訴訟につき，秦野章『何が権力か：マスコミはリンチもする』(講談社，1984年) 75頁，伊藤栄樹・時の法令1289号3頁 (1986年)，阿部泰隆前掲『行政法解釈学Ⅰ』55頁，86-7頁，403-4頁，同Ⅱ (有斐閣，2009年) 226頁，同「行政法解釈のあり方 (三)」自治研究83巻9号18頁以下 (2007年)，「同 (四)」同83巻10号13頁。
4) 阿部泰隆「司法改革の本当の課題」自治研究86巻4号以下 (2010年)。

索　引

あ行

阿部ゲート	50
阿部泰隆	
——賞	73, 74
——の功績	78
——の「独自性」	79
——の生い立ち	33
——は被災者に冷たいとの批判	368
アメリカかぶれ	45
アメリカの司法国家	102
意見書	35, 44, 58-60, 65, 70
医師の評価	140
遺族厚生年金の支給を5年間で打ち切る	335
医療事故情報	145
印紙代	55
海の下の所有権	58
英米法の事前手続	194
重い障害者・老人の差別対策	301

か行

外郭団体訴訟	385
外郭団体への市の職員派遣	385
外国人の在留期間の更新	280-282
外国との交流	46
介護保険法	145, 146
解釈論と立法論の素養は別だ	327
学生の成績評価	142, 143
学テ判決	280, 281, 286, 290
学部はどうなる？	29
学問複利説	83
仮設住宅よりも，住宅の借上げを	364
学会賞	48, 72, 371
兼子仁	42, 237
簡易な住宅以外禁止で補償の提案	352
環境権	90, 101, 102
監督手法の強化の必要	148
君が代・日の丸の強制	35
義務付け訴訟	6, 45, 52, 53, 327, 328
教育	70, 74
——のあり方	31
教科書検定の「裁量？」	276
教科書調査官	277, 288-290
行政	
——監督が必要な根拠	132
——監督の機能不全	133
——裁判は不活発	86
——指導の原則撤廃	160
——手法論	57, 131
——訴訟改革	27, 52, 65, 325
——訴訟は民事訴訟の特則？	108
——訴訟は「やるだけムダ」	56, 389
——手続＝事前手続に関する各国法制の発展	193
——手続法上の不利益処分	254, 259, 273
——手続法の整備の意義	191
——手続法立法化の動き	228
——の法システムの改善	131
行政法	
——学再生の方向	1
——教育	10
——学と司法試験科目のあり方	107
——・行政法学の重要性	95
——司法試験科目廃止反対闘争記	85
——司法試験必修化	18
——と民事法の違い	98
——の公共性	98
——のシステムのありかた	6
——の法技術の特殊性	103
——の法システムの改革	57
——は基本科目	85, 96
——は民事・刑事法とは異質	90
京都大学　井上教授事件	17, 70, 336
キルヒマン	55, 65

緊急時の行政活動	367	公法上の当事者訴訟論争	56
金銭登録機または銀行取引などの義務付け	170	公務員の免職における告知・聴聞の要請	220
区画整理と減歩	353	国立マンション事件	63, 155, 156, 162, 164
薬の副作用情報の積極収集の義務付け	150	個人タクシー事件	87, 204, 206, 213, 214, 248, 303
繰返し違反に反則金導入の提案	329	個人補償	307, 341, 345, 348, 350, 363, 368
クロヨンの自乗（二乗）	168	固定資産の申告，全国名寄せ	183
群馬中央バス事件	87, 204, 207, 213, 214	コミュニティ	349, 350, 351, 358
経過措置	335	御用学者をやめて（やめさせられて）	48
景観権	64, 155–157, 164, 165	御用審議会	96, 318, 378
経済的手法	45		

さ行

欠陥車のリコール漏れ	149	災害弔慰金・災害障害見舞金	306, 342, 343
嫌煙権	51, 66, 77	災害弔慰金等請求権	342
元気回復事業	381	再開発もやりすぎ	366
研究者としての出発点	42	在職老齢年金制度	335
研究者養成大学院	28	裁判	
「健康で文化的な最低限度の生活」の意味	296	——官の発想	56
		——所での行政事件の扱い	112
建築規制と憲法	355	——に影響を与えた解釈学的意見	58
建築紛争	154	——による政策の実現	377
検定手続の不適切性	288	——の影響	390
憲法		最判平成17年9月8日	21
——・行政法融合教育	22	裁量	276, 281–295, 303, 310
——上の福祉施策請求権	295	裁量行使の基準と裁量濫用の審査方法	293
——25条1項と公的介護請求権	295	3倍額賠償制度	324
権利放棄	74, 385, 386, 391, 392	塩野宏	56, 109, 119, 131, 235, 236, 305
公営		「士」業	133, 147, 148
——住宅大量建設	349	事業認定	8, 267–271, 276
——住宅は造りすぎ	365	資産・取引の完全な把握と税制・福祉の総合政策	165
——バスを民営化	380	地震強制共済創設	359
公益		私人による法の執行	153
——訴訟勝訴報奨金ないし公益訴訟勝訴褒賞金	41, 55, 326	執行の機能不全	133
——通報者保護法	323, 374	実体	
——法人派遣法	385	——公法の復権の提唱	3
厚遇裁判	377, 379, 384, 385, 392	——的判断代置主義と裁量審査	291
公権力の民間委託	328	——法上の基準の可及的統一	163
工事監督	136, 137	指定医療機関の指定取消処分	242
交通事故防止の政策	388	自動車教習所の監督	149
神戸空港住民訴訟	17	自動車の安全性	137
神戸税関事件判決	280	司法改革	27, 52, 82
公法学教育	13		

司法試験
　——科目のあり方　107
　——行政法廃止は法治国家の危機　85
　——必修化　18
司法審査のあり方　191, 247, 291
借家人が行方不明の場合の対策の特約　331
住宅の耐震性の強化　368
住宅品質確保法　136
重度障害者の軽視　343
住民
　——監視のための情報公開制度　135
　——訴訟　14, 17, 31, 51, 74, 80, 382, 383, 385, 386, 387, 391, 392
　——訴訟の成果　387
小規模災害の場合の不適用　342
消費者契約法　144
情報
　——公開手法　136
　——公開制度　135
　——手法　131
条例制定権の拡充　160
諸外国の司法試験　116
助手　40-43
書類の謄写　248
白石健三判事　214
白石判決　203, 204, 207
自力救済禁止を逃れる法解釈　330
震災
　——孤児　67, 361, 363, 366, 368
　——障害者の調査は今頃　370
　——胎児への教育資金の支給　67, 366
　——で破壊されたマンションの共有敷
　　地の扱い　356
　——に対する行政と法の対応　357
　——復興基金の給付　307
審査基準　206, 241, 242, 246, 249, 250, 303
森林法共有分割禁止違憲判決　326
政策
　——学的思考　316, 318
　——提言に無力感　377
　——法学　9, 27, 65, 67, 78, 82, 315-317, 319
政治学　12, 29, 316, 317, 318

青少年保護条例による不健全図書の指定
　　273, 274
税情報と福祉サービス施策の連結　181
制定法準拠主義
　　17, 197, 224, 228, 248, 251, 272, 278
ゼロゼロ物件　333
戦争　35-37, 41
ぜんそく　33, 34, 38, 39, 41, 55, 77
専門裁量論　287
相応の根拠論　276, 277, 278, 289, 290
「相応の根拠」論と法規裁量　290
組織の病理　41, 49, 72
措置制度から契約制度に切り替え　145
ソフトランディングできる経過措置を　335

た行

大学
　——教員任期制法　336
　——教員の社会的貢献　378
　——教授の弁護士資格の特例　334
　——行政　71
大規模小売店舗法　337
大震災対策における（憲）法解釈と法政策
　　341
対物処分　44, 254-258, 262, 265-267, 269, 272, 273, 275
対物処分と一般処分　44, 254
武村正義　18, 58, 125, 379
田中二郎　40-45
懲罰的損害賠償　152
聴聞手続　191, 193, 240, 242-244, 246, 247, 249, 251, 253, 254, 288
聴聞を経た行政処分の司法審査のあり方　247
賃借人の居住の安定を確保するための家
　賃債務保証業の業務の適正化及び家賃
　等の取立て行為の規制等に関する法律　334
定期借家権　66, 100
手続
　——違反と実体違反の関係　247
　——的瑕疵の効果　216, 251, 253
　——の瑕疵と処分の効力　249
伝統的事後的実体審査システム　193

ドイツに留学	44		附帯決議	336, 337
ドイツの環境情報公開法	135		プライバシー侵害防止策	178
東京高裁平成19年4月17日判決	251		フランス行政訴訟論	43, 199
東京地裁平成18年9月6日判決	191		フランス行政法はでき損ない	43
都市計画事業の認可	270-272		壁面線の指定	265-267, 271
土地家屋調査士の業務独占の例	338		弁護士	115, 133, 142, 147, 148, 334
泥棒に刑法を作らせる	137, 228, 324, 378		――の業務独占	148
			――の自己研鑽	115
な行			――費用敗訴者負担	325
内部告発者保護	186, 323		変人	3, 76
成田特別法最高裁平成4年7月1日判決	221		法科大学院	10, 11, 20, 24, 25-29, 31, 75, 78, 143, 144, 320-323
2項道路	262-265, 355		法科大学院の制度設計の失敗	320
ニコニコタクシー事件大阪地判昭和55年3月19日	222		法制度	
日照権	155, 156, 157, 159, 161, 163		――設計におけるいくつかの視点	315
日本道路公団総裁解任の法制度	191		――設計の基本的な理念と実践	319
日本道路公団藤井総裁解任事件	191		――の明確性の要請	338
ネズミ捕り訴訟	377, 388, 394		法曹	
年金不支給裁定取消しと利息	103		――三者協議	124
納税者番号制度	165, 174, 177, 178, 180, 182, 183		――三者の合意	85, 93, 94, 124-126
			――制度改革のあり方	123
は行			法治国家の重要性	85
バッホフ	45, 197		法の執行の欠缺	57, 133
濱秀和論文	203, 206, 213		法律学の学問としての無価値性について	55
原田尚彦	237, 238		法律学の成果の評価方法は？	47
阪神大震災	67, 370		保険医療機関指定拒否処分	21, 337
PRTR法	135		補助の公共性	357
日影規制	156, 158, 159, 161-163, 165, 187			
被災者生活再建支援法	169, 342, 344, 346, 350, 352, 363, 374		**ま行**	
被災者生活再建支援法の拡充	363		マクリーン事件と旅券法の判例との違い	283
必要経費（損金）の過大申告の排除	175		マクリーン事件判決	280
表示登記，自動車の抹消登録は費用倒れ	330		マンション再建	101, 356
費用対効果の比	329		密告奨励	150
平等原則に基づく直接請求権	305		三つ子の魂百まで	37, 76
福祉			――の行政法学	33
――国家の原理	341		民事法	
――施設	145, 146, 150, 297, 299, 300-303		――帝国主義	102, 105
――の基本条例	319		――と行政法のずれ	155, 156, 158, 161, 165
附則を見よ	334		――の借用概念	104
			――は普遍的な法思考？	100

民法と行政法における違法性と救済手段		リバース・モーゲージ	185, 351-353
の違いと統一の必要性	72, 154	理由附記の判例	222
無償貸付道路	104, 105	理由附記（理由の提示）の不備は聴聞手	
無断駐車対策	330	続で適法化されるか	242
元議員に市内全線無料パス券を支給	382	旅行券（裁判）	14, 381, 384, 385, 387, 391
		歴史に if はないが	41

■■■■■ や行 ■■■■■

保岡興治代議士	19, 125
要綱に基づく請求	305

老朽・被災マンションの建替　　101

■■■■■ わ行 ■■■■■

わが（学問的）闘争	33
割増し損害賠償制度の導入	152

■■■■■ ら行 ■■■■■

立法政策論の重要性　　9

著者紹介

阿部泰隆（あべやすたか，通称たいりゅう）

1942年3月福島市生まれ
1964年　東京大学法学部卒業
現　在　中央大学総合政策学部教授・弁護士，法学博士，神戸大学名誉教授
主要著書（単独著）
　　『フランス行政訴訟論』（有斐閣，1971年）
　　『行政救済の実効性』（弘文堂，1985年）
　　『行政裁量と行政救済』（三省堂，1987年）
　　『国家補償法』（有斐閣，1988年）
　　『国土開発と環境保全』（日本評論社，1989年）
　　『行政法の解釈』（信山社，1990年）
　　『行政訴訟改革論』（有斐閣，1993年）
　　『政策法務からの提言』（日本評論社，1993年）
　　『大震災の法と政策』（日本評論社，1995年）
　　『政策法学の基本指針』（弘文堂，1996年）
　　『行政の法システム上・下［新版］』（有斐閣，1997年）
　　『〈論争・提案〉情報公開』（日本評論社，1997年）
　　『こんな法律はいらない』（東洋経済新報社，2000年）
　　『政策法学講座』（第一法規，2003年）
　　『行政訴訟要件論』（弘文堂，2003年）
　　『行政法の解釈（2）』（信山社，2005年）
　　『やわらか頭の法戦略』（第一法規，2006年）
　　『対行政の企業戦略法務』（中央経済社，2007年）
　　『行政法解釈学Ⅰ，Ⅱ』（有斐閣，2008年，2009年）
　その他，ホームページ参照
　　　（http://www.ne.jp/asahi/aduma/bigdragon/tyosakuitiran.html）

行政法の進路

2010年7月23日　初版第1刷発行

著　者　阿　部　泰　隆
発行者　玉　造　竹　彦

郵便番号 192−0393
東京都八王子市東中野742−1
発行所　中 央 大 学 出 版 部
電話 042(674)2351　FAX 042(674)2354
http://www.2.chuo-u.ac.jp/up/

© 2010　Yasutaka Abe

印刷・藤原印刷

ISBN 978-4-8057-1144-6